日本語下手談義

杉本つとむ

ひつじ書房

まえがき

用例を集めそれらを客観的に考察し、万人を納得させるため、言葉の科学により論を構築することは大切です。しかし終局的には己れの論に結晶させるべく、沈思黙想して独自の論考にまとめて公開する言葉の哲学こそ必須といえるでしょう。そのため日夜考察、研究に励みたいと考えます。わたくしのモットーはつぎの文言です。

少年老イ易ク学成リ難シ、一寸ノ光陰軽ンズベカラズ　——朱子ノ詩

少年のころより口ずさんだ教え。これをもって〈まえがき〉に代えます。

二〇一七年三月某日　著者誌

目次

Ⅱ　日本語のある風景

Ⅲ　辞書を読む、考える

Ⅳ 論より証拠の論

V　わが著書を語る

VI　資料紹介

I

随想

一　光、書斎の窓より入る

八月を迎えるたびにあらためて考えるのは敗戦（終戦ではなく）の情報とその事実、実体のことである。戦争で私はもっとも敬愛する兄を失い――その遺骨が家に届けられたとき、父の泣き狂うさまを思い出す。ふだんあれほど頑固一徹の父が幼児のそれにもまして哭きわめいた。十代半ばの私はそれを眼前にして慄然とした――深い底知れぬ悲しみの淵におち、戦争を憎みはやい終熄を願った。体質的にも私は軍隊や戦争を受けいれられず、反戦、厭戦に徹した行動をとっていた（退学を勧告された）。もとより少年にとって大なる思想や哲学があったわけでなく、個人と全体の論に親しみ、基本的には生理的に戦争拒絶反応が体内に醸成されていたのだろう。

大学へすすみ、そこで言葉のおくのおくの真実なるもの、いわゆる原典にも接し、それまで国定教科書、学校教育に限定された教科や内容とは根本的に異質であり、友人をつくる場などでもなく、大学は文字どおり真理探究の場と確信した。図書館の厖大な資料は私に最大の学びの森となった。そのうえ、選んだ文学部――それまで私は中学で数学を教えていた――は江戸文学、明治文学の研究、講義が盛んなのに驚き、私も西鶴や芭蕉、人情本や滑稽本など、十八、九世紀の江戸語の実態を明らかにすることに専念した。しかしいまだに、江戸時代の文化・学芸という広大な海は容易に小舟を操っては乗りきれない。

　図書館には未研究の〈洋学資料〉があること――戦中、鬼畜米英の語として、英語学習などは厳禁の憂き目にあったものの心情など現代の若者には想像もつかぬであろう――をしり、江戸語研究の本道をいささか途中下車して、江戸期の横文字、長崎通詞（talk《トルク》）や蘭学者によるオランダ語やラテン語、ときにポルトガル語などの翻訳による西欧学芸、文化受容の実態探究に舵をきった。

　蘭学、洋学といえば、一般的には、『解体新書』（漢文体、一七七四）が先駆的作品――中心人物、前野良沢や杉田玄白の師事した長崎大通詞、吉雄耕牛の序文あり――という。しかし、たとえば同書〈眼目篇〉に、〈翼按諸説〉として、翼こと玄白の按分があり、そこに引用の説には、〈漢人中通曰ク／存中曰ク〉などとみえ、玄白が目ノ見エル理を知るに有効だった根拠はシナの学者、方中通や存中こと宋代の沈括の書、『夢渓筆談』であった。また〈耳篇〉にも、〈翼諸説ヲ按ズルニ〉と、〈漢人所著、遯斎間覧言フ／暄曰ク〉などとあり、宋代、范正敏の『遯斎間覧』――実は方中通の父、方以智（密）の『物理小識』からの孫引――やまた、『物理小識』の刊行者でもある清代の学者、揚暄の説が参照されている。一口にいえば西洋の理、先進科学にはシナ（宋～清）の学者の書を座右にしてははじめて理解、認識できたのである。これはほんの一端で、玄白が、〈漢字は章を飾れる文《ぶん》ゆへ其開け遅く蘭学は実事《じつじ》を辞書に其まゝ記せし者ゆへ取り受けはやく開け早かりし歟〉（『蘭学事始下《らんがくじし》』）と藪にらみの妄語をつづることが批判さるべき、漢学こそ蘭学の基礎土台なのである。日本で最初に、西洋内科書を独力で翻訳した宇田川玄随《うだがわげんずい》（槐園）は、漢方からの転向。当時の学者はいわば学問、言語ではバイリンガルというべく、ことにシナの科学的、学術的知見の書を己れの学問のよき案内書、工具としたのである。

『解体新書』――この批判は別に拙著で詳述した――を医学の分野における日本の近代化、西洋化の重要な作品の一つとするならば、その功の六割ほどはシナの学者に帰すべき。さらにつけ加えれば、在華西洋人宣教師――国籍からいえばポルトガル人、イタリア人、ベルギー人、フランス人など――のシナ語による世界地理書、天文書、科学書などの記述、恩恵によることであろう。

北京の〈利瑪竇墓及明清以来外国伝教師墓地〉には、南懐仁、湯若望、利類思、艾儒略などの霊が、美しく整理された広大な墓所に眠っている。天安門事件の最中、私は当局の御許可をえ、親しく墓参することがかなった。ペリー率いる黒船の号砲で鎖国が崩壊し、近代日本の夜明けがおとずれたと認めるにしても、それは政治史的一断面を語るのみ（これも実体は、ペリー一行が使節として訪日し、日本の都市なども賛美している）。学芸史・文化史の視点からすれば、右のようなシナから日本人が学んだ科学的知見――加えて、顕微鏡《ケンビキョウ》（日本では虫眼鏡と呼ぶ）などの科学器具なども――こそ、日本の近代化、西洋化の重要な鍵を示すものであろう。もとより将軍吉宗による、禁書解禁という政治手段も大切なファクターの一つであろう。

こうした中でも、江戸初期、李時珍の本草書、『本草綱目』が舶載され、日本の学者に大なる影響を与えたことは注目すべきである。本草学が江戸時代の唯一の体系的自然科学の一端を担い、また文化人類学的形相のあるを識《し》って私は驚嘆し、柳田民俗学の一原点であることも確認した。本草学は本来は東洋の薬学というべきも、同時に言葉の学、民俗の学であり、生命の科学というその実相に、再度、〈途中下車〉と乗り換えた。現代は忘れさられた偉大なる〈学びの世界〉の本草学がそこに存在すると認識した。

日本本草学の嚆矢の一本というべき貝原益軒『大和本草』に、〈本艸之学ハ以テ民生日用ニ切ナリトナス〉（原文漢文）と説くように、本草学は生活と直結した実用ノ学でもある。もとよりその目的は天地自然に存在する動植鉱物を人間生命の保全、衛生（明《ミン》代の用語）に有効なる薬《クスリ》として利用すること、その範囲での自然に存在するモノ——これを〈名物〉とか、〈物類〉とよぶ——を山野に採集することである。いうならば東洋の自然科学ともいうべき。そのために時珍のいうように、土地による呼称（方言）の異同や、独自の民俗《タミノナリワイ》を観察するのである。また当然のこととしてそれらは古代、中世、近代と現代とは、時代により異なる呼称のある点も考慮すべきである。過去の物類に関しては古文書、古典などが重要な資料となる。時間、空間的に同名異物、異名同物があり、命を落す毒薬（草）を患者に与えてしまう危険性もある。

本草学者はまず何よりも医師であり、常に人命と向いあっている。こうして本草学の分野に、〈名物ノ学〉が重要な方法として設定される。『解体新書』と同じころ、埼玉在住の俳人、越谷吾山

（本名、会田文之助）の『物類称呼』（一七七五）が発刊されるが、これは名（モノの呼称）に重きをおいた研究で名物ノ学の発展した一つの姿である。内容は日本全国方言辞典ということになる。西洋の言語学などと比較しても早期の方言研究である。日本語とはつまるところ方言の総和である。したがってここに純粋な日本語辞典が誕生したことになる。かの有名なドイツのグリム兄弟による『ドイツ語辞典』（Das Deutsche Wörterbuch, 1854 ff.）と比して百年ほどはやく、もとより規模、内容において両者は比すべくもないかもしれないが、民族の言葉の研究と辞典という形態をとっての作品として、高く評価されるべきである。吾山は俳諧師で本草学者ではないが、自然や生活への眼ざしは鋭い。

〈物類〉を形態的に考察するならば、西洋の博物学、あるいは植物学〈植学《ボタニカ》〉と歩調を整える。幕末の蘭学者、宇田川榕庵に本草学と植物学との基本的異同を論じた論文、〈植学独語〉（写本。筆者が翻刻し雑誌に発表しておいた）がある。

名とモノを一体と考えることは、薬物使用の前提条件で、同名でも土地により、書物により別物（逆も真）をさすことがある。そのため、果してこれらの名はコノ物と同一かどうか判定すべきで、これを〈同定〉とよぶ、大切な方法である。

益軒と同世代の中村惕斎《なかむらてきさい》著『訓蒙《きんもう》図彙』（一六六六）——日本最初の絵入百科事典といえる——の叙に、〈諸家ノ本草ノ図説ヲ以テ主ト為ス／典籍載スル所ノ品物……必其名ニ因テ以テ其象ヲ審ニシ〉（原文漢文）とあり、同書は吾が子が漢字・漢語の学習のために編纂した絵入物類名称辞典である。〈物ヲ観《み》テ名ヲ呼ビ名ヲ聞テ物ヲ弁ジ以テ略《ほぼ》字様ヲ識《し》ルニ至ル〉と本書執筆の方法、目的を示す。いわば現実のモノ、物類に代えるに絵（本草の図）を以てしているが、ここにも同定の精神がしっかりと底流している。元禄三年（一六九〇）、出島の医師として来日のドイツ人の博物学者E・ケンペルは、この書を彼の研究のための資料として入手帰国。絵の精緻なことと名との対応の確かさを見抜いたゆえである。惕斎も本草学の名物ノ学の洗礼を受けている。この点は『本草綱目』を長崎でいちはやく入手して将軍に献上した林羅山――周知のように日本朱子学の祖であり、将軍のブレンの一人――も、本草学に魅せられた学者で、名物ノ学に着手し、『新刊多識編』を編集出版する。しかもシナの学問がすべてそうであったように、ここに孔子ノ教えが介在する。『論語』〈陽貨第十七〉に、〈小子何ゾソレ詩ヲ学ブコトナキヤ〉と詩を学ぶ必要性をあげ、〈多ク鳥獣草木ノ名ヲ識ルベシ〉とある。〈詩〉は『詩経』（毛詩）をさす（後述参照）。本草学は名物ノ学であり、同時に〈多識ノ学〉でもある。いうまでもなく、日本人はこうした本草学を『本草綱目』からいやというほど学んだ。『大和本草』〈論本草書〉の一節で益軒が、〈凡ソ博物之学ハ広覧強記ノ識〉とのべるところにもうかがえよう。

時珍は、彼が『本草綱目』を執筆した動機の一端を、〈倉廩《そうりん》（米蔵）ガ充チレバ人民ガ飢餓デ命ヲ落トスコトヲ免レ、医薬ガ完備スレバ人民ガ不治ノ病デ死没スル不幸カラノガレラレル〉（序）とのべるように、基本は医師、本草学者としての使命感と自覚からの言動である。時珍の父は町医師で貧民の治療に尽くした人物であった。幕末には日本には西洋本草書も船載されるが当時蘭学界で、〈紅毛学第一〉と評判の津山藩医、宇田川玄真（榛斎）が息、榕庵と蘭方医たちのために、四十五巻からなる薬物辞典を編纂、『遠西医方名物考』（一八二二）の書名で出版した。ここには、〈名物〉の用語をみる。いうまでもなく玄真にとっても、『本草綱目』は必須の書であり、当時の薬は東西その製薬に用いる物類に、大きな差異があるわけではない。将軍吉宗も本草学者、野呂元丈《げんじょう》に、『阿蘭陀本草和解《わげ》』の翻訳を命じており、また松平定信も『遠西独度涅烏斯《ドドネウス》草木譜』（R. Dodonaeus: Herbarius oft Cruydt-Boeck, 1618）を四分の一世紀をかけて、蘭方医、西洋本草学者に翻訳させた。いずれも己の持病ゆえが一つの動機であろうが、そこには広く人民の福祉厚生を願う施政者の立場、考えがあることも明白である。そうした翻訳にも、『本草綱目』や『物理小識』などシナの学者の名著が活用される。

『大和本草』は本文十六巻十三冊附録二巻二冊・諸品図上中下二巻一冊、総計二十巻十六冊の大著であり、日本産物一千三百六十二種、外国産（蛮種）二十九種をあげ、〈名称・来歴・形状・薬効〉を詳述している。全面的に『本草綱目』に拠っているのであるが、〈本草綱目ニ品類ヲ分ツニ可レ疑事多シ〉と批判的に受容、益軒八十歳に刊行の労作である。とりわけ巻一、二は研究方法、方針を明示、いわば益軒学によるきわめて構成の整った著作である。

益軒（損軒・一六三〇〜一七一四）についてかなり詳細に調べてみたが、しかし本草学プロパーではなく、妻、東軒ともども当時としては珍しくおしどり学者で、本質は教育者、啓豪学者といってよく、啓豪期に活躍した知識人の一人といえる。『広辞苑』（第四版第一刷）に木下順庵、山崎闇斎に師事したとあるのも根拠なく、あげている『益軒十訓』などという著書は存在しない。本草学者に必須の『採薬記』もない。その点、『庶物類纂』の編者で新井白石に『詩経小識』を与えた稲生《いのう》（稲若水《じゃくすい》）やその門弟、松岡玄達（恕庵《じょあん》）、さらにその門人、江村如圭《えむらじょけい》が注目される。後者に名物ノ学の一原点ともいうべき『詩経』を対象の研究書、『詩経名物辨解《しきょうめいぶつべんかい》』（七巻四冊。一七三一）がある。すでにシナ明代に、『詩経多識編』（七巻六冊）がある（内閣文庫蔵。北京滞在中、北京大学図書館でも閲覧した）が、如圭のものにつづいて、『毛詩品物図攷』、『詩経名物集成』なども刊行され、さらに日本名物ノ学の傑作、曽槃、『国史草木昆蟲攷』が出現する。幕末には日本の『詩経』ともいえる『万葉集』の『万葉品物図絵』も編纂された。

　架蔵の『詩経名物辨解』は、〈松岡玄達先生鑒定　江村如圭纂述〉として、すべて百三十丁、巻一の草部から木部・羽（鳥）部・毛（獣）部・鱗（魚）部・虫部と分類、『詩経』にみえる名物（漢名）を和名と比較同定している。日本の本草学には当然ながら、日本語とシナ語の比較対応を検討するという、いわばもう一つの同定作業が必要であった。これは本草学に限るわけではなく、例えば雷《デン》を神鳴《かみな》り、姿《シ》を素形《すがた》と比較すれば、同じ物を指しても、日本人には神や素のコンセプトがあるのに対し、シナの人は雨や女が発想の核であろう。益軒が餅《ベイ》ハモチニアラズとするのも正解である。極言すれば漢字を甲骨文から研究し尽しても、日本の漢語（含、和製漢語）、物類の解明にはならない。

　『詩経』の冒頭、〈周南関雎章〉に、〈参差荇菜／左右流之……〉と〈荇《コウ》〉がみえ、これを如圭は、

〈○和名アサ、杜カ詩ニ水荇牽レシテ風ニ翠帯長シト云モノ即チ是《コレ》ナリ、本草綱目ニ一名水鏡艸一名靨子菜ト云（後略）〉と同定する。全巻すべて厳密にして多識の才を発揮した同定の考証ぶりで、〈凡ソ和漢物《モノ》ニ名クルニ正名俗名アリ〉ともあり、まさに如圭の筆は快刀乱麻を断つ、名物ノ学の独擅《どくせん》場《じょう》である。もとより如圭にも、『物理小識』は必須の具である。私の愛読する吉川幸次郎校註『詩経国風』（岩波書店）にも、〈○荇《コウ》　水草の名、食べられる。江村如圭「和名アサザ」〉など、如圭の説が同書の至るところに躍動している。如圭なしには校註困難の観ありといえる。吉川氏はほかに江戸最高の本草学者、小野蘭山の説も参照しているが、本草学は現代でもなお有用、有効な学なのである。しかし幕末で、ついに本草学は日本から消えてしまった。機会があれば、『詩経名物弁解』について詳しく紹介したい。

明治維新前後、伝習生、留学生として侍たちは、海を渡り西洋学芸、文化などを必死と学んだ。その一人、薩摩藩士、森有礼と彼に接触のアメリカ人、精神主義者《スピリチュアリスト》、T・L・ハリス（Harris）は、森に、〈一つの理想に自己を捧げる修錬〉をみてとり、西洋文明に失望していた彼は、〈人類の未来の希望〉を得たという。現代日本が西洋化、近代化によって失った大切なモノは何か。汚《けが》れた学究の魂の浄化こそ必要なのではあるまいか。

＊「東方351号」（二〇一二年一一月号。東方書店）

二　現代日本語教育を考える

某出版社の編集者が打合せのためやってきた。話は小学生の英語教育に及び、国際的英検ともいえるTOEFL受検のことが話題となった。日本の子どもの英語力は、アジアで最下位、国別ではオランダが一位、シンガポールが三位だったという（二〇〇六年度調べ）。もとより、英語の読み・聴き・話し・書くテストの平均点による評価である。そこで私見をこうのべた。これは当然の結果だろう。子どもなどよりも、英語能力は、総理大臣や外務大臣にこそ必要であろう……と。

そもそも十六世紀、大航海時代に、ポルトガル、オランダ、イギリスなど、植民地（蘭学者のオランダ語よりの訳語）政策で、世界をまたにかけ、その一つの余波が吉利支丹宣教師の来日でもある。彼らは現代でも、もっとも有効な『日葡《にっぽ》辞書』を編集刊行し、日本人に慈雨をもたらしている。

シンガポールや香港はもとより、インド、フィリッピンは英語、スペイン語、インドネシアはオランダ語、仏領印度支那（現ベトナム）はフランス語と、いずれもイギリス人、スペイン人、オランダ人、フランス人などによる植民地だったゆえに、征服統治者の国語を人びとは身につけねば生活できない。それら外国語こそ命の言葉だったのである。そうした歴史的事情が存在する。近くは日本もインドネシアや朝鮮、台湾を日本語で支配し、強制的に日本語を修得させた。私は滞蘭中、インドネシアの先生とライデン大学で接触したが、愛国行進曲まで歌われ彼の立派な日本語に強い印象をもった。戦後、アメリカの言語学会から、戦時中の朝鮮、台湾、東南アジアでの日本語教育の実態についての考察、論考執筆を依頼されて、資料を集めてみて、当時の狂信的な日本語教育に仰天した。

一五三七年、はじめてローマ法王はヨーロッパ以外の原住民、いわばアフリカ、アメリカ、アジアなど、白人以外も、〈真の人間なり〉と認める宣言を出した。そうした彼らの行動が、日本の吉利支丹の十六世紀における日本布教活動でもあった。しかし聖人、ザビエルでさえも、その手紙で、〈日本人は白人である〉と書き送っている。これを正せば、白人以外に白人に劣らぬ人間を発見したという証《あかし》であり、底流するのは植民地主義、白人優位の考えである。日本人が英語などに弱いことは誇りにこそ思え、卑屈になる必要はないのである。

吉利支丹は日本語は語彙が豊かであり、敬語に富み、一つのことやものを、さまざまに表現するコトバの沃土《よくど》であると感心している。また当時の西洋の女性と比較し、日本の女性がよく書を読み、文字をつづり、お冷《ひや》（水）、おかべ（豆腐）、ひもじい、しゃもじなど、独自な言葉を創造しているとも記録し報告している。皮肉なことに、彼らによって当時の日本語と日本人の実態が判明する。私はそうした彼等の言動を二十世紀初頭までのばして、『西洋人の日本語発見』という一書を公刊した。しかし彼らは日本語だけではなく、日本人そのものを発見し驚嘆したのである。幸い鎖国により日本は植民地にならず、約三百年の平和で芸術、学芸の隆盛をみることになった。

江戸期の日本人による日本語研究は、ドイツの言語学者が明治以前の日本の学問で、もっとも科学的であると賛辞をおしまない。学校文法での品詞別分類、動詞の四段や変格活用、自他の区別、助動詞のマシの意味、現在の事実に反する仮想表現、さらには五十音図成立史やその構造、全国方言の蒐集と分類などと、とりあげればまことに先輩の研究、その鋭い言語考察には目をみはる。西洋でも十八世紀後半に、やっと言語学が着手されたのである。

しかし今の小学校で、先生は平仮字《ひらがな》のまや、片仮字《かたかな》のルなどの字源をきちんと子どもたちに教えているのだろうか（字《な》は名《な》と区別されていなかったが、学究の徒はこれを区別し字《な》の研究に徹したではないか）。さらには、現代五十音図の何たるかを認識して教えているだろうか。今年は『源氏物語』千年という。紫式部の筆はほとんど平仮字であり、あの大作をつづっているのである。子供たちに仮字の創造事情や文字としての素晴らしさ、日本独自の文字であると教えているだろうか。江戸期の学者は仮字の字源について、百パーセントに近く研究成果を残している。こうした先輩の業績が学校教育にとりあげられず、教材としても登場せず、皆無に近かろう。教科書編集者の反省をうながしたいと思う。否日本語だけではなく、鎖国の中でも日本人はオランダ語やラテン語、仏、魯（ロシア）、英の諸国語も勉強し、対訳辞書も書きあげた。日本人の西洋語発見と学習史を私は一本にまとめて出版公表した。しかも中には『万葉集』をオランダ語に訳し、日蘭両語を対照して、彼我の言葉の構造の異同も記述した。和歌と蘭詩の違いも研究して論文をつづり、自らオランダ語で詩を創作した。蘭通詞、吉雄権之助（如淵）は、来日のドイツ人、シーボルトがオランダ人でなく、その訛りあるオランダ語に、彼の国籍も見破った。幕末には蘭文日記をつづった杉田玄白の孫、杉田成卿《セイケイ》という蘭学者も存在しているのである。

　こうした言語能力は何により、どう養われたのか、いうまでもなく基本は日本語力による。日本人はオランダ語の学習により、動詞、形容詞、代名詞、前置詞、関係代名詞などヨーロッパ語の品詞分類、文章構造、文法《ガラマチカ》を翻訳研究した。しかし前提はすでに日本人に品詞認識があったゆえである。漢文を学び和歌を作り日本語の本質をよく修得したことが根本である。全世界の言語学者がいうように、母国語を修得した程度に応じて、外国語の学習能力も可能という理屈である。しかし今の学校教育で真の日本語教育がおこなわれているだろうか。国語教材、「走れメロス」でも、「メロスが（は）走る／もしメロスが走れば…」などと文構造、文体効果、修辞《しゅうじ》などがどう異なるのか教えてこそ、のちに友情論にも進むべきなのだ。

　漢字教育でも姿《シ》とスガタの根本的相違、スガタは素顔《スガオ》、素直《スナオ》、素裸《スッパダカ》と同じ構造の素形《スガタ》である。女の意味などはない。船を沈《シヅ》めるシヅ（沈）も国を鎮《シヅ》めるも同様、静《シヅ》かのシヅも同じことである。〈孝衣〉の一語でも、現代中国語で〈喪服〉の意であるなど、造語方式や日中のその相互理解の方法を言語教育としても実行したい。また鶏《ケイ》を庭鳥《ニハトリ》と教えることなども日本の文化、民俗の基本を理解することになる（庭の意味は?）。これは教師も、学ぶ生徒も古典への教養が要請されることにつながる。決して文語と口語は、別物ではない。静カナ海も静カナル海のラ行音（ル）の脱落、抱《ダ》ク、未《マダ》、出《ダ》スも抱《イダ》ク、未《イマダ》、出《イダ》スの語頭、イ音の脱落、文語→口語と変身する。春《ハル》・雨《アメ》→春雨《ハルサメ》は、S音を挟んでの変身、日本語を客観的に考察する方法には、ローマ字が必要であり、日本語のためのローマ字教育――世界共通の文字であり未来を見通して――の徹底が望まれる。五十音図も日本式ローマ字でこそ科学的に学習できるのである。

街では老舗《しにせ》の米屋がライスショップの看板にかえた。よく問われる日本人の同一性《アイデンティティ》、わかりやすくいえば身元確認である。黒髪《くろかみ》か茶髪《ちゃぱつ》か、台所かキッチンか初心者かビギンナーか、視聴者かリスナーか、松井秀喜かヒデキ・マツイか――いうをまつまい。現在の植民地的外国語学習教育という現象は、日本語の伝統の崩壊になり、そこにマスメディアも手をかしている。やがて英語が話セルことが日本人のアイデンティティになる日がくるかもしれない。日本語放棄、不在の国家に繁栄はのぞめないと思う。

＊「指導と評価」〈だんわしつ・鶏肋の弁〉（第五五巻八月号、二〇〇九年、日本図書文化協会）

三　日本語教育への一私見

拙速な〝簡約〟は百害あって一利なし
科学的な教授法、優れた教師の養成望む

ちかごろ日本語の国際化が一部で論議されています。しかしわたくし個人では否定的で、英語などとくらべるべくもありません。確かにここ十年ほどの統計をみますと、日本語学校も日本語を学習しようとする外国人も、激増しているようです。しかしヨーロッパやアメリカで、日本語が社交上自由に話されているわけでもなく、日本語学校が日本での英語学校のように、設置されているわけではありません。わたくしの経験では、ロンドンでもパリ、モスコウ、コペンハーゲン、フランクフルト、アムステルダムと、どこでも日本語学校はありませんでした。まして日本語の書物なども、ほとんど見当りません。わたくしも忠良なる日本国民の一人と自認していますが、今、日本語が国際語になると考えるのは、一種の錯覚です。

〈皇国語〉観の過ちを繰り返すな

その一つの象徴的事実は最近、国立国語研究所の所長、野元菊雄氏が公表した〈簡約日本語〉という名の疑似日本語の提案です。〈ことばは神とともにあり〉を普遍的に考えるならば、人間の手で、不用意にいじくりまわすべきものではないのです。外国人には日本語がむつかしいから、本物を学ぶ前に、オマエタチの理解しやすいように、日本語を改良してやる。学んでみろ！　といった傲慢な気持が、底を流れていると思われてなりません。まことに相手に対して失礼きわまりない態度ではありませんか。かつて戦争中、日本の侵略戦争遂行のためと、アジアの人びとに強制的に、〈皇国語（日本語）〉を学ばせた理不尽が、どんなに人びとの反日感情をあおったことでしょうか。十数年前、アメリカの言語学会の依頼で戦前における〈台湾での日本語教育〉の実態を調査し論文にまとめたことがあります。朝鮮では台湾以上に非情な日本語教育がおこなわれ、朝鮮の人びとは悪魔のことばの教育と、レッテルをはってこれに抵抗したわけです。ここではその小論の紹介を遠慮しますが、わたくしたちは二度と同じ過ちをおかしてはなりません。ことにアジアの人びとを苦しめたのは、武器だけではなかったのです。

日本語は本当にむつかしいのか

こうした反省を大前提に、日本語をいかに世界へ輸出していくか、真剣に考えていかねばならないと思います。日本語は果してむつかしいのでしょうか。周知のように、先進国といわれる国々で、〈国語〉の授業のあるのは、日本だけでしょう。イギリスでもアメリカでもドイツでも、皆、ナショナルランゲジ〈国語〉ではなく、English や German という授業です。要するに日本語教育を考える前に、もう一つ批判しておかなければならないのは、国語教育なのです。〈走れメロス！〉という教材は、友情を教えるためのそれではなく、国語、言語教育のためなのです。それはたとえば〈メロス走れ〉や〈メロスが走る〉とどう修辞的に、表現のうえで、構文の点で異なるのか。そうした点を解明し、よく学習すべきです。現代の国語教育には十分、言語教育がおこなわれていないというのが現状です。いい日本語の辞書もないのです。〈水泳　みずおよぎ〉では、外国人が、〈金魚が水槽で水泳している〉と作文してしまうのです。〈元旦試筆〉を、〈元旦始筆〉でも代行できるなどと指示する辞書が、もっとも普及している国語辞書なのです。

〈簡約日本語〉で、寓話の書きかえをして例文を示していますが、そこで、〈北風〉を〈北の風〉になおしています。それならば北原白秋のカラタチの花の歌、〈……咲イタヨ、マロイマロイ金ノ玉ダヨ〉の、〈金ノ玉〉でノがのぞかれるとどうなりますか。新助・権助は下男、新之助、権之助は武士に格あげされるのです。〈之《の》〉の大いなる日本語の意味を考えてほしいものです。

論理的なテキストと教師を欠く

一体、むつかしいというのはどういうことでしょうか。英語では、日本語のデアル・デアッタの二つの語形に対して、be, am, is, are／were, was と六種の語形が対応します。しかも主語がワタクシか彼か、ワタクシタチか、彼ラかでも使い分けねばなりません。フランス語などのように、名詞にも性の区別があって、男・中・女性と区別しなければならないのです。アンリ（Henri）・マチスのアンリのように、Hを発音しないのがフランス語です。しかしフランス語は、世界でもっとも明晰な、表現豊かなことばと自他ともに許しています。

もうわたくし個人の解答は提示されたと思います。日本語がアイマイであったり、ムツカシイのではないのです。日本語がどのような言語なのか、論理的に理解しやすく書かれたテキストがないのです。日本語を十二分にマスターしたプロの先生がいないことが、日本語のムツカシサや不明確な点に責任転嫁されているのです。確かに多くの外国人がいうように、助詞や敬語は学習するのにむつかしいところでしょう。漢字も学習上の一つの壁になるでしょう。基本日本語々彙の選択もまだ十分ではありません。テレビなどでよく日本語をしゃべるタレント諸氏も、書くとなると公開できぬ弱点をさらけだす始末でしょう。理解言語と使用言語の落差や、話しことばと書きことばの大きなクレバスも埋めていかねばなりません。日本語も改良していく必要がもちろんあります。しかし粗製濫造の日本語や日本語教師は、百害あって一利ありません。ことばは文化です。ことばの奥の文化や民族を、そして長い伝統につちかわれた日本語を、外国人にもよく理解し学習できる科学的な教授法を確立すべきです。学習しやすいテキスト、知識・技能に優れた教師の養成によってのみ、外国人への日本語教育は達成されるでしょう。

*「公明新聞」〈文化〉欄（一九九〇年五月三日）

四　日本語教育雑感

多少はマルヒに属するかもしれないが、最近外国人の日本語能力について話し合う会議に出席する機会をもった。そこでも痛感したことなのだが、日本語教育における理念というかあり方を、本質的に了解している人のすくないことであった。もうすこし明確にいうと、何故にコトバの教育をするのか、コトバを教えるということはどういうことなのか？——というきわめて基本的な点についてである。いま世界ではかなり日本語が学ばれ、英語における〈英検〉にも似て、〈日検〉が行われるそうである。そのランクづけの判定基準が、どうだったのかまったくしらない。しかしよくおしゃべりができる、聞きとりがいい——ということに重点をおいて、読み書き話すというトータルとしてのその人の言語能力を試験しないと、とんでもないことになると思う。

コトバは文化そのものである——こんなことをいまさらいう必要もあるまいが、ただ口先だけの巧言令色は日本文化を理解してもらうために百害あって一利もないと思う。一つの反動として、高等教育を受けても英語の会話一つできないというので、敗戦後、〈話す〉ことに重点がおかれすぎた。わたくしの小さい経験からいっても、聞きとりなど、その国へ行けば、若い人なら三か月、乃至は半年で、かなりなところに達するものである。そんな次元の低い〈話せること、聞きとれること〉の判定は必要ない。もし真に異国間のコミュニケーション、人間交流をスムーズにしようと思うなら、その先の、その奥の文化を理解できる言語能力を養成すること、その可能性の有無を判定することこそが大切だと思う。この点で日本語能力の判定や開発の方法について、いまは反省するときにきているのではないか。

わたくしは現代の小中高の現場における国語教育について詳細はしらない。しかしやはり、言語教育が正しく行われているのかどうか。子どもたち（含大学生）はボキャブラリーがたいへん不足している。自然を知るべきボキャブラリーのすくないことは、そのまま自然とのかかわりを拒否している証明にさえなろう。フレルとサワルの異同などに、明確な心とコトバの与えられる小学生を育ててほしい。またTVのタレントとして活躍する外国人はいらない。じっくりと日本語と日本文化を語ることのできる異国人を切実に望む。

＊「月刊実践国語教育情報第3巻第5号」（一九八五年四月、教育出版センター）

五　日本語・表記・文字

はじめに　もしも〝日本語の表記はどのように変るか？〟と問われれば、ためらいもなく、〈ローマ字になる〉と答えられるでしょう。しかしせっかちな人から、〈何年後に、今から〉と念をおされたら、確言はしかねます。これは単にコトバの問題だけに限定できぬからです。日本人の一人一人が、もっとコトバに対して賢くならねばならないからです。上に立つ施政者がコトバのもつ重要性に理解をもつことも重要な要素となります。歴史を動かすのは人間であり、ことを為すのは人間です。何かことをする時の人的要素は十年を一年に、百年を五十年に短縮することができると思うからです。これはまた現今、論議されている公害と同じように、私見では、その生死の鍵を握るのは学者・研究者にあると思います。いつも企業の非が批判されますが、企業は金モウケの団体であって、その金モウケの設備・原理を考えだし、実験室から工場へと売りわたされていくことを思えば、はじめの段階での学者・研究者の自覚——すこしでも公害をおこす要素があるうちは、企業に売りわたさぬこと――と責任こそが問題にされるべきかと思うのです。それにしては、なんと学者がわからの責任ある反省のことばが聞かれぬことでしょうか。これは、わたくしの自戒のことばでもありますが……。

正しい判断を　さて、世の評論家のように、無責任な放言や思いつきを書くことはできません。何故わたくしが〈ローマ字になる〉と断言できるかをわたくしなりのこれまでの研究結果から、お話したいと思います。今、わたくしの手元に〈寛政十年（一七九八）〉の日付をもつ〈湖東布山叟〉という人の書いた『俗書正譌《ぞくしょせいか》』という本があります。この本の跋文、即ち、あとがきのところに漢文ですが、次のような意味のことが書かれています（弟子の書いたものです）。

むかしの賢人というものは、多くの書物を書きあらわしているが、〈平易之言〉を用い、丁寧に〈訓解〉をほどこしている。これは学問のない人々のためを思ってである。しかし、後世の人の著述は、〈奇説高論〉をやたらにふりまわしているにすぎない。これは、〈功利を求める〉からである。これでは世の〈童俗〉が読むことができないわけで、これでは何の益があろうか。目くらの目をひらかせ、つんぼの耳をなおすようにした、貝原益軒先生のような学者こそ俗に悪口を言われながらも、そう言う人々より何倍かまさっているのである。

右は江戸時代のごくふつうの漢学者――とはいえ、いわゆる村学究といわれる寺子屋などの手習師匠といわれる人たち——のことばであって、いわゆる有名人のことばではありません。おそらくどの人名辞典にもこの著者の名は出ていないでしょう。しかし、この『俗書正譌』は漢字が学者の遊び道具になったり、物好きの床の間の飾りになっていることの非を悟って、真に文字のあるべき姿を認識した学者の手になるものだと思います。しかしこうした学者は現在の研究者からも見向きもされず、その著作もほとんどほご同様に扱われているのです。わたくしたちはともすれば内容ではなく、著者のいかんによって、また研究をしている人の是非や、出版社の名などで評価してしまいます。物事をその本質まで冷静に考究することなしに、つい肩書きや名前などで、是非を判断する悪いくせがありはしませんか。こうした奴隷的な態度を、いっさいふりはらって、客観的に正しく判断する態度とことばをもたねばならぬと思うのです。

右の引用でむかしの学者は平易であるという、その一例は、いわゆる五山文学の名で知られている室町時代の僧侶の漢籍の講義によっても、その一端がうかがえるでしょう。ほとんど全文がひらがな書きになっている『かながき論語』の出現もこの時代ですし、漢数字などが一般庶民に教えられるようになってきたのもこの中世という時代でした。民衆教化とコトバの問題は別に記述したことがありますので、その方にゆずりますが、漢字や漢文もできる限り内容理解本位という正しい姿になってきました。

途中省略しますが、幕末まで多くの学者たちの努力によって、漢字の簡易化もどしどしすすみました。細かい資料を出す紙数がありませんが、もはや四百年ほど前に、現代の当用漢字字体はすべて出そろってしまいました。それどころか、〈飛〉の代りに〈飞〉、〈濁〉の代りに〈浊〉などを漢籍の講義や、筆記録の略字を日常生活の、毎日の生きた文字として用いています（いずれも現代でも認められていません）。

学者と文字観　右に名前の出てきた貝原益軒も、奥さんと一緒に啓蒙活動や民衆福祉に全力を尽した九州の学者、教育者でした。また政治家として、学者として活躍した一代の賢学、新井白石も、町の人々や民衆の読み物に用いられている俗字を尊重して、その使用をおしすすめました。江戸時代、現代の評論家や一部の知識人などより、はるかに漢字に年月と研究を尽した学者の口から、俗字、略字（省文）の意義あることを述べる書物があらわされています。——これは、学問と文字と生活との深いかかわりを、民衆のがわに立って理解しようとした真の啓蒙学者の姿勢かと思います。こうした学者の群のうちに、もう一人、森島中良という学者兼戯作者がいます。彼はその著『紅毛雑話』の中で、中国では、〈寝食を忘れて勤学すれども、生涯己か国字を覚尽し、その義を通暁する事能はず〉と批判しながら、日本についても次のように述べています。

（日本は）いよいよ末の世に至りては、唐土の字音字義を用る事と成てより、事少なく安らけき吾国風を捨て、事多く煩はしき唐土風を用るは何事ぞや。

またこのような漢字への的確な認識を深めて、ついに、五千字に及ぶ異体字や略字までを収集分類して、二巻の書物にまとめて出版した学者もいます。当時第一級の和算家、数学者であった中根元圭という学者です。江戸文化、学問の盛んな元禄時代のものです。いわば文科系も理科系も区別なく、漢字・文字の歴史と現状を認識した学者たちは、必死になって、あるべき日本の文字、漢字の姿に考察と蒐集の年月を重ねていったのです。

国語教育から日本語教育へ　右のような学者の努力は明治維新以後、国家権力によって否定されました。明治初年における民衆の四角い文字（漢字）の多用への歎きは、数多くのエピソードや物の本に記録されています。それがまた反面で、学校教育の重要性とすりかえられて、全国民を熱狂的な教育民族にしてしまいました。一口にいえば、それまでの俗字や略字を廃してしまったのです。すくなくともこの新しく作られた歴史は昭和二十年の敗戦までつづけられます。強化されてさえいきました。このような歴史への批判や反省なしに、明日の日本語の建設も、漢字への新しくしてあるべき認識は、創造されません。小・中学校の先生方は雑用に追われて、とてもとてもお忙しいこととは思いますが、このような誹りの文字教育、国語教育を史的にも考究した真の研究書を一読していただきたいと思うのです。〈国語教育〉のおかした数々のマイナス面の一つをえぐり出して、今と明日の国語教育の哲学をうちたててほしいものです。そして国語教育から日本語教育へと移る時に、私見では文字を客観的に冷静に考察し、正しくも豊かな言語教育ができると思うのです。そうした時に、はじめて、〈ローマ字を日本の文字に〉と理解できる教師がふえてくるのではないでしょうか。

五百年ほども前に既に多くの日本人が、ローマ字をマスターし、自国の古典――『平家物語』や『和漢朗詠集』など――をローマナイズしました。あるいはまた聖書の一部や、〝イミタチオクリスティ〟――〈基督模倣〉という世界的古典――を都のど真中で印刷、出版しました。わたくしは十五年程前（一九五八年）に、天草の崎津や大江を旅して、キリシタンの資料遺跡を訪ねたことがあります。その旅先で、一人の漁師のおかみさんと話す機会を得ました。彼女はわたくしに、〈むすこは六年生になるが、ラテン語で聖書を読んでいる〉と健康そうな赤銅色のほほを紅潮させて話すのでした。ここには西欧の、ローマ字の育つ地盤が今でも息づいているわけです。いわゆる〈隠れキリシタン〉の伝統が、神への信仰が、横文字を自分のものとさせたと思うのです。

コトバは文字によって文化の基盤を強固にし、進化をとげていきます。世界には数多くの民族と言語がありますが、文字のない民族は残念ながら、文化的には低い段階にとどまっています。文字の使命と効用とは絶大だと思います。日本が中国文化の圧倒的影響を受けたこと、その結果として数千年の伝統の重みをもつ漢字を背負いこみ、さらに自からこれに身を没して、さらに千余年を過してきています。――しかし単に模倣で終始したわけではありません。中国文字を知った時から、これとの苦闘がつづいたことも事実でした。『古事記』の編者、大安万侶の〈序文〉に告白されています。いわゆる仮字の発明も漢字と格闘の苦汁から、ひたたり落ちたエッセンスの一滴でしょう。それどころか、漢字も日本の文字として磨きをかけ、変質させていきました。

日・中共通の問題　しかし、ここ数年の研究の結果で、わたくしは一つの重要な点を、発見しました。それはこういうことです。すなわち、実は中国でもかなり早くから、漢字への批判と考察とがあって、日本と同じように、複雑から簡易へと移行していったということです。中国は表意から表音、例えば唐の時代の顔元孫――顔氏は孔子が天吾ヲ滅ボセリと歎き悲しんだ弟子、顔回の子孫にあたります――の編述した『干禄字書』（八世紀に成立）など、その明白な証拠となります。あるいはまた近く、『宋元以来俗字譜』（一九三〇年刊。わたくしは昭和四十三年に復刻刊行した）を公刊した言語学者劉復・李家瑞なども、重要な学者の一人ということができましょう。歴史を見通し、未来を予見するように、顔氏も劉氏らも、俗字や一般に通用する文字に関心を示し、その史的意義も認識、論述しています。こうして中国でも日本と同じように、一つの大きな流れとして、文字のあるべき意義と形体と機能とを認識している学者がいたわけです。この流れの最後の到達点が、現代の中華人民共和国による〈簡体字〉の制定でもあります。ですから現在の中国人民の簡体字も数千年の歴史と、多くの心ある学者の努力の結晶が創造したということができます。

幸いにも中国の指導者は、歴史を正しく読みとりました。文字が国民共通の財産であり、民族の魂の結晶であらしめることを認識し、その本質――コミュニケーション――の道具としての文字――の解明に努力しました。そして今は――新聞報道ですが――ローマ字への関心と実施を考慮していると伝えています。

一方、日本はどうでしょうか。すでに上で述べましたが、十六世紀のもっとも国民的エネルギーのあふれた時に、日本人はローマ字に関心を示しました。しかし鎖国によってつぶされてしまいました。さらに幕末まで、長い漢字の実態考察に努力しました。しかしそれも明治維新で消されてしまいました。いずれも国家という怪物による統制が強かったと思います。しかし今こそ国民が主権者になったのですから、政治的にも、学閥的にも圧力に屈する必要はなくなったわけです。

新時代の夜明け　さて吉利支丹時代が終り鎖国時代にはなりましたが、十八世紀の末ごろから、ヨーロッパ文化の優秀性をラテン文字二十五（六）字に見てとった人びとがいました。当時の知識人は漢文を否定し、かなり自由に横文字（ラテン語・オランダ語）をわがものとしました。そしてコマーシャルにあるように、――拙者にもブリタニカが読めるようになったのでござるというブリタニカ百科事典の翻訳出版の広告――当時のフランス百科事典の蘭訳本を四分の一世紀をついやし翻訳して、日本語でフランスやヨーロッパの思想、文化、科学を学びとることができるようになりました。翻訳は幕命でおこなわれた、江戸時代最大の翻訳事業でもあったわけです。現代に残る資料からすると、できる限りやさしい日常の俗語で、〈田夫野人〉のすべての日本人に読めるように翻訳したと宣言しています（序文）。その旗印に、〈厚生済民〉という標語をかかげています。ここでは漢文体はもちろんやめて、ひらがなに漢字をまじえて、きわめて通俗的な文体をとっております。そして訳語には、ラテン語とオランダ語を並記するという、国際的感覚も見られるのです。さらに具体的には、それまで多かった漢字による品詞・固有名詞の表記――ビールを麦酒、ロンドンを龍動、ニュートンを奈端などとすること——も、できる限り片仮字表記にしています。明治初年の固苦しい直訳的表記より数等もまさっているということができます。これは訳者がコトバと表記に関してかなりつきつめて考えていった結果でもあります。こうした時代を先取りした真の洋学者たちに対して、その態度と実行とに、心から敬意を表したいと思います。洋学者の間から、〈かな〉の国字論や、〈ローマ字〉の国字論的なものが出てきても決して奇をてらうことにはならなかったのです。

しかし日本人全体にとって、鎖国といいますか、島国での自己満足的生活は、あまりにも対漢字観をゆがめたものに育成してきましたし、明治維新はついに一般大衆不在のままに官尊民卑の政治に、文字への正しい眼もおおわれてしまったのです。

ローマ字化の見通し　中国との国交も正常化しました。同じ漢字の重荷を背負ってきた二つの民族——中国を父とも兄とも考えられるのですが——は、やがて共通の問題として、ローマ字化にふみきる時がくると思います。おそらく中国が先に、ローマ字化に成功するでしょう。それを日本は第二、第三の中国文化の摂取として、古代のそれにも似て、これを模倣し、自からのものとするために、努力するかも知れません。日本人にとって、常に中国が教師であったように、日本でのローマ字化も、中国の影響が一つの大きなきっかけとなって、国民的、国家的な運動になり、政治レベルでの討議が活発におこなわれるようになるのではないでしょうか。しかし古代と現代とでは、いろいろな点で条件や環境が異なっています。ことに世界と日本との距離は、想像以上に狭まるでしょう。試行錯誤によって、日本語の文字体系をローマ字によることの絶え間ない認識が、日本人の間にしみとおっていくことと思います。もし万一そうならなければ、ついに日本は世界で唯一の漢字国家として、孤立の栄光を歎くことになると思うのです。栄えている一国家がやがて没することは、世界の歴史に徴しても数々の実例があります。ギリシャもローマも、蒙古も世界で最大強国だったわけです。日本がいつまでも永久に富み栄えるとうぬぼれてはなりません。没落は公害のように、知らぬ間に日本列島をむしばんでいると思うのです。

漢字制限に反対する人も賛成する人も、あるいはローマ字使用や、教育に賛否両論があっても、日本人が日本語を表記するのに、もっとも適した文字体系の創造に努力するべきかと思うのです。これは学者だけにまかしておける問題でもありません。日本人一人一人が、ほんとうに自分のこととして自覚することが必要だと思うのです。学校教育において、ローマ字の教育を無理にすすめてもむしろ逆に反発を受けるだけだと思うのです。教育を施す以前の〈教師〉への教育も必要でしょう。また幼児からローマ字に接するような環境作りも必要でしょう。コトバも文字も慣用の体系であり、総和なのですから。出版活動を通しても、国民的な運動にまで高めていかねばならぬと思うのです。あらゆる可能な手段と方法を考えて、強力におしすすめてゆくべきかと思います。もっとも私見では、一つ〈かな文字〉の時代を緩衝地帯として設けることも、必要かも知れません。具体的な方法については、改めて慎重に考えて、解答を出したいと思います。

紙数の関係で漢字の〈造語力云々〉に対する私見を述べるスペースを失ないましたが、結論的に述べさせていただきますと、決して本質的に漢語・漢字が本来の大和詞や、かなに比して造語力に富んでいることはありません。ことばをつくるには、人間の側にすべての責任があることを、自覚反省したいと思います。その一つの証拠は、〈方言〉にあります。次の機会に、〈方言〉とそのうちにひそむ日本語の本質、かなに託すことのできる言葉の力——結局は庶民による造語力ですが——を考えてみたいと思います。

＊「Kotoba to kurashi 26」（一九七三年四月二五日。社団法人日本ローマ字会。京都）

六　ことばと個性

軽率に筆を下さぬように、第一行を慎重にせねばならぬ
——ゲーテ「ファウスト」

ことばは人格であり行動である

ことばは人格である。それゆえに受験地獄という現代社会で、自己のことばをつづるということは、きわめて困難な仕事に属すると思われる。何よりも自己を錬磨《れんま》し、人格を形成することが必要であるから。

ことばは人格であるということは、俗に言われている〈文は人なり〉とやや異なるようである。というのは、ことばをつづることが、単に個性的（personality）であればいいというわけではない。一個人の全性格をさらけ出すというのでは意味がないのである。

東洋では古来、文章道ということが言われた。これは経国の大器とされ、文化人・知識人であるためには絶対必要な教養であった。なかでも〈詩（漢詩）ハ志ナリ〉と言われ、作詩は男子の志す方向を示すものでもあった。

ことばをつづるということは、一つの目的をもって、自己の思うところ、感ずるところを述べる——で終るものではない。ことばによって、一つの行動がひき起こされるという点が重要である。ベトナムの平和も、ジョンソン大統領の貴重な演説と、それにより戦線での戦争行為が停止されるときにこそ、真のおとずれを迎えるのである。諸君も聞いていると思うが、近ごろよくいわれる〝行動の科学〟の根本は、そうした意味から、ことばの本質につながっているということができる。

さらには、日本語とは何ぞやという、日本語への本質を黙想し、よくその構造とメカニズムを理解しなければならない。

ＴＶなどで、しばしば落語家や漫才師たちが、拍手を強要するようなせりふを投げかける——これなども、ことばがどのようなものであるのか？　ことばは人格であることを知らぬ最大の卑劣行為であるといわねばならない。

最適なことばは一つしかない

周知のように、平安朝時代に、紫式部や清少納言など女流作家の出現があり、才媛《さいえん》らは独自な文章をはなやかにつづってみせてくれた。後世に名をとどめるまで、彼女らが人をひきつけ、感激させる文章をつづることのできたのは、どこに理由があったのだろうか。当時の男性は只管《ひたすら》漢文で文章をつづろうとし、それも和臭なき漢文をつづることが大切であった。まったく言語構造の異なる外国語のシナ語に、自国語を改変しようとするのであるから、きわめて困難であり、それだけにきびしい訓練《トレーニング》も行なわれた。しかし所詮《しょせん》それはムダであった。日本語ともシナ語とも似つかないぬえ的文章ができあがってしまったのである。であるから、こうした時代に漢字や漢文にわずらわされることのない女性たちは、かな文字で、第一級品を書きあげることができたのである。けっして男性群のように、〈男もすなる日記といふものを、女もしてみむとて……〉（『土佐日記』）などと、女に化《ば》ける必要はなかった。

しばしば夏目漱石の手紙が、個性あるものとして賛美されている。たとえばつぎのように。

　本日は虞美人草休業。肝癪が起ると妻君と下女の頭を正宗の名刀でスパリと斬ってやり度い。然し僕が切腹をしなければならないからまづ我慢するさうすると、胃がわるくなって便秘して不愉快でたまらない。僕の妻は何だか人間の様な心持ちがしない。中学世界での評なんかはどうでもよし。知人を雇ふて、方々の雑誌に称賛の端書を送ったらよかろうと思ふ（鈴木三重吉宛）

漱石はあまりにも有名なので、今さら解説する必要はなかろう。右の手紙は相手がかわいがっている弟子《でし》ゆえに、自己の心情をかなり生《なま》のままぶちまけているわけである。そこに個性があるというか、漱石らしさがよく出ているとも評されるのであろう。しかしひと口にそう評することは問題である。〈妻君〉の誤字（正しくは細君）もけっして個性的といって許されるものではない。漱石は誤字・宛字《あて》の多いことで有名であるが、だからといって、そのまま人格につながることにはなるまい。

文をつづるときに細君を妻君と書いたり、バケツを馬穴と書いたりしてはいかんというのは、単に誤字・宛字の排斥を意味するものでもない。ことばが本質的に、第二信号系であり多様な内包をもっているということである。たとえば、〈赤〉ということばが提示されたとしよう。この語から諸君はどのようなことを思いうかべるであろうか。〈赤〉から、〈血・情熱・信号・赤インク・夕焼け・共産党・ソ連・人民の国……〉など、さまざまな内包的意味を描くであろう。あるいは、a lemon（レモン）という語を聞いて、どのような内包的意味を考えるであろうか。

ことばはそれがあらわす内容（内包）と、常に一対一の対応をもつとはかぎらないのである（これがことばの重要な本質であることを銘記されたい。a lemon は、たとえば、アメリカ英語で、I got a lemon. = ヒデエモノヲツカンジャッタというように、日本人とアメリカ人とでは、まったく内包が異なる）。ある意味ではコミュニケーションとは、この内包の確めのうえに進行するものであって、誇張するならば、常に〈誤解〉のうえに成立しているのである。自己表現のむずかしさがここにある。

文豪・谷崎潤一郎が『文章読本』の中で、〈文章のよしあしは曰《いわ》く云《い》ひ難《がた》し、唯《ただ》感覚を以て感ずべきのみ〉と言っているのも、個々の語のもつ内包への感覚的磨きを尊重するからである。一語一語の厳密な選択は、時にまったくコトの運命を左右する。たとえば上野陽一氏は、その『人を説く法』にあって、題名のつけ方で本の売れゆきが、次のように変わったという。

◇鉄マスクの秘密（年間売上二千部）→鉄マスクをつけた男の秘密（同上三万部）
◇討論術（ほとんど売れなかった）→論理的に議論する法（年間売上三万部）

題名がいいのか、読者層の無能ゆえか、今この理由、原因について探究することはやめよう。明らかに出版社の浮沈にかかわることになったのである。このように、ことばはいいかげんにとり扱うことのできないものなのである。また散歩するということを表現する場合にも、〈散歩する・散策する・漫歩する・そぞろ歩きする・杖をひく・ぶらつく・プロムナードする〉などいろいろな語を用いることができる。〈最適なことばは唯一つしかない〉のである。

そのうえことばによって、考えが一つにまとめられることも忘れてはならない。わたしたちはふつう思ったこと、感じたことが先にあって、それを一つにまとめるためにことばを用いる、と考えることができる。しかし、できあがった一つの表現――たとえば、ことわざ〈他山ノ石（他人のことを自分の手本としてあおぐ）〉とか、〈能アル鷹ハ爪ヲカクス（才能ある人物は、やたらに己れを誇示しない）〉などを思いうかべればわかるように、逆にそれらによって、思考や行動が一つの型にはめこまれたり、規定されることにもなるのである。数学者、岡潔さんが、高等数学も数式・符号によって考えるのではなく、やはりコトバ――すなわち日本語によって考え、数式でまとめると述べておられる。おそらく湯川秀樹さんの素粒子理論なども同様であろう。あいまいで非論理的だといわれる日本語によって！

第一行を慎重に

ことばをつづるときは、ただ心構えや目的意識にめざめればそれでよいというものではない。それどころか、ことばをいかに効果的に組みたて、表現するかが考えられねばならない。したがって、そうしたときに技術や手法のことがとりあげられるのである。

しかし新しい文章修業の方法が、いわゆる修辞学でいう修辞とは異なることを、はっきり認識しておいてもらいたい。これまで修辞とかレトリックといわれたのは、古代からの漢文的修辞法である。それでは既製の表現・形容などが定められており、それをどう運用するかにかかっていた。山であれば、ほとんど常に〈魏々《ギギ》トシテ〉とあり、何かというと、〈玲瓏《レイロウ》タル〉と形容してすましていたのである。しかし新しい方法である文体（style）の論は、まさしくことばのスタイルを、内容に即し、人物に即して精細に仕立てることを研究するのである。〈文は人なり〉というのは、そうした文体観からの一所産ということができる。しかし、スタイリストに終ってしまってはいけないということである。ことばのスタイルが、単に服飾のファッションスタイルのように、個人によって猫の目のようにくるくる変わってしまっては困りものである。〈文は人なり〉をさらに高めて、どこまでも〈文は人格なり〉としなければならない。これは古代から東洋および日本に伝統的に底流として存在したコトなのである。

さて実際にはどうであろうか。次の文は、「早稲田大学新聞」でみかけたものである。

（諸大学教組が）「改悪反対」の抗議を行っているにもかかわらず、学園の教組は、「まさか、私大には影響がないでしょう。まだ一度も問題にしたことがない」といった様子で、他山の石として傍観している。

右の〈他山の石〉の比喩は本源から考えると誤用である。しかしこれはスタイル論から言えば、ネックレスを耳飾りにしたようなもので誤りというより、醜い、異様なものである。こうした例は、作家のものでも、〈素人《しろうと》はだしの芸（玄人《くろうと》はだし？）・車軸をくだす雨（車軸を流す）・ちょっと感じを害された（感情を）〉などがみえ、新聞でも、〈重軽傷四十二名というはなばなしい結果・戦争のおかげで両親を失った〉など、不適切な用語表記例がみられる。

この種の慣用句《イディオム》や熟語・形容のことばの、異様な使い方は意外に多い。ことばを単に身にちょっとまとう服装か、あるいはそれにつけるアクセサリーの一つぐらいに、軽く考えている結果である。〈教え子〉という単語にしても、教師に教えられた弟子《でし》が、自分から、〈私はS先生の教え子である〉というのは珍妙である。やはり熟慮と選択を怠ったものである。故ケネディ大統領の暗殺の報が伝わったとき、ある放送局のアナウンサーが、〈～をきいて、深く感動した〉と放送していた。人の死に感動するとは、なんと不謹慎なことだろう。一つ一つの単語・表現にまつわる伝統的・社会的慣習、慣用の意味をよく考え、注意ぶかく用いねばならない。

次の例は生徒・学生のものだが、まったく書きつづっている本人が、何を言おうとしているのか。きらびやかな漢語に自己陶酔しているものである。

ａ自分にとって中学までの生活は、現在の自分の位置、つまり歴史的必然性と社会的必然性、さらに三次元について考えるならば、第三番目の軸となって空間の位置を定めるべき何ものかを与えてくれたのであると思う。（ある「高校新聞」）

＊

ｂこのような現状の中で、むしろ我々は、日共の一層の反米民族主義的歪曲と社会党の「憲法擁護運動」への回避を徹底的に弾劾し、イデオロギー攻勢の一環としての学生自治弾圧攻勢をはねのける闘いを創造してゆかねばならないだろう。（ある「大学新聞」）

おそらく、〈歴史的必然性〉とか、〈弾劾・創造、歪曲・回避〉などの、かっこいい漢語にふりまわされ、すっかりそのとりこになってしまったのであろう。使うべき人間が、逆にことばに使われてしまっては、満足な個性豊かな文章をつづるなどは不可能である。

受験に際して諸君はおそらく一語一字を真剣に書き、確かめるであろう。初心忘ル可カラズである。ことばとの対決にあたっても、この初心を忘れず努力してほしいものである。

ことばと個性の問題は、最終的には日本語と日本人の表現体系にかかわってくる。やや専門的になるが、アメリカ言語学の一つに、〝構造言語学〟というのがある。これから出た術語に etic と emic がある。これはことばの研究方面だけでなく、さらにひろく文化を解釈する方法としても応用されるようになってきている。すなわち、etic は文化をひろく一般的基準・構造の上で論じ、emic は独自な特殊な構造の面から論じる。日本人と日本語の場合も、この emic 的方法が必要とされる。発音の点でいえば、LとRとは日本人にとって etic として理解はされるが、emic ではない。構造的、意味的差異はないのである。

しかし、〈私ハ室ニイル〉と、〈私ガ室ニイル〉では、ハとガの emic 的、日本語的構造は決定的である。さらにまた、漢字の emic 的考察は、日本語をつづるうえで、きわめてたいせつな点であり、それらをもって書きつづる文章の emic 的様相を分析し、考究しなければならない。これはいうまでもなく日本文化の究明につながるのである。時に日本語はアイマイであることをさえ必要とする。人間がひとりの母親から生まれでてきたように、日本人は日本語によって表現する以外には、よるべき具はない。日本語に内在する欠点も、日本語のもつ長所も、長い歴史的伝統のうちにつちかわれ改良されてきたものである。しかも上に述べたように、ことばをつづり、語るということは、不幸かもしれないが、誤解の上に立っているのである。自己を赤裸々に露呈することではなくて、人格を語ること――こうした基本的態度と方法をもって、第一行を慎重に書きはじめるべきであろう。

蛇足ながら、もし文章修業のよき参考書を求めるとするなら、谷崎潤一郎の『文章読本』を推薦したい。最高の、しかも唯一の書であると思う。

＊「大学受験高3コース六月号」（一九九五年、学習研究社）

七　《言語時評》　コンピューター条例

どなたもかならず一度は経験されていることかと思うが、まったく交渉のないデパートや出版社から、案内広告が送られてくることがある。どうしてと首をかしげる。ジャの道はヘビで、最近のように情報手段の発達や、情報への関心の高い時代には、そんなことは朝飯前のことだという。先日も広告ではないが、大学の研究室に見知らぬ男が二人きた。演習が終る時間をみはからってのご登場だ。――あとでわかったことだが、わたしの大学での講義時間や教室、図書館にいることまで知っていた。すべて事務所できいてきたという。

こうした事実にぶつかって、わたしは奇妙な、そして何かおそろしい感じをうける。ひとつは、どうして情報を集めるかであり、もうひとつは、いわゆる個人的なものの保護である。ところが9月19日の毎日新聞に、〈広がる「コンピューター条例」〉とある記事が目にとまった。地方自治体でコンピューターを導入したのは昭和35年の大阪市がはじめで、現在（昨昭和50年4月）では都道府県全体で二三二四の市区町村がこれを利用しているという。70％以上の活用率である。しかも住民記録・個人情報をコンピューターにいれているのは、三六三市区町村で、対象人口は二九八九万人、全人口の約27％であるという。こうした数字を知って、ますます恐怖感にとらわれた。あるいは恐怖などとおおげさというかもしれぬが、昭和ひとけた生れのわたしは、戦時中、非国民呼ばわりをされた経験がある。日本人は体質的に権威主義・事大主義、わるくいえば岡っ引根性がある。教師であるわたしは、学生からきわめて個人的な相談をうけるし、就職の相談では履歴書――本人のみでなく一家の情報を公開する――も受けとる。教師は医師と同じで、個人の秘密に対して、充分に神経を用いねばならない。戦争中の体験も加わって、このコンピューターの情報収集や地方自治体でのその利用、さらに学校その他企業でも、個人情報をコンピューターにいれていることに関して、大いに関心と警戒の眼や耳をもちたいと思う。昨年、全国ではじめて東京国立市で、〈コンピューター条例〉が制定され、この7月には世田谷区でも成立したという。仙台市では9月の定例議会に提案中とあったが、成立したかどうか。

原子力ではないが、コンピューターは利用の仕方によっては、皆殺しの武器となり、うまく操れば貧しい国土を豊かに化する。たとえ公務員には、〈守秘義務〉があるとはいえ、地方のそれが一度、中央官庁のコンピューターに直結すれば、まさに〈国民総背番号制〉だ。自治体だけではなく、コンピューターを利用するところはふえていくであろう。情報の収集はもとより、その提供と個人の保護に、関心と監視の眼をもたねばならない。日本人にはいまだに、プライバシーの真の意味を解するもの多しとしないからである。

＊「言語生活」（通巻三〇二号。一九七六年一一月号。筑摩書房）

八　○×句読論

まったく驚きました。丸い卵も切りようで四角ということが！　今さら身にしみて感じたのです。というのは、つぎのようなことがおこったのです。

本誌（「ことばの宇宙」）一月号に、〈終止符〉がテーマとして論じられていました。そこで、私は大学の教え子に句読点用法の質問をこう発してみました（Tは教師、Sは学生）。

（T）コマーシャルの〈ミタスミタスといいました　まる〉の〈まる〉の意を問う。

（S_1）（前略）この「まる」は句点を意味し、文章の終結を推測させるとともに、バツ・マルの「まる」とも解することができる。（中略）この文章が「まる」という意味と「ミタス」という調味料が良い製品であるという意味の「まる」とをかけているのである。

（S_2）（前略）まるの意味は「良い」という意味ではないでしょうか。（中略）もしこれを単なる句読点として考えるなら、あまりにも平凡すぎて宣伝の文句としては、別段特別の効果をあげることができるとは思えません。やはりまるの意味は「ミタスはいいですよ」という意味で用いているのではないかと思います。

＊

私の教え子（S）たちとは、男女共学と女子のみの四年制大学生で、いずれも文学部に属しており、二年・三年生たちでした。学生たちのリポート（約四百字）を一つ一つ読みながら、その途方もない、時には異様な解答に驚き、喜び、考えこんでしまいました。知らないということの偉大さなのでしょうか。新鮮な、既成概念を逸脱した考え方に、しばらくは唖然としたり、すこしばかりうれしくなったものです。

＊

私は、〈まるは句読点……〉と解答し、それ以外には、特に意見などは提出されないと思っていたのに、数々のリポートが、テストの時の〈○・×〉の〈○〉であるとずばり述べているのに、いささか予想を絶しました。それらの中には、〈句読点としての。を声に出したものである〉などという意見はまったく述べられていないものまであるのです。確かに日本語文では、まるは意識されず、あってもなくても関係ないのでしょう（？）そうした日本人の潜在意識が、はしなくも出てきているのでしょう。ある女子学生ははじめからこう述べたてています。〈「まる」は、小中学校で、試験の時、答が正しい場合、又はよくできた場合につける「まる」「ばつ」の「まる」であると思う。つまりこれは○×の○であって……〉と。さらにつづけて、〈この言葉は、現在の○×教育の弊害を端的に示しており、すべてのことを○×で解決しようという意図の現れである……勉強以外のことも、よい、悪いの単純な二つの答えに結びつけようとする傾向を生み出す〉と発展させていきます。こうした〈まる〉の論理学は、まだまだ展開されていくわけですが、○が完全・円満を意味しているという意見もすくなくないのに、〈なるほど！〉とかんしんしたりです。ある男子学生は、〈つまりマルはＯＫということである〉と述べています。たまたま台所にある〈ミタス〉の袋の説明書きを読んでみたところ、〈（前略）どんなお料理の味つけもＯＫです。〉とあるのです。わが愛する学生たちの解答が、あるいは唯一無二の完璧な解だったのかも知れません。コマーシャルの意図は、かなり広く深く聴視者の胸中にくいいったと考えられます。想像をたくましくしていくならば、マルはお金［この意見はなかった］に通じるかもしれません。ミタスの製造会社、バンバンザイというところでしょうか。

戦後の○×教育がここにまで侵入しているかどうかは、今判然としません。しかしすくなくとも、そうした戦後の○×教育に関係づけて考えている学生——いわばおよそ句読法の心理学とはまったく縁もゆかりもないような思考、発想の出てきていることは、注意してもよかろうかと思います。
今さらとりたてて言うまでもなく、ことばは、人間の感情や思想・意思を伝達するだけではありません。ことばは伝達機能をのりこえて、ある特定の行動にまで駆りたてる機能のあることを十五分に認識することが必要なのでしょう。私たちの周囲には、あまりにもこうしたよりすぐった優秀なことばの核弾丸が用意されすぎています。〈東京 tookyoo〉という数文字——特に週刊誌などの——によって、若い純な魂や肉体が、どれほど朽ちすてられることでしょう。ことばの凶器に無防備であってはならぬ！　と言いたいのです。

かつてさる有名な心理学者は、〈音声言語において発音されない部分、これが句読点のあらはすところである〉と言い、〈句読点のあらはす部分は、沈黙体制〉の部分だとも言いました。しかし今や、マルと叫ぶことによって、〈ミタス……〉という宣伝文句が、かなり明確な形をとって、聴視者にせまってきます。ミタスでなければという烈しい主張が、はっきりと前面におし出されてくるのです。たしかに句読点の論理は声に出してマルと言うことによって、決定の辞であることも証明すると思われます。沈黙を破り、句読法の存在意義を重くしています。

ある女子学生のリポートに、こうもありました。〈いかにも自信ありげに、声に出して語ることによって、ますます断定の調子を高めている。近頃の子ども〔TVでは子供が叫んでいる〕は自己主張のみに汲汲《ママ》としていると言われるが、そうさせているのは……。このコマーシャルを聞く度に、私はある種の嫌悪の念を覚えずにはおられない〉と。若い人びとを烈しい行動にまで駆りたてるのは、こうしたことばの構造と句点の社会心理学におっているのではないでしょうか。裏がえすとわが愛する国語は、〈。〉とか、〈・，〉などでは、表現し判定しえぬ次元の相違を、〈何もない〉形式で示す伝統をもち、それによってつづいているのです。

しかし句読点への訓練は、戦後の英語学習とは切り離せないと思われます。私たちは、かつて点や丸をつけぬ知恵をもっていました。何千年来です。今ももっているはずです！　それなのに、戦後はやたらと、点や丸をしかも和洋混交で打ち、自己満足——おれは合理的、近代的である——におちいっています。教育ママの出現と存在も、ある意味では、可能性に満ちあふれた子どもたちに〈マル　period〉となっています。夢を描き、秩序を与えて限りなく発展し展開して、天かけるはずのすばらしい子どもたちに、愚かな〈マル〉を打つ技を演じているママさんたち。ママさんたちにとって、マルはまさしく〈期待の記号〉であるわけですから。しかもぎりぎりの線で断定し、決断のつけられぬままに迷っているものたち——戦後の日本の〈マル〉が、きわめて象徴的に、学生たちのリポートに報告されていると思うのです。

日本語文に、period は必要ない——と言えます。しかし戦後、period の価値とそのうち方はかなり明確に教えられたし、学ばねばならなかったはずです。日本語になかった period をどう創造していくべきか、ミタスの〈マル〉を考え、学生たちのさまざまな意見や感想を読んで、つくづく感じるのです。——と同時に、ファウスト博士ではありませんが、コトバ、コトバ？　認識、認識って何なのだ！　行動への科学が、ことばへの科学が、人間性への文化的帰結でなければならないことを教えてくれるようです。

おそるべきは、ことばです。考えるべきはことばにかつを入れ、行動へまで駆りたてる最後の〈まる〉でありましょう。そしてもう一言、〈恐るべきは○×教育〉でしょう。

余聞：ミタスについて一言。かたかな表記ということで、つい奥様がたがさいふの口をひろげてしまう。ミタスは味加《みたす》・満《みた》（充）すで、きわめて平凡なことば。風邪薬にケロリンというのもありますが、これも純粋な大和詞でしょう。文字は決して音声や音韻の体系ではないんです。一般意味論的な問題につながることを考えたいと思います。しかも、大正期のタンキスト（短歌人）などを含めて、昭和と大正の違いも。日本人が横文字のみでなく、かたかな文字にも弱いことを〈ミタスミタス……〉は立証しているようです。

*「ことばの宇宙3」（一九六八年三月、テック言語教育事業グループ）

九　家を移して妻を忘れる

失われるものの多きを憂う

言葉が問題だ　自己防衛のために、銃をもって日本の高校生、服部君を射殺したアメリカ人に、〈無罪〉の判決が下った。これを日米文化の違いだともコメントを加えた記事も見た。アメリカは人命の軽視であるともいう。しかし日・米いずれに罪があるのか、ただ〈不条理〉というしかいいようがないと思う。ことばの正体の探求に命を懸けているわたしには、やはりことばが問題なのだ……とは思う。高校生がフリーズという英語を知らなかったこと（ことばの軽視）、評論家の面々が、〈文化〉ということばを軽々しく口にしていること（これもことばの軽視）――は確かであろう。わたし個人ではアメリカ人を友人にもっているし、かつてアメリカ人に助けられた経験もある。むしろ海外滞留中の経験では同胞の日本人よりも、はるかにわたしの立場に立って助力してくれたことを思い出す。そのころのわたしは英語に弱かった（戦中の国家によることば統制＝外国語軽視の被害者）。しかしわたしは体も命もそこなうことなく、確実に今、ここに存在している。一体、わたしたちがシッテイルということは、体験としてなのか、知識としてなのか、――フランス語には両者を区別する単語があるのは周知のとおり――ともかく、その点も落差は大であろう。やはり、〈服部君〉のことは不条理としかいいようがないのである……。

アメリカ人の心　ここで思い出すのは、アメリカの作家、T・ワイルダーの〝サン・ルイス・レイ橋〟である。〈千七百十四年七月二十日金曜日の正午、ペルーの国中で一番美しい橋が壊れ、五人の通行者は真逆さまに下の谿へ墜落した……〉とはじまる。〈この橋こそは永久に滅びることのないものの一つ、と思われていた。壊れるなどとはまことに思いもよらぬことだった。この椿事を耳にした瞬間、ペルー人たちは十字を切り……自分自身谿底へ落ち込んでゆく光景が、幻覚のように彼等の眼に浮び上った〉と。――作者は以下、〈偶然のことであろうか〉とこの事件の謎をおって一篇の小説に筆をついやす。冥想的で地味な、かつ精緻な文体で、この惨劇を演じた神の摂理を描く。人間の愛とか自我、死の犠牲者、残された身内の人たちの事件への認識と目覚め――今は古典的と評されるこの小説に、アメリカ人の心の構造をかいま見ることができよう。この作者はことばをまことに大切に、丁寧に扱っていることにも共感を覚える。おそらく作者は小説をとおして、人が生きていること自体、〈ダモクレスの白刃〉の比喩をもって語らんとしているのではないか。今度の事件とも重なりあうところがある。

汝自身を知れ　中国の諺に、〈家ヲ移シテ妻ヲ忘ル〉がある。辞典には大健忘症を示す比喩とある。あえてコメントは必要ないと思うが、出典は『孔子家語《こうしけご》』、同書は偽書ともいわれるが、孔子と門弟の問答は興味がある。この諺もその一節で、孔子が門弟に、ソンナコトヨリ、モット忘レルコト、甚ダシキモノアリという。弟子は何カ？　と首をかしげる。それに対し、孔子は甚ダシキハ己ヲ忘《ワス》ルと教えるのである。西洋流にいえば、〈汝自身ヲ知レ〉ということになろうか。

妻を忘れたのは男の責任か否かはここで問うまい。古代中国の女の地位、当時の社会状況、中国人の女性観……などなどから、上にあげた諺を解釈することも可能であろう。さすが聖賢なる孔子の言よと賛嘆もよかろう。中国の文化革命はこうしたことばすら追放したのである。

中国の漢字は女偏として九百五十字ほどが作成された。これ自体古代の母系制を象徴している確かな証拠かもしれない。〈女〉はすべての漢字字典に、座して手を前に重ねた貞淑なる姿を象《かた》どったものと示す。〈母〉も、女に乳房二つを加えたものだ。〈要〉にも女はとりこまれている。〈安〉にもまた女は存在する。姦・姪・嫉・媄など、さまざまな女の外面と内面をあますことなく表現せんとする。文字文化はとうてい西欧のそれの及ぶところではあるまい。されば近代言語学では、文字の論は不毛になっているのである。しかしまた文字とことばとは次元を異にすることも、よく認識しておかねばならない。日本人はハニカムを中国の漢字では見出せず〈⿰女氣《ハニカム》〉と和製を新製した。

女偏の世界を日本でも育成したのである。これは日本中世において、独特な女ことば（女房詞）の世界を創造し展開した証でもあろう。

正と誤の基準は　この原稿を書いているとき、ＴＶで、〈早急〉をサッキュウでなくソウキュウで一般に認めることに決したと報じた。多くの人が使用するという実態調査の結果にもよるという。そのうち、発句《ホック》や発足《ホッソク》もハック・ハッソクとなってしまい、利益《リヤク》もリエキに統合されてしまうだろう。正と誤、易と難との基準は何か？　大衆の誤解や曲解に流されて、日本語を堕落にみちびくのは誰か？　と問いたい。サッキュウは文字の問題ではない。漢字ではなくことばとして〈さっきゅう〉で用いたいのである。心なき漢字制限はことば狩りに通じる愚策である。明治以降、姓名をローマ字では、Taro Okamoto《タロウ　オカモト》とあちらめかして綴る。国辱ものだ。姓＋名の順番こそが太古以来、日本文化そのものなのだ。己れを失うこと甚だしい日本人に、あらためて孔子の言を提供したい。

手は足は何のために神が創造したのか。銃《ジュウ》やコンピュータ、アクセルなどを操るためではなかろう。しっかりと大地に足をふみしめ、日々の食に、自然の恵みに両手をあわせて感謝を捧げようではないか。失なわれるものの多きに目を覚まそう。もはやおそいか。

＊「公明新聞」〈文化〉（一九九三年六月一七日）

一〇　カルチャー・ショック

Etymology を品詞論と解することの正当性を知ったのは、数十年ほどむかしになります。ただ語源（学）の一点張りでしか理会していなかったので、まことにおはずかしい話です。しかもこれが江戸時代の蘭語学者の著述を考察していて、ギリシャ語、etymologia の訳に、〈品詞・詞品〉とあるところから、教えられたわけですから、いっそうなさけなくなります。そんなわたくしが、戦後の英語教育について批判するなどというのは、まことにおこがましいことなのですが、まがりなりにも、英語とのつきあいもながく、商売柄、他の外国語もかじっていますので、素人の、岡目八目《おかめはちもく》の、やぶにらみ外国語教育論を一言のべさせていただくことにします。

この年齢《とし》になって感じることは、戦後の英語教育は、話せるように、悪くいえば孔子さまのいう巧言令色（鮮《スクナ》シヤ仁）のすすめで、二兎ならぬ一兎も得ずじまいにおわるのではないかという危惧です。わたくしのように昭和ひとけた生まれとちがって、新制度の大学出の人は、第二外国語も半強制的に学習させられるわけでしょうが、わたくしの三度の海外遊学で見聞したところは、英語を話すことも、母国語の知識もまことにとぼしい日本人のことでした。ましてや書いたり読んだりすることはどうでしょうか。これは一にかかって、戦後の英語教育に責任の一端があると思います。

江戸時代の日本人のオランダ語の学習法を、史的流れにそって考察した結果を小著五冊にまとめて公表（お国《かみ》から出版助成費を頂戴して）しましたが、その研究考察の過程で、オランダ語のよくできることの秘訣を発見したように思います。もっとも語学というのは、ある程度は資質にかかわることで、その点、古今東西かわりません。しかしよき師、よきテクスト、よき友人（競争相手）の三条件と、とりまく好環境が与えられれば、努力——これも能力の一種かもしれませんが——で、ある程度のレベルには達せると思うのです。そんなわけで、〈本邦和蘭通詞《おらんだつうじ》といへる名ありてより前後の一人〉（『蘭学事始《らんがくじし》下』）と絶賛された中野柳圃（志筑忠雄）の功業を詳察して得たところは、まことに皮肉なことに、話すことの職業（通詞）を辞退して、はじめてオランダ語の本質、ヨーロッパの学術や文化を理会し、これを母国語に翻訳することができるようになったという事実です。

柳圃は、『鎖国論』の訳者として知られていますが、Willen Akker（柳・田圃）のペンネイムで蘭詩をものし、〝蘭詩作法〟の小論では、日・蘭・漢の詩学（Poëzy の訳）について、比較文学論を記述し、さらに『万葉集』を蘭訳し、助動詞、マシは現在の事実に反する仮想と説明します。〈九品詞《エティモロギア》〉論はいうをまちません。門弟をして先生の古典学にはとうていかなわないと歎息させています。おそらく音声学も彼がはじめて意識的に学習したのでしょう。

稽古通詞《けいこつうじ》までいったのですから、蘭人との面接試験にも合格して、話す能力も十分だったはずです。その彼が通詞の職をやめて洋書の山に埋もれて、日夜、オランダ語の構造とオランダの言語文化の理会に死闘を演じ、若くして昇天したのです。

英語の教育に何よりも重要なことは、シェイクスピアの文学、T・S・エリオットの詩、ジョンブルの伝統的な民族精神を教えることではないでしょうか。アルビオンで創造された英文化、あるいは新大陸での開拓の苦心、アメリカインディアン語の研究にうち込んだ宣教師の無償の奉仕などなど——文字どおりカルチャーショックを子どもたちに与えることではないでしょうか。

最近、江戸時代の漂流民の記録を読み、当時の施政者が、彼らを〈英雄〉とたたえ、その一人、ジョン万次郎のもたらした一冊の英文典が、明治という新時代の英語文化を日本にうちたてる原動力となったことを確信しました。ドイツの社会学者、マックス・ウェーバーのいうとおり、情熱なき研究や教育は不毛でしょう。自白《じはく》のおそろしさは、無実の罪で死の淵にさらされ人生を奪われてしまいます。話すことの意味も必要性もよく教えずして、これを強要してどのような結果を期待するというのでしょうか。核だって決しておそろしくない、これを運用する人次第だと思うのです。

＊「現代英語教育第二十一巻第七号」(一九八四年一〇月号、研究社)

一一　俗字は生活の知恵

日本の漢字と中国の漢字は違う、というところから考えなければいけない。日本に入ってきたときから漢字の日本化は進められた。その中で略字や俗字は使われてきた。いつまでも『康熙字典』を基にというのは、一種の奴隷根性ではないかと思う。漢字の起こりと現状をまぜこぜにしてはいけない。それなのに漢和辞典を引くと、出典はほとんど中国の書物になっている。中国の漢字の字典ではなく、日本人の使ってきた漢字の字典が必要だが、そのような字典はないのが現状だ。

漢字の一部分が簡略化したり、字形が変わったりするのは当然で、中国でも昔から俗字は使われてきた。これまで拙著でも再三、その点を強調してきた。俗字は大げさに言えば生活の知恵で、それを否定して新しい物差しを与えようという考え方は間違っている。

一番大切なのは、漢字に対してどのような視点をもつかということだ。研究者にとっては、たとえば『古事記』などは俗字で書かれていない方がいい。しかし、現代の問題は、文字を使ってどのように速く、正確なコミュニケーションをするかではないか。その場合、略字にした方がいいという視点も出てくる。将来は、ますますコミュニケーションが大切になるといえる。他の字と紛れない限り、民間で使われている略字、俗字をすくい上げて認知していくという方向が正しいのではないか。

明治政府は江戸時代、三百年ほどで使われていた俗字を正字に戻した。このため相当な混乱が生じた。その間違いを繰り返してはならない。明治期までは中国文化、それ以降は横文字文化が中心になっているのに、漢字を巡る議論は旧態依然としている。五万語の漢字を覚えても応用力はない。四十八文字のかながますます重要になる。

大正時代に「ラッシュアワー」はまずいというので、「突進時間」に直そうとしたことがある。それと同じようなことをしようとしているように思える。

むしろ、形声文字、会意文字、部首など、漢字の構造を理論的にきちっと国語教育で、教室の現場で教えることが、今重要ではないかと思う。

＊「朝日新聞」（一九九八年六月二五日）、第21期国語審議会報告への私見

一二　板橋中丸町の先生と近藤正斎

くわしいことは覚えていない。しかしわたしが岩本堅一先生に、直接お教えをあおぐようになったのは、昭和三十二年秋のことだったと思う。早稲田大学の国文学科（今の日本文学科）が、毎年一回、早大国文学会を母校で開催するが、その時の懇親会が先生との奇縁になった。

その年、例のように学会のあと懇親会がひらかれたが、中央の主賓席に座をしめている一人の眼光鋭い老学者が、司会者の指名によって立ちあがり、一席弁じられた。弁じるという表現はむしろ穏当ではないかもしれない。静かにお話しがはじまったのである。歯切れの良さと、多少、江戸っ子の弁を思わせる話しぶり、しかしことのほかへりくだった言い方に、わたしは、〈ああこの方が岩本堅一先生なのだな〉とはじめて合点した。そのお話しの中に――今でも忘れないが――、最近はワセダにもおもしろいことをやる人が出てきましたね。女房詞を歴史的に考える論文を読みました。ああいうのもたいへん勉強になります――といった趣旨のことをもらされた。いうまでもなく、長い話のほんの一部であった。その論文が誰のものともいわれず、ただ題名と内容のごく一端にふれたのである。しかしわたしにとっては、大きな感動であった。〈女房詞の系譜〉というその小論は自分なりに、多少自信のあるものではあったが、発表以来、これという評価はなく、むしろ現代の女のことばへの認識を欠き、古い時代のそれで、女のことば一般を論じている態度は、好ましくないというウわさももれ聞いた。もっともそうしたウワサはただ一笑に付して、ほとんど気にもしなかった。しかし反面、積極的に小論を口にしてくれる人などいなかった。

その日の懇親会が終ってから、来賓の先生をそれぞれお宅まで、車でお送りするのが常例であった。それではからずも、わたしは岩本堅一先生を、板橋の中丸町なる御自宅までお送りする役をおおせつかった。先生のお宅とわたしの家とが、近いところにあるということからであった。わたしがはじめて早稲田大学に入学した時、先生は確か、〈随筆文学〉を講義されていた。しかし時間に余裕のないことと知識力の絶対的不足とが、この講義をとることを遠慮させた。アルバイトの多忙さも、組まれていた先生の時間割りとは、三年間うまくあうことがなかった。時に友人から講義の内容をきき、是非機会を得て拝聴したいと望んでいたが、しかし果せぬままに卒業してしまったのである。

懇親会が終了し、先生をお送りする車の中で、はじめて、〈女房詞〉の書き手であるわたしを意識して、おことばをかけてくださった。岩本堅一先生を身近に感じたのは、この時からである。車中の談は、わたしに新鮮で魅力的だった。その時の心のときめきをどう表現していいか、今でもただその出あいの感激を観念的に文字につづるだけで、うまいことばも、細かい描写も再現はできない。

お宅の前に車がついた時、先生は、〈よかったらおあがりなさい。すこし話していきませんか／いや、もうおそいですから……／でも君の家は要町なら、ここから歩いても十分ほどでしょう。わたしはかまわないんですよ。どうぞ、どうぞ〉――わたしは、おことばにあまえて、先生の書斎にあがりこむことになった。自分の住んでいるところから、こんなに近いところに、こんなにすばらしい先生がいらっしゃることを知り、悔んだり喜んだりした。その日の話は、その夜をうちこして、翌日午前に及んだ。わたしは午前一時を過ぎてわが家へもどった。

こうして岩本堅一先生と、わたしとの交流は先生の亡くなられるまで、加速度的に加わった。先生からできる限りのものを学びとろうと心がけた。大きな書庫や、金文字のきらめく豪華本のつみかさなった書斎ではない。また、古文書や古書でいっぱいになった古色蒼然とした書庫でもなかった。むしろ小さな茶室にも似た簡素な書斎――戦災でことごとく蔵書を失われた由――であった。しかし口から出ることばや、人名・書名は、それまで大学ではなかなか聞くことのできぬものばかりで、碩学とか賢学ということばが、ぴったりする先生だった。反面またきわめて生ま身の人間そのものをあらわし、〈ぼくの家には高いアンテナがはってありますから、いろんな情報がはいってきますよ。ここできいたことをそのまま大学などではおっしゃらぬほうがいいでしょう。ハハ……。先生方はあまり勉強なさいませんから〉――、時にはっとするような鋭い批判の辞もきかされた。わたしがサンスクリットを学習し、その苦行ぶりをお話しすると、さっそく、〈東元太郎といってなかなかの勉強家がいます。パーリ語を専門にやっている人ですが、わたしのところに時々きますから、御紹介しましょう。駒沢大学で教えている人です〉――その後、東元先生にお目にかかり、駒沢大学へもお訪ねしたが、サンスクリット（梵語）など、この種の言語の学習が、片手間どころか、一生かかっても、とうてい自分の手におえるしろものではないことを知った。東元先生にも、断念するのは早い方がいいという御忠告をうけ、すっかりひきさがってしまった。多少は横文字による文法書などを丸善で求めたが、ついにそれ以来、サンスクリットとは縁を切ることにした。

ここでは、これ以上わたしと岩本堅一先生との出あいを細述する暇はない。長女の死にも拙宅へ来られ、御自分の子どもを亡した悲しみをお話しくださって、いろいろと慰めたり力づけてくださった。――こうした点については、また別に公にできる機会が与えられると思う。しかしこと、蘭学に関しては、何としても、先生から、〈近藤正斎〉について、あれこれとお教えを受けたことは、一生涯忘れることはできない。

たまたま昭和三十六年の秋、国語学会恒例の公開学術講演の依頼を受けた。東京女子大学が会場であった。わたしに、〈洋学と近代日本語との関連〉ということで、講演をしてほしいと依頼があった。幹事の平山輝男先生から御連絡を受けたと記憶している。東京大学教授、時枝誠記先生の御推挙とのこと。わたしが、早稲田大学の乙種専任講師になって二年目であった。そんな晴がましいことをと、一度考えてからイエスかノーの返事をする旨で電話を切った。さっそく岩本堅一先生をおたずねして、この公開講演を引き受けるべきや否や、御意見をおうかがいすることにした。そこで先生は——おそらくわたしのやっていた研究が、多少目先の新しさがあって、それにごまかされたのだと思うが——、テーマがたいへん的《まと》を射ており、〈こういう機会に是非学術講演をすることは、君にとっても有意義でしょう。是非おやりなさい〉と励ましてくださった。わたしはそのおことばにのって、講演で話す内容をぺらぺらとしゃべりまくった。終始うなずいて耳を傾けてくださった先生は、〈これからたいへんだね。がんばんなさいよ。わたしのような怠けもので勉強していないものにも、よくわかりますよ〉とほめてくださった。この先生がこんなに太鼓判をおしてくださるのだからと、内心得意になって、この講演を引き受ける御返事を学会事務局に連絡した。

わたしは卒業論文に、洒落本や人情本を中心とした江戸語の研究をしたのであるが、次第に時代をさかのぼり、さらに横に幅をひろげて洋学——翻訳とその訳語に関心をもった。〈女房詞〉で岩本堅一先生とお近づきになれた機に、この洋学のことについても、いろいろとお話をおうかがいした。ことに洋学の一つの基盤は、漢学であると気づいてから、まったくその方面に不学なわたしは、せっせと先生の門をたたいて、江戸文学ことに江戸の漢学についておたずねした。まことに驚くほどよくこの方面のことを御存じであり、書物や学者・文人をお教えいただいた。時々旧幕臣の気性を表に出されて、江戸っ子のよさや、幕臣の運命の残酷さを語ってくださった。先生は古武士という風格、漢学者のような貌が随所にのぞかれた。わたしの家も御家人で、むかし青山に住んでいたこと、母方の祖父が維新になってから、切腹（自殺）したことを母からきいたなどと申しあげると、まったく先生の目は異様な輝きと愁いをもって、じっとわたしの顔を見つめておられた。

わたしが『近藤正斎全集』を知ったのは、国語学会の公開講演の結果を御報告かたがた、先生をおたずねした時である。先生は、〈もうご存じだと思うが、近藤正斎というのはなかなか学者ですね。正斎というより重蔵という方が知られているかな……〉といわれた。わたしは〈正斎〉は知らなかった。しかし重蔵は小学校の国史の教科書にもあり、北方探検家として教科書にのっている程度の知識はもちあわせていた。先生の口から近藤重蔵のことが出て、ちょっと意外に思った。探検家に、なんで……と、疑問に思いながらも、〈ハイ、知ってます。間宮林蔵などと同じ探検家でしょう〉、〈そうですね、しかし彼はたいした学者でね。学問が緻密で勉強家ですよ。確か長崎へもいっているはずです。戦災でなくなってしまいましたので、また買ってきましてね。この『近藤正斎全集』です〉――わたしは近藤重蔵が正斎であり、しかも全集まで刊行されている学者であることを、恥かしながらこの時はじめてしった。〈三十八歳で書物奉行になっているのです。この全集は是非お求めになっておくと、いつかきっと役にたつでしょう〉――国書刊行会、明治三十八年出版のものだった。先生が見せてくださった全集本は、その日たまたま池袋の古本屋で先生が求めてこられたものだった。

正斎が重蔵であり、探検家であることと、学究的な書物奉行であることとが、どうもわたしの頭の中で一緒にならなかった。率直にいって、その時わたしは内心で、これまでにないとまどいをみせていた。〈正斎の著作はどれをみても学問的水準が高く、書誌学上も高く評価できるでしょう〉。その夜、先生から近藤正斎についてお聞きしたことは、今でも昨日のことのように覚えている。それとともに、以後、その全集の恩恵をこうむること人一倍なのである。

わたしは、大学の帰りに池袋駅周辺の古本屋に寄って、『近藤正斎全集』を求めた。神田へも行ってみた。しかしなかなか見つけることが出来ず、先生から紹介されて、二年後ぐらいに、東京大学の前の木内書店でやっと見出した。全三冊を二百円で購入することができた。いうまでもなく、全集の第三巻にのる〈好書故事〉、特にその〈巻第七十四〉以下の書籍に関する記述は、蘭学・洋学を研究するものの基本的資料であり、一日も座右から離すことのできぬ貴重なものとなった。その後、この全集には数か所でお目にかかった。意地悪いもので、購入ができてからは、わりあいによく目についた。しかしその安いことは、どの書店でも同じことで、この本の価値などは知らぬげであった。

『近藤正斎全集』の三冊は、学恩というにはあまりにも大きな遺産である。〈好書故事第七十九／書籍二十九・蘭書二〉に収載の〈字書〉、さらに〈蘭書三〉にのる〈歴史〉、〈蘭書四〉にのる〈医書〉を一読すれば、いかに江戸時代、蘭学習のために、わたしたちの先輩がヨーロッパの書物を輸入し、それを苦心してわがものとする努力をしたことか、いつわらぬ証言のかずかずがそこに見出せる。江戸時代の蘭学学徒にとって、バイブルともいうべき〈ハルマ〉の原書も、『釈辞大全

二冊　俗省言、ハルマ、ウヲールデンブック』とあり、またそれと双璧ともいうべき〈マーリン〉も、『和蘭払郎察釈辞書　二冊　俗省言　マアリン　ウヲールデンブック』とみえる。いうまでもなく、それぞれに解題を施しているわけで、よし横文字による原典のタイトルは記されてはいないものの、さすが賢学の筆になった蘭書の解題は、まことに後世を裨益《ひえき》すること絶大なりといえるであろう。

その後、正斎の人と学問については、詳細に研究したものを知らない。わずかに森潤三郎『紅葉山文庫と書物奉行』の中の論であろう。すくなくともわたしの目にはふれえない。探検家というほんの一面のみが一般的になっているのは、正斎にとって不幸であるばかりでなく、日本の学問にとっても残念である。わたしは宮内庁書陵部に一年ほど身をおき、古い書物に接し、しばしば〈書誌学〉という語を耳にしていたが、近藤正斎についてはやはり一度も聞くことはなかった。しかし正斎が、当代一流の考証学者である狩谷棭斎や松崎慊堂と交遊し、文庫というものの重要性や、さらにその管理方法にまで力をそそいだ秀れた学者であることを知り、いっそうその功績に頭がさがる思いであった。晩年は種々の点で不遇であり、幽居三年の後、文政十二年（一八二九）六月、五十九歳で病歿している。彼は豪傑肌のところがあり、きわめて精力的な活躍をした反面、また権威や権力をもおそれぬ反骨的精神ももちあわせていたようである。そこに岩本堅一先生の共鳴するところもあったかと思う。しかしそのことが、封建制度の下で、彼の才能を自由にのばすことができず、また不平不満の種も多かったと思われる。しかし彼が精魂を傾けて研究し、管理した幕府楓山文庫の蔵書は、幸にも戦火をのがれ、現代に生きつづけ、国立公文書館内閣文庫に収蔵されている。そして内外の学者に限りない書物の恩恵を与え、学問研究の進歩に寄与しているのである。

わたしと岩本堅一先生との出あいは、こうして近藤正斎という、類いまれな学者との結びつきを実現させてくれた。そしてわたしの研究を、大きな収穫へと導いてくれている。わたしが蘭学とその資料収集に、約三十年間の情熱をかたむけることのできたのも、こうした先生との、人生でのたった一回のしかも貴重な出あいによるのである。わたしが江戸時代の蘭学――ことにその語学学習や研究の実態を、考究しようと志すことになったのには、多くの方々の御指導・御示教があった。小著、『江戸時代蘭語学の成立とその展開』の〈あとがき〉にも述べたように、〈新村出先生、岡村千曳先生、勝俣銓吉郎先生〉と忘れがたい先生が数多くいらっしゃる。しかし岩本堅一先生は、まったく蘭学や洋学には関係のない地点で、蘭学への根本的資料をお教えいただいた。よき先達として、まことにわたしの蘭語学研究に、忘れることのできぬ指導者であった。いつまでもいつまでも、岩本堅一先生と近藤正斎とは、わたしの胸のうちに一体となって生きつづけることと思う。

今後、この方面の研究者のため、参考までに、近藤正斎の略年譜を、『近藤重蔵関係展示書目』（昭和三十四年、内閣文庫編）より転載させていただく（一部表記は変更）。

○近藤重蔵略年譜

明和八辛卯年（一七七一）

江戸駒込雞声ヶ窪に誕生。
天明七丁未年（一七八七）一七歳
同学の士と白山義塾を設立。
寛政元巳酉年（一七八九）一九歳。
一一月『牙籤考』を著述。
一二月　御先手与力見習となる。
この年『憲教類典』編集に着手。また甲州上州の地志を著述。
同　二庚戌年（一七九〇）二〇歳。
七月二二日　家督相続、御先手与力となる。
同　三辛亥年（一七九一）二一歳。
四月　江戸市中巡邏掛となり、功によって白銀下賜、十人口加増。
同　六甲寅年（一七九四）二四歳。
二月　聖堂において学問考試を受験。褒賞を受ける。秋『諸国海陸記』を著述。
同　七乙卯年（一七九五）二五歳。
六月五日　長崎奉行手附出役に転任、長崎在勤、目安方取扱。
秋『諸国海陸記』を増訂。冬『安南紀略藁』『天川紀略』などを著述。
同　八丙辰年（一七九六）二六歳。

九月『万国幖旗図』を校訂。
一〇月『バッテイラの記』を草す。
一二月『異国幖旗考』を増補せしむ。
同　九丁巳年（一七九七）二七歳。
夏　荷蘭馬具図を写す。
一二月二一日　支配勘定に転任、禄高百俵、足高一二八俵二斗。同日関東郡代附出役となり、役扶持一五人扶持、地方向取扱。この年、蝦夷地取締につき建言。薩州抜荷取締につき建言。
『いきりす紀略』を著述。
同　一〇戊午年（一七九八）二八歳。
三月『憲教類典』を完成、献納。
三月二九日　松前蝦夷地出張命令。
四月一日　蝦夷地へ出発、絵鞆にて越年。蝦夷地取締につき建言。
一〇月　厚岸にて明神祠を修し碑石を建つ。
寛政一一巳未年（一七九九）二九歳。
二月二六日　江戸帰着。蝦夷地取締御用を命ぜられる。
三月一五日　勘定役へ昇進、金二枚、時服二領賞賜。
三月二〇日　蝦夷地へ出張様似〔杉本註、地名〕越年。

同　一二庚申年（一八〇〇）　三〇歳。
一月　本年の探検順序および対外策を建言。
三月　高田屋嘉兵衛と共に択捉島開拓。
一二月一二日　江戸帰着。
享和元辛酉年（一八〇一）　三一歳。
二月二四日　択捉島方面へ出発。
一一月二七日　江戸帰着。
一二月一二日　関東郡代附を免ぜられ、蝦夷地御用専任。
同　二壬戌年（一八〇二）　三二歳。
四月五日　択捉島方面へ出発。
一二月一五日　江戸帰着。
同　三癸亥年（一八〇三）　三三歳。
一月二五日　小普請方となる。
一二月二三日　永々御目見以上となる。
文化元甲子年（一八〇四）　三四歳。
一〇月六日　西蝦夷地上地処分并取締につき建言。
一一月『辺要分界図考』を著述、献上。

一二月二三日　さらに『辺要分界図考』一部を献上。
同　四丁卯年（一八〇七）三七歳。
六月一五日　蝦夷地へ出発、利尻島・天塩・石狩を探検。
一二月八日　江戸帰着。将軍家斉に謁見、「取調書」及び「地図」を献上。
一二月一五日　松前奉行手附出役となる。
同　五戊辰年（一八〇八）三八歳。
二月三〇日　書物奉行へ転任。
三月一六日　西蝦夷地御用骨折につき金一枚賞賜。
五月二二日　蔵板物の儀につき御尋ね。
五月二四日　「御目通差控伺」提出。
六月一四日　御目通差控御免。
同　七庚午年（一八一〇）四〇歳。
一月　勘定吟味役への転任願を提出。
二月　文庫書籍管理につき建言。
一二月四日『金銀図録』献上伺書および下摺見本を提出。
文化九壬申年（一八一二）四二歳。
一月二二日　実父死去。

同　一一月二四日　鈴木成恭書物奉行任命。

一二月二三日『金銀図録』を献上。二五日銀十枚賞賜。

一〇癸酉年（一八一三）四三歳。

八月五日　書庫模様替につき建議。

一一月三〇日　類焼にあう。

一二月一六日『宋名臣言行録』を昌平坂学問所へ献納。

同　一二月二五日　右につき銀五枚賞賜。

一一甲戌年（一八一四）四四歳。

一月一一日『御本日記附注初稿』完成。

二月三日　高橋景保書物奉行任命。

同　二月一一日　男子出生。

九月二三日『重訂御書籍目録』編修に着手。

一二乙亥年（一八一五）四五歳。

三月　『正宗寺本春秋正義』の影写に着手、明年五月終了。

四月一七日『御本日記附注』三巻完成。

同　一一月一六日　官版覆刻のため、『朝鮮版文章軌範』を昌平坂学問所へ献納、銀七枚賞賜。

一三丙子年（一八一六）四六歳。

八月　足利本『荘子注疏解経』を市野光彦に校勘せしむ。
閏八月二二日　足利学校古文書三通を表装し考証を附す。
九月一五日　母死去。
一一月『五経』校刊を建議。
一一月二三日『慶長活字版貞観政要』『東鑑』『七書』などを献上。
一二月三日　右につき銀二〇枚賞賜。
＊この年、貴重書の取扱に関する諸建議を書物奉行連名にて提出。
同　一四丁丑年（一八一七）四七歳。

四月一七日『富士の煙』編修成る。

六月二九日『御書籍目録』編修のため、文庫蔵書拝借願を提出、許可される。この後しばしば
　借用、宅下げの事あり。

九月　書庫修復につき建議。

九月一〇日『右文故事』献上伺を提出。

一〇月四日『清国地志』全備方建議。『清国地志収否検目』を編修。

一二月二三日『右文故事』六種一〇冊を献上、二七日銀一〇枚賞賜。

文化一五戊寅（文政元）年（一八一八）四八歳。

一月『足利本周易注疏』題跋を摹刻。また『足利本古文尚書』影写に着手、明年二月完成。

二月二四日『楓山貴重書目』完成。
八月二九日『外蕃通書』のうち、「中書」出来之分九冊、『外蕃書翰』二帖を献上。
一〇月五日『憲教類典』増補のため増員の命あり。
文政二巳卯年（一八一九）　四九歳。
二月三日　大坂弓矢奉行へ転任。
四月「金沢足利本題跋」を摹刻。
閏四月一〇日　重蔵の跡役任命なき旨達あり。
一〇月一二日『外蕃通書』二八冊、『外蕃書翰』二帖献上、一九日銀一五枚賞賜。
＊この年、『古刻書跋前集』刊行。
同　四辛巳年（一八二一）　五一歳。
三月　讒を蒙り小普請入差控を命ぜられる。
同　五壬午年（一八二二）　五二歳。
六月『金沢文庫考』を著述。
＊この年、滝之川正受院の隣地に移住し、文庫を設立。境内に自己の甲冑姿石像を建立し、咎を蒙る。
同　六癸未年（一八二三）　五三歳。
一月『正斎書籍考』三冊刊行。

同　九丙戌年（一八二六）　五六歳。
五月一八日　目黒三田村の別業において、長男富蔵の殺傷事件あり。
五月『右文故事（好書故事）』献上。
一〇月六日　長男の事件に連座、家改易、家事不取締の故を以て江州大溝藩分部家へお預け申
渡さる。
同　一〇丁亥年（一八二七）　五七歳。
二月五日　江戸発、同二〇日大溝着。
同　一二己丑年（一八二九）　五九歳。
六月一六日（一説に六月九日）病没。
万延元庚申年（一八六〇）
三月　家斎一三回忌に当り、家改易赦免さる。
明治四四辛亥年
八月三一日　正五位を贈られる。

一三　司馬ノ徒と司馬江漢

江戸中期、鎖国の中で、〈地動説〉と関連して司馬江漢が登場する。シナでは古代史家、司馬遷《しばせん》（紀元前）、日本古代では司馬達等（六世紀）という渡来の文化人がいた。司馬は古代から日本を動かすのである。江漢は江戸生まれで、本名を安藤勝三郎、画のうえでも思想のうえでも、長崎遊学によって大きくかわった（もっとも資質は大切な思想のコードである）。

司馬はほかに、司馬遼太郎と司馬凌海（一八三九〜七九、正しくはシマとにごらない）がいる。前者は『花神』など幕末を舞台に小説を書いた作家、本姓は福田氏で司馬はペンネイムである。この司馬の小説『胡蝶の夢』に登場するのが、司馬凌海こと佐渡生まれの島倉氏である。十四歳で松本良甫に入門、その息子、良順（順）が長崎で当時来日のオランダの名医、ポンペ Pompe について医学を学ぶので、凌海も共に学び、オランダ語の講義を、すらすらとノートする語学に強い俊才であった。

医学生へのポンペの影響はきわめて大であるが、凌海、ここでドイツ語も学習したようである。明治維新後、新政府に仕えるが、文久元年（一八六一）来日のイギリス人医師、W・ウィリス Willis の英語通訳、さらに来日のドイツ医師、M・ホフマンにドイツ語の通訳にあたった。抜群の語学の才を発揮して塾、春風社を経営、明治五年、三四歳のときドイツ語辞典を出版する。しかしこれからと前途を期待されたこの人材は四一歳の若さで他界。

三人の司馬のうちここでの主役は、絵師、江漢（一七四七～一八一八）である。彼は長崎に遊学して、蘭通詞の吉雄耕牛や本木良永に接触し、西洋の科学、〈窮理〉に心酔することとなる。借り物のはずの太陽中心説を、己れの創意と錯覚するほどに、この新説を、〈地転ノ説〉と大宣伝する。『西洋画談』（寛政十一年・一七九九）の〈序〉で、門人の柳斎和気道は、〈我爲㆑童初見㆓江漢先生㆒、心偉㆓其爲㆑人、于㆑今八九年、知㆔得其所㆓以偉㆒焉。其性則豁達不㆑拘、而貴㆑実賤㆑虚、学好㆓窮理㆒、善弁㆓天地㆒〉と。おそらく西洋の〈窮理〉が、骨のズイまでしみこんだ人物は、江漢をおいてなく、彼ほど〈窮理〉の語と精神を熱愛したものはないと感得したのであろう。その窮理を〈西学ニ如《シ》ク莫シ〉（「屋《オ》耳《ル》列《レ》礼《レイ》図解」）として、天文ノ学に窮理の真骨張をみるのである。江漢はその昔、『和蘭天説』（寛政八年・一七九六）では、〈人の年寿ト賢愚トモニ万古不㆑易、亦愚ト雖不㆑可㆑拾(ママ)、必ズ得ル所アリ、賢モ不㆑得トコロアリ／貴トハ天子諸侯ヲ云、卑キトハ農夫商工ナリ、然ニ天ヨリ是ヲ定ムレハ同ジ人ナリ〉という発言をみる。封建時代に、この言あるは珍とすべきか。

江漢が西洋ノ窮理から学んだのは、科学よりかかる人間平等の思想である。しかも常に理が底流する。『和蘭天説』の〈凡例〉には、〈遠西《ヲランタ》ノ諸州ハ格物窮理ヲ学デ、天性空言虚談妄説ヲ不爲、近ヲ不レ取、必ズ遠ヲ慮テ、目前ノ利ヲ不レ言、且ハ万巧精妙ニシテ他州之ニ不及、故ニ天地ノ図ハ之ニ本《モトツク》……天下絶工ヲナスノ国ハ、諳厄利亜《イギリス》、和蘭陀《ヲランダ》、拂良察《フランス》ヲ呼、此三邦《コク》ノ都相近シ……此三都ノ人ハ智深ク、天地ノ学ヲ力《ツトメ》、人情親切ニシテ諸技芸ニ長シ、他州ト能交リ、必ズ軍略之備アリ、「ロンドン」ヲ以テ世界天下ノ第一ノ絶巧トス〉という。まったくの西洋一辺倒といってよく、日本の近代が、シナを離れてヨーロッパに転ずるとするならば、江漢はこの軸の上に立つといえそうである。進歩的文化人の走りといえよう。西洋では、〈嘗テ雅言俗語ノ差別ナシ、故ニ師ナクシテ天地ノ理ニモ通スル也、其簡弁カクノゴトシ〉と。いずれも耳学問が基本であり、横文字には決して強いわけではないのだが……。『和蘭天説』は名を改え、〈蘭学大道編〉として書写されているのが、幕末の経世家、佐藤信淵（一七六九〜一八五〇）である。信淵は秋田生まれ、父の死後江戸に出、蘭学者、宇田川玄随に師事、蘭学さらに天文暦学、地理、測量などの技術を学び、すすんで神道、農学と国家学まで学んだ。封建制度下、来るべき近代国家像を描いた。幕末の異色ある思想家である。早稲田大学図書館小倉文庫には、信淵自筆の『蘭学大道編』が所蔵されている。

江漢の思想は、明治二四年八月三日、夏目漱石（一八六七〜一九一六）の正岡子規あて手紙の一節にも濃いかげをおとす。すなわち手紙の末に、〈頃日来司馬江漢の『春波楼筆記』を読み候が書中往々小生の云はんと欲する事を発揮し、意見の暗合する事間々有之、図らず古人に友を得たる心にて愉快に御座候、此は序ながら申上候／時下炎暑の砌り御道体精に御いとひ可被成候　拝具／八月

三日　のぼるさま　平凸凹拝〉とみえる。

『春波楼筆記』（文化八年・一八一一成）を、わたし個人では、『日本随筆大成』（昭和二年四月刊）で学生のとき愛読した。漱石の場合は明治二三年～二五年の間に刊行の『百家説林』の一巻で披読したのであろう、二五歳のときにあたる。同筆記の一節に、〈今日七十有五、心を放肆にし、諸侯召せども往かず、己の業を務めず、冬月日当に臥し、夏月は樹下に座し、性好んで山水を愛す、数、東西に旅行す、名山風景を瞻ては、家に帰りて画に模し、またわが天文地転の説を好む者と窮理を談じ、楽これに過ぎず〉とみえる。〈わが日本の人、究理を好まず、風流文雅とて文章を装い偽り信実を述べず、戦争人を殺し、其亡霊祟をなす。故に国乱をなし、或は疾病流行し、凶年打続く。……窮理に昧き愚人と云ふべし〉と、彼の脳髄は究理（科学）を絶対的真理とするのである。〈人一生涯衣食住の為に求め得る処の諸器諸家具、己に得とて利を争ひて求め得る処の物は皆塵なり。土や泥などにてありき〉と厭世的である。終りに江漢の言説の一節をつぎに引用しておく。漱石も科学に強い関心をもっていたが、江漢に共感したのもこのへんにあろうか。究理ノ徒は科学と哲学を領有するのである（ただし私見ではどこまで江漢のオリジナルか疑問）。

　上天子将軍より、下士農工商非人乞食に至るまで、皆以て人間なり。獅子、熊、狼、犬、猫に至るまで獣なり。人魚、鯨、鮫、鰯に至るまで魚なり、鸞、鳳、鴻、雁、小雀に至るまで皆鳥なり。蛇、百足、蚯蚓に至るまで虫なり。小は大に逮ばず、大は小を従ふ。……人は智ありて其の智の爲に己を困め、生涯此の世に迷ふ事、貴賤上下皆同じ。下の賤しきより上の貴きを望み見る時は歓楽のみありて苦なしとす。己より下の卑しきを眺め見る時は苦のみありて楽しき事なしと思ふは己を知りて他を知らずと云ふべし。これ苦楽皆其の中にあり、名聞利欲の爲に生ずる処なり。然るに此の欲を抛つときは即ち安し、然りと雖も亦之に応ずる苦楽共に追うて来る。然れば悟道人となつて山林に入り、又市隠となつて安逸なるか否か。矧や世に迷ふ者、苦以て楽とし、楽以て苦とす、紅塵の街に風の土を吹上ぐるが如し。

鎖国、封建社会の日本で個に徹せんとして、空しく消え去った自由人、漱石も関心を示した江戸時代のインテリの一人ではあろう。

＊「月報12」（早稲田大学蔵資料影印叢書・洋学篇。一九九六年八月）

一四　北京、利瑪竇《リマトウ》ノ墓等に参ずるの記

ことわり　日本が明治時代以降、いわゆる急速に近代化をとげた点、いろいろ学者の意見や書物が出版されている。しかし当然のこととして、その前の江戸時代があり、わたしは従来から、明治維新前、半世紀から近代化の幕があがったと主張している。そしてその因の一つに、――これまでどちらかというと、あまり注目されていないところだが――、実は中国からの在華西洋人宣教師らの著述した漢訳書（中国語訳）によるヨーロッパの近代科学書の間接的輸入があったのである。その代表的な人物が、イタリー人、マテオリッチ＝リマトウである。この拙文は北京滞在中、中国当局の特別な御配慮で、リマトウの墓に参ずることができた折の記事である。

一九八九年五月某日、北京図書館を出たわたしは、いつの間にか、銀輪の学生デモの群に身をおいていた。そしてやがて天安門広場の群衆の中に自分を見出して興奮する。間断なく広場から急発

進する救急車の警笛に胸をしめつけられる。かくしてついに六月四日（一九八九年）天安門広場の悲劇が勃発、わたしは教え子に万一のことがあってはと、翌日の夕方、自転車をかって人民病院へといそいだ。入院者の中にもしや教え子の名が記されてはいまいか？　何か致命的な負傷でもと不安におびえつつ、門前の掲示に目をうつした。皆無事だ！　一人として教え子の名前はみえない。安堵して宿舎にもどる。このまま北京に残り、もっとじっくり中国をみたいと望んだが、外務省命令もあって、六月十日帰国。しかし再度の要請を受けて同じ年の九月上旬、再び北京空港に降り立った。市内も人々も、三か月前とまったく様相をかえていた。しかし教え子たちは前にもまして、敬愛の念をこめて熱烈にわたしを迎えてくれた。芥川龍之介ではないが、わたしにとって住みにくい東京に比して、北京なら三、四年は生活することができる。心の平安をうる不思議な浄土と思った。二度目の訪北京ながら、滞在期間は二週間と短かい。そこでかねて希望していた明清代の在華西洋人の事蹟を調査すべく、その第一段階に、宣教師の墓をめぐることとしたのである。その第一に選んだのが〈利瑪竇《リマトウ》 Ricci, Matteo. 一五五二〜一六一〇〉であった。

利瑪竇の生誕は世宗、嘉靖三一年（日本、天文二一年・一五五二年）であるから、丁度四百四十年前となる。日本と縁のふかいフランシスコ・サヴィエルが、日本を離れ中国に移動して、上川島にて客死した年でもある。サヴィエルについてここでは割愛するが、彼は日本の学問の淵源が結局、中国にあることを確信、その探索のために、日本から中国に赴いたわけである。

一九八九年九月一日午后、教え子、王宝平君を伴って、〈中共北京市委党校〉へ出向いた。門の両側に銃をかまえた兵士が二人、交渉約三〇分でやっと許可がでる。〈外国伝教士墓地〉へと足を踏み入れることができた。責任者でわたしが直接交渉をもった馬氏は、はじめはいささかけげんな顔をして、上から下まで、ナメマワスようにわたしをにらみつけた。しかし利瑪竇について、わたしがここ二十余年ほど調査研究してきたこと、今回訪中がおそらく最後の機会となるであろうことなどを説明した（筆談がきわめてよく通じるのは痛快であった）。実をいうとわたしの場合、中国の国家教育委員会の招待ということで北京に来ているので、委員会に訪墓の許可を申し込めばよかろうということであった。しかし日数的に手続に二週間はかかるという。帰国するまでには実現できないことになる。そこで直接行動をとったというわけである。

以前はフランス教会といって、ここに修道院があったそうだが、今はよく整備されて、〈利瑪竇墓及明清以来外国伝教士墓地〉として、六〇名の伝教士（宣教師）の墓がここに設けられている。入口左側につぎの表示がかかげられている。

北京市文物保护単位／利瑪竇墓及明清以来外国伝教士墓地
北京市人民政府一九八四年五月二十四日公布／北京市文物事業管理局一九八四年九月立

宣教師たちの墓地の中でも、利瑪竇の墓地・墓はもっともいい場所に、美しく壮観なまでに立派な墓碑と石棺をもって葬られている。まわりは煉瓦の墻壁をめぐらし、こんもりとした木立の中に眺められる。馬氏の懇切な説明もあって、たっぷりと墓地を散策することができた。そのうえわたしのうれしい期待外れ？は利瑪竇のほか、南懐仁・湯若望・利類思らの墓も同じところに見出したのである。利瑪竇の墓とその右に、南懐仁の墓が設定されている。さらに離れて湯若望の墓がある。いわば利瑪竇の墓地内に、三基の墓碑が設置されているのである。

利瑪竇は一六一〇年（万暦三八年／慶長一四年）、五八歳で北京で死去。中国にヨーロッパの科学の精髄を紹介した偉大なる宣教師である。葬地も時の皇帝からたまわったという。わたしが彼に関心をもったのは、ただ中国に偉大な足跡を残したということだけではなく、実は日本の近代化に明・清代の在華宣教師の著書が、大なる影響を与えた点からである。私見ではヨーロッパの科学の有効にして適切な日本への伝学者が、在華の宣教師たちであると位置づけすべきだと思っている。幕末には、ヘボンやS・R・ブラウンのようなアメリカ人宣教師らが、日本で布教し、日本人に大いなる福音をもたらしたことはよくしられている。しかし、彼らもまた在華宣教師として活躍し、やがて開国の日本へやって来たわけで、本国→中国→日本→本国という還流である。わずかな滞在であったが北京図書館には、外国人による中国語研究書の有力なコレクションのあることをつきとめ、その中にフランスの著名な中国学者であり、のち日本語学者になったL・ロニーの著書も披閲することができた。雑誌、「通報」を引用するまでもなく、十九世紀にはいっての在華宣教師の活躍はすばらしいものである。そうした宣教師の中国での活動の第一歩を築いたのが、利瑪竇であるということができよう。一五八四年九月十三日の報告書で、利瑪竇は、〈自分たちの科学を仲々中国人は良く知っていた。医学、道徳科学、数学、天文学、算術、結局精神的器工的な学問全部にわたって、ヨーロッパと何の関係もなかった国民が、われわれと等しく全宇宙の探求に独自の方法で到達したのは敬服すべきことである〉とのべる。そしてまた、一六〇五年五月一二日付の手紙では、〈私が作って説明してやった世界地図、日時計、地球儀、観測儀、その他器具類で、私は世界一の偉大な数学者だという名声を博しました〉（当時手紙の往復には六、七年かかったという）と故国へ書きおくっている。

利瑪竇は一五八二年（万暦十年）、三〇歳のときに中国広東にはいり、中国語や中国古典を学ぶこと約半年、中国伝道を成功させる最善の方法は、学術科学にありと痛感、彼がローマで、クリストフ・クラヴィウス（一五三三〜一六一二）について学んだ数学や地理学をもって、世界地図、地球全図を作成。地球のまるいこと、中国が地球の中央に位するのではないこと——などを実証して、中国人学者の賞賛をあびた。名声はいやましにあがり、文人雅客の往来すること日々に多きを加えていった。一五八五年にはリッチを中国風に利瑪竇と書し、さらに住居や服装も中国風にならった。一六〇一年、北京に到り、多くの珍奇なる器物を貢献、時の神宗はとりわけ自鳴鐘《トケイ》を、鍾愛したという。北京での信徒は二百人をこえ、中に徐光啓（上海出身）のごとき、よき門弟を得ている。一六〇五年、利瑪竇作製の世界地図が日本に伝えられたという。一六〇七年には徐光啓の序をもつ『幾何原本』（六巻）が刊行されたが、これはユークリッド幾何学の翻訳であり、これもやがて日本に舶載されるわけである。

南懐仁（一六二三〜八八）はベルギー人 Verbiest, Ferdinand であるが、その著『坤輿外紀』、『坤輿図説』は、日本人ことに蘭学者たちを世界へ覚醒させた貴重な文献である。これが日本人に与えた影響ははかりしれない。江戸時代のヨーロッパ学芸は、決してオランダ語を媒体にしたのみではなく、中国語、在華宣教師たちの著作をとおしてなのである。あるいはまた、利瑪竇の伝記、『大西利先生行蹟』を著わした艾儒略ことAleni,Jules（一五八二〜一六四九）の『職方外紀』も日本へ船載され、日本の洋学者、知識人に大きな影響を与え、日本人の眼を世界へ向けさせた貴重な一冊であった。いずれも漢文体（中国語文）であったことが日本人にも有効適切であった。

このように、多くの宣教師が北京の明清以来外国伝教士の墓地に静かに眠っている。戒厳令下にもかかわらず、わたしは中国当局の御好意により、三時間余にわたりこの墓地に足を入れて、一基々々つぶさに手にふれることができた。心から御礼もうしあげる。なお、中、日の学芸交流に関しては、小著『解体新書の時代』（早大出版部）でも記述しておいたので、参照されたい。（平成五年二月二十二日書之）

一五　長谷川伸の世界
――「ある市井の徒」を演じるにあたり

作家の紹介には、しばしば〈○○大学中退〉とある。これはむしろ作家にとって、一つの勲章かもしれない。能力ある人間に学歴など無用、現代の学校制度は個性をころす何ものでもあるまい。長谷川伸は、〈明治十七年、横浜に生まれ、小学校中退〉なのである。しかし筆名、山野芋作で発表、『江戸の巾着切』が、文壇の雄、芥川龍之介の注目をひき、さらに菊池寛――雑誌「文芸春秋」を創刊、出版社・文芸春秋社を主宰――の推薦を得た。しかし幸運は決して偶然ではなかったのである。

本人は秀才とは縁がないとはいう。しかし七歳の小学校の成績は、作文と修身が九十五点、算術と読み書きが百点、六課目で五百三十点もあるのだから、平均八十八点という好成績、おそらく今風に塾通いなどせずとも、有名中学や東大への門をくぐるなど、いとやすい少年であったと思う。

仲、六十七歳の作、『ある市井の徒』の〈命〉に、つぎの一節がある。

新コは今までと違う選み方をして本を読み出しました。今度は新コの目前に、教養を身につけた人もあれば、学校経歴をもつというに過ぎない人もあり、専門をもっている人もあれば、専門をもちたいとする人もあり、偽瞞者ではないかと思えるもの、懶惰《らんだ》なもの、浅いながらも阿諛をやるもの等、曾て新コが渡ってきたところとは、良い面では幅が広くなり底が深くなったが、その対蹠の面では味も素ッ気もない青臭《くさ》さです。それらの人々が話すのを聞いていて、新コは読むべき本を知って読みました。

彼の透徹した眼と耳と心が、短文ながらすきのない人間批判にもなっている。これは仲が『日本演劇史』の著者、伊原敏郎（青々園）の紹介で、都新聞に入社した二十代後半のころの心境である。仲は東京を知るため、一冊の本を臥床《ふしど》の中でも、厠《かわや》の中でも読み返し読み返ししたという。彼がもつすぐれた資質、努力の現れだ。彼が、〈土建屋と近ごろはいうそうですが、新コはそういう言葉を嫌って使いたがらない〉（二番倅）とか、〈今になって永い過去のどこを叩いてみても、処女を奪って逃げたことがないので、新コはひそかにそれを喜んでいます。その代りに処女を許したものとの間に破綻をみた悲恋というものがない〉（遊女）とつづるとき、まさに人生の秀才ではないのか。

確かに彼は文学辞典の解説にあるように、〈つぶさに人生の辛酸をなめた〉であろうが、むしろすべて＋《プラス》に働き、庶民の義理・人情の機微を理会し、なおかつことばで表現する原動力・滋養として、それらを身につけたといえそうである。彼が、村上元三・山手樹一郎・山岡荘八など後進の育成にも心を尽した点を考えあわせると、人間愛惜に徹し、日本の歴史風土にじっくりと腰をすえた稀有な、かつ清潔な作家だったと思う。

彼は若いとき、横浜の居留地へもよく出入りしたようだが、イギリス人ジャーナリスト、ブラックの創刊した英字新聞〝ジャパン・ガゼット〟の記者もしたという。国際的で人種差別や偏見のすくない健全な精神風土をもつヨコハマ、そこに伸は生を受け、独自の人間観、社会観、歴史観を自ら発酵させ熟成させていった。わたくしは、彼が思慕しつづけた〈瞼の母〉とは彼一個人のものではなく、とりわけ現代の金中心の日本社会を思うとき、文字どおり日本人のすべてが、心に描き、手中にしたいと追い求める日本人の魂、そのものではなかったのだろうか。

彼は、『ある市井の徒』（昭和26年朝日新聞社刊）の「巻末の辞に代える」の中で、〈私にとって私の自発性は資本であった……越しかたは愉しからずやそこはかと思いうかぶること悲しくも〉と筆をおいている。常に受身を拒否した自発性こそ、彼の文学であり生活であった。

このような伸の世界を、同じ横浜生まれの女優、五大路子がその生きざまに共感し、ひとり芝居を演じるという。昨今のめざましい彼女の自発性に期待するところもまた大である。

＊五大路子公演〈長谷川伸の世界――ある市井の徒〉・パンフレット（一九九三年秋、文化庁芸術祭参加作品）

一六　川路柳虹の詩

つれづれに、『現代日本詩人全集』（創元社）をのぞいていたところ、次のような詩が目に留まった。教え子——もはや七十年も昔になる高校教師時代の生徒、皆古希過ぎたる老人だが——が編集の仲良し情報交換誌、「砂丘くらぶ」に、何か原稿をというので寄稿した。柳虹は知る人ぞ知る幕末の賢き幕臣の一人、川路聖謨《としあきら》（一八〇一～六八）の孫に当たる人物である。

奇術

政治家といふ手品師は
いつもコップのなかをはたいて、
「平和」の鳩を出しますと
観客衆《けんぶつしゅう》を欺瞞する。

手に汗握つてみたところで、
いつも手品さ。
そつと懐から
間に合せの白鳩を飛び立たし、
みんなにやんやと喝采せしめ、
善良な田舎ものから
木戸銭を捲き上げる。
もうご免だ、この手は、
観客《けんぶつ》の知らない間に鳩は
ちやんと舞臺裏に舞ひもどり、
身うごきならぬ牢《おり》の中へと
入れられてゐる。

○川路柳虹《かわじりゅうこう》（一八八八〜一九五九）
詩人、美術評論家。江戸末期の幕臣、川路聖謨の孫。
大正デモクラシーの頃活躍。
東京美術学校（今の東京芸大）出身。

彼の業績は口語詩を発表、自由詩への予感を与えた。

萩原朔太郎等と活動。

○川路聖謨《かわじとしあきら》
江戸末期の幕臣。豊後の人。勘定奉行、外国奉行（今の外務大臣）、幕末の傑士。アメリカ、ロシアとの外交の中心を担って、両国と対等に渡り合った人。

ロシア人の日記には、〈日本にはあんな素晴らしい人物が居る〉と記録されている。ロシア使節、プチャーチンと応接し、下田に会談をかさね、安政元年十二月、魯和親条約を締結した。

安政年間、京都御所造営を監督。慶応二年（一八六六）中風に倒れて半身不随となり、失意のうちに、明治元年（一八六八）江戸開城の風説を信じて、自宅でピストルにより自殺した。


明治前期に多く書かれた政治小説の一つに、旧会津藩出身の一官吏が、〈自分は会津出身なので薩長出身のもの――主として軍事面で活躍する――のようには昇進できぬとあきらめている〉と告白する場面がある。維新になっては、節をまげた少数の旧幕臣が出世して政治に関与している。しかし医学や文教分野――政治・軍事面をのぞき――では、一時は投獄され賊臣とよばれた榎本武揚のように、彼は東京大学の医学部創設に尽力し、旧津山藩出の菊池大麓は最初の文部大臣、東大の総長になっている。また燐寸《マッチ》の日本での創製のためにフランス、デンマークで伝習生として学び、近代日本の発展に大いに貢献したのは、旧福井藩の清水という武士である。津田塾大学も旧会津藩武士の娘、津田梅である。明治時代の文化、科学、文教はほとんど旧幕臣か旧藩士たちによる。川路聖謨のようなりっぱな人物の死の代償で、日本の近代化は推進されたといっても過言ではなかろう。

一七　随想〈にし・ひがし〉

（A）日本語学事始

いささか旧聞になったが、昨年、某新聞で、日本語の国際化にともない簡約日本語をつくって、外国人に学びやすい日本語を提供しようという案が報道された。

ここでそれを批判する気はもうとうない。それよりも、一体外国人にとって日本語はどうなのか。温故知新と、彼らの日本語学習事始を調べてみた。いうまでもなく、古代はシナの人や朝鮮の人びとが日本人の先生だった。『万葉集』で有名な大伴家持の家庭教師は理願《りがん》というクダラの尼僧だ。皇太子のバイニング夫人的存在といえようか。西洋人に限れば周知のように十六世紀のキリシタンバテレンが日本語学習のはじめだ。バテレンの一人、I・ロドリゲスは、『日本語文典』という画期的な文法書を著した。当時の日本人にはこれと比較すべきものがない。きちんと名詞、動詞、副詞、接続詞などに分け、さらに方言の実態まで詳述している。おそろしいほどだ。現在の日本人が、十六世紀ごろの日本語の実態をくわしく知ることのできるのは、この碧眼の士の努力精進のたまものなのだ。

明治の新しい時代ではどうだろうか。これも周知のように、まず、米人、S・R・ブラウンやJ・C・ヘボンなど宣教師が日本語の研究をして傑作を著述した。さらに、一八六四年（元治元年）、日本公使館通訳生として来日のW・G・アストンは、日本語を考察し、長崎で『日本語小文典』を出版。彼は『日本書紀』も研究している。ついで明治十九年、帝国大学に博言学科（言語学科）が設置されたとき、日本人に言語学や日本語学をはじめて教授したのは、英人、C・H・チャンブレンだ。旧銀行員で、十数か国語を操った。日本文法書もそういう人たちの手になった。日本語の構造や機能を科学的に観察記述したのは、欧米人の先生だった。彼等はいずれも、簡的日本語などで学習、研究したのではない。自ら『古事記』など古典学習や翻訳に精通したのである。

（B）姓名とローマ字表記

日本人はおもしろい民族です。竹下登もローマ字になると、Noboru Takeshita と欧米先進国並に逆順とします。ほとんど疑問ももたずに。中国人も毛沢東を沢東毛としたり、韓国人も金大中を大中金とするでしょうか。英字新聞（字は語の意）を一見しても、彼らはそんなバカゲタまねはしません。日本人の姓＋名の順不動こそ、東西を分つ標識でしょう。いな日本人がアジアの一員である証としても、大切な記号です。

歴史的にも、江戸時代の蘭学者は、例外なしに姓＋名の順で、しかもオランダ語式にまどわされることなく、ツは tu（オランダ語なら toe）などと表記しています。明治維新以降、文明開化の欧化熱に酔い浮かれて、己れを見失った灰殻《ハイカラ》日本人が、猿真似で、Noboru Takeshita などとすることになったわけです。

今度、国際交流基金から中国へ日本語教師として出張を依頼されることになり、公用パスポートを作成してもらうことになりました。ところが、旅券のローマ字表記が、姓＋名では国際規約（?）に反し、発行できぬよしです。絶対に、Tsutomu Sugimoto と逆順、しかも綴りもいわゆるヘボン式（外国人向け）でなければいかんということです。なんたる屈辱、猿マネの愚かな規則でしょうか。

周知のように一九五四年十二月九日の内閣告示により、〈一般に国語を書き表す場合は、第1表（訓令式）に揚げたつづり方によるものとする〉として、ツは tu、シは si と綴ることに決定。学校教育もこれで行っているはずです。日本の旅券法（?）こそ、東でも西でもない、国辱的なものではありませんか。日本の精神的、文化的自主独立など夢の夢。神官に牧師のまねをせよというようなもの、世論の喚起を切望します。その上、国立大の先生は、公用、私立大の先生は、観光旅券で中国へ行け！とは?!

（C）自浄作用

オランダのライデンで生活して、わたくしがもっとも衝撃をうけたことの一つに、電車の乗降がある。近ごろのように、海外旅行をする人が多くなってきては、日本人の多くが経験ずみかとは思うが、日々利用してみて、オランダ人たちはどうしてあのように、個人が全責任を負って快適なのだろうと実感した。改札口もなく、買った切符も切らず、自転車のままホームにはいりこみ、そのまま車輛の一隅に自転車ともども乗客となる、犬も主人と一緒。

もちろんふだん駅の通り抜けは自由自在。だから悪心をおこして、目的地まで切符を買わず、ただのりも自由、途中下車もお好み次第。とがめられるからとか、改札口があるから切符を買うのではないことは当然なのだが、日本ではわざわざ、〈目的地まで切符をお求めください〉と掲示までだす始末だ。もし日本で、オランダ流にしたらどうなるのだろうか。

E電もJRも無賃乗客ですし詰め、キセルはもちろん、東京から仙台へも、博多へも無賃で往復と大混乱となろうか。しかしオランダで何故に、そうした日本ではおきるであろう混乱がおこらないのかと思う。ちなみにモスクワのバスでも、切符にはさみを入れるのは乗客自身。そなえつけの器具で自分でときには乗客同士で切ることになっている。だから切らぬままで、何度も一つ切符を使おうと思えば無賃同様に自由勝手だ。しかし何故、モスクワでは、皆乗客はきちんと切符を切るのだろう。それこそが人間、理性ある生き物の当然の身の処し方であろう。

しかし日本は上は大臣より下は……と人が見ているから、人に注意されるから、いいや、とがめられても、なお白《しら》を切る政治家もいる。自浄作用がない。破廉恥ということばはもはや日本人から消滅してしまった。自らを厳しく律すべきで、そうしたことのできる人を、文化人・知識人というのである。首相自ら嘘《ウソ》、虚言《ウソ》の連発では……。

（D）日・中国交正常化の鍵

いつまでも、天安門広場の悲劇にこだわりつづけたい、真相が明白にならぬ限り。わたしは六月三日、四日、広場で六・四運動の惨劇を目撃した。流血惨劇も弟（大学生）を求めての狂った一女性の叫びも、決して忘れることはあるまい。昨夜も枕元に中国の学生が立った。夢の中で彼と対話した。事件勃発の時わたしは四日の夕方、教え子の学生を求めて人民医院にもかけつけた。

今、東欧共産圏では変革の嵐が吹きあれている。かつてANUで、わたしはチェコを脱出した言語学者と親しく三週間を行動し、わたし自身、プラハを訪問する予定であったが、不幸にしてローマで病におかされ断念した。またキャンベラに一年滞留したとき、ハンガリー動乱から脱出したハンガリー労働組合員の某氏と、公務員宿舎で部屋を隣りした。彼とも親交を結び動乱の真相に耳をかたむけた。そういう過去に袖をふりあわせた人びとと、今、中国の学生との夢の対話が重なりあう。白人は黄色人種より優秀なのか、共産主義の中国指導者は、永い中国の伝統をどう受けとめているのかと思う。

中・日の言語交渉史というテーマで論考をまとめたいと思い、北京では北京図書館をはじめ、ほんとうに多くの人びとの助力を得た。それだけに、伝統と文化の国、中国が経済大国になることのみ考えて、前途有望な若者を平気で軍靴の下にふみにじるとしたら許せない、かつて海部総理大臣はイジメラレル朝鮮人生徒にボクガヤッテルワケジャナイシ……と発言した。

人の痛みを自分のものと考えられぬ人間に人を治める座は不適格だ。ソ連とポーランドの間にはかつて射殺された四千人のポーランド将校の真相を責任もって究明し、真の信頼関係を樹立しようという動きがある。中・日も天安門広場の真相、どれほどの人がどうギセイになり、映像がいかに真実を証言しているか、中国政府と確認したうえで、国交を正常なものにしてほしい。あらたむるに憚ること勿れ――ここを忘れて、単に経済優先の正常化はイツワリである。

＊「公明新聞」〈にしひがし〉欄（平成元年・一九八九）

一八　ヨーロッパに研究資料を求めて

ローマでたおれる

一九六九年（昭和四十四年）冬、十二月下旬、ローマで高熱のためついにたおれ、一日中〈死〉のことばかり考える。妻よりの手紙がとどく。娘の弥生の手紙も同封されている。肉親の、日本語の文字がおもくひびき、かつはたくましくせまってくる。ふとかつて死を決意して戦場におもむいた先輩たちを思う。一研究者として、資料の探訪は業《ごう》というものであろう。しかし高熱は肉体の全機能のみでなく、精神的なあらゆる苦しみを私に与えてくる。はやくわが家でくつろぎたいと念じながら、しかしここまで来たのだから、ロンドンとライデンには、なんとしてもたどりつかねばならぬとひたすら自分にいいきかせる。

大学紛争のさなかに、突然オーストラリア国立大学（ＡＮＵ）に、客員教授として招かれ、三か月の期間が終って、同大学の御厚志で、旅費を一切まかなっていただき、研究資料探訪のために、ヨーロッパ経由で日本へ帰ることになった。資料探訪の大きな目的の一つは、〝ドゥーフ・ハルマ〟の根源をさぐること。〝ドゥーフ・ハルマ〟の〈初稿本〉ともいうべき、長崎出島から日本の外へ運び出された蘭日対訳辞書の稿本に近いものを精査すること、さらにはライデン大学図書館に所蔵されているであろう蘭語学の資料を披閲することであった。しかしローマへ向う前日、アテネで驟雨にあい、傘もささずに遺跡めぐりをしたのがたたってか、ローマの安宿《ペンション》についたころは熱っぽく、夜にいると次第に熱が高くなって、ついにベッドにたおれる身となった。長期戦を覚悟して、病魔としばしたたかうことを余儀なくされた。よりによってここ下町の安宿にとまる物好きな予約をしていた。旅宿についてからは、まず英語の通じないのにまったく閉口した。〈水〉一杯もらうのにもこまった。ただ暗い宿の一隅で高熱にうなされ、カマクラや妻子のことを思って苦悶するばかりだった。〈ローマで死す〉というと、ちょっとかっこいいかもしれない。しかし目的地ライデンをほかにして、死すべきところはない。当時のメモに、〈学者として何の目的でローマにと問われ――資料のないこの国で――観光のため、否、西洋文化発生の根源を体験するためと格好のいい理屈づけはした。しかしこのままではぶざまな死にざまになる〉と当時の日記にしるす。キャンベラで偶然に出逢ったチェコソロバキヤの言語学者、ネウストプニー教授――小著『日本語再発見』を愛読したということから、すっかりイキトウゴウした。氏の招待で氏が日本語科の主任として講義されているモナシュ大学で公開学術講演を引受け、その折、是非プラハを訪問するようにすすめられた。プラハでの日本語研究や辞典編集しつつある現状をみる予定だった。しかし今となってはそのスケジュールも断念しないわけにはいかない。高熱は旅の目的のすべてを私から奪ってしまった。空しく一日、二日と、宿のベッドで天井のみを見まもる。

電話帳をめくって、やっと見出した日本大使館に電話した。すぐに然るべき医師を紹介してもらい、注射でもうって熱を下げ、ロンドンへ直行したいと望んだ。そこで何とか医師をとたのんでみたが、〈個人のそんなささいなことに、大使館はかかわりをもたぬ〉と冷たくあしらわれる。しかしカンタス航空会社にだけは連絡して、予定していたプラハ行きや、パリ行きをキャンセルする。一週間滞留の予定のローマも、いつまでのびることになるかわからないからである。

部屋の掃除をする中年のイタリー女性が、宿の女将《おかみ》をつれて私の枕元に立ったのは滞留三日目の朝だった。女将はよくイタリー映画に出てくるたくましい太めの女である。ここのペンションの女主人で、亭主は目下入院中とか。この朝、私はまったく体の自由を失い、小用からもどると食堂へ行くこともできず、ただ熱にうなされはげしい頭痛で完全にまいってしまっていた。それまで食事の時だけベッドを抜け出して食堂に足を運び、スープや少量のパンを無理してのどに投げ入れていた。しかしもう食欲もなければ、体全体が意思に反していうことをきいてくれない――まったくコトバの通じぬ人間同士であるが、そんな私を中年の掃除女は見てとって、女将《おかみ》を呼んで彼女が私の部屋にあらわれたというわけであった。

アクワとグラッチェ

イタリー語で二人の女が何やらびちりぴちり話し合い、私に何かを語りかけるのだが、もちろんことばはまったくわからない。私は枕元のテーブルにあるコップに手をのばしてとり、懸命に水を飲むまねをし、一ぱいの水を所望した。女将の口から、〈アクワ〉というコトバがもれた——よく蘭書にもでてくるアクワである——。私はとっさに、〈アクワ・アクワ〉と小さい声で連呼した。彼女はにこっと笑って、〈水〉をもってきてくれた。一ぱいの水《アクワ》がこんなにも手に入りがたく、手に入れた時の喜びをかみしめたことはない。実は以前にも手まねの会話を演じたのであるが、一本のコカコーラも得られなかった。一ぱいの水の要請も相手に通じなかった。ことばはそれを受けとる受け手の資質にふかく関係がある。掃除女よりも女将の方が人と接し、人語を解することにたけていたのだと思う。おそらくこの女将とて、一生に一度、はじめて日本人に出あって日本語を耳にし、身近かに東洋の体臭と音声を経験したのであろう。しかし彼女は自国の人間によって、人間一般のあつかいを充分に知りぬいている感じであった。

その時ここでもう一人、小さな救いの天使があらわれた。江戸時代に蘭学者が、〈天神所使令者《カミノツカヘモノ》〉と訳する〈angel《エンジェル》〉だ。ここの一人娘が、私の部屋から聞こえる大人二人の声を聞きつけて、そっとのぞきにきたのである。中学校二、三年ぐらいの、顔にそばかすのあるやせた女の子で、母親のまるまると肥えたボディーとは対照的だった。彼女は『広辞苑』のように、厚い〃伊—英・英—伊辞典〟をもってあらわれた。

あたしは中学校で英語を習っているので、すこしは英語が話せます。でもママはまったく英語を話せません。もし用事があったら、これをお使いください。

——彼女、そう名前はベアトリチェ、その彼女の小さな口から、英語がとびだし、こう説明してくれた。私はホーッと安堵感と、喜びとが同時に突然わきあがった。母親は娘のしゃべる英語を聞いて、にこにこそばに立ちつづけていた。おそらく私の顔からも笑みがもれたのであろう。女将はやさしい母親の顔となり、私の方をみて、ひときわ身振り大きく笑ってみせた。

まことに地獄に仏とはこのことで、宗教心厚いというイタリー人のことが、ふと思い出された（わが家に約一年、ローマ大出身のシナ学専攻のイタリー人先生をホームステイさせたことがある。こんなことなら、彼にイタリー語を習っておくべきだと思い出した）。手をあわせておがみたいほどの思いだった。私が、〈どうもありがとう（Thank you very much!）〉というと、その娘は母親の方をむいて、〈サンキュー、グラッチェ〉といった。母親は、〈グラッチェ〉のことばを聞くと、大きな声で自分も、〈グラッチェ〉といってくれた。私も思わず、〈グラッチェ〉といった。〈グラッチェ〉はイタリー語で、〈ありがとう〉の意味のことばである。表情をくずさなかった掃除女までも笑った。

娘さんは学校があるのでもう家を出ねばならぬと告げ、帰ってきたらまたあなたの容態をみてあげるといい残して去った。英語が私の病気を快方にみちびく大きな支えとなった。

——二日、三日、五日……と、私はこの娘と母親の献身的ともいうべき看病によって、次第に健康をとりもどしていった。〈アクア・グラッチェ〉につづいて、〈マンジェ（食べヨ！）〉のイタリー語を覚え、これが、今も印象ぶかく心に残っている。おそらく一生涯、この三つのイタリー語は忘れることがあるまい。この太っちょのイタリア女は、いうならば東京の下町の女たちと同じ、ローマの下町っ子気質をつぎつぎに発揮してくれる。旅に病んだ異邦人を情《なさけ》をもって、心からいたわってくれる。今私はその一つ一つのコトバは忘れてしまったが、目をじっと閉じてみると、額に氷嚢をあて、体温計の温度目盛をじっと見守る母と娘の姿、彼女らが二人して必死に私のことを看護してくれた慈愛あふれる行為と、あの部屋の広さとが、奇妙にありありと思い出される。〈食べヨ、食べヨ、ドン〳〵食べテ、病気ナド吹キトバセ！〉といった調子で、大きな体をふるわせて私を力づけてくれた女将！　病気は注射や薬でなおすのではないのだ。熱くて重いコニャック入りココアをもってきて、〈熱イウチニ飲メ、汗ヲタップリ出セバ病イナドドコカニトンズラサ〉という（私は次第にイタリー語を解することができるようになった）。二の腕のもりあがりと次第に理会しあっていく女将と私。この二人の西と東の人間の小さなドラマがここにある。もし情《なさけ》ということばがイタリー語にあるとすれば、その情がそのまま人間と姿をやつして、私の枕元に女神のごとく現われた。

子どものころ島崎藤村の〈幸福さん〉という童話を読んだことがあったが、あの幸福さんが、この女将なのである。このイタリー人母娘《おやこ》への感謝は、今でも決して忘れることはない。

私はベッドに仰向けになりながら、せっせと英伊辞典を引き、対訳の短いイタリー語会話の例文を諳誦した。学校から帰った娘は、わがことのように、私の頭の氷嚢とタオルをせっせと代えてくれた。一日も早く熱のひくようにと、肉親も及ばぬほどの看護をしてくれた。日本人には世界のどこの国民にもない〈甘え〉があるそうだが、このイタリー人には、〈思いやり〉が満ち満ちている。しかし日本人にも、これに負けぬ〈思いやり〉があるはずだ。私は天井の一隅をにらみ、じっと過去のこと、将来のこと、そして今のことを思って、何となしに涙が両の頬を伝わっていくのをどうしようもなかった。こんな体験は今までの旅では感じたことはない。もし私が五ツ星の一流ホテルにとまったとしたら、おそらく英語でことは足りたであろう。水一ぱい、チーズ一片を頼んでも、チャージ（手数料）をとられ、ショーウインドの模造品と同じようなメニューで、我慢しなければならなかったであろう。それより何より、ボーイなどは事務的にそれらを運んでくれるにすぎないロボットだ。私の額ににじむ汗をぬぐい、びっしょりぬれた下着までも洗ってやるからぬげと、大声でことばを投げかけるなどしてくれはしまい。異邦人のいうことにひたすら耳を傾け、必死になってそのコトバの心をききとろうなどとはしまい。金殿玉楼に住んでも、雨露をしのぐにすぎない茅屋に住んでも、人間にかわりはない。超デラックスのホテルに客となっても、こうした古ぼけた小さな安宿に客となっても。ほんとうに待遇されるとはどういうことなのだろう。心まずしいものに神の加護はあるはずはない。このローマの下町の二流どころか三流の安宿で、私は体をもって、この豊かな西欧的ヒューマニズムに出逢った。それはまた、私が私の両親から学んだ情であり、思いやりでもあった。両親を失って数十年、よりによってこの異国の片隅で、厚い人の情と出逢った。ここで再び幼いころ、私に教えてくれたわが母の思いやりにめぐりあった喜びはどれほどであったか。さらに碧い眼の娘が、一所懸命に問いかけてくれる英語、私は英語のもつ国際性と、英語に託される未来への人類の希望といったものについても、遠く思いをはせた。

ローマからロンドンへ

こうして、私はやっと熱も三十七度近くに下った。今はここの女将とも一緒にテレビをみて、同じように笑うようになった。周囲の泊り客——先生、行商人、若いカップルとさまざまな人間の群れ——も、われわれ二人のイタリー語の会話に、大げさなジェスチャーで、びっくりしていた。決して質量ともに自慢などできるはずのない私の即席イタリー語が、しかしこのイタリー女と私をよりいっそう身近なものにしてくれた。ことに私が、〈グラッチェ〉と口にする時、彼女の顔は満ち足りた笑みをたたえてくれる。

今の私は、もうまったくイタリー語を忘れてしまった。一時的にせよ、命がけで頭に入れこんだいくつかの句《フレーズ》もあったのだが……。すぐに吐き出してしまったコトバは、そういつまでも頭の中に残るはずのものではないのだろう。

〈是非トーキョへもどれ、すぐにローマから帰ったほうがいい〉——という熱心な女将の忠告をふり切って、やはり私はロンドンへ向った。二週間余、一日三度の食事つきで、約十五ドルほど——これが出発の朝、女将に支払った金額である。今考えてみても、物の値段の変動もはげしいであろうが、ウソのような宿代である。そのうえ看護という特別なサービス、介護料もふくんでいるのである。いや看病など、無報酬の莫大な恵みはこれにふくまれているはずはない。思いやりは金では買えぬものである。金などを要求するものでもないのであろう。イタリー語を自由にあやつれぬ私は、身振りよろしくこの短いが大いなるお世話に、心から謝辞を述べ、それ相応の――といっても旅行者である私にできる範囲は限られているが――御礼を申し出たが、女将はただ笑顔で拒否をくりかえし、お互いさま、〈お元気で〉を繰り返すだけであった。私たちは固い握手をして別れた。

宿を出発する時は、また小雨であった。頼んでもらった車で空港に向い、やがてロンドン行きのBOAC機中の人となった。ついにローマでは観光もショッピングもできなかった。まさにローマの休日そのもの、わずかに二五〇〇リラで、自分用に手袋を買っただけであった。しかしローマでの病床の思い出は、一生私の胸奥ふかくさわやかな姿で残っている。

飛行機が離陸のころ、雨はやみ日がさしてきた。私はそっとポケットから、ビニールの小袋に包んだ梅干を一つとり出して口にふくんだ。私にとって梅干はむかしの仙人の不老不死の薬にも似ている。口にふくむと身体全体に不思議に力をつたえていく。私にとって子どものころから梅干の効用は万能薬に近い。

空からみたアルプスの絶景は、これまた爽快そのものであった。朝の日に輝くアルプスの山脈はさながら絵はがきがそのまま生気をふきかえしたようだった。

大英博物館と資料探訪

　ロンドンの空港から、予約しておいてもらったロイヤルホテルに到着、そこに大英博物館、東洋部部長、ガードナー氏からのメッセージがとどけられてあった。しかしロンドンの寒さと暗さはまた格別だった。ホテルの部屋は暖かく、博物館に近いということが何よりも有難かったが、霧のロンドンどころか、雨と暗さの陰鬱なロンドンに、再び発熱、劇しい頭痛におそわれた。

　朝起きると体中がびっしょり、裸身にパジャマだけで寝ていたのであるが、汗でパジャマはしぼるほどだ。ひどくだるい。しかしガードナーさんとの約束で、どうしても十時には大英博物館へ行かねばならない。途中、店で薬を買って飲んだが、今度はローマと異なり、咳の出ることのはげしさ。熱はあまりあがらないのはよかったが、その代りはげしい咳に苦しむこととなった。

　ガードナーさんは日本で一度お目にかかったことがあるが、この日も笑顔で迎え、彼の部長室へ招き入れてくれた。早速、蘭学関係のものをみせてもらうことにしたが、折角なので、キリシタン関係の資料のことをおたずねして、あれこれとみせていただいた。はじめてみる『天草本平家物語』や『落葉集』の原本に、やっぱり無理してもここまで来てよかったとしみじみ思う。熱も咳も、日本のことも、母校の大学紛争のこともすべて忘れる。研究者冥利、学問の三昧境というのはこういうことだろう。時を惜み文字を追って、ひたすら資料と対峙して幸福な時をすごす。ここではじめて、八巻からなるローマ字による『蘭日辞典』(写本)を披閲することができた。かつて伊予大洲の旧家、三瀬家――ここで女主人に昨日、司馬先生がおみえになりましたと話された――の土蔵の二階で、〈ばってんことば〉といわれるH・ドゥーフの書いた蘭文〈緒言〉を一見したことがある。その時はまったく予想していない資料とて、小さな宝物を誰にもしられず、独りで手にふれるときめきがあった。今度は多少の予想はしていても、こうした豪華な写本が、眼前につみあげられ、まことに筆舌につくしがたい感激と興奮であった。いわば私の蘭語学の資料探訪の旅で、もっとも偉大な資料の一つに出逢うことができたのである。

大学ノート風のものに、鵞《が》ペンににじんだインキで、さながら草稿のように横書きでしるされている文字は、つぎのようなものであった。

NEDERDUITSCH IAPANSCH

WOORDENBOEK

Letter A

AB Boek ― *A. B. C. wo kaitar Sjö motz.*　アベセヲカイタルショモツ

開巻、目にはいってきたオランダ語から、これこそ百五十年前に、H・ドゥーフや長崎通詞たちが協力しあって訳編した蘭日辞典であろうと推定した。もっとも子細に検討していくと、紙質も筆つきも、いささか新しい感じがするし、多くの点で疑問が出てきた。しかしはじめてこの資料に接した時、私には夢にまで描いていたローマ字本（〝ドゥーフ・ハルマ〟の原本）であろうと思い、その感激はいまだに脳裡に残像している。しかし冷静に内容を調べていくと、この「ローマ字・カタカナ文字対訳本」は、原本ではなく、すくなくとも転写本であろうと疑った。江戸時代の蘭日辞典、ことに私の探し求めていた〝ドゥーフ・ハルマ〟（俗に『長崎ハルマ』）の初源に近い草稿の面影をもつものの一つであるとは推定してみた。

宿舎にもどっては書写してきたものの整理をし、日記をつけて早めに就寝した。しかし朝はかならず全身がびっしょりで、日ましに咳がはげしくなっていった。疲労もかなり極限にきているのかもしれないと思った。日の出が九時というロンドンのまことに陰気くさい街は、ただ博物館に蘭語学の資料があるゆえにのみ私には存在価値があった。ロンドンは緯度でいえばソ連のバイカル湖、サハリン（樺太）の北という極北に近いところである。

博物館で資料を披閲して、閉館と同時に宿舎にもどることにしたが、かならず、途中にある街角のカレーライス店に寄って、夕食をおえていくことにした。このカレーの店と味もまた私には心よい印象として残っている。ゆっくりとロンドン見物などする暇もなく、空港―宿舎《ホテル》／宿舎―博物館―カレー店―宿舎という、最短の無駄節約のコースをとって、ただ資料の披閲に時を惜しんだ。幸い館には閲覧の人も多くなく、掛りのものも遠く極東の日本からやって来た研究者ということで、よく便宜をはかってくれた。何よりもここは英語圏である気安さがある。どうやら熱は下っていた。ロンドンを離れる日はちょうど日曜日にあたったので、半日だけロンドンの市内見物をした。ピカデリー通りまで二階建のバスにのっていった。帰りに地下鉄にも乗ったが、この地下鉄の乗り場所が、エレベーターで入口からホームまで、まるで映画でみた炭坑の坑口から地中に降りていくような仕組みであった。

ロンドンを離れる日、博物館から宿舎にもどると、オランダ、ライデン大学のホス教授から、至急便が届いていた。「あすアムステルダムの空港でお待ちしている」という連絡文であった。約一週間、ロンドンでの資料探訪、閲覧をおえ、いよいよ最終目的地、ライデンへと向うことになった。ロンドンを去る日も起床すると寝汗でパジャマはびっしょりであった。咳はすこしも弱くならず、もしこれで熱でもでたら一巻の終りとなるであろう。ともかく薬よりも栄養と睡眠を十分にとらねばならないと心掛けた。ロンドンは正直いって、暗く寒く、どんよりとした日々で、まことに陰鬱な都という印象であった。夏目漱石がロンドン留学で、ウツ病状態になったというのもうなづけるところだ。

ライデン大学と蘭学資料と百利

十二月も下旬になり、空から見たアムステルダムは、青磁のように白くにぶく光っていた。ところどころ海岸線にそってかなりの広さで四角い塩田のような空間がみえた。飛行機が降下するにしたがって、それは凍りついた氷原であることが判明した。家々の屋根に降った雪は解けかかっているのであろう。ところどころはだら雪で屋根は黒くみえた。しかし海岸線にそった広い地域にはまだ雪が解けず、一部氷となって残っているのである。それがにぶく弱い日の光に反射している。雪は大分降ったようである。私はふと四週間ほど前にのぞんだギリシャ、エーゲ海の碧く輝く海を思い出した。その時、エジプトのカイロからギリシャのアテネに向けてエールフランス機にのって飛行中であったが、スチュアーデスのフランス女に、英語の新聞を要求したにもかかわらず、木で鼻をくった拒絶にあった。そのとげとげしい言動に比して、そのときの南欧の海は何と美しくおだやかだったことか。それがまた一変して、今は氷に包まれた北欧の一隅に身をおいている。

アムステルダムの空港はロンドンと同様に、飛行機から外に出ることなく、乗降口がそのまま空港事務所に通じる廊下の出入口へと、飛行機の胴体を横づけにする（当時私が日本を出発した羽田空港はまだ構造的に現代と異なって、一旦飛行機の外に出て事務所に行くことになっていた）。しかし例によって予定より三〇分はおくれての到着、ホス教授が果して待っていてくれるかどうか。日本でホス教授の評判をきいていたところでは、なかなか気むつかしい人ということだった。〈ホス（vos）〉とはオランダ語で〈狐〉のことである。

入国手続きはすこぶる簡単だった。いよいよ、〈ついにオランダに来た！〉という実感と、信じられない夢のような思いが旅愁と混りあって、いささか私もセンチメンタルになった。かつての遺欧伝習生たちが、若い日本のサムライたちが、両刀を腰にさして、このアムステルダムに第一歩をふみ入れた感激を自分なりに反芻してみる。さらにまた文久元年一二月（一八六一年一月）、当時外国奉行兼勘定奉行であった竹内保徳を正使とする三十八名の使節がヨーロッパに派遣されたことを学んでいる。箕作阮甫の嗣子となった箕作秋坪や、福沢諭吉が一行に加わっていたわけである。

検閲を終え荷物を無事に手にして、空港の出入口のほうに足を運ぼうとした――と、〈プロフェッサー・スギモト〉と声がかかった。ふりむくと学者の地味なそれではなく、なかなかハイカラな、しかし趣味のいかにもいい図柄の背広と帽子が、大がらな体にあっている紳士が手をあげている。服装においてあかぬけした老教授といった感じだった。私ははじめてオランダでオランダ人に、オランダ語の第一声をあげた。〈グーテンダーク！〉すると彼は、〈よくいらっしゃいました。ライデンまで私の車でまいりましょう。さあ荷物を〉と日本語で応答し、にこにこしながら私の手から荷物を受けとった。そして先に立ってパーキング場の方に足ばやに歩いていった。オランダ語は必要なくなった。これまでと違う何か奇妙な安堵の感情が私の全身を走った。

アムステルダムからライデンまで、ハイウェイはほとんどすれちがう車もなく、花も散り果てて黒々とした冬のチューリップ畑を左側に見て、車は快適にとばしていった。ホス教授は、〈ライデンまで約二〇分です〉といって、私を運転する彼の横の席にすわらせた。うわさなどとちがう暖かい出迎えに、やっぱり来てよかった、来なければならなかったのだと自問自答した。冬のオランダは快適なドライブとは裏腹に、何か沈黙の世界のようで、絵でみる風車もなく、ただ一面に声のない世界のようにおしだまっていた。

ホス教授が予約しておいてくれた小ぢんまりとしたホテルは、ライデン大学まで歩いて七、八分のところにあった。荷物を部屋に入れてから、ホス教授のおごりということで、昼飯を町のレストランですることになった。残念ながら、そのレストランの名もそこで御馳走になった典型的なオランダ料理というのも今は覚えていない。かすかにチーズがたっぷり使われていたことと、大きな皿にもられていたことが思い出せる。

――正直いって、咳はまったく止まらないし、体は相変わらず熱っぽい。ホス教授の御厚意がわずかに私を平常の状態に保っているようなものであった。ライデンに五日間滞在し、大学図書館の日本語資料、蘭学資料をみる計画だ。幸田成友氏や新村出先生のお書きになった欧州に所在の文献資料や古本屋の所在を前もって調べておいた。もっともそれらは戦前のものであるから、かなり変更があるかもしれない。しかしライデンには古本屋があるということだけでも楽しみが待っているのである。

昼食をすませてから、ホス教授は早速、ライデン大学の図書館を案内してくださった。冬のこととて豊かな水量はないが、静かなラペンブルヒ運河にそって数分歩くと、西岸にあたるところに、古い大学のたたずまいが、いかにも重厚なアカデミズムを発散させている。一五七五年創立とい い、かつてはヨーロッパ各地から、多くの学徒がここに勉学にきているのである。当時の著名な学者も多くここで教授をしており、ヨーロッパ学芸の一大中心地でもあった。もとより幕末には西周、榎本釜次郎（武揚）など日本からの伝習生も来て学んでいる。

直接図書の出納をする係の女性にも紹介され、あすから閲覧に通うのでよろしくとお願いした。帰りにライデンにある〈出島の日本館〉に案内するということで、ホス教授に同道した。いったいどんなところかと思ったら、何のことはない、ホス教授を主任とするオランダの日本研究所、日本研究センターであった。しかし研究所というにしてはあまりに小さく、二階建の小アパートの規模だった。これは銀行の建物の一部を借用しているとのこと。日本でも同様であるが、オランダにおける日本語の地位は物の数でもない証明であろう。日本語は特殊な中でも特殊な言語なのだ。中に、いかにもホス教授らしく日本風の看板や暖簾があり、日本的雰囲気をかもしだすように装飾されている。ここで日本語を教えている二人の外国人——一人はアメリカ人、一人は日本人女性で、慶應義塾大学の卒業という——を紹介された。日本茶をすすめられ、しばし休憩し、やがてホス教授とも別れてホテルにもどった。このライデンは、レインスビュルヘル運河に面して、国立民族学博物館、国立自然科学史博物館などが並んでいる。シーボルトやフィッセルなど、江戸時代に日本に来た蘭人らの蒐集したさまざまな日本のもの、が保存よく陳列されている。若干の日本の和書もみえ、披閲させてもらった。

ホス教授の御推薦で、これから毎日食事をするには、街角にある中華料理店〈百利《バリ》〉がよかろうということだった——後日譚になるが、私はここの若いシナ人の御主人、百利氏と仮称するが——に、たいへんお世話になった。時には日本へも行くとのことで、その年の暮、彼は羽田からわが家へ電話して、私の無事を家庭に知らせる役目まで引き受けてくれた。実はギリシャ以来、一度も手紙を出していない。帰国して女房から聞いたのであるが、私がローマで苦しんでいるころ、夢に私が現われ、玄関に立って家に入らんとして、その姿が突然消えてしまい、不吉な予感がしたという。ひょっとしたら旅先で何か身におこっているのではないかと、不安な日々をすごしていたという。やはり夫婦というのは不思議なものである。

ライデンに滞在中、ここの百利で夕食をすませることにきめた。若主人は台湾生まれで、母親は日本人とのこと、日本語もかなり巧みに話す。ライデン大学に来ている日本人留学生も、大分お世話になっているようであった（L《ライデン》大学にはサンスクリットの賢学、D教授がおり、東京大学や京都大学の印哲専攻の学生が同教授につくべく留学しているという）。

十二月二十四日の朝、眼をさますと、天井がぐるぐるまわっている。ベッドから起きあがろうにも起きられないのだ。俗に腰がぬけたというか、まったく下半身が体の支えをしなくなった。四つんばいになり、壁を伝ってかろうじてトイレにいった。部屋の中を立って歩こうにも、どうしても身体がいうことをきかない。再びベッドに横になるが、仰向けに寝ると、相変わらず天井がぐるぐるまわる。えらく胸がむかついてくる。急にどうしたのだろう。原因をあれこれ考えてみたが、どうもわからない。昨夜、日本人で東大留学生、マツナミ君と長時間、百利《パリ》で話しあったのがいけなかったのか。彼がいささかノイローゼぎみなのを慰撫する意味もあって、すっかり話しこんでしまった。いやしかしどうということもあるまい。ほかのことならともかく、腰がぬけたように。いままでこんな経験はただの一度もない。いよいよ最期かわが命、ライデンで終止符を打つかと観念する。

大学の図書館は、係の方の御厚意で、一々出納するのはたいへんだからと、書庫にまで机と椅子を入れてくれた。もっともここは暖房など一切ない。書庫の寒さと、それまでの疲労が重なって、再び病魔におそわれたか。すこしよくなったと思って無理をしたのがたたったようだ。しかし熱は出ていないようである。ホテルへもどり身体をベッドに横にすると、天井は相不変ずぐるぐるまわる。こうして今日一日で、ライデンともお別れしなければならないその夜のことである。披閲しなければならぬ資料はまだ多い。せめて対訳辞書の類だけでもと思って、懸命に図書館通いをしたわけだが、中途でそれも放棄しなければならないことになるか。

再び病魔は私からすべての計画を奪いとる。しかし何としても昨日の残部は見終らねばと思い、やっとの思いで洗面をすませ、階下の食堂で朝食をすませ、図書館へむかった。二十五日のクリスマスには、ここのホテルの主人一家はドイツの実家へ行くので、どうしても部屋を出てほしいといわれ、そうした約束でこのホテルに宿泊したのである。

何にせよ熱と食欲不振が旧に倍して私を襲い、それに悩まされながらも、しかしライデン大学図書館でつぎのような貴重な資料を披閲することができた。

（1）　Hollandsch en Japansch woorden Boek：写本。全八冊。
これはいわゆる〝ドゥーフ・ハルマ〟のローマ字本で、訳語・訳文は静岡県立中央図書館葵文庫で私の一見した〝ドゥーフ・ハルマ〟と一致する点を発見した。

（2）　（a）　江戸ハルマ：写本。全廿二冊。
表紙中央及び右寄りに貼題簽で〈Jedo Halma／江戸ハルマ〉とある。

(b)　右同：写本。全十五冊。

書中には㋫・㋟などと略称を付して、訳が書入れてある点が注目される。最終丁に、〈de quansÿ 8 jaar, agttiends dag van tweede maand〉と、刊本と同じく、〈寛政八年二月十八日〉の刊記に相当するオランダ語がみとめられる。

(3)　和蘭辞書：写本。

〈イロ　色　ジヨシキク kleur〉のように、日本語にオランダ語を対訳させたものであるが、訳語の表記も(1)・(2)とは異なり、おわりに、〈文政十一年歳戊子初夏二十八日匡校畢〉とみえた。これも『江戸ハルマ』の類かと思うが、体裁がいささか異様である。

(4)　蝦夷ヶ嶋言語：写本、一冊。

アイヌ語・日本語・オランダ語の三語の対訳形式になっている。アイヌ語の小辞典である。

(5)　和魯通言比考：刊本、二本。

二本あって、一本は革製の美本。他の一本は仮り装で、表紙もボール紙。背も角。簡易版である。

(6)　蘭学逕：刊本、一冊。

表紙裏に、〈贈呈　和蘭ホフマン先生　日本　佐藤恒蔵《サトウツネゾウ》〉と墨書。ホフマンは、オランダの日本語学者として最高級の学者。日本語文典や日蘭対訳辞典も訳編している（未完。『和漢音釈書言字考節用集』を土台にして編集したもの）。佐藤は幕末の遺蘭伝習生の一人であろう。

このほかにも、まだ注目される資料がかなり所蔵されていることが判明した。なおコピーさせていただいた「シーボルト蒐集、書籍・写本目録」は、彼の〝Nippon〟執筆に役立てたものであろう（同目録は拙著に影印で公開した）。

さてやっと五時まで大学の図書館ですごし、例のように百利で夕食をとる。あすはライデンをひきあげることを告げた。いろいろとお世話になった礼をのべると、若主人は、〈それでは、私のおごりで〉と特別な送別メニューをつくってくれた。私が東京のわが家には、台湾からの留学生、周君などを無料で下宿させ、彼の友人の林君、陳君など二、三人が、よくわが家でシナ料理をこしらえて会食したことなどを話し、体調が思わしくなくて、今朝もこんな状態だったと話すと、何よりも栄養のあるものがいいと、さかんに気をつかって、特別な御馳走を用意してくれた。まるで旧知のように。キャンベラをたつ時も、大学の王《ワン》教授などシナ人学者グループから、大送別の宴をはってもらったのであるが、シナの人は実に度量があり、海外でも堂々として好感のもてる人たちである。スケールの大きさと、ものにこだわらず、ぴしっと東洋道徳を身につけている。すくなくとも私の接したシナの人々は。旅に出たら自分のことしか考えられぬ日本人とくらべて、何と心豊かなのだろう。同じ皮膚の色ということもあろう。所詮白人とは結びつきえない、東洋人同士の何かがある。しかしシナの人は時には、きわめてミステリアスなところもあるが、反面また兄弟同胞のように感じるのである。それに日本人とちがってコトバに巧みである。百利の若主人も、〈実はあす東京に向けてここを留守にするので、私の方が先に日本に着くでしょうから、もしよければ、奥さまに羽田空港から電話して御無事をお知らせしましょう。電話番号を教えてください〉という。私はアテネで書籍と若干の雑品を一つにして手紙を入れ、わが家に発送してから、ついに手紙は一本も出していない。さぞかし家でも心配しているであろう。この厚意ある申し出に私もたいへん嬉しく、できたら是非お願いしたいといって、若干の日本円を手渡そうとした。しかし彼は〈私はむしろ先生より、これ！　小銭をはじめ、いろいろ日本のお金はもっているので、公衆電話の代金などたいしたことはありません。どうぞお金はおさめてください〉という。いくらか押し問答はあったが、ついにいわれるままに、すべてをおまかせすることにした（信じられぬほどの誠実さで、彼はその二日後にはわが家に電話のベルをならし、私の無事なこと、研究旅行の様子を連絡してくれた）。もはや何か事故があったかと思い悩んでいた女房は、この百利さんの電話で、同じように信じられぬ喜びを味わった、とは帰国してから聞かされたところである。どうしても、もう一度ゆっくりとライデンを探訪して、見残した国立民族博物館のものなども、調査しなければと再訪を心にいいきかせて、ライデンを離れることになった（後日、ライデン大学研究員として受け入れていただき、再訪計画が実現し約六カ月滞蘭、百利氏とも再会した）。

学ハ孤ナラズ必ズ隣アリ

ライデンからアムステルダムまで、汽車で約四〇分、三ギルダー五六セント（一ギルダーは当時、約百円に相当）。重い荷物と定時に来ない列車にいらいらしながら、それでもどうやらアムステルダムの駅についた。ホス教授もクリスマス休暇で一家をあげてライデンを離れている。駅頭に下りたった時は、はじめてしみじみと異邦人《エトランジュ》と胸のしめつけられるような孤独感を味わった。一体何のためにこんな無理をしてまで！　一冊の書物を求め、一枚の紙片をたずねて、資料探訪にはるばるヨーロッパまでやってきたのか。極度に健康を害した私にとって、今はもう一分でも一時間でも、ゆっくりと体を横たえる場所がほしかった。あと一週間もたたずに日本に、わが家の青畳の上に大の字に寝ることができる。しかし今、寒くて鉛色に暗いアムステルダムの午後の街頭にたたずむ。霧が濃くて見とおしはすこぶる悪い。やがて私はただ一人とぼとぼ運河ぞいに、今夜泊まるべく予約のホテルを求めて歩いていった。

重くて大きい荷物をひきずるようにして、人の群れの行く方角へ、何とはなしに歩を進めていった。通行人の一人に、予約したホテルの名を告げて場所をたしかめると、〈ナショナル・モニュメントブリッジを渡って、まっすぐに十五分ほどいきなさい〉という。しかし肝心のその橋が見えない。見えないというより運河と橋が多すぎて、どれがその教えられた橋なのか判断がつかないのだ。しかたなく休み休み商店街の方を目指して歩く。方向はまちがっていないという自信はあった。日本でも土地勘だけはあまり狂わないほうである。——と突如として、〈日本の方ですか〉と声がかかった。あたりをみまわしたが、人らしい姿はない。もう一度、〈失礼ですが……〉と声がかかったので、やっと声源が判明した。橋のたもとにとまっている車の中から、窓越しにかかってきた声である。一見何かやくざっぽい玄人風のいでたちの男である。〈これはまずいぞ！〉と警戒しながら、私はそばに近寄っていった。すると、〈私たちは大映のもので、ロケに来ているんです。どちらのホテルですか、おさがしのホテルは？　どうぞこの車におのりください。お連れしましょう〉という。多少異様なと警戒したいでたちは、役者のそれだったのである。

車の中は運転手とその横で私に声をかけた男性と二人きりで、後の席には、ロケに使うらしい小道具があれこれと乱雑に積みあげられていた。私はＮＨＫのＴＶに出演したとき、小道具部屋を拝見させてもらったことがあるが、そのことがふと頭をかすめた。〈私は〇〇ホテルをさがしているんですが……〉とホテルの名を告げると、〈それはちょうどいい。私たちもそこに泊っているんです。さあさあ〉という。何だかあまり調子がよすぎるので、いささか懸念はしたが、重い荷物と、せまる夕闇、ホテルはわからぬということもあって、そのまま乗せてもらうことにした。

――ホテルにはまちがいなくついた。カウンターで受付けを済ませてから見まわすと、私を送ってくれた二人の日本人若者の姿はもはやなかった。ボーイが荷物を持つと私を予約の部屋まで案内してくれた。こうして、やっと落着くことができたのである。それにしても、まったくの偶然が、私に日本人の意識をよみがえらせた。一息ついた私は、街へ出る余裕もなく、そのまま部屋のベッドに横たわった。こうしてクリスマス・イヴを、アムステルダムのホテルの、六階の北側の小さな部屋で、病気と疲れと同居して過すこととなった。

十二月二十五日、目がさめて天井を見つめる。目はまわらない。ただ胸のむかつきは劇しい。熱はそんなにないだろう。しかしまったく疲れた。何かめった打ちにされた感じである。予定していた市内見物もとりやめることにした。二日後にはアムステルダムを発って、日本に向うこととなり、いささか気のゆるみも出てきたのかもしれない。やはりどっと疲れも出て、今はとにかくゆっくり眠ることが先決だと思った。クリスマスは一日中部屋のベッドに横たわって、眠ることにつとめた。夕方、部屋掛の女性が、頼んでおいた薬（アスピリン）を二錠もってきてくれた。また部屋掛のボーイ（黒人給仕）が、スープとビスケットを運んできてくれた。ボーイは、〈あなたが疲れている御様子なので、ここのマスターに強くかけあって、やっとスープをおとどけすることができたのです〉と白い歯をきらきらさせながら、重い英語で説明した。〈クリスマスで食堂もこみ、病人のお世話どころの騒ぎではないのです〉ともいう。しかし熱いスープはとてもおいしかった。チャージをたずねても、〈私の厚意でやったことですから〉と、一銭も請求しないまま部屋を出ていった。その厚意に感謝して、再度また眠りについた。

ベッドに横になりながら、しかし絶えず〈死〉のことを考えていた。果して一人で無事にこの体を支えて、日本に帰ることができるかどうか不安であった。目のまわることはなかったし、熱もそんなにあるはずもなく咳も大分におさまった。しかし頭痛はするし、ほとんど食欲はない。正直にいって立っているだけで精一ぱいというところであった。ベッドから起上がってみても、すぐに体を横にする。その方が気分がよく楽なのだ。体を横にやすめながら、枕頭の小机の上におかれてある聖書《バイブル》にいくたびとなく眼をとおした。苦しい時の神頼みであるが、キリストが石をパンにしたり、病めるものの体に手をふれて、これを癒したりする行りを幾回となく読んだ。ヨーロッパのホテルではどこでも聖書がおかれている。私の一生において、こんなにも繰返し繰返し聖書を読んで、心の平安を求めたことはない。人間の弱さかもしれないが、聖書を読むことにより、病の好転を信じ、ともかく無事で日本に帰りつけるように懸命に心に念じた。今こうして健康がもどり日々を過していることから考えると、まるでウソのような、悪夢のような瞬間であったといってよかろう。ローマでもそしてライデンでも死を感じたが、このアムステルダムでは死の意味を考えた。人生の半ばも過ぎ、日本にいたときも資料の探訪にあけくれし、資料の披閲、収集に、ただひたすらに精進し、鹿児島や長崎、大阪や島根、鳥取、さらに山形、函館と旅行し、外に出てはついにロンドンやライデンの地までやってきたわけだ。そんな感慨が苦しい病気との戦いとないまぜになって、この孤独な境遇を襲いつつも、やっぱり来てよかったと思い、一個人のできる限界を自覚して空しくもなった。登山家はそこに山があるから登るという。しかしスポーツとちがって、学究的な資料の探究という登山は、決して結果においても華やかなものではない。私が鎖国時代の日本に西欧文化・学芸をそそぎ入れたオランダの正体を解明したいと念じたばかりに、ほそぼそと資料の収集や解明――これも語学資料に限られる。ごく狭い範囲なのであるが――に全力をそそいで、あっという間に二十余年がすぎてしまった。現在ではほとんど効用のない古いオランダ語と、その過去の栄光をしるした文献に対決する愚を演じてきたのである。

ただひたすら、近代日本の根源、近代日本語形成のプロセスを根本から自分の力で確認したいばかりに努力してきた。異国での苦しい日々を思い、学究の徒としての責務と義務を考えて、ここまできた。――十二月の二十四日、二十五日、二十六日の三日間、私はアムステルダムのホテルの部屋で、しみじみと過ぎし日々のことを思い出していた。オーストラリア政府、ANUのおかげで、こうしたヨーロッパへの資料調査が実現した幸いをもしっかりと胸に焼きつけた。

二十七日朝、いよいよ日本に帰ることになる。ワルシャワ経由でモスクワに行き――モスクワに滞在の予定もあったがすべてキャンセルする――そこからアエロフロートに乗りかえて、モスクワから羽田へ直行のコースをとることに決意した（後年、モスクワへは訪問の機を得た）。アムステルダムを発つ日の朝、前日からタクシーを予約しておかなかったが、たまたまタクシーを待っているドイツ人旅行者のご厚意におすがりして、彼の頼んだ車に同乗させてもらうことができた。車は何とトヨペットであった。日本という国の国力というか、世界への経済進出のことが、そろそろ問題になってきたころのことであった。

空港でオランダの木靴をはいた男女ペアの人形を娘の土産に購入、十二枚セットのスライド写真も購入して、オランダ訪問の証とし、わが家へのささやかな土産とした。ＫＬＭの航空機に乗りこみさえすれば、ワルシャワに一時給油のため休憩はするものの、あとはモスクワで事務的手続きが一つ残されているだけである。もはやトウキョウまでは一飛びということになる。

広大なヨーロッパ大陸を一気に飛行して、夕方、はやモスクワ空港につくことになった。空からは黒ずんだ一塊りの立木の群がのぞまれたが、どこに街が人がいるのか、無気味なほど静まりかえり、人の気配のしない様子である。ソ連の広大な大地自体が、長い冬にじっとたえているといった風であった。

ＫＬＭが空港に到着した時、モスクワ空港は小雪が降りしきっていた。漆黒の闇のなかに、空港とその関係建物が明るく浮かびあがり、滑走路を照す電燈の光に細かな白い雪のつぶが舞っていた。

飛行機のドアが開いて降りることになったが、〈大分時間がおくれているので、トウキョウ行きに乗りかえるものは、至急事務手続きを済ませて、離陸を待つアエロフロートに乗りうつるように〉とアナウンスがあった。手に持っている荷物以外は、すべてそのままそちらに積みかえるので、心配はいらないとも告げた。ほとんど満足に食事もとらず、相不変、熱っぽい体をもてあます私は、それでも空港の土に足をつけて、小雪の中にモスクワの大地に立つ実感をかみしめようとした。しかしやはり例のとおり体はふらつくし、雪はいっそうはげしさをます。――と突如としてジープが私のそばにぴたっと止まった。そして身体の大きな（兵のようなかっこうをした）ロシア男性と女性が、私の前ににょきっとたちはだかった。そしてつぎの瞬間、私は抱きかかえられるようにして、その男性にジープに乗せられた。私が口をひらくより先に、女性の方がきれいな英語で、〈あなたはドクター・スギモトですね。トーキョへ行きますね。パスポートをお出し下さい。空港事務所へは行かなくていいのです。すぐこのジープでアエロフロートまでお連れします。おからだがわるいのでしょう〉――〈はい、ほんとうにありがとうございます。少し熱っぽくて……〉――私はパスポートを懐から出してこう答えた。女性は手早く事務手続きをすませ、ジープは私を乗せたまま、まっすぐに闇の中につっ走っていった。羽田空港などから連想していたのとはまったく異なって、何やら闇の中に特別な任務をもつ飛行機だけが、じっと所を得て待機している——そんな印象がモスクワ空港であった。私が病人であることは、おそらくアムステルダムから乗りこんだKLMのスチュアーデスでも、ロシア側に話してくれたのであろう。

しかしモスクワの空港に着陸してから、私が再び次の日本行きの飛行機の人となるまで、まことに迅速というか、思ってもみないフルスピードぶりの処遇であった。こんなに事務手続きも簡略して臨機応変にしてくれることにむしろ一驚した。かねがね耳にしていたソ連とは、まったく異なる印象を受けた。今でも小雪の降りしきる空港で、私を抱きかかえてくれたロシア人のぬくもりを忘れない。キャンベラにいたときにも、大学秘書のパインスカヤ氏とか教授のターニャ先生など、ロシア人の大学スタッフ諸氏から厚い歓迎を受け、日々の生活に楽しみを与えてもらった。珍しいロシア料理の御馳走にも招待してもらったが、個人としてつきあうロシア人は、ほんとうに素晴らしい人間だと思う。国という得体のしれぬ怪物、組織や団体になると、どうしても個人は埋没し、時には国家のいやおうない政策の手先として動かざるをえなくなるものである。空港のジープの上で、事務手続きをすみやかに済ませてくれたロシア女性も、ただ職業人としての事務という機械的言動のみではなかった。大げさにいえば、死地を脱するよき案内者、助力者でもあった。

機内は乗客もすくなくなかったが、私は毛布に包まれ、後尾の空席に体を横にするよう扱ってくれた。機内の人となり、アエロフロートの中の温かさと、そこでまた私に奉仕してくれたロシア人、スチュアーデスの親切には、ほんとうに頭のさがる思いである。これは私が異常な肉体的精神的コンディションにあったゆえとばかりいえない。

モスクワからトウキョウへ、生まれてはじめて、日本海上空を飛行機で一とびに飛びこした。まさにシベリア大陸を飛びこえて、日本アルプスを眼下に眺めて飛行したわけである。たしかに山の多い母国である。どの山も雪をいただき、それが、ちょうどアムステルダムを空から、眼下を見下した時と同じように、陶器のように凍りついてにぶい光を照りかえしている。天気は快晴、飛行機は快適そのものであった。一番後の座席でゆっくりと体を横にしながら、年の瀬のおしせまった日本へ、羽田空港へとひたすら飛行をつづけた。

ふりかえってみて、ヨーロッパへの資料探訪の旅は、かならずしも実り多いものとはいえない。しかしローマ字本の〝ドゥーフ・ハルマ〟をロンドンとライデンで披閲できたことは大収穫であったといえよう。やはりライデン大学所蔵の資料はさすがに抜群で、改めて機会を得て、再調査したいと願った。とりわけここに所蔵の『江戸ハルマ』も写本なりに注目すべき内容を秘めていると思われるのである。

私の資料探訪のある年の、ほんの小さい発見の旅を、ごく短いヨーロッパでの数日を、のちのちのために一つの記録として、研究余滴の意味もこめてここに書き留めておくことにした。

再び資料蒐集に

一九八七（昭和五十八年）三月、大学から半年の暇を得て、再びヨーロッパへ。今回はホス教授の御助力でライデンに借家を借り、ライデン国立大学の研究員としても受け入れていただいた。国立民族学博物館をはじめ多くの関係機関で、ゆっくりとじっくりと、蘭学や日本語関係資料を調査する機にめぐまれることとなった。はじめて海外に妻も同伴し、夏には大学に在学の娘も合流して、家庭生活の延長をライデンを中心に、ブリュッセル、パリ、コペンハーゲン、フランクフルトなどで過ごすことができた。私は途中ソ連邦、モスクワ国立大学の招聘を受け、同大学の図書館、レニングラード（ペテルブルグ）大学図書館などで、蘭学、近代日本語、さらに吉利丹資料を調査。目標としていた資料なども見出し、これらをマイクロやコピーに収めることができた。とりわけソ連邦では多大の研究費までいただき身にあまる厚遇をいただいた。どこの国立大学でもまことに最高のご協力をえて、貴重な資料を入手し得、大満足の六カ月であった。かくて私の再度のヨーロッパへの研究資料蒐集と探訪の旅路は終結した。すべては近代日本語の成立過程を解明したい素志からであった。早稲田大学をはじめ、内外の大学、研究機関にこころよりの感謝のことばを捧げたい。そしてまた、ロッテルダムでは私の命の恩人ともいえる百利《パリ》の若主人とも再会し歓談する機をえた。彼は今やオランダで大成功し実業界にも重い地位についていて、ロッテルダムに大きな店を構えるまでになっていた。オランダやライデンで親しくしていただいた人々については別の機会に回想録をまとめたいと思う。

なおきわめて私事ながら、これまで私が研究一路と言葉の研究に専念できたことに家族に感謝したい。長女を特異な病いで失い解剖し、江戸期に発した伝統ある慰霊祭（大学医学部）に列したが、祭文をまるで己が蘭方医の中にいる錯覚におちいった。もしあの子が生きていたら、入退院を繰返していたので、わが研究生活など論外であっただろう。わが子の死を歓迎する親などいるはずはないが、早い死に私たち夫婦はむしろ救われたと思う。また最近に次女の幼稚園のころの手帳がでてきて、〈四歳児なのに先生の検定で精神年齢は八歳と同じしっかりしたお子さん〉と記録してある。小さい頃から自己責任を強調はしていたが、三月三日誕生の娘は、いつもわが大学入試事務と重なって一緒に祝ってやれない。定年退職しては娘は人のものとなっており、やはり一緒に祝いはできず、思えば二歳の誕生日に、ニュージーランドから祝いのカードを送ったが、字の読めぬ娘にかわり、妻が読むと涙をながしていたという。そういえば小学校六年間の授業参観などもつい出たこともなく、私の健康上、石神井から鎌倉へ転地療養のとき、娘は中学二年の半ばに転校、ここもしかしつつがなく卒業できた。受け入れの中学校はありがたい学《まな》び舎《や》だったようである。高校受験も大学受験もいっさい本人任せ、もっとも大学だけは同じ学校とてかっこよく、「おい合格しているぞおめでとう」と父親並の言葉をあたえた。日ごろの親子対話の穴埋めだ（娘は見抜いていたようだが）。妻にもセイター一枚贈ったこともなく、すべては調査、資料代にまわした。

ひたすら書斎にこもって二階住いの生活は、ブザーで上下の存在の交信でおわる。ほんとうに自分勝手の八十六年である。その間、癌をはじめ三度死の淵にさらされ、家族の看護よく（医師の言葉）娑婆にもどることができた。思えば世界は自分中心にまわっている錯覚で、家族はもとより多くの方々に迷惑のかけっぱなしで、ヤットこの年になって反省と悔恨の日々をおくっている。あえて蛇足の一文をつけ加えていただく。

二〇一三年十月吉日　　著者誌

Ⅱ 日本語のある風景

一　日本語らしさとは

本稿は、ＮＨＫ・ラジオ第一、「ことばの十字路」（昭和五十年）で、三回にわたり〈日本語らしさとは〉として放送した一部です。材料として谷崎潤一郎『蓼喰ふ虫』（昭和三、四年に新聞小説として発表）のある一節を抜き出し、鑑賞しました。例文によく耳を傾けていただけば、潤一郎の筆は場所や登場人物、生活程度など細かい説明は一切なくても、日本人ならイメージできる妙筆です。もし英語で訳すとしたらということも想定して、以下この材料により、〈日本語らしさ〉を考える第一歩とします。

「お早う！」

と、肘掛窓《ひじかけまど》の雨戸を一枚だけ開けて、彼女は子供に負けないほどの声で叫んだ。

「お早う、――いつまで寝てるんです？」

「何時、もう？」

「十二時」

「うそよ、そんなじゃあないことよ、まだやっと十時頃よ」

「驚いたなあ、このお天気によく今時分まで寝ていられるなあ」

「ふ、ふ、――寝坊をするのにもいいお天気よ」

「第一お客様に対して失礼じゃないですか」

「お客様だと思っていないから大丈夫だわ」

「いいから早く顔を洗って降りていらっしゃい。あなたにもお土産があるんだから」

　窓を見上げている高夏の顔は、梅の枝に遮《さえぎ》られていた。

「その犬？」

「うん、こいつが目下上海で大流行の奴なんだ」

「素敵でしょ。お母さん、この犬はほんとうはお母さんが連れて歩くといいんですって」

「どうして？」

「グレイハウンドという奴は、西洋では婦人の装飾犬になっているんだ。つまりこいつを引っ張って歩くと一層美人に見えるんだな」

「あたしでも美人に見えて？」

「もちろん見えます。請け合います」

「だけど随分きゃしゃな犬ねぇ。そんなのを連れて歩いたら、尚更《なおさら》こっちが太っちょに見えちまうわ」

「犬の方でそう云うだろう、この奥様は吾輩の装飾になるって」

「覚えてらっしゃい」

「あはゝゝゝ」

と、弘も一緒になって笑った。

　庭には梅の樹が五六株あった。以前この辺が百姓家の庭であった頃からのもので、早いのは二月の初めから順順に花を持ちつづけて三月中は次から次へ咲いていたのが、今ではあらかた散り果てた中にまだ二三輪は真っ白な粒を光らしていた（中略）。梅の枝が幾つも交錯しているのではっきり見定めにくいけれど、夫は洋館のヴェランダにいるらしい。紅茶の茶碗を前にして籐椅子《とういす》に凭りながら大型の洋書のページをめくっているのが分かる。寝間着《ねまき》の上に大島の羽織を纏《まと》って、メリヤスのパッチの端を無恰好に素足の踵《かかと》まで引っ張っている高夏は、庭先へ椅子を持ち出していた。

「そこに繋《つな》いでおいて頂戴、今すぐ下へ見に行きますから」

　彼女はざっと朝の風呂に漬《つ》かってからヴェランダへ出た。

「どうなすったの、もう御飯はお済みになったの？」

「済んじまったよ。待ってたんだがなかなか起きそうもないもんだから」

夫は片手で茶碗を空《くう》にささげながら、膝の上にある本を見い見い茶をすすった。

司会　いい文章ですね。目の前に情景がはっきり浮かびます。
杉本　はい。聞いていると本当にうっとりしました。
司会　おそれいりました。
杉本　素晴らしい読み方というか、材料がこれは本当にいいのです。まず登場した人物なんですけど、ラジオでお聞きになっている方も、説明しなくてもおわかりだと思いますけれど、いちおう四人が出てくる、上流階級の家庭です。
まず一番最初にでてくる「おはよう」です。これは彼女となっていますけど奥さんです。それから途中から出てくるのは、高夏《たかなつ》という友達（客）なのです。それから「お母さん」といっているのは子供（弘という名）になるのですけれど、一番最後のところに、「夫は」とハッキリ夫なる人物が出てきます。この合計四人が出てくるわけです。
司会　四人と一匹ですね。
杉本　そう。四人と一匹ですね。この四人と一匹をあえていいますと、今ちょうどいいヒントをいただきました。実はまず日本語らしいというか、非常に典型的な日本語の例としてこの小説の文章をもってきたのですけど、もう一つ日本語らしさというのは、犬が「ワンワン」とか、犬の吠える声がここにあるともっと日本語的なのです。ただしワンワンなどでは、この場面に品がなくなるでしょうか。日本語というのは、世界というか、日本語は一番世界の中でも、「オノマトペ」(仏語)または、「オノマトペア」(英語)といいますが、ＮＨＫ的にいうと、「ワンワンことば」をよく用いている言語なのですね。擬声語とか擬態語という言い方もありますが。それが一番豊かな言語だといわれているのです。

やっぱりありました、オノマトペが一つ。ごめんなさい。「ふふふ」ここは「ふふ」と二つですけど、これは英語では訳せないと思います。ただ、「笑った」(laughed)と説明的に訳すだけです。やはりこの奥さんが少し上流階級だと思います。朝から風呂をつかうお寝坊の奥さんの様子からも。

「ワハハ」と笑うわけでもない。「フフフ」と笑うわけ。「ふふ」ですね。のち子どもは、「あはゝゝゝ」を使わせていますが、こういうところからでも、やはり女らしさというのがでてくるというわけです。簡単なようですがよくできていると思うのです。あとはもう私の説明など何もいらなくて、彼女と言われる女性のことば、それから夫と妻のいろいろな会話の仕方、この四人登場の場面、それも全部説明なしによくわかると思います。

もしこれを英語に翻訳したらどうでしょう。いちいち「彼女がいった」とか、「夫がいった」とか、その「息子がいった」とか、全部話し手がはいるのではないでしょうか。

司会　そうでしょうね。あれは煩わしいですね。

杉本　煩わしいでしょう。

司会　また「高夏 said（高夏がいった）」とか。

杉本　そうです。それで「いつまで寝ているのです」というのも、英語では「あなたは」（you）と必ずはいるでしょう。そうしたら本当に寝てなどいられません。

司会　これもそうではないのですか（笑い声一つ）。

杉本　ただこのなかで日本語らしさということでは、いろいろな問題が出てくるのですけれど、一つはこれもどうでしょうか。今読んだところに出てくるのですが、「顔を洗っておりていらっしゃい」という。これは奥さんが起きたてなので、「いいから早く顔を洗って降りていらっしゃい」といっているところです。

ところが「顔を洗う」というのも、もし英語流に翻訳したらどうなりますか。私もイギリス人とか、アメリカ人の習慣に詳しいことはしらないのですけれど、やはりあちらの方に聞きますと「顔が汚いから洗ってこい」とか、日本でもよくいう、「面《つら》を洗って出直せ」という、そうした意味にとられる可能性があるのだそうです。

司会　なるほど。そうかもしれません。

杉本　ですからもし英語に翻訳するのでしたら、それに代って、「歯を磨く」という、そのようにいいかえて、「いいから早く歯を磨いていらっしゃい」などと言う方が妥当なのだそうです。

司会　日本語ですと、そっちの方がむしろ差し障りがあるみたいですネ。

杉本　ありますね。それこそ口の中までいろいろ、くさいとか、口臭ですね、あれを連想しますから。「顔を洗ってくる」、何でもないでしょうが、これも日本語らしさなのです。やはりこの使い方は。こういうシチュエーションのなかでは。ごく自然の表現です。

ですから言葉の、単語だけとったり、あるいは表現だけとってしまうとあれですけど、裏返すとそういう意味でもここは非常によくできていると思うのです。

それからこういうこともどうでしょう。日本人は何も感じないでしょうけれど、「何時？　もう十二時」そのつぎですが、「うそよ。そんなじゃないことよ」——これです（英語なら、もちろん「彼女がいった」とはいるでしょう）。これは女のことばとすぐわかります。「ことよ」というのでも。ところがここには女の論理もはいっている。いや日本語の論理がはいっているのです。お気づきだと思いますけれど。

「うそよ」というのは、いちおううそだということ。そのつぎ、「そんなじゃないことよ」これも「うそだ」ということでしょ、結局。そうすると、「うそだい、うそだい」といっていることです。もしこれを外国語に翻訳するとなると、「お前は嘘をついている」これはいいとして、その次の「そんなじゃないことよ」というと、しつこくてしょうがないわけです。それから嘘《うそ》だということをまた打ち消すようになってしまいますから、理屈が合わないことになる。だからもし翻訳するのだったら「嘘よ」とだけ翻訳して、「そんなじゃないことよ」というのは切ってしまう、やめてしまうそうです。訳さないわけです。

そういう翻訳をしてできたのが、やはりノーベル賞をもらえる日本文学になるわけです。日本語らしさを消したところが、ノーベル賞!?です。やはり日本語らしさということがよくわかっていても、こういうところまでいくと、ある部分は切って捨てなければいけない。翻訳できない部分がある。ですから翻訳できないというのは、裏返せばきわめて日本語的だということです。

理屈をいうともう一つあるのですけど、「梅の枝に遮られて」とあるのです。これも私は驚きました、外国人の言い分をきいて。外国人がこれを翻訳しているのですけれど、この梅の枝というのは普通の梅の枝、言い換えますとただ葉だけが出ている枝なのか、花が咲いているそういう梅の枝なのか、それを論議しないと翻訳をきちんとできないのだそうです。

もう少しうるさくいうと、梅の花が単数か複数までいくのです。そうなったらどうなりますか、これは。もう谷崎の『蓼喰ふ虫』と別の作品です、そうなったら（英訳は花を複数形で示しています）。ですから逆にいうと、翻訳書とそうでないのを比べて読むと、日本語らしさというのは非常によくわかるのではないでしょうか。やはり自国語は外国語によってよくわかるということにもなると思います。

司会　恐れ入りました。続きをまた明日伺います。日本語らしさとは。早稲田大学教授杉本つとむさんに伺いました。ことばの十字路を終ります。

司会　『蓼喰ふ虫』を素材にして日本語らしさとはというところを聞いていただいたのですが、今日も早稲田大学教授杉本つとむさんのお話でございます。

ほんとうに日本語の千変万化ぶりといいますか、細かいニュアンス、ひだのところのおもしろさといいますか、日本語らしさというのは、非常に奥深いものがあると思いますが、今日は男ことば、女ことば。これについてちょっと伺いたいのですが、これ基本的には先生どういうふうに考えていらっしゃいますか。

杉本　実はなかなか難しい問題です。ズバリ申し上げられないのですが、少なくとも事実としては、読んでいただいた『蓼喰ふ虫』もそうですけど、あります。男と女のことばの違いは。事実に目を覆うことはできないという意味では、やはり「ある」といわざるをえないのではないか。どうでしょう。

司会　これはしかし都市と農村。例えばテレビの『おしん』のなかで、小さい女の子が「おれ」といっています。あれはあれでかわいいのですけど。

杉本　そうです。ここであの子がいうとかわいいでしょう。ところが江戸時代にご存じだと思います。西鶴に『好色一代女』があります。『好色一代女』を読んでいますと、始めからというか小さいときから、大きくなってお殿様に仕えるとか、召使になるとか、いろんなことがありますけど全部「おれ」なんです。

ですから男も女も区別ないという意味では、江戸時代でも大坂ですから、都市でも田舎でも区別がないのです。殿様さえも「おれ」です。もちろん一代女も「おれ」です。

「花魁《おいらん》」をご存じでしょう？　花魁の語源、あれは「おいらが（姉女郎）」の前の方だけ、「おいらが」が訛って、「オイランガ→オイラン」になったわけです。ですから、やはり「おれ」に関係があります。「おれ」とか「おいら」は、田舎ことばではないわけでしょう。非常に華麗なる「花魁」になるわけです。

ということになりますと、やはり今はいちおう分けているし、「おしん」は山形でしたか？　田舎ではむしろ、男、女の区別無く使っています。しかし都会のほうは、男と女の区別というか女ことばはかなりはっきりわかれています。

それから谷崎のときにちょっと申し上げましたけど、「何々だわ」の「わ」というのも考えれば明治以降、女ことばです。それ以前は別に女性専門、専用ではありません。ですから作られたことばといっていいかもしれません。

司会　ちょっと脱線しますが、外国ではどうなのですか？

杉本　ですから外国では、英語などでは形容詞の使い方などであるそうです。たとえば、『蓼喰ふ虫』の中に、〈支那の病気がうつらないこと（？）〉という「奥さん」の言葉があります。〈――こと〉も女性特有ですが、英語では単に、〈Chinese disease〉（シナの病気）と訳してすますのではなく、前に〈dreadful〉（おそろしい）という英語など、女性が主として使う形容詞をつけ加えるようです。女性らしさを出すためとE・Gサイデンステッカー氏が解説しています。ですから本質的に、要するに言語として、女ことばがあるのかどうかということになると、英語にはないともいえそうです。ですから日本語はそういう意味では、非常に特殊な言葉で、日本語だけに作られている言葉の世界といえるかもしれません。
司会　そうですか。中国あたりではどうなのでしょう。
杉本　中国語でもないようです。
司会　そうするとやはり男は一般に女にたいして優しさ、美しさを求めるということがあるのですが。
杉本　そういえるかどうかわかりませんけどね。福本さん個人の意見かもしれません。私は女性に優しさをあまり求めません。
司会　そうですか。
杉本　ええ。これからの若い女性は気配りもいいです。もう疲れていると思います。今まで。男性への気配りで。それよりもこれからの若い人は、やはり「おしん」ではないけど、いかに自活の道を開くか。そういう方面で、男性に対する優しさはもういいでしょう。当分捨ててください。もう女ことばもいらないかもしれません。まず自活のためにことばから、一つ選択した方がいいのです。
司会　杉本先生はやはり女の人に受けようと思って、一生懸命こんなことをいっているのではないですか?
杉本　いいえ。日本人の半分は女性ですもの。ご存じでしょう?　平安時代の『源氏物語』は誰ですか。『枕草子』は誰ですか。

司会　そうですね。しかし女流作家の名前ばかりあげるからそういうことになる。

杉本　今の「おしん」の脚本をかいていらっしゃる方も女性でしょう。だからやはり女性というのは、本質的にことばの優しさなどを求めたりして、へんに男に仕えるという態度に出たり、男性に媚をうるというようになると困るのです。むしろそういう反動でもいいですから、この際パッと切ってもらった方がいいかもしれません。

司会　なるほど。そのご意見の当否はお伺いしておきますけど、都市で女性ことばが発達した。しかも近代以後であるということになりますと、これはまた私の独断と偏見で申しますが、ことばにお化粧が施されたのではないか。

杉本　そうです。私もそれは賛成です。ある意味ではちょっとアクセサリー的になったかもしれません。例の『流れる星は生きている』（満州からの引き揚げの記）でしたか？　藤原さんの。あの女《ひと》のを読んでいますと、引きあげの話でしょう。だいたい女性中心の記事ですが、非常に悲惨です。お子さんが亡くなったり、または死んでいく。そのときにあの人が冷静にしっかりと書いています、そんな中で。そして最初は女ことばを使っていたというのです、ところがもう生きるか死ぬか。わが子をも自分で殺さなくてはいけないような場面になった。そうしたとき、だんだん自分が気がついたら、「男ことば」を使っていたと書いています。

司会　だからもうお化粧どころではなくなったということでしょうね。

杉本　そうなのです。今おっしゃったようにお化粧もしないかわりに、心も男になるし、ことばも男になる。だからやはりことばというのは、別に男とはいわないで、男ことばも女ことばもそういう意味では、区別されなかったものかもしれません、本質的なところでは。だから文化の進展とともにそういうお化粧が盛んになってきた。今おっしゃったお化粧、またはアクセサリーといっていいかもしれません。

司会　つまり方言のなかには男女のことばの区別はむしろないですね。

杉本　ないでしょう。それがむしろ本来のありかたじゃないでしょうか。

司会　しかし農作業するのにお化粧も何もないだろうということですね。

杉本　やはり、生きる死ぬというそこです。ことばも。

司会　ぎりぎりの暮らしのなかでね。

杉本　ええ。そういうことを今まで日本語らしさのなかに求めなければならないと思うのです。ただ、今おっしゃったように、ちょっとおもしろいのは、都会ということから出てきましたけど、それから『源氏物語』云々といいましたけど、これは私別に偏見も独断もないのですけど、『源氏物語』のなかには、実は「体《からだ》」ということばはないのです。「裸《はだか》」ということばもないのです。では当時なかったのかといったらそういうことはありません。あるのです。ですから紫式部自身、やはり語彙を選択して、女らしさを出すための、必ず自分なりの語彙の選択があるのです。〈楽し〉もみえません。ですから一時学校教育で、私も実はそうですけど、『源氏物語』には「体」ということばがないから、平安時代には「カラダ」という日本語がなかったのではないかと、までいわれたのです。ところが当時の男性系のもの、僧侶のことばなどをみると、やはりあるのです。ですから溯っていくと、今、明治以降と申しあげましたけど、語彙からいいますと、平安時代も男女できちっとわかれています。たとえば、男は互《たがい》に、女はかたみに（和歌のことばにもあります）、男は甚《はなはだ》、女はいとなど。これは『万葉集』でもあるのです。ですからそこまでいくと、またちょっと私もいちおうことばで飯を食っている人間ですけど、本当に女ことば、男ことばという区別がないのかどうかということです。

それでこういう論理はいけません。英語とかフランス語には区別がない。だから日本語だってない――というのは本末転倒です。やはり日本語にあって、しかもそれが本当に言語の本質として好ましいものだったら、むしろ英語やフランス語も区別をもった方がいいという論議もでてきます。ですから日本人というのはそういう意味では、男ことばと女ことばを本来的に分けていたのか、日本語が本質的に区別が存在するのかというのは、もう少しゆっくり考える問題でしょう。

司会　少し古い話になりますが、手紙の文章の最後の一言「かしこ」というのは女性である。これを読んでみると甚だいい気持である、男からして。そういうことはあると思うのですが。

杉本　あります。その形式は中世からですがね。それから普段でも女性が「俺《おれ》、ラーメン食《く》ってきた」というより、やはり「あたしたべてきましたワ」と言う方がまともでしょう、どこか男と女の言葉に何か違いがあります。これは男の身勝手かもしれませんけど。ことにね、宮中に仕える女房たちが、独特なことばを作っている事実があります。中世のことですが、ご存じでしょう？

「黄な粉《きなこ》」あれは女ことばですから、男は絶対口にしません。「大豆の粉」です。「豆の粉」です。それから、「お冷《ひや》」ってご存じでしょう？　水です。ところが水の場合は、「水を汲む」ですが、しかし「おひや」ということばを使ったら、単語の使い方だけではないのです。「おひやを結《むす》ぶ」というふうに、動詞も変えなければいけないのです。こういうきめの細かいうえに、感覚的な美しいことばをたくさん作っていることも確かです。「柄杓《ひしゃく》」もシャ文字《もじ》、鮓《すし》もス文字の類。ひもじいやお中《なか》（腹《はら》）、茄子《なす》、豆腐《おかべ》など女ことばと今では意識もないでしょうが（男は茄子《なすび》、豆腐《とうふ》といった）。

司会　杉本先生は、それまでみんななくなせと。

杉本　いや、それはなくなせというよりも、そういうエネルギーを今すこしだけでも、女性の自活というか自立というか、そういう方面にちょっと向けた方がいい。だけど精神だけは残しておいて欲しいし、物の見方、物のいろいろな受け取り方、表現の仕方。それはこういう中世であるとか古代であるとか、女性の言葉に学ぶことが必要です。そのへんでどうでしょうか。

司会　妥協しましょう。それでは続きをまた明日。ありがとうございました。早稲田大学教授杉本つとむさんのお話で「日本語らしさとは」でございました。「ことばの十字路」をおわります。

司会　今日も早稲田大学、杉本つとむさんのお話で、「日本語らしさとは」の続きでございます。今日はよく結婚式の披露宴などで嫌われることばとか、使わなくてはいけないことば。例えば「お開き」というのを今日のテーマにしましょうか。

杉本　そうですね。何というのか日本人というのは、やはり日本語の一つの本質として、ズバリ言うよりも、少し婉曲にいうというか。
司会　ぼかして言う。
杉本　そうですね。ぼかした曖昧さが、日本語の美徳であるということになるのでしょうか。ただこの「お開き」というのはいつごろから使われていると思いますか。
司会　いつごろからなのでしょう。西鶴にでてきますか。
杉本　もちろんでてきます。
司会　じゃあもっと前ですね。室町時代。
杉本　そうなんです。もうちょっと古いのです。もちろん結婚式で使うという意味では江戸時代ですけど、昔というか歴史の方でいうと、楠木正成などがでてくる頃なのですが、国内が南北朝と分かれて争った十四世紀のころ、天皇が都を追われるような場合、「逃げる」だとか「下がる」というよりも「お開き」と使っているのです。
司会　そういう時に使うのですか。
杉本　だからあれと同じです。戦争中「転進《てんしん》」といって、「退却、敗北」とはいわなかった。
司会　日本軍はいわなかった。
杉本　はい。「敗走」はいけないのでしょう。やはり日本語の本質としてなるべくぼかす。よく言えば美化する。相手を傷つけない。いや自分が傷つかない。それです。だから「お開き」も古いことばです。

今でも使うのに「当たり箱」、「当たり鉢」などがあります。「当たる」といって「摩《す》る」といわない。こうした言い方が多いでしょう。そういう種類のことばが、非常に日本語の本質にかなった言い方。そういうことばを使えるようになったら、たとえ外国人でも日本人の資格を得るということになるのではないでしょうか。ちょっと難しいですか、そこまでいくのは。

司会　落語でも「四」の字嫌いがあります。

杉本　そう。今日それをちょっと読み直してきました。それから「四」のことを別に何と言いますか。数字の一、二、三、「四」を。

司会　昔は「よ」と読んだのです。

杉本　または「よん」ともいいます。

司会　「よん」とも言いますが、例えば「いやしけよごと」といいことという意味で。

杉本　そう。善詞《よごと》（吉なる詞）ですね。「よ」は日本語の「ひふみよ」の「よ」です。ところが漢数字的に読むようになっても、「四《し》」といわず、「よ・よん」、「く」といわないで「きゅう」という。本当は「四」は「し（死）」。「九」は「く（苦）」というのをきらう気持か。いわゆる一、二、三の言い方、漢数字の言い方なのに、やはりそれもぼかすというか、「きゅう」と言った方が「く（苦）」に通じませんから。

司会　むしろ「久しい」という方に通じる。

杉本　そうです。開店祝いなどで、「何々より」と物などを贈るときでも、「与利《より》」と「利を与える」をきかせてよくお祝いでは使います。文字、漢字の方まで考えています。言語的には天才です、日本民族は。だけど実際の腹のなかというか、実際はどうかというとまた別です。これは騙されやすいというか、外国人の立場に立つと、日本人はちょっと難しい存在ではないですか。
今の「お開き」は「忌みことば」的なものです。そういう意味では、例えば、夜の「忌みことば」というのをご存知でしょうか。
司会　それはどういうことでしょう。
杉本　私はこどものころに母に聞きましたけど、糊《のり》のことを夜は「お姫様」といいました。
司会　それは存じません。
杉本　今の若い人は駄目なのです。福本さんみたいに若いと。
司会　何をいっているのですか。
杉本　ご存じないですか。「夜爪を切ってはいけない」。
司会　それは知っています。
杉本　爪は何で切るわけですか。
司会　はあ。
杉本　というようなことです。それから夜、縫い仕事をするのが昔は普通です。すると針を使うわけでしょう。それで夜、「針」ということばを使いましたか。「針《はり》」を忌むのです。針なんていわずついこの間までいっていますよ、「松の葉」と。それから塩は「波の花」といいますね。そういうのがたくさんある。いいことばではないですか。

司会　いいことばですね。きれいですね。

杉本　きれいですね。この針ということばを、「松の葉」というだけで、お嫁さんとお姑さんの仲がよくなります。たった一つのそれで。だから今日の放送は是非そういう方が聞いていただきたいですね。どうでしょうか。

そういうことで日本語というのは、「忌み」ことばとか婉曲にいうという例はいっぱいあるのです。あと正月の「忌みことば」という独特なことばもあるのです。「稲《いな》つぐ」とか「稲《いね》つみ」というのは田舎で今も使うところがあります。「死ぬこと」です。

それから鼠のことをこれはお聞きになったことがあるでしょう。「嫁《よめ》が君《きみ》」。

司会　「嫁が君」ね。

杉本　お正月に鼠のことをいいます。芭蕉の弟子、其角《きかく》の俳句に、「明《あく》る夜のほのかに嬉し嫁が君」があります。おそまつさま。

司会　時間です。ありがとうございました。早稲田大学教授杉本つとむさんのお話で、「日本語らしさとは」でございました。「ことばの十字路」を終ります。

二　江戸の女ことば寸描――女湯の女の会話

江戸時代、庶民にとって代表的社交場として四か所をあげることができます。一つは遊里、つぎは芝居（劇場）、第三は髪結床、第四が銭湯です。当時のもの書き、すなわち戯作者たちがここに題材をとって、戯作や川柳、狂歌などを創作しているわけです。戯作者というのは、世間のこと、町のうわさ、事件、さらにそこにうごめく人びとの心やことばを、たくみに描くことによって、人びとに娯楽や憩い、教養、はては情報までも与える大切な役割を演じているのです。人情の機微、人生の悲喜劇を描いて、人びとに人生の生きた教訓を示します。もっともここで、江戸の作家論を展開するわけではありません。その点は他の専門書にゆずることとします。

しかしただ江戸時代といっても、これには時間的な点だけではなく、空間的、地域的なことがからんでくるのです。すなわち伝統的に王城の地、皇都といわれる京都を中心に、上方といわれる地域、もう一つは、いうまでもなく幕府の本拠地、江戸、武江・江都とよばれる地域です。ユネスコでも世界的文学者としてその作品が翻訳されている井原西鶴、この戯作者は大坂出身ですから、上方の文化圏で活躍した作家です。しかし西鶴は江戸が好きだったと思います。また〈古池や……〉の俳句でしられる松尾芭蕉は——出身は三重県の伊賀上野です——江戸を根拠地として活躍した詩人です。どちらかというと西鶴は参議院の地方区、芭蕉は——よく全国を旅していますので——同じく全国区といったちがいがあります。そしてこの二人とも、時間的には江戸初期、十七世紀後半に主として活躍しているものです。また江戸の後期の戯作者としては、滝沢馬琴とか十返舎一九、式亭三馬、為永春水といった、ややスケールも資質も小さい作家を考えねばなりません。文学の種類《ジャンル》も多様化してくるわけです。ことに江戸は天下の政治をとりおこなう幕府のあるところですし、武士の都です。その文化的な発展は、どうしても開幕から数百年ほどを経過しなければ、独自なものはなかなか芽生え形成されぬことわりです。また江戸の地勢、風土から、文化的にも上方の先達に負うところが大きく、その植民地にあまんじていたのです。

あえて江戸の代表的戯作をとりあげるとすれば、滑稽本に指を屈することとなりましょう。もちろん現代文学の物指でとやかくいう純文学だの、大衆文学だのと明確な区別があるわけではないのです。西鶴のもの、『好色一代男』には、浮世之介という主人公がいます。馬琴の『南総里見八犬伝』には八人の犬士がヒーローとして設定されています。しかし滑稽本は、江戸の市井、男女、上下のすべてが主人公といってよく、ヤジキタでしられる『東海道中膝栗毛』の弥次郎兵衛と喜多八の二人も仮りのもので、読者代行と考えてもいいようなものです。いわば滑稽本はすべて大衆が主人公で、大衆のためにおもしろおかしく、人情の機微や風俗をリアルに、しかも江戸語のおかしみをまじえて、描いていこうとする戯作なのです。まして登場人物が姓は丹下、名は左膳などと名乗るほどの主人公《ヒーロー》や女主人公《ヒロイン》などは必要ないのです。

江戸後期の代表的戯作、『浮世風呂』（文化六年・一八〇九）に登場する江戸娘の会話に、まずすこしく耳をかたむけてみましょう。江戸の女のことばの幕開きというわけです。明治の文明開化まではまだ半世紀余はあります。作者は式亭三馬、江戸は神田ならぬ浅草のうまれ、三馬の父、菊地茂兵衛は八丈島、為朝大明神の神宮、菊地壱岐守の妾腹の子にうまれたといいます。三馬は本屋の婿となったのですが、妻の死没で離縁となり、自ら日本橋に古本屋の店をだしました。出版人兼著者という、現代はやりのシンガーソングライターのはしりのようなものといえばいえそうです。別に薬屋の店もだし、むしろその方で生活が安定し、かつ豊かだったようです。現代のように薬事法だの薬剤師の国家試験などがあるわけではありません。すこし才能と研究心があればいいのです。

さてこの三馬、根っから田舎がきらいで、徹頭徹尾、都会派の戯作者。この点、いささか軽薄短小のそしりもありますが、それはそれで江戸っ子の洒落やウィットで、江戸八百八町の老若男女を笑いのうずにまきこんだわけです。『浮世風呂三下』〈女中湯の遺漏〉の巻――〈女中湯〉はもとより〈女湯〉のことです――には、〈おやしきから去年あたりおいとまをいたゞいた歟《か》、但しは不順〈病気〉でりやうぢにでも下《さが》ツてゐる歟〉、二十四五歳の娘、初。〈おやしき〉とはもとより、武家屋敷のこと、そこに奉公しているわけです。この初の女友だち二人、おさめ・おむす、計三人の〈お娘御《ご》〉が登場します。べん〱と長湯のはての、娘三人の会話がつぎのようにいきいきと描かれています（なお原本は一切改行はしていません。念のため）。

お初　「あなたヱ
おさめ「なんだ
初　「あのネ、おむすさんのお髪《ぐし》は、今日のはまことに恰好《かっかう》がよいぢやァございませんかねへ
おさめ「さうさ《ソー》。ホンニおむすさんのお髪《ぐし》はどなたがお結《いひ》だヱ
おむす「これかヱ。是はあのウ。何でございますよ。おまへさんも御存《ごぞんじ》の忠七ネ

むかしも今もかわらないのは、娘の話題、髪型《ヘアスタイル》のことなどです。ここでアナタと呼びかけているのは、現代語よりはるかに丁寧さのあることも心得て読んでください。しかしオサメさんは、〈ナンダ・サウサ《ソー》〉とこれも現代感覚で判ずると男だと誤解されそうです（この点はのちに言及します）。どうも三人娘の中では、オサメさんは元気がいちばんいいようです。オ初さんやオムスさんがきちんとゴザイマスをつかっている――でも後者はオ初さんの言い方にひかれているところがありますが――のと落差があります。いずれにせよ、下町娘のことばづかいとして、特にぞんざいというわけではないのです。

初　「ホンニ、まことに感心だネヱ。私どもは百《ひとすぢ》で調《と、のへ》た米《うちまき》を、一度にいたゞいても、此《この》真

似は出来ません

むす「ヲヤ廻りくどい事をお云《い》ひだのう。百《ひゃく》が米《こめ》を一時《いちどき》に給《たべ》てもとお云《い》ひな

初「ヲヤおむすさん。いかな事《こっ》ても、ヲホヽヽ。（後略）

むす「私は名代《なだい》のおてんばだ物を。ハイ、おちやつぴいとおてんばをネ、一人で背負《しょっ》てをります。夫《それ》だからネ、感心なおしやもじだよ

おさめ「ヲヤ〳〵、おしやもじとは杓子《しゃくし》の事でございますよ。ヲホヽヽ

むす「おさめさん。ほんにかへ。私は又おしやべりの事かと思ひました。鮨《すし》をすもじ、肴《さかな》をさもじとお云《い》ひだから、おしやべりもおしやもじでよいがネヱ

初「いかな事《こっ》てもおまへさん、ヲホヽヽ

おさめ「やがてお屋敷へお上《あが》りだとわかりますのさ

初「さやうさネヱ。おしつけ御奉公にお上《あが》り遊《あす》ばすと、夫《それ》こそ最《も》う大和詞《やまとことば》で、お人柄《がら》になり遊《あす》ばすだ。（後略）

（中略）

むす「間白《あいじろ》とはヱ

おさめ「間白《あいじろ》とは、白綸子《しろりんず》に紅絹裏《もみうら》をつけた衣装《しゃう》さ

初「中白《ちうじろ》とは四方《よも》の味噌《おむし》でございますよ

むす「アレ御覧。お初どんがあんなにお洒落《しゃれ》だよ

初　「お酒《しや》もじかヱ。ヲホヽヽヽ

おさめ「ヲホヽヽヽ

（中略）

おさめ「さうさ。お玄猪《ゐのこ》はお正月のお規式《ぎしき》のはじまりだと申すよ

初　「ヘイ、さやうでございますとねヱ

むす「ヲヤ〳〵むづかしいもんだネヱ。私《わたくし》のやうな、おてんばなぞんざいな者《もの》は、御奉公が勤《つとま》りさうもないネヱ

おさめ「ナニサ、それでもけつかう勤《つとま》りますのさ

（中略）

おさめ「ヲヽ、あぶない。どうお仕《し》だ

むす「此湯もじがあんまり熱もじだから、つい焼痕《やけど》もじ

初　「アレ、又じやうだんをおつしやるよ。ヲホヽヽヽ（ト、二人大わらひにわらふ）

初　「チット水《おひや》をうめませうか

むす「それはお憚《はゞ》もじだネ

おさめ「いかなや。おむさんの洒落《しやれ》には感心だネ

読者は右の三人娘の会話をどううけとるでしょうか。すこし読者にかわって分析してみることにします。一つはオ初さんが、やはり他の二人と格別にちがうことばづかいをしていることです。具

体的にいえば、米《こめ》をウチマキ、給《た》（食）べるをイタダク、杓子をシヤモジ、味噌《みそ》をオムシ、水をオヒヤ――といったお屋敷で習ったことば、いわゆる伝統的な女房詞を用いていることです。これに関連して初さんは、〈御奉公にお上《あが》り（行クとはいわない）遊ばす〉と心得るものべているわけです。作者、三馬もいうように、お屋敷でのことばの行儀見習いが、こうして町娘にまでおこなわれているわけです。テレビなどを想定すればこのあと、俗にお殿様の手がついて、町娘もやがて玉の輿《こし》という、一炊の栄燿《えよう》も実現することがあるわけです。ほかのところでも、お屋敷奉公のものは、

〈ハイ、よろしうございます。弥寿《やす》か常のことばなら弥寿とよぶ所なれども、此よめはいまだおやしきの詞うせぬゆゑ、やすか弥寿かとかの声によぶなり〉

とみえます。こうした助詞のカとヤの異同にも、お屋敷ことばか否かが、推定できるという特色をもって描写されているわけです。

わかりやすく、初さんの用いていることばやことばづかいを、〈お屋敷ことば〉ということにしますと、これこそが、たとえ士農工商と厳然たる階級があっても、士と農・工・商とをむすぶことばのチャンネルだったのです。有効な女のことばが存在した事実は、見のがすことができません。ある意味では江戸の女性によって、封建制度下のことばの障壁はうちやぶられたといってもいいわけです。武家屋敷は、主としていわゆる山ノ手にありました。やがて江戸から東京へと時代がすすみ、世の中が変化していくにつれて、この障壁破りはもっと別なかたちで受継がれていくのです。結論的にいうならばお屋敷ことばが、東京の女ことば、中流以上の教育ある人びとのことばの一つ

の母胎となっていくわけです。

江戸時代の女とはいえ、西と東とではかなり異同があります。その大きな差を無視することは危険ですらあるのです。そこで右の町娘やお屋敷奉公の江戸を理解するためにも、江戸時代の初期について、西鶴、『色里三所世帯』（貞享五年・一六八〇）——研究者によっては西鶴作にあらずといいますが——の江戸の部に、つぎのような一節があるところを引用しておきます。

菱川が筆にて浮よ絵の草紙を見るに、し、（肉）おきゆたかに腰つきにまるみありて、大かたは横の目つかひ男めづらしそうなる皃《かほ》の色《いろ》、さながら屋敷めきて江戸女このもしく、見ると聞と、寝《ねた》と恋《こひ》ほど各別にかはるものはなし

ここにはいろいろ興味あることがのべられています。菱川はかの有名な浮世絵の元祖、菱川師宣《もろのぶ》のことですが、その絵をとおして、〈江戸女〉はいかにも豊満な肉体美をもつ女性とうけとられているということです。さらに、〈屋敷めきて〉とありますから、武家屋敷に奉公する女のことでしょう。ここでは具体的には、腰元などをさすのでしょうが、お屋敷奉公の女性が肉体と教養の二面において、独特な女性美をつくりだしていったことが推測されます。さらに男がめづらしい横目（秋波《ながしめ》）づかいする女であり、環境や条件から、おのずとそうなったことも考えられます。〈屋敷女のすき目（助平女のまなざし）〉という言い方もありますが、武士の都、江戸は女がすくないことのみでなく、初期から武家屋敷に奉公する女性が、それ相応に武士（男性）の鑑賞にたえる女性美をつくり

あげる努力をしていたことは十分に筆にとどめておく価値があろうかと思います。もう一つつぎのような記述もみられます。

けふは十八日浅草《あさくさ》の観音《くはんをん》にやしきさがりのまれ女、上《かみ》かたにないもの、なまりことばおかしかるべし……小判都《こばん》いかにもおもしろし、今まで女を釣てめいわくしたるためしなし

ここでもお屋敷からいわゆる宿下りをした女に目をつけて、〈まれ女〉とのべています。また〈女を釣る〉など現代語の軟派スルに近いのでしょうか。俗語、卑語の類かもしれません。〈まれ女〉とはごくまれにしかお目にかかれぬ女ということでしょうが、上方から下った西鶴などには、江戸の〈お屋敷女〉はまた京・大坂のそれとは別の美女とうつったわけです。〈小判都〉とはいかにも宵越しの金は持たぬ風の消費都市、江戸の様子がわかります。金づかいもあらいわけです。〈なまりことばおかしかるべし〉ともみえます。すでに江戸初期から、こうして、独自の江戸の女ことばが形成されていたこと——やがて後に解明するところですが——もわかります。ナマリという言い方から、単に語彙・用語に限定されるものではなさそうで、アクセントや抑揚など、独特のオ屋敷コトバが西鶴の耳に、何となく東国なまり、江戸なまりなど、心ひくひびきをもって迫ってくることばとしてとらえられたのでしょう。

さてはじめにもどります。江戸初期から西鶴など、江戸最大の戯作者が関心をよせた〈お屋敷ことば〉の観察についてです。『浮世風呂』には、いうまでもなく三馬の戯作精神が縦横にはたらい

ているからでしょうが、〈お屋敷ことば〉には、さかんに、〈〇〇モジ〉をつかわせています。ことばの習得の秘訣は類推です。こむづかしく言語学のアナロジーなどといわずとも、既知の類をもって新しいものを推測するのは人の常、オムスさんの、〈おしやもじ・熱もじ・焼痕《やけど》もじ・お憚もじ〉と連発しているのも一興でしょう。三馬がオサメさんに、〈ヲヤ〳〵おしやもじとは杓子の事でございますよ。ヲホ、、、〉といわせているのも、一つの巧みです。あえてオ初サンの口真似をさせて、読者の笑いをさそおうという魂胆です。しかも笑い方（の表現）一つにしても〈ヲホ、、、〉は、お初サン専用のようです。基本的に娘の笑いは男の笑いよりはやさしいのですが、右の会話で三馬は意図的に雅《みやび》、教養のあるさまをオ初サンの笑いにも、計算して表現しているわけです。お屋敷で高笑いなどはきっと禁物だったのでしょう。この『浮世風呂』で、男湯の巻を読みますと、男の場合には、〈へ、、、ウハ、、、〉と笑わせているのです。江戸の男の笑いはヲホホとは縁遠いものです。

お初さんのことばには、さらに、〈遊ばす・おっしゃる〉という言い方をさせています。これは為《ス》ルとか言《イ》ウの敬語的表現であり、丁寧さを示すのですが、なかなか三馬がことば、表現に気をくばって、三人娘の姿態を区別して描いていることが判明します。こうした点、最近のそれとはちがって、ことばへの感覚や躾《しつけ》（躾）、たしなみが十分に意識され、修得されたであろうことが、行間からも推量できるように、筆をはこんでいるわけです。一面、三人娘に共通して、オという接頭語やオ……ダといった丁寧なもの言いも見のがすことはできません。男性とはちがう女性の心のひだ、たしなみがそうした表現の端々に託されているともいえるのです。なお、〈給《たべ》る〉は喰《く》うと違い、伝統的用字で、三馬に限らず、幕末まで作家はこの〈給《たべ》る〉を専用しています。〈給《たべ》る〉は、自然の恵みを神から給うの心がはたらいての古くからの用字、表現でごく一般的でした。

＊木下順二編『日本の名随筆52』（一九八七年、作品社）

三　文明開化と日本語

（1）

はじめに　今さら何をといわれるかもしれないが、現代の日本の閉塞状況の根源は明治維新にありというのが、わたしの多年の主張である。具体的にいえば、徳川幕府の破滅と薩長の台頭、さらに官と私の乖離である。よく人は坂本龍馬のことを近代に醒めた人間のように宣伝するが、彼が文化や学芸上、一体どのような手柄をたてたのか？　近代日本建設に力を尽した足跡など何もない。明らかに龍馬の貢献事実はノー（否）である。家永三郎氏の教科書裁判でも、目くそ鼻くそである。歴史家は未だに明治維新への客観的で、科学的な歴史を記述していないと思う。南京大虐殺だけが歴史ではない。古代より現代までさらに科学的な歴史を記述すべきである。短絡的であるが、薩長新政府によって、富国強兵の路線がとられたことこそ、明治以降の日本の不幸であったと思う。敗戦でその結果は明確ではないか。徳川幕府は富国殖産をかかげていたではないか。今さら、薩長だの徳川だのというのは時代錯誤のようであるが、決してそうではない。

さて歴史家ではないわたしは、ここでことばの問題をとおして、近代日本のことを解明してみたいと思う。

ことばのうえでの現代は、江戸から東京へという点にある。また新政府による日本の近代化は、とりもなおさず、ヨーロッパの学術、文化の摂取するのに狂奔することである。伝統的で、かつ受けつがねばならぬ文化、学術は切り捨てしまうことでもある。さらに近代の担い手は、遣欧米の伝習生や留学生、お雇い外国人たちで、その献身的活躍を忘れてはならない。

翻訳語と外来語　こうした近代化、西欧化に、ことばがどのようにかかわりをもっていたか。一つは外来語や翻訳語の大量生産をうながすものであった。彼にあって我にないものを受け入れるのであるから、やむないところではあるが、結果的に新造の漢語が創作される。ことに語彙の面であるが、語彙のもつ文化的意義を考えるならば、一つ一つの訳語など、先人のついやした努力と苦心は、忘れられぬものである。しかし東京語を担い操ることは、究極においてすべては東京人のいかんにかかわる。そのように新時代の東京に居を構えた英知の人びとと江戸―東京語との対決である。新東京人の多くは江戸っ子の末裔でなく各地方からの寄留者である。明治の文明開化は、維新をさかのぼる約一世紀まえというのが私の説である。『解体新書』（安永三年・一七七四刊）の翻訳刊行はその一つの証である。しかしコトバとの関係では、それより約半世紀、すなわち維新前、半世紀ころを一つの目安にしたい。具体的には幕府による西洋百科事典、『厚生新編』の翻訳事業——文化八年（一八一一）の開始——がその証である。

文化十三年（一八一六）に成立したオランダ語と日本語の対訳辞典に、〈Haar hart is heel van hem afgetrokken. 彼女の心が彼を見捨た〉という例文と訳文がある。もとよりこれは長崎通詞の翻訳にかかわるのであるが、彼らがオランダ人や蘭書をとおして、蘭文は書物のことばも日常用いることばも特にちがいがあるわけではないということを知り、そのために、当時の俗語・俗文で訳そうと試みたのが右の訳文である。はじめは長崎方言も多少はまじえているが、それはほとんど少数で問題はない。これを将軍侍医、桂川甫周（国興）が校訂して、幕末には江戸で右の辞書は刊行されるのである。いわば言文一途の近代的文章も、まず江戸時代に一源泉があるわけだ。同辞典にはさらにつぎのような訳文もみられる。蘭文を省略して訳文のみ数例をあげる。

a、響きは空気の娘である。
b、其絵は秀たる芸術者の画がいたるものである。
c、彼女の眼より出る光線が諸人を心酔さする。
d、彼はアリストヲテレスを信仰する人であった。
e、其麦酒《ビール》はホップの苦味が多し。

f、彼は彼女と接吻した。

g、彼は前以て勘弁なしによく演説した。

h、彼等はまだ初恋である。

I、四十九の平方根は七である。

いわゆるデアル体をもった、一種の言文一致体の文章が、右のように一八一三年には成立している。明治維新前、半世紀である。また幕末に、大庭雪斎（適塾でオランダ語を学ぶ）の刊行した蘭文典には例文として、〈昨日花サキシ所ノ薔薇が其夜ノ寒ニ由テ凋ンダ〉といった蘭文の翻訳文、――〈所ノ〉は関係代名詞（die）の訳である――がみえる。右の辞典で福沢諭吉なども学習したのである。さらに明治期に受けつがれる訳語の多くが、右の蘭和対訳辞典にみられる。ことに医術・理化学・政治・軍事、さらに生活用語が注目される。〈強心剤・発汗剤・沸騰・光線・恒星・惑星・地動説・詩学・文学・文体・言語学・演説・顕微鏡・民俗・政治・論理学・裁判所・接吻・品詞・前置詞・副詞・関係代名詞・日曜日〉なども、そのまま明治期で大いに活用された訳語である。

さらにポルトガル語につづいて、オランダ語を取入れた外来語の多くも、日本語に組み入れた。ふるく〈先斗町《ポント》（ポ。ポルトガル語、以下同じ）・八重洲《ヤエス》口（オ。オランダ語、以下同じ）〉はもちろん、方言のフラフ（オ。旗・幟《のぼり》）、ボウブラ（ポ。南瓜）などにも、ポルトガル語やオランダ語から帰化した語は、江戸時代の日常生活の中にはいっているものがすくなくない。芭蕉がよんだ俳句、〈甲比丹《カピタン》もつくばはせけり江戸の（君が）春〉のカピタンもポルトガル語である。これにはタバコ・キセル・パン・ボタン、さらにカステラ・ギヤマン・ジュバン・メリヤス・シャボン・サラサ・キセルなど、ポルトガル語か、ポルトガル語をとおしてのものである。またオランダ語としては、コック・メス・スポイト・ペンキ・インキ・ラッパ・ズック・ランドセル・スコップ・コップ・ピストル・カン・ブリキ・コーヒ・エレキ・レッテル・オブラート・ランセッタ・セル／アルカリ・ソーダ・ドック・ポンプ・カンテラ・ビール・ネルと数多い。幕末、陸軍で用いたランドセルなどいまなお、ぴかぴかの一年生のシンボルでもあろう。ビー玉などは、今も子どもの遊びの中で生きている。ビーはビイドロ（ポ。硝子）の略である。わたし自身、子どものころ、よくロストル（オ。rooster・火格子）の語をきいたが、家の風呂釜を掃除したときを思いだす。オブラートはいまなお健在である。あるいはまた、思想や文芸において、アリストヲテレス・シセロ（キケロ）・デカルト・ニュートンの西欧賢人の紹介もおこなわれた。また、ラシーヌ Racine（フランスの詩人、劇作家）やシェイクスピア、さらに、オペラ、コメディー、ロマンなどもその内容ともども登場してくる。〈詩学《ポエジー》 Poëzy〉など、日本人のもっとも好んだところである。いうまでもなく、ヨーセフやアダム、イブも聖書とともに、日本人の精神生活にはいりこんできている（蘭学者、武部游〔尚二〕の雑記帳にもみえる）。

こうした外来語は、幕末刊行の『英和対訳袖珍辞書』（文久二年・一八六二刊）によって、オランダ語から英語へとスムーズにバトンタッチされる。幕末の英学はほぼ、蘭学の引きつぎである。もちろん、こうした西欧の学芸の摂取に活躍したのは、江戸っ子ではない。旧長崎通詞をはじめ、官設外国語学習所ともいうべき蕃書調所や開成所で学ぶ地方の藩士である。開成所の教授陣を一見するならば幕府直参のものなどごく少数で、むしろ全国的な規模で秀才がこの江戸に集まって新時代の準備に余念がなかったといってよかろう。この情況もまた、東京のそれとまったくといっていいほど同じである。ただ江戸時代に、〈ギャル（女）・デモケラシー（民主々義）・共和政治・彼女・接吻・貴婦人〉（フランス語より）〉などの訳語の見られる点もみのがせぬものである（なお、学術用語については拙著を参照されたい）。

しかし明治期の翻訳は幕末の比ではもちろんない。全国民的に欧米へとなびいていったわけで、これは東京という一地域の問題ではなく、近代日本語という歴史の問題である。ただ中心は東京という空間での営みによるわけで、ここに住み、働き、文化や学術の創造的面にたずさわった人びとにかかわっている点、コトバは東京語とかかわることが、すこぶる大であることも当然といえるであろう。

さて上で引用紹介した江戸時代の蘭文翻訳体を一見してみると、明治期への遺産として、翻訳文化ともいうべき、さまざまな意味をしることができる。とりわけ訳語・訳文は近代の日本を決定づける重要な役割を演じていたのである。外来語などは、どちらかというと語彙の範囲にとどまるものであろうが、訳書・訳文は一国文化の根底までゆるがしかねないのである。たとえば、江戸の蘭文翻訳文中に、〈彼女 hij〉がみえる。江戸時代ではしかしこれはカノオンナであった。しかし明治期になってカノジョとなった。もっとも〈彼女《かれ》〉などの表記もあって、これが日本語としての定着は明治二十年代である。また、英語の must《マスト》をネバナラヌと訳したり、better《ベター》をヨリ良クなどヨリ〜と訳したり、また It をソレハ（秋ノ日ノコトデアッタ）などと訳すなど、すべてオランダ語の moet, beter, het の訳をそのまま踏襲したものである。さらに上の訳文でわかるように、抽象名詞を主語に立てたり、受身、使役、進行形などの訳文文体も、すべては蘭文翻訳によって、幕末までに一つの定型が形成されている。擬人法的な表現も同様である。確かに幕末では当然のことながら、狭い範囲内にとどまり、文芸分野にまで及んでいない。

明治期になって夏目漱石、『吾輩ハ猫デアル』（表紙タイトル）にみえるような、〈神が人間の数だけ其丈《それだけ》多くの（as much as）顔を製造した〉なども、蘭文翻訳に型がみられるところである。〈〜スルヤ否ヤ（as soon as）〉という接続詞句も、まったく本源は蘭文翻訳からである。このへんは従来、江戸時代のオランダ語を無視していたため、明治以降の新しい翻訳文と断定した誤解がある。外来語としてのオペラ・コメディー・ロマンなども、江戸時代でかなり了解点に達していたことは判明している。幕末の〝ロビンソンクルーソーの冒険〟の翻訳（訳は「漂荒紀事」）——日本で最初の英文学翻訳——にあたっても、〈ロマン〉を注釈して明治期とかわらぬ理解ぶりが判明する。ミルトンやシェイクスピア（天保期成立、『英文鑑』参照）など、イギリス文学との近接を考えれば、明治期の新しい文学の紹介、理解も、翻訳文体も江戸の蘭学の伝統によって、種まかれ、つちかわれたことをしるべきであろう。明治時代の新文体、言文一致体もこうした幕末の学問、文化の恵みが凝って、形成されたものといってもよかろう。江戸時代の洋学者や翻訳家（十九世紀前半に、職業として出現する）の功も、また小さくないのである。

幕末における蘭文・英文の翻訳にあたって、イデオマチックな表現・熟語についても、一つの訳文の型が整えられたことは、安政四年刊『和蘭熟語集』や慶応四年刊『英文熟語集』で判明する（参考までに後者の場合から一部を抜きだして、つぎに示してみよう。◇小幡篤次郎ら『英文熟語集』（慶応四年・一八六八刊）の例文。

as far as. 丈ケ、其丈ケ、as soon as…スルヤイナヤ the better. 成丈ヶ多ク、成丈ヨク day by day. 日々 give up. 棄テル at once. 直ニ、one another. 互ニ of late. 近頃 in vain. 無益ニ as well as. 并ニ、通り as enough well. 大概、殆ド. in the spite of……ニモ拘ハラズ

やはり上で実証したように、江戸時代の訳が明治期にひきつがれるのである。～デアルについても、島村抱月が、〈元来「である」は浜言葉と称へて端を横浜に発した翻訳文字である〉（「言文一致論考」）とのべるのは誤解であって、端を長崎の通詞の翻訳に発し、長崎通詞、たとえば石橋政方（硯友社の石橋思案の父）の横浜移住などによって、横浜でも広まったというのが正しい認識である。

このように、明治時代になって翻訳とその文体は、むしろ伝統的な東京語とは別に、江戸以来の横文字翻訳の延長上に創作されたと考えていいものである。ということはそれ自体で、すでに新時代の標準的な日本語に合致する要素をそなえていたといってもよかろう。あえていうならば、この種《たね》をまき育てたのはほかならぬ幕府であり、蘭学に従事した人びとである。

幕府の翻訳大事業、『厚生新編』（原本はフランスの家庭大百科辞典のオランダ語による重訳）も、文化八年（一八一一）より約半世紀にわたる幕府の熱心なヨーロッパ学術・文化摂取のための一大努力精進の結果であった。決して明治期の新政府によって、突然近代が建設されたのではない。すべて基礎は幕府によっているのである。明治時代の新しい文学に文体——ことにデアル体——を与えたのは、まぎれもなく、江戸の翻訳事業のたまものであった。

青雲の志をもって東京へやってきた洋学書生によって、外来語、ことに英語が日常的に用いられたことも、文明開化の一象徴ということができるであろう。たとえば『江湖機関西洋鑑《うきよからくりせいようめがね》』（岡丈紀、明治六年）につぎのようにみえる。ただし英語の発音は明治二十年代でもオランダ語風である。

至後《あと》から兀《はげ》る洋学生《なまじゅくせい》の大誇《ほらふき》　イヤこれは先生マスタル　英語にて先生またはだんなといふ事なり　君等はまだこの地に御留学かネ、ナント久しいもんだ、ヱーかうと調度僕が同寓したのはおよそ三年前になるテ…ビールを奢ると、イヤそれは大不経済、ストップストップ、アイドントウイシ　英語にてのみたくないからやめべしといふあり　マアマア僕のために奔定して嚢中を空しくすることなかれ、決して御無用。

右のような実態があった。しかしマスタルなどと、Rを響かせての発音はオランダ語的であり、ビールもオランダ語である。こうした洋学書生の横文字吹かし風は、いよいよさかんに、ますます外来語や英語もどきもふえていく。海外留学生も年々ふえており、〈洋行〉の語は若者を魅了した。ハイカラ（灰殻の字もあてる）はしかし、いささか軽蔑的なニュアンスの外来語もどきであった。坪内逍遥の『一読三歎当世書生気質』（明治十九年）は右の引用のものより、さらに横文字使用はさかんである。〈払《ペイ》ひする／ウヰイク極まった、アイデヤルだ、ラブする〉などもみえる。しかし、他の例をみると、girlをガルル、answerをアンセルなど、ここでも多分にオランダ語式発音が残存している。参考までに、そうした一端を引用してみよう。

想ふに又貸とは遁辞《プレテキスト》で、七《セブン》へ典《ボウン》した歟、売《セル》したに相違ない／マア待たまへ。其シスタルの一件ぢゃア、或は君の手を労さなければならんもしれんし、且はフハザアにも会ってくれたまへ

しかし実はこれとても、百年も前に種《たね》まかれているのである。天明八年（一七八八）刊の洒落本『女郎買之糠味噌汁』のつぎの景を一読されたい。五十歩百歩といってよい。□内は人名。

呑アンわつちやァ。フロウよりウエインがいゝ。おみよさん。一ツつぎな。をつとよしよしと。一ツのんで。千丈へさす。フロウとは女の事。ウエインとは酒の事。いづれもおらんだことばなり。この醫者《いしゃ》。おらんだがくとみへたり。千これは。とんだいゝさけだのからくりだ。とむだをいゝながら。呑へさす。呑わつちやァ此ごろァ。目がわるいからきんしゆだが。かふなつちやァやぶれかぶれだ。壱ツのめ。とぐつとのみ。どふもいへぬ。と又あたまを一ツたゝく。これより酒にてさかづきをくるくるまはし。無性《むしゃう》にしゃれる。呑これ英江さん。わつちやァ。ロードゲシクトになりやしたろふね。ゴロウトにせつなふごぜへす。もふウエインは止《やめ》にして。ちつとヒスクでも。荒《あら》しやしよふ。ロードゲシクトは。か

ほのあかき事也。ヒスクは魚なり。いづれも蘭語也。

右の〈呑《どん》アン〉は医者、千は〈千丈〉という大通（江戸っ子の一典型）である。同じ洒落本の『辰巳婦言』（寛政十年・一七九九）に登場の人物にも、〈切り抜覚への蘭言唐音学語《らんげんとういんがくご》などを。しったかぶりにならべたがるくせあり。〉とみえる。当時、遊里などでこの種の外来語を話したがるインテリがいて、戯作の種にしているのである。また、国立国会図書館蔵『莠草《ユウソウ》年録』（安政のころ。全十二冊）には、〈（前略）倭屋《ヤマト》倡《（まま）》妓、蘭語ニ通ジ〉といい、その補注に、朱で、〈客ニ応接スルニ皆蘭語ヲ以テス　故ニ蘭学生、洋方者皆奇ヲ愛シ、行ク者多大ニ利ヲ得ト云〉と記している。娼妓までウェイン（葡萄酒）だのドロンケン（酔。明治期に流れる）などという、オランダ語を駆使したことが推察できる。幕末の江戸っ子の世界はこうした一面も具備するようになってきたのである。文明開化は寛政～天保期に盛んといっても過言ではない。

（2）

以上のように江戸～明治の時代へと外国語・外来語への関心と使用が、隆盛になっていくところに、東京という都市のいわゆる国際性の未来が暗示されているともいえるであろう。そして明治期になって、英語からの外来語には、すでに初期にあって、ポリス、背広《セビロ》など現代語の一様相がみえるのである。ハイカラもベイスボール（野球）も、文明開化の余沢であった。しかし一つの頂点は大正期のロマンチシズムやモダニズムである（モダンに〈毛断〉もあてた）。東京銀座を中心として、多方面において、片仮字による外来語を氾濫させる。日本語との混血語も創作される。

ランチ　キャラメル　餡《アン》パン　ウヰスキー　ボンボン　サラリーマン　メリケン　モボ（モダンボーイ）　モガ（モダンガール）　キュッセン（接吻、ドイツ語）　オーライ姉《ねい》さん（バスガール）
鉄管ビール（水道）　ヌーボー　プロレタリア（プロレタリアート）　ブルジョア　デモクラシー
サボタージュ　メーデー　一円タクシー

サラリーマンは、〈洋服細民〉、ラッシュアワァは、〈突進時間〉、デパート（デパートメントストア）は、〈小売大店、百貨店〉などとも一時は翻訳されたが、結局は片仮字表記の外来語として生きのこる。デモクラシーは民主々義↓民本主義となるわけだが、〈普通選挙〉とともに、大正期の二大流行語であった（現代は民主主義におちついている）。さらにまた、カルチャーの訳、〈文化〉も大正期をかざる一つの象徴的訳語である。中には、〈トテシャン・サイノロジー〉のように擬似外来語も生れる。大正十三年刊『社交用語の字引』に、〈トテシャン〉について、〈トテは近頃流行語のトテモ、シャンは独逸語のシェーン（美しい。なまってシャン）から来たことば……とても美しいすてきな美人などの意〉などと説明している。単に、〈S〉（schön の頭字）とも用いている（バックシャンという和製の英独混血語もつくられる）。サイノロジーはいうまでもなく、心理学を意味する psychology《サイコロジー》 のもじりで、〈恐妻〉である。〈ペティコーティズム（女天下）〉などの語もできて、女権拡張も大正期の産物であった。中にはまた、〈キングポイント〉と遊廓の〈玉の井〉をあちらめかして創作した例もある。玉は確かに王《キング》・《ポイント》である。これも江戸時代、長崎の遊郭、丸山をオランダ語、ラウンド（丸）ベルゲ（山）とよんだのにかようところであろう。ここには江戸のことば遊びの精神が脈うち、躍動している。いうまでもなく、サボタージュはオランダ語サボ（木靴）に発し、フランス語で怠業の意、さらに〈サボる〉と動詞にして、全国の学生・労働者にとって必須の語彙にまで成長する。ただここに興味あるのは、大正〜昭和期にかけて、外来語を漢字で示すことがかなりおこなわれていることである。これは江戸時代の伝統で、〈木乃伊《ミイラ》／合羽《カッパ》・襦袢《ジュバン》・軽衫《カルサン》・甲比丹《カピタン》・麦酒《ビール》・金餅糖《コンペイトウ》・可（骨）喜《コッヒー》〉などとあるが、ミイラ・ビールの場合はシナ語ながら、それ以外は日本製である。しかし近代の外来語は、〈混凝土《コンクリート》・珈琲《コーヒー》（咖啡とも）・単采《メニュー》〉のように同時代のシナ製用語も多い。さらに若干あげてみよう。

洋灯《ランプ》　洋琴《ピアノ》　提琴《ヴァイオリン》　歌劇《オペラ》　乾酪《チーズ》　牛酪《バター》　麺麭《パン》　短艇《ボート》　襯衣《シャツ》　洋袴《ズボン》　酒肆《カフェー》　背広《セビロ》　帷幕《カーテン》　火酒《ウイスキー》
渣古聿《チョコレート》　風琴《オルゴール》　快速船《ヨット》（艇）

こうした中に〈型録《カタログ》・倶楽部《クラブ》〉などの日本製や、〈牛津《オックスフォード》・剣橋《ケンブリッヂ》〉のようないささか国籍不明な漢字表記の語も散見する。これには漢字のもつ表意性を利用する意図のほか、文学者たちの描くモダニズム、明治初期の日本と清国《しんこく》との交渉があって、ある点では一時的な現象ともいえそうである。

しかし外来語は昭和十年代にはいってくると、次第にうすれていく。軍国主義の嵐は暗い戦争時代へと突入、英語など敵性外国語として追放し、英語を鬼畜米英のコトバとして、学習することも禁じられる。喧嘩の相手を知るうえに、第一級の鍵である相手国のコトバを学び、研究することなしにも、戦争に大勝利をうると盲信したのは笑止というほかない。米語・外来語はまた敗戦後には洪水のように東京の巷にあふれる。むしろまったく無防備、無定見で、街には片仮字表記の外来語・和製英語がかざりたてられる。芸能人の人名などにも。ネオンサインは色彩あざやかに、日本の夜の空まできらめいている。中には～デアルを〈～デR〉と表示する手合いまでいるのである。現代の〈JR〉もその悪しき伝統である。日本語はどこへ行く、どうなるのか。

（3）

漢字・漢語の氾濫　新しい明治の時代、文明開化が叫ばれるようになって、日本語におこったもう一つの大きな変貌は、漢語の氾濫と訳語の創作である。これにはしかるべき社会背景があり、それなりの要因があることは多くの人が指摘している。その実態のいくらかをも上で示すところがあったが、国民皆教育という点も考えねばならぬ重要な点である。国家的政策にあって、漢字の使用が新政府の重要な命令伝達手段になった。当時のものには庶民が理解できようができまいがおかまいなく、ただ漢字と漢字と合体させての漢語のいかめしさは、権威の象徴としても、大いに活用されたが、皮肉まじりで記録されている。明治三年刊『童蒙必読漢語図解』はその序につぎのようにみえる。ここには庶民の鋭い眼があるが。

流行朝《あした》に盛《さかんなる》も夕に所を換る事是江湖間《よのなか》の習俗なりかし。蓋方今の形態《ありさま》を思ふに奎運日々進文化益々《ますます》開《ひらけ》上ハ天朝の御布令。中諸侯の建奏。下市俗の論及び遊女弦妓雑談《ゆうじょげいしゃぞうだん》迄漢語を交《まじ》えざるハあらじ。遮莫《さはれ》婦幼の徒の中《うち》にハ耳に聴口に唱て意に縡《こと》を知ざる者あり。遂にハ其弊事件を誤に訃《いたら》ん（後略）

〈布令〉といえば、特に『新令字解』（明治元年・三年）・『布令必携新聞字引』（明治初期）なども新しく編集刊行される。〈年紀《ネンキ》トシツキ〉・主宰《シュサイ》イチノオヤクニン〉などすべてルビ付きで簡潔に意味を与えている。〈富国強兵《フコクキョウヘイ》クニガハンジョウグンビガト、ナフ／物價沸騰《ブッカフットウ》諸シキ高ジキ〉など四字熟語をふくめ、そのまま近代日本語が明治一けたの時代にでそろっていることをしる。この種の字解や字引をとおして、明治の漢語の実態を把握するのも必要であろう。

この明治の漢語の汜濫は、新しい文物や思想の摂取によって、訳語や新造語があるわけで、外国からのインパクトが強烈で迅速なのに比例して、この種の漢語もあふれたわけである。翻訳もまた漢語を汜濫させた大きなファクターである。もう一面は、基本的にはふかいかかわりがあるが、新しい政治体制、社会組織の形成が急務であり、コトバのうえで、漢語によって機能させるということである。学校教育がそれを支え推進することにもなる。明治三十年（一八九七）ぐらいまでは実用性のある国語教材が選ばれたというのも、国家と国民事情を示すものである。

しかし日本語と漢語との関連を考える場合、やはり根本はここにも江戸の漢語とふかいかかわりがあることを忘れてはならない。ことに宝暦期（十八世紀前半）ごろの〈支那趣味〉の流行と、シナ白話小説（『水滸伝《スイコデン》』など、口語体文学）の翻訳などとの関連がある。明治期になっても文教の中心は、当然のこととして、江戸時代の儒者や国学者やその末裔が牛耳っていたのであった。

具体的なことばの資料として、江戸時代にさかのぼって、直接的には洒落本、『雑文穿袋《ざつぶんせんたい》』（安永八年・一七七九）にみえる。つぎのような漢語（シナ俗語）とその註記が参照できるであろう。

青樓《せいらう》女郎屋也　夫人《ふじん》おく様　未亡《びぼう》人後家　処女むすめ　佳人びじん　青春わかいとし也　遊《ゆう》野郎《やらう》色男　感激《かんげき》ありがたい　周章《しゆうしやう》あはてる　可憐《かれん》かあいく思ふ也　思想《しそう》ほれる　脚《きやく》色しくみ　細君《さいくん》妾　自愛《じあい》手紙の末にかく也　僕拙者　一面識一度近付になった斗の人初会きりてうちにゆかぬにひとし　意中《ゐちゆう》人気を知った人なり　十字街《じうじがい》四ツ辻也　一円《いちえん》二両也　会計《くはいけい》勘定　経済《けいざい》しんだいだい所などの事　月俸《げつぽう》扶持方　一意揚々《いきやうやう》したりがほに一ぱいになつらをする也

中には多少異同はあるものの、現代語の源流をここに見出しすることができるであろう。こうした流れが、〈安本円《あんぽんたん》・珍糞漢《ちんぷんかん》・唐変朴《とうへんぼく》〉という俗語を漢語めかして創作させたわけで、ここでも明治期になっての漢語の氾濫が、江戸で種まかれていることを確認しなければならない。ただ江戸期の〈珍糞漢〉は、明治期に〈陳腐漢〉（『浮雲』）となって、似て非でもある。

〈漢語流行を相撲見立番付〉にした『増補漢字早見大全』（明治四年）がある。これにのる行司は、〈勉強・規則・周旋〉、惣後見に、〈因循〉、勧進元に、〈文明開化〉があげられていて、漢語流行の社会的背景を暗示している。〈男女平等・専売特許・造化・因循・旧弊・曖昧・失敗・窮理（究理）・演説（舌）〉は明治前半の流行語であった。現代はやりの〈激言〉などもみえるが、つぎにあげるのは、河竹黙阿弥の散切物「女書生繁」（明治十年）にみられる漢語である。十分参考になるであろう。

〔あ〕愛妾・曖昧・悪弊（を脱す）（悪名・暗記）〔い・う〕因循・違却・違式・違漏・入場・意中・運動〔え・お〕栄耀《えいよう》・艶顔・遠察・英才男子・憶測・大愉快〔か〕官途・官許・開化・開明（文明開化の略）・活眼・歌妓・確証・確認・快気・汗顔・学費・学才・改正・眼力・学問修業〔き・く〕旧弊（を脱す）・旧習・恐縮（仕つる、いたす、の至り）・帰路・寄宿・帰県・規則・貴妃・貴面・貴君・恐悦・居館・虚実・糺問・及第・窮理（学）・牛肉（店）・妓楼・金貨・詰問・謹慎・旧幕（臣）・居留地・旧幕時代・愚昧〔け・こ〕迎妻・激言・下宿・検査・江湖・口外・公然・健康・抱引・権妻・誤謬・高慢顔・好男子・交番所・公園地・国立銀行〔さ〕茶店・散歩・罪条・罪科・些少・散財・雑事・昨今・殺風景〔し〕失敬・失念・斟酌・士族（の商法）・修繕・所存・所業・自由・秀才・熟酔・私用・私立・資本・周旋・処刑・書翰・出府・情欲・手簡・辞退・試験・出仕・受納・娼妓・実否・心痛・上策・諸罰・（塾を）出門・人口《じんこう》・自殺・車道・深川《しんせん》（深川《ふかがわ》のこと）・諸規則・私学校・小学生・小学生徒・自由自在・人民保護・四民同権・失敬千万・新聞紙上・袖手坐食〔す・せ〕睡眠・寸暇・寸考・推挙・聖代・聖賢・説諭・精巧・浅学・絶交同然〔そ〕尊顔・疎遠・息災・麁茶・即答・造化（の細工）・壮健・足痛・疎漏〔た・ち・て〕代言・歎願・歎息・他言・談話・談判・探訪・大胆・他見（の虞）暖気（の時候）・大学校・大勉強・大酩酊・男女同権、築造・昼夜・恥辱・著作・遅刻・逐一・椿事、電信・邸宅・眺望・条例・適当・呈上・庭前〔と・な・に・の〕当今・独立・登楼・到来・同輩・当惑・同道・乃至・内国博覧会、入学・入門・日曜・日本語学・嚢中〔は〕薄衣・白昼・繁華・拝見・拝命・廃官・判然・博識・配剤・博学多才〔ひ〕疲弊・非道・比較・貧苦・非業・美麗・必定・卑怯・匹夫・披見・非命・貧書生・非義非道〔ふ〕婦女・婦人・布告・紛失《じつ》・分別・不義・不正・物騒・無礼・不自由・文明（国）・不相応・不正不義〔へ・ほ〕平民・弊屋・別品（別嬪）・勉学・別荘・片時・奔走・朋輩・補縛・抱腹・亡父・北廓・保証・報知・翻訳物・暴言醜語・北廓柳橋《ほっかくりゅうきょう》・法外千万〔み・む・め・も・ゆ・よ〕密々・密事・無用・免許・面体・面会・名義・目途・野蛮・遊興・遊歩・有名・郵便・愉快・洋学・洋行・幼少・余寒・余人〔ら・り〕懶惰・落花・了解・了簡・掠奪・旅人・旅店・隣家・溜飲〔る〕流布・恋情・狼籍・路傍・露顕

右のようにここにも現代に流伝の漢語があふれている。〈御《ご》〉のつく漢語は江戸語に発するも、それとはくらべものにならぬほど多出されている。その一端を抜きだせばつぎのとおりである。

御帰館・御面謁・御入来《じゅうらい》・御遊歩・御馳走・御好意・御所望・御成敗・御精勤・御不快・御容態・御重態・御推察・御配剤・御受納・御散財・御疎遠・御同伴・御死去・御赦罪・御壮健・御紙面・御費用・御息女・御親父・御尊宅・御愛妾・御両名・御別荘・御主人・御閑室・

御法度・御当家・御無音・御帰宅・御安泰

右の漢語こそ待遇法とも関連して、明治期の教育ある中流階級のコトバとして、中核的になる日本の標準的な語彙というわけであろう。いうまでもなく、このような漢語を量産することができた言語能力は、江戸時代二百五十年ほどによって養われたものである。八百屋の娘や伜は、大根《だいこん》や葱《ねぎ》という文字を、魚屋の娘や伜は鯵《あじ》や鯨《くじら》の魚偏の文字を、寺子屋でかなり広い範囲に教えられる。そうしたテキストもできているのである。

これら漢語を通覧すると、たとえば江戸時代では、〈言語《ゲンキョ》〉と正格に読まれたものも、教育の整備した明治期はゲンゴと漢音・呉音混用など、いい加減なくずれた読みを用いている。江戸時代ではかなり厳密であった漢音・呉音などの区別は、むしろ明治時代になって総崩れになったといってもよさそうである。湯桶読みや重箱読みも日常的になった。また清濁も江戸期と明治期で異なる点のあること例えば、〈口つけ〉と〈口づけ〉のごとくで、この点も注意を要する。新語、〈哲学・形而下・形而上・定数・常數〉なども新漢語である。しかし江戸の戯作類にみられた訓読語の漢語は個別的というか使用の場との密着度が強いから、時間的経過とともに不明にもなり、結局は衰退していく。

〈大略《おおかた》・演劇《しばい》・長老《としより》・四周《あたり》・周章《あはてる》・暴風《はやち》〉の類は、明治という時代の熟成とともに次第にすくなくなる。さらにそれまでの複ルビ——蚊虻《モンモウ》《かあぶ》の類——や密着度のうすい宛字的なもの——剣呑《けんのん》・三馬《さんま》の類——は急速に姿を消す。せいぜい五月雨《さみだれ》・流石《さすが》・有繫《さすが》・縹致《きりやう》・器量《きりやう》（容貌）・派手《はで》・簷馬《ふうりん》（風鈴）・那様《そんな》・綽名《あだな》・只管《ひたすら》・敦圉《いきまく》・東道《あるじ》などの少数例が熟字訓として残存していく。もっとも、江戸時代は、〈暴雨・白雨〉にユウダチのルビをして用いるという古典シナ語の正統な用字があったが、それも次第にすくなくなったり、また〈夕立〉といった日本的な表現、用字にとってかわられる（白雨は夏目漱石の作品にみえる）。総体的に漢字への知識や学習は明治以前とは比較にならぬほど、弱体化する。これは一般庶民のことではなく、文教政策に携わる人びとのそれで、そのことが一般的には日本人から漢字への正しい用い方や造語の方法を奪うことにもなるのである。

明治・大正・昭和と日本人と漢字・漢語の問題は、きわめて重要な歴史的かかわりをもつといえるが、漢字制限や漢語の統一化という方向にすすんでいる。便利な漢字もよく考えると意味内容が文字としてもつ形との対応では、アイマイなものがすくなくない。一字の情報量の多さも裏返すとアイマイということになる、一見自由にいくらでも新造語をつくることができるが、しかし、学術用語——〈抛物線・概念・絶対〉など——も漢字の組合せで新造され、漢字本来のそれとは関係なしに、もとの英語なりドイツ語の意味をよく了解しないと用いることはできない。もっとも記号性が確立したのち、それが日本の近代化や、学術文化の発展に果した役割は、決して小さくはなかったこと——これも十分に肝に銘じておくべきであろう。そこまでいけば、政治政策、文教方針などとかかわり、近代日本語の問題である。近ごろはやりのタバコ追放のポスター、〈嫌煙（犬猿をかける）〉や、ＴＶコメディーの番組広告の〈笑〉売人などということば遊び、さらに⿰電⿱上下《エレベーター》といった感字？　あるいは、〈激安・激化・激——〉と激さえつければことたりるというのが漢語づくりの方法で、現代の言語生活の実態の一淵源は、こうした点にみられるのである。外来語の氾濫と同じく、漢字・漢語の前途も多事多難であった。あるいはまた、漢字の字体には教科書体と明朝体の二本立、字数や字種に教育漢字と常用漢字という二本立と、現代、文部省の漢字教育はほとんど何の方法も理念もなくおこなわれている。東京の街には旧い漢字――勝鬨橋《かちどきばし》は現在も健在である――と新しい漢字、ウソ字と略字、さまざまな生活の漢字が、政府の方針などどこ吹く風で使用されている。さながら、テレビをにぎわわしている俗語や舌足らずの日本語のように。日本語にとって、常用漢字などはおかみの記号にすぎないのである。むしろ明治期の教育は、真の日本語を崩壊にみちびくことはあっても、創造的に発展させることはなかったといってもいいのではあるまいか。これは明治以降の方言観とも関連する問題である。さらに一言加えれば、一部国語学者のいう、〈漢字に造語力がある〉などという大いなる誤認がなくならぬ限り不毛で、造語力は人にあって、文字自体にあるのではないというごく常識的な言語認識が基本である。

＊「さすら」（一九五五年三月号）

四　女偏の漢字、真の意味は？

「婦」、王の配偶者が原義
「好」、育児での優しさ

「『嫉妬』の二文字が女偏とは偏見もはなはだしい」「女と帚《ほうき》を並べた『婦』の字は女性べっ視」——。女偏の漢字を巡って、女性から異議が出るケースがままあるが、その真意はどこにあるのか。杉本つとむ早稲田大学教授に女偏漢字のルーツを掘り起こしてもらった。

諺《ことわざ》に、〈生兵法ハ怪我《けが》ノ源《モト》〉という。何事も中途半端は思わぬ失敗や誤解をするものです。漢字に関する限り、素人の思いつき発言は慎んでほしいものです。

八割が形声文字

そのむかし中国でも、滑は水ノ骨か、波は水ノ皮かと論争した話があります。まず漢字の構造について二点を心得ておくべきです。一つは漢字の約八〇％は形声文字といって、偏で意味、旁《つくり》で音を表示していることです。

身近な例として、姉と娠を取りあげてみましょう。旁の市、辰はともに意味とは無関係で、それぞれシ、シンの音を示すにすぎません。後者の娠は震と同じで、身ごもった胎児の動きを意味します。噂《ソン》（うわさ）、蔦《チョウ》（つた）、洋《ヨウ》なども音を示すので尊、鳥、羊の意などとは無関係です。

第二は会意文字といわれる文字群です。好・臭のように女と子、自と犬と、意味のある二つ以上の漢字の組み合わせからなる漢字の類をさします。たとえば、好《コウ》は女（母）が、子をやさしく抱いて大切に育てる構図です。コノムやスキの日本語にあてたのは、漢字の事情ではなく、日本人の事情からです。臭《シュウ》は自で鼻、犬でイヌをさします。鋭い犬の臭覚を生活の中から理解して、中国人が二字を合せてつくったわけです。したがって、現代学校教育で犬を大に変え、〈臭〉で教えているのは、こうした構造を無視した改悪の例です。大も太も犬もごっちゃ、一字、一点千金の教えこそかみしめたい。

さらにもう一点、知識としておさえておくべきは、形あるものは変化する、漢字も例外ではないということです。長い歴史をもつ漢字の本源を知るには、約三千五百年前の甲骨文で古形をさぐり字体を確かめ、根本の形と変形とを見きわめることが大切なのです。五万とある漢字の海を、専門の探知船で正確に調べていくのは一生の仕事です。あらためて、漢民族の英知と伝統には頭がさがります。

さらに女偏の漢字を俎上《そじょう》にのせ、いささかでも真にせまってみましょう。辞典を一見しますと、女偏の漢字は約九百字、もとより男偏などはありません。ちなみに男の田の部分も甲骨文では鋤《すき》の形です。やはり人類の主役は女性であり、遠い古代では母系制でした。その証拠でもありましょう。漢字作成にそれが反映しているともいえましょうか。

古代日本でも卑弥呼が女王として君臨しており、新しい明治の時代、女性解放に活躍した平塚らいてうも、〈元始女性は太陽であった〉と宣言しました。長い人類の歴史からすれば、女性が主役の時代が長くあったのではないでしょうか。それだけに女偏の漢字には、女といわず人間の業ともいうべきさまざまな姿態や、性格が文字化されているのだと思います。腰も要も女が組み込まれているのは象徴的です。

男性を悩殺する女の魔性は妖《ヨウ》です。夭は甲骨文にさかのぼりますと〈大〉です。身をしなやかにくねらせ神寄せの巫女《みこ》のさまを形どったものです。ということは若い女の姿態が想定でき、転じて沃土の沃も若い未来を約束された意があることになります。

「ネタミ」病気の一種

嫉妬は女性の特権か、女偏です（ただし私には、男のジェラシーのほうがおそろしい）。甲骨文で、疾の〈疒〉は病床のベッドの形を、矢の部分は〈〉（人と矢の形）で、人ガ矢デ傷ツケラレタ意を示します。これに女を配して、心の病でネタムとしたのです。

辞典にはネタムに、娼・妬・妒・媔・嫱など十八字もあげています。ネタムにもさまざまな内容と表現がある証拠でしょう。昔から人間の体は四百四病の器といいます。ネタミもその病気の一種なのです。妬は妒と同じ意といわれますが、甲骨文にはなく、中国の文字学者は、〈寵ヲキソッテ、女同士、心ノ扉（戸）ヲ半バ開キ半バ閉ジル心理状態＝ネタム〉と解しています。このへんになるといささか男の論理と生理、いわば主観的なこじつけくさい解釈となります。

婬《イン》は淫《イン》と同じくミダラです。甲骨文は〈〉で、壬（身ごもった形を示し、妊娠の妊と同じ）と爪で、妊婦に手（爪）をかけて、実体を確かめるといった、常軌を逸する行為を象徴します。

女の優位は嫐の漢字も創作するのです。ナブル、モテアソブの意で、嬲も同じ女偏に属します。

女偏の主役、〈女〉は甲骨文では、〈〉であり、女が膝をまげて坐した形、〈母〉はこの女に、乳房の二点を加えたものです。さらに妻は甲骨文に〈〉と、手が組み込まれており、解して古代の掠奪結婚の反映といいます。類字に娶《シュ》（女をめとる意）があり、昔は嫁より娶が主役でした。

日中で異なる文化

〈婦〉は甲骨文で女と帚の形ですが、娘と同音同意です。古代では王ノ配偶者、発生的には祭祀や宗廟に関係した神女、巫女の類をさします。一日中、掃除におわれる女などの解釈は、半可通のさかしらでしょう。〈妾〉は古代中国では、奴隷《どれい》、古代の日本では、本妻につぐいわば第二親等でした。中、日で女性観も異なるわけです。〈婦〉に、しいたげられた女のイメージをもつのは、現代日本人からかもしれません。〈嫁《とつぐ》〉も日本の古辞書に、〈交接《トツグ》〉とあり、家などとは関係なく、日・中はまったく異言なのです。

江戸期に和製の珍種、〈嬶《かか》〉があります。庶民の鼻息荒い働き者の女房のこと。〈嬺《はにかみ》〉などいずれも和製ですが、漢字の使用と解釈にあたり、自ずと中、日は別々のことばの文化が背景にあることを心したいと思います。

＊「日本経済新聞」〈生活家庭〉（一九九五年八月一五日）

五　稲荷山古墳出土　鉄剣銘文一見

1

特に古代史や古代語を専攻しているわけではないので、鉄剣の銘の内容やその解読について私見を開陳する学はもちあわせていない。しかし、文字、ことに漢字の異体について多少とも関心をもって勉強しているので、その一端をこの機に述べさせていただく。

周知のように、上代特殊かなづかいということがいわれ、漢字の音や訓のことが問題になるわけであるが、その根源は漢字の字形・字体の正しさにあり、それを既定のこととして論じているのである。したがって、その基本となる漢字字形を正しく書きとらないと、正しい音も訓も出てこないし、仮に訓読した場合も誤読ということになろう。現物をじかに見もしないで、写真版で代行するのはすこぶる危険性がある。わたしは学生にもよくいうのであるが、お見合い写真で本物と錯覚しないように、文献資料を読む時も、問題点は必ず現物で確認して結論を出すべきである。稲荷山古墳の鉄剣の銘文についてもまったく同様の事で、ゆめ写真版を現物と錯覚をおこして結論をいそぐべきではないと思う。

新聞に示されている読みをみると、わたしの手にしたかぎり、大野晋氏のそれをのぞいて、きわめていい加減な表記、かなづかいの解であると思う。たとえば九月二十日の読売新聞・朝日新聞で〈乎〉を〈お〉と読んでいる。これは〈を〉と読むべきである。古代語は〈日〉と〈火〉と別の音韻、かなづかいであって、現代のように等しなみに、〈ひ〉の字であらわす音ではなかった。現代でもアクセントは異なる。〈肥〉と〈卑〉と、同じに考える人は現代でもいないであろう。新聞紙上で、〈古代史解明新たな金石文／高松塚以上の大発見〉などと大大的に書きたてているのと同じ程度に、新聞はきわめて粗雑な読みを示しているだけである。〈意富〉にしても、〈おお〉と翻字しているが、〈オホ〉と正確に読むべきである。当然のことながら、言語それ自体を研究対象としている学者の厳密性を自覚して、学問公害たれ流しをしてはいけない。

江戸時代の学者、契沖が、〈憶計王《オケノオホキミ》〉と〈弘計王《ヲケノオホキミ》〉とは別人であること——オとヲの相違——を早く考証しているわけである。万葉仮字での〈甲類・乙類〉の相違は意味にそのまま関係するわけで、上で例にあげた〈火（乙類）／日（甲類）〉も別語なのである。このへんの厳密な読みとりを怠って、ただ雄略天皇のロマンを先に設定して、それにあわせて銘文を読むのは、邪道といわずしてなんであろうか。また、〈支《キ》〉を〈ケ〉と読むのはいかがであろう。同じカ行音で母音の異同と考えるだけでいいのだろうか。しかし〈支〉の万葉仮字用法では、〈ケ〉の例が一つもないようである。〈祁〉のように、〈キ・ケ〉の両方に読める場合もあるようなので、絶対に〈支〉は〈ケ〉と読まぬとは断言できないが、無理に〈(ワ)カタケ〉にあわせて、そう読むようにあてる気持があればやはり問題である。国学者のいうように相通からいくと、あるいは〈カ〉になるかもしれない。しかし、〈キミ(君)〉と〈カミ(神)〉とは別語である。転じる通則とか他に反証できる実例を示さずして、恣意的に読むのはこまる。やはり〈(ワ)カタキ〉といった語形でまず考えるのが正当ではあるまいか。どうしてもそれでは解釈できぬとなった時に、考えをかえて他の読みにうつるべきかと思う。

2

さて字形の問題にうつってみよう。まず、冒頭の〈辛亥〉であるが、これも疑えば疑える。当然のこととして、〈辛亥〉と読むにしては一般の人の座右にある漢和辞典では役立たぬはずである。文字の考証も孔子に端を発しているようであるが、〈三豕《サンシ》河ヲ渡ル〉の譬のように、〈亥〉の字は中国でも問題になった文字で、〈校讎学〉の出発点になったという。〈辛〉の字体は古代で一般に用いないと思うが、正体が、〈辛〉であり、異体は〈亲〉などで、それを刻しているか。つぎの〈死〉は直接に〈亥〉からではなくて、字形からいえば異体の〈亣・㐸・犴〉などの変体かと思うが、〈豕《シ》〉の異体の代行かもしれない。この〈辛亥〉の文字は、東京国立博物館蔵の〈観音菩薩立像〉

（六五一年）の銘文、〈辛亥年七月十日……〉と類似していて参考になる。

〈亘〉は臣と読んでいるが、古代の金石文で、類似のものを見出しにくい。もちろん〈臣〉の異体と考えるには字形上無理が多いように思う。他の字形から推察して、むしろこの銘文には異体も省文もすくなくない。〈寺〉など、〈持・時・侍・等〉などの省文として可能性はあろうか。そして、〈⻊之（足）・㐰（互）・为（爲）・未（來）・此（此）〉などは、六朝・唐時代に一般的に用いられた漢字字体をよく伝えている。漢字にはかなり習熟しているように思う。書き手が未詳であるが、大陸系の人であろうか。さらに字形から疑問に思われるのに、〈卤〉がある。これこそ現物によらねば断定できない。〈ロ／ル〉に読むように示しているが、はじめに見た時は、〈西〉の異体、〈卤・卥・囟〉とみた。しかし解読では〈鹵《ロ》〉（正体）と同じに読んだわけであろう。果してそうであろうか。正倉院文書の中に〈西〉を〈シ・セ〉の音で読んでいる例があるようであるから、この読みからも考えられはしまいか。さらに問題の〈獲〉であるが、『大漢和辞典』には見えない。異体であろう。〈猴〉の異体に、〈獲〉があり、〈ク・コウ〉の音をもつ。〈ワカタケ〉を既定のこととしているが、〈若建（稚武）王〉など、ごく一般的で雄略天皇以外にも想定は可能ではあるまいか。

銘文を解く一つの鍵に文体の吟味も必要であろう。〈其兒名多加……〉と〈名〉の字のおかれている場合と、〈其兒□多加〉と〈名〉の字のない場合と二つの表現がある。これは書き手が意図的に変化を求めたのかどうか。〈其兒、名ハ……〉が一定のスタイルであったと思う。人名解読からのアプローチも大切だと思う。文体という点では、和文体と漢文体の混用をとっているので、決して古い文章ではあるまい。五世紀ごろより六世紀まで下げて然るべきように思う。また書き手の名を刻していないのは、江田船山古墳の金石文などと異なる。正式な銘文となるのだろうか。字形の吟味、〈大王〉など語彙の検討がまだ残るが、紙数の関係で今回はここで筆をおく。雄略天皇のロマンより東国さきたまの文化・漢字文化の高さを思う。なお小著『異体字とは何か』（桜楓社刊）・『漢字入門』（早大出版部）を参照されたい。

＊「言語生活」（一九七七年一二月号）

六　お国ことば——方言と語源

〈方言は古語に残る〉という先人の言葉に導かれ、これからすこし方言の語源を探求することにします。

(1)　めごい・めンこい

青森に旅行して、土地の会話、〈あんだはめごいワラシなす。わ（私）、あんだの名前《なめえ》知らねすけおせーろや〉を耳にしました。ここでメゴイ・スケを取りあげて考えてみましょう。もちろん、ワラシは童児。『源氏物語』、〈わらはに侍りし時〉（帚木）のワラハと同根語、ワは同じく〈わがつま〉（同上、東屋）、〈わが国〉のワで、第一人称代名詞の古形でしょう。ワラシもワラハも、現代のワラベの古い語形、藁《ワラ》（古く、ワラシベ）と関係するかもしれません。

メゴイは可愛いいの意ですが、思いうかぶように、『万葉集五』（書名に付してある数字は巻数）にみえる山上憶良の長歌、〈妻子《めこ》みれば米具斯《メグシ》うつくし………〉のメグシと同じです。メグシ megusi →メゴシ megosi →めごい megoi と母音交替（u《ウ》→ o《オ》）と子音、sの脱落で成立というわけです。本義をたずねれば、目《メ》+苦《グ》シで、見るに苦しく心が狂うほどかわいいということです。したがって一方では、『万葉集[十二]』に、〈人もなき古りにし郷《さと》に有る人も愍久《メグク》や君が恋《こひ》に死なする〉とよむように、〈愍《いた》わしい、かわいそうだ〉の意でも用いるわけです。メゴシは近代語として、メゴイの語形――形容詞は一般に、赤シ→赤イと古代語と近代語では子音の〈s〉音が脱落して、シ si →イ i の語尾をとります――をとって、古代『万葉集』の語が東北青森県南部に残っているわけです。また関東北部の地域をふくめて、メンコイともいいます。戦争中の童謡に、〈めんこい仔馬《こうま》〉という題の歌謡があったと記憶します。これも、かわいい・かわいらしいという意の方言です。メゴイもメコイと清音だったと仮定できますから、メコイ→メンコイとなったわけで、同語と考えていいでしょう。このメゴイにいちはやく気をつけて採集し方言辞典にまとめた人物が、埼玉県越谷の住人、越《こし》谷《がや》吾山《ござん》こと会田《あいだ》文之助です。その著『物類称呼[五]』（一七七五）につぎのようにみえます。

○かはいらしいと云詞のかはりに下總又信濃にて○つぼいと云（大江山の謡）にうち見にはをそろしげなれどなれてつぽいは山ぶしとあり越後及奥羽にて○めごいと云　津輕にて○いずいと云　武州片田舎にて○むぢこいと云也　上總房州又四國にて○むごいと云　上野にて○いげちないと云　肥前及薩摩にて○むざうと云　是等は皆かはゆひといふ事也

今案に　かはい又かはゆしなど云自語上古よりの自然の詞を云ありて漢字《かんじ》渡りし後、可愛の字を假借《かしゃく》したるもの歟、正字とは見えず。土御門内府通親記ニ云、むげにちかく候はんまでぞかはゆく覚ゆると有　又正親町一位公通卿の狂歌に

さみせんの　いとしかはゆし　など丶も詠し給へば、かわゆしと云かたよろしからんや

(2)　すけ・さけ・さかい（理由をあらわす接続助詞）

最近はTVドラマでも東北地方が舞台ですと、〈すけ〉が聞こえます。これを検証します。〈すけ〉は東京語の〈（知らない）から〉と同じで、理由を示します。〈故《ゆえ》〉でもおきかえられます。これは新潟や広島、青森など。さらに、〈さけ〉の語形で、山形、佐渡、長野、福井、滋賀、三重、奈良、和歌山などで用いるようです。したがって、やはりもとはかなり広い地域で用いられていたようです。これも、『物類称呼五』に、〈畿内近国の助言に○さカひ《イ》と云詞有　関東にて○からといふ詞にあたる也　からと云詞故といふに同じ、吹からに秋の草木のと詠めるも吹ゆへに也〉とみえます。〈サカヒ（い）〉が、〈サケ〉と変化した語形をとったわけです。現代でも関西では――サカイニ（デ）と用います。江戸初期にも、西鶴『好色一代女二』に、〈月夜で風の吹かぬ時隙《ひま》じやさかひに夜番をやりますか〉とみえます。典型的な関西弁です。これについても吉利支丹伴天連、I・ロドリゲスが、〈習フマイサカイニ〉の例文をあげて、〈習う場合に〉と場合や時の意であると解説しています。また〈限界〉の意で、〈境目・限界〉のサカイが基とも解説しています。本来はその

とおりで、〈境《サカイ》〉が語源でしょう。そうした限定的な意味に用いられ、やがてそのような条件——国と国の境目など——をもつ理が考えられたというところです。助詞として——サカイ（ニ・デ）と用いるようになったのです（〈ほど・だけ〉などの助詞も本来は名詞です。名詞から助詞に転じたものは、他にもあります）。このサカイ sakai が母音交替（a《ア》→u《ウ》）などで、スケ suke——ai《アイ》→e《エ》＝愛《アイ》＝愛《エ》／知らない nai→知らね ne などと、二重母音の ai《アイ》→e《エ》も変化——と変化したわけです。したがって方言によっては、〈サケ〉という地域もみえるわけです。山形県がそうですが、他に、長野、福井、滋賀、三重、奈良、和歌山、兵庫、京都などでも用いています。いわば関西文化圏では、サカイの変化形、スケ、サケが用いられているわけです。これもごく当然のことです。現代では共通語になっていますが、カラは関東方言、江戸方言として、古代語のカラが残存していると考えられます。方言も相対的なことで、首府で用いられれば、方言変じて標準語的にもなれるわけです。

　なおサカイニとサカイデについては、前者が江戸初期、京都での正当な言い方と考えていいようです。当時の京都言葉をよく観察し、記録した『嘉多言《かたこと》』（江戸初期刊）に、〈一、そのことをさうしたさかいにと云べきを◯さかいでといふ如何〉とみえます。これが一つの証拠です。

(3)　おどろく（目を覚ますの意）

　青森で聞いた方言に、〈目がさめること〉をオドロクということです。東京ではオドロクは驚くで、びっくりする、すっかり感心するときにオドロクホド大きいなど非常にの意などで用い、目覚《めざ》めには決して用いません。しかしこれも『万葉集四』に、〈夢《いめ》の逢ひは苦しかりけり覚《おどろ》きてかき探れども……〉などと、目覚めたことをオドロクと表現しています。『源氏物語』にも、〈まだおどろき給はじな、いで御目さまし聞えむ／君は何心もなく寝給へるをいだきおどろかし給ふに驚きて〉（若紫）と、オドロク自動詞・オドロカス他動詞の両形がみえます。しかし驚クやオドス（相手をこわがらせる）オドカスもみえ、同根語でしょうから、オドが問題です。最古の国語辞典『新撰字鏡《しんせんじきょう》』には、〈愕然驚愕也 於止呂久《おどろく》〉とあって、現代同様に驚く意でも用いているわけです。したがって、どちらが原義か検証しなければなりません。問題はオド・オドロの部分ですが、形容詞に、〈おどろおどろし――『源氏物語』に、〈あれはた（誰）ぞとおどろ〳〵しう問ふ〉（空蝉）があって、これは、〈目に見えぬ鬼の顔などのおどろ〳〵しく作りたるもの（帚木）・雨にはかにおどろ〳〵しう降りて（賢木）・（病状が）おどろ〳〵しきさまにはあらず（葵）・夜の声はおどろおどろし（夕顔）〉など。これから、オドロク、オドス、オヂルなどを考えますと、オド・オヂの母音交替（o《オ》→i《イ》）と考えて、〈オド〉が中心的と考えられます。何か恐しいものに対して、心の複雑に動揺するさまをオドとかオドロと表現したわけでしょう（シクはそうした状態を示す接尾辞としてそえられたと考えます）。したがって、まず驚き、恐れがあり、その結果として、目がサメルとかビックリスルなどの意がでてきたと思います。さらに根源的には、オドはオド〳〵・オドロオドロのオドで一種の擬態語《オノマトペ》でしょう。驚くも目をさますも、一つの心的衝撃からの結果として、外にあらわれた行動といえます。古語としてオドロクル（目覚め）のあるのは必然といえます。表現の仕方で二つに分かれたにすぎません。目覚める意では、東北地方以外に、新潟、奈良、和歌山、大分、対馬、島根、四国と東西とも用いられているわけです。かって全国的に用いられていたのでしょう。逆にオドロク（驚愕の意）は地方地方で、〈たまげる（魂消《たまげ》る）・おびへる・びっくりする〉など、さまざまな言い方がみられるわけです。

(4)　東京さ行くの〈サ〉（方向をあらわす助詞）

美空ひばりの「りんご追分」の歌詞の一節に、〈東京さ行く〉と東北弁のサがみられます。東京の言葉では〈へ〉に対応します。このサは東北弁でも特に目立つ助詞とされます。もし仙台か盛岡に首都が移ったとしたら、このサがへに代って標準的言い方として学習することになるでしょう。〈へ〉も、もとは都、関西弁だったのです。その一つの証言は、室町時代の公家、三条西実隆の日記にみえます。たとえば、〈京へ筑紫に関東さ〉という俚諺が証明してくれます。これは都、いわば当時の標準的言い方では、方向を示す（現代と同じ）助詞として〈……へ〉が用いられているのに対して、九州では〈に〉、関東では〈さ〉を用いたという、お国言葉の違いを示しているわけです。関東も今の東北と同じサを用いたことを、この俚諺は記録しているという貴重な例です。ただここでは、〈関東さ〉――関東の地域も時代により変更があります（拙著『東京語の歴史』詳述）――ですから、かっては関東地域でサが用いられており、現代の〈へ〉は都の言葉だったことが判明します。いうならば、関東↓東北と〈さ〉は、東北に移行して東北弁の一特色となったわけです。

現代、同じく東北弁の〈べェ――そうだべぇ・行くべぇ〉などと、意志や推定をあらわす助動詞も室町～江戸時代では、関東べイといって、都の人びとからさげすまされた方言です。当時の物の本には、江戸者が京都へ行くと、京都人は、〈江戸兵衛《べえ》〉などといってひやかしています。もちろんこのべェも、『古今集』などにみえる助動詞、〈べし〉の訛りですから、かっては都のことばです。しかしこのサは、『万葉集』に、〈縦佐《たたさ》にもかにも与己佐《よこさ》も（巻十八）・〈榛原往左来左《はりはらゆくさくさ》君こそ見《み》らめ（巻三）・かへる散《サ》に妹《いも》に見せむにわたつみのおきつ白玉ひりひて〔拾って〕行かな（巻十五）〉などと名詞に接して、方向や様子、状態の意をそえたり、移動、経過を示す動詞に接して、同じく方向やその時、その折などの意を与える助詞として用いています。こうした古語のサが〈関東サ〉であり、現代東北弁、〈東京サ行く〉のサと同質と考えられます。東北弁では、〈東京サニ行く〉と〈サニ〉とつづける言い方はありませんが――映画・TVのドラマでは言葉に素人の脚本家により、〈――サニ〉をみます――、『万葉集』では、上の例のように〈帰るサニ〉とあって、方向の一点のみでなく、方向とその方向への状況、移動の状態を示す意味で、〈帰るサニ〉――帰ル方向に動作は移っている状態の時に、その折にの意――と表現しています。その点、縦《タタ》サ、横《ヨコ》サは単に、〈縦の方向へ／横の方向へ〉と方向指示の意が強い表現です。これは関東のサ、東北弁のサに近いわけです。しかしサはおそらく語源を、〈様《サマ》〉に求められるでしょう。もっとも〈サ〉はサマの省略というのではなく、サ＋マです。このサには、空間的な方向や状態を示す意があって用いるようになったのでしょう。本来は方向のみでなく移動の状況・状態もあわせて表現していたと思います。

マは間《マ》で、サにさらに一つの形を与えた語でしょう。様子《サマ》の意もそこにあります。サマも決して一つの意味ではありません。サニの言い方やサ□（他の助詞）の言い方も、ごく自然で一般的だったと思います。たとえば、『源氏物語』にも、〈ほのかに聞ゆる御けはひに慰めつつ、まことに帰るさ忘れ果てぬ（夕霧）・道のほども帰るさはいと遙《はる》けくおぼされて（総角）〉などとみえ、この〈サ・サハ〉ではサが方向というより状況、状態、そうした点を、ハが明示しているといえます。すなわち、〈帰るさ〉は帰ルトイウコト、〈帰るさは〉は、〈帰ルベキ先（方向）ノコト〉が、はるかであるという意を表現しています。こうしてやがて、サ単独で方向のみを示すようになったと思います。ちなみに、『源氏物語』で、〈西さまに〉などサマも方向を示す意で用いている例をみます。

　したがってサは、古語の〈心苦しさ・悲しさ・憂さ・つらさ〉など、形容詞（形容動詞も）に接尾して、名詞化するサ（様）と同根語と考えられます。現代語の楽しさのサと同じです。一つは場合、折、方向の意を示し、一つは名詞化して状態を示すこと、そして両者は根本では、〈様子、状況、状態〉をそえる意があったと考えられます。その点、時代の経過とともに、サ・ニなどを排除して、——サのみで方向を示す用法もあったのですが——、都では、〈へ（辺）〉が方向を示す助詞として、専用されることになったと考えられます。〈へ〉は、辺が語源的解釈の一つとして成立するでしょう。こうしてサは、地方に、関東に、ニは九州や地方にと、本来、都でサ・ニ・へとそれなりに用いていて、三語に重なる意味、用法があったのですが、結果として、都と地方とで、へ・

サ・ニなどと用法が分かれたわけです。中央から地方へと言葉が流れます。

サ・ニ・への用法が、十一、二世紀ごろには、次第に言葉としての機能分担化が明確になり、先の俚諺のように、中世では、〈京へ筑紫ニ関東サ〉と、同じ方向を示す語が方言をして、それぞれ別々に存在することになったと思います。〈沖弊《へ》（辺）には小舟〉（『古事記』）や、『万葉集』に、〈大海《おほうみ》の方《へ》に行く浪〉（巻十）・〈春部《へ》は花かざしもち〉（巻一）などの〈へには・へに・へは〉などのへが、〈あたり、場所、ほとり〉その方面（方向）などを莫然と示し、サとも近い意味用法をもっていたと考えられます。しかしこの〈へ〉も、『源氏物語』などでは、〈きのふ山へまかりのぼりにけり（夕顔）・ほど追《すぐ》して大殿へとおぼす〉と名詞に接して次第に方向を示す意の〈へ〉に限定されてくるのです。〈に〉については改めて吟味することとしますが、いずれにせよ、サ・へ・ニもそれぞれ独自の意味をもって用いられ、都では〈へ〉を方向に、関東では方向をあらわすのは、〈さ〉が用いられ、現代は東北弁として残って用いられているわけです。検証によっても古語が方言に残るという意義ふかい助詞かと思います。

全国すべて、〈へ〉のみでも、〈に〉のみでもまた〈さ〉のみでも、こうした歴史的実証はできません。かって（『万葉集』、『源氏物語』の時代）都で用いられた助詞が、それぞれの役割を今に果たしていることこそ、有意義なコトバの世界の実態かと思います。東北弁のサには、『万葉集』や『源氏物語』などの遺伝子が、受けつがれていることを認識しなければなりません。きわめて科学（言語学）的に分析し実証されることになるのです。このことは具体的なものの名称でも、さらに明白に実証することができます。

(5)　なもし・ワ・ばってん・じゃん・ろう・ない（地震）

西の方言についてすこしふれておきます。材料は夏目漱石の『坊っちゃん』です。これに、〈そりゃイナゴぞなもし・箆棒《べらぼう》め、なもした何だ・あの遠山のお嬢さんを御存じかなもし・ほんたうにそうじゃなもし〉と、さかんに方言、〈なもし〉を連発し、坊っちゃんが反撃を加えています。これも電話のときに用いる〈もしもし〉と関連があります。根源は、〈申《まう》し申《まう》し＝もうしもうし＝もしもし〉ですが、このモシは、〈ナ・モシ〉のモシとおなじです。ただ上につけるか下につけるかの違いです。江戸時代の百科事典の一種、『嬉遊笑覧九』〈言語〉の部に、〈もしヲ或ハのしトモ、ねしトモむしトモサマザマニ処ニヨリテイフナリ、尾張人ナドハ、コレニなト云事ヲ添ヘテ、なもしトイヘリ、サウダなもし〉とみえます。この尾張方言とまったく同じ言い方が、『坊っちゃん』の四国、松山方言の〈——なもし〉です。特別に松山だけの方言ではないわけです。ナも東京では〈ネ〉です。〈これは君のだネ〉のネで、母音交替によりナ（na）がネ（ne）となったわけです。〈な〉のほうが古い言い方です。念を押す、コトを確かめる気持ちがみえます。このナにさらにモシをそえて、〈——ですね、もしもし（アナタさま！）〉といった気持ちが、ナモシなのです。次第に軽い調子で、〈——なもし〉を使うようになったわけです。右の引用文に、〈ナモシ→ノシ〉とも変ることと指摘していますが、この〈のし〉は、有吉佐和子の名作、『紀ノ川』、〈そうでございますのし／

兄山はここから見えますがのし〉などとみえる和歌山方言のノシです（後に改めて考えます）。明治のはじめには、巡査がよく、〈コラコラ〉とよびかけたそうですが、これも心はモシモシと同じですが、鹿児島の方言の一つといわれています。〈コレコレ〉よりいささかきつく、何もしないのに咎められているようで、評判が悪かったのです（母音、a《ア》とe《エ》の異同にすぎません）。

江戸～東京語では、幕末～明治期になって、女性がもっぱら、〈――ワ（ハ）〉を用います。モシモシ同様に全国的に、〈美しいワ・とても素敵だワ〉などと、広く用いるようになります。これも挨拶言葉の、〈今日は《ワ》〉のワと同根語です。本来なら、〈今日は……〉と、頭に置くところが、末に〈――ハ（ワ）〉と置くようになり、特に女性語として用いられました。江戸の戯作、『浮世風呂』（文化十年・一八一三刊）には、女湯の巻があって、母・娘をはじめ下女や女郎など多くの女性が登場します。しかし彼女たちの言葉にも、〈ハ、ア、おなまけだね／さっぱりお取上《とりあげ》げなしさ／お杉さんかよ／とんだ人相（器量）よしで能《いゝ》お子だ／お心休めさ〉とネ・サ・ヨを末尾におく言い方がみえます。〈――ワ（ハ）〉はなかなかみえませんが、男女区別なく、ときには、〈済んで仕舞ふハサ（武士）・それだから町人は割が悪いハ（『花暦八笑人』）〉など、〈――ハ（ワ）〉がまったくないわけではありません。しかし、明治期になりますと、〈身から出た錆《さび》だもの、些《ちつ》とハ寒くも好《いい》のサ／ハア居《ゐ》ますヨ〉などの会話の中に、〈アラ喰《く》ッて懸《かゝ》りはしませんワ／アラ彼様《あの》な虚言《うそ》ばッかり言ッて／虚言《うそ》ぢゃないワ真実《ほんと》だワ／シミ〴〵悲しくなりますワ／有《あ》りますワ〉（『浮雲』）と〈――ワ〉を頻発しています。

このように、〈ワ〉は明治初期、東京の女性の特色ある言い方、いうならば東京方言の一つだったのです。しかし『万葉集』に、〈うまし国（美しい国）ぞあきづ島大和の国は（巻一）・しらぬひ筑紫の綿は身につけて（巻三）〉とみえる〈は〉が根源です。特に提示したり、ときに感じをこめて用いる古語と通じあうわけです。根源を考えますと、行きつくところはいつも一つの根となります。

九州方言ではしばしば、〈ばってん言葉〉という特色のある言い方が指摘されます。代表的なのは熊本民謡「おても（女性の名）やん」で、その一節に、〈わたしゃあんたに惚れとるばい、惚れとるばってん言はれんたい〉とみえます。この〈ばい・ばってん〉などを、ハイカラな恥しらずは、〈英語、but then《バットゼン》が訛ったもの、長崎などにははやく外国文化がはいってきたからである〉などとさも得意に解説します。これに関して、しばしば引用しますが、『世事百談』に、〈筑紫がたにては詞の末にばってんといふ助語をそへていふことあり……ばとてといふ詞の国のなまりにて、ばってんとなるなり、すべて国により品物の名の異なるは、さもあるべきことなれど、詞の転訛は大かた音便よりくづれて終には詞のもとのわからぬこと多かり〉と指摘しています（正確にはバトテではなくバトテモでしょう）。このように江戸時代でも特色ある方言として、学者にとりあげられているわけです。筑紫すなわち九州では熊本以外にも、〈長崎ばってん〉といわれるように、長崎、鹿児島、大分などでも耳にするところです。確かに民謡の意味は、〈惚れています。惚れているから、でも口に出してはいえないのです〉といった意味です。〈言われんたい〉のタイも、九州方言では〈今日は良《よ》か天気たい〉など念押の意で使っています。

バッテンは分析すれば、〈(惚れ)ているトイエバ→テバ→バ／トハイッテモ→トテモ＝バ＋トテモ→バッテン〉と凝縮した言い方です。〈僕は→ボカァ〉とか、〈長崎というところ→長崎チュウトコ〉と短縮する言い方と同じ現象です。自分なりに惚レテイルコトを肯定しながら、しかし、ケレドモといささかためらって、〈ソウデハアルガシカシ〉とかなり心のゆれを示した言い方です。九州方言でよく耳にする〈ヨカ〉も〈良かり〉などと、『万葉集』にもみえる形容動詞のカリ活用の〈リ〉の省略された形です。〈ヤッパリ→ヤッパ・所《トコロ》→トコ〉などと同じ現象です（ラ抜き言葉現象）。実は東北地方の一部でも、〈そうだばって〉とバッテがみえるのです。これも、〈バ＋トテ〉からで、トテモのモがない点で、バッテンとはいわず、ンなしで用いるわけです。意外に南北は共通した方言がみられます。今問題の沖縄のヘノコも、八戸でのヘノコも陰茎、その形をさして同じでしょう。

最近は全国的になりつつありますが、神奈川方言に、〈ジャン、ジャンカ〉があります。横浜生まれの私は少年のころ、汚い言葉で使用禁止――先のネ・サ・ヨもネサヨ追放運動など使用禁止のおふれの出たことがあります――だったのです。しかしこのジャンも、〈そうではない→そうじゃない／そうじゃろう→そうじゃん〉と凝縮した言い方です。ごく日常的には、〈手紙を書いチャッタ・ラーメンを食《た》べチャッタ〉というチャッタ→テシマッタの凝縮と同現象です。話しことばではむしろテシマッタ、テシマイマシタなど長ったらしくいうのは、ときに慇懃無礼となります。先にあげた〈言はれんたい・良か天気たい＝言われません・良い天気だ〉と同じ意味用法です。東京でも、〈これは僕のだ→これは僕《ぼく》ンダイ〉とダにイをそえて強い主張を表現します。九州方言もタイもダイも発想は同じ仕方で、方言も標準的言い方も相対的なのです。

ＴＶで鹿児島が舞台では、しばしばドラマの中で、〈書くロウ・行くロウ〉と鹿児島弁を使わせていました。さしあたり東京では、〈書くダロウ・行くダロウ〉というところです。しかしこれも、『源氏物語』など古典に、〈書くらむ・行くらむ〉と学校では文語文法で習う推量の助動詞、ラムがロウと訛った語形です。ですから、むしろダを入れず、直接に書くロウ・行くロウの方が古い正式な言い方といえます。かっては京都の貴族たちも用い、紫式部も物語を書くのに用いた生きた言葉だったわけです。中央の京都では消滅しましたが、古代語、ラム（ン）がラウ（ロウ）の形となって近代語、現代方言にみえるのです。中央の言葉が〈ろう〉として鹿児島まで伝播しているのです。鹿児島には――豆腐をオカベの言い方もあります。中世の宮廷で女房たちの口にした言葉で、豆腐の色（白）からきた言い方です。女性の感覚の結果でしょう。今もなお古語の姿、形が生きているわけです。やはり方言に古語は残る、伝統の重さは言葉でも同じことで、大切にしなければなりません。田舎言葉とか訛りなどと、一蹴することこそ、その人が歴史も伝統も重んじない教養のない卑しい人間なのです。

次に方言、〈ない〉（地震）を紹介しておきます。いうまでもなく地震《ヂシン》は漢語（中国語）です。日本語は古く〈なゐふる〉また、省略して、〈なゐ〉（仮字遣いに注意）――鎌倉時代の辞書、『類聚名義抄』に、〈地震《ナヰ》〉とみえます――といいました。『日本書紀』〈天智天皇紀〉には、〈是春地震《ナヰフル》〉とみえ、地をナヰといい、震をフルといったわけです。中世の随筆、『方丈記』にも、〈おびただしく大地震《おほなゐ》の振ることはべりき〉とみえます。著者、鴨長明《かものちょうめい》は建保四年（一二一六）に死没していますから、約八百年前の京都の生きた言葉がナヰ・ナヰフルです。京都が大地震で潰滅した記述です。このように古代語では、地震をナヰフルといい、近代語ではフルを略して、単にナヰとよびました。江戸中期の全国方言辞典、『物類称呼』（一七七五）にも、〈地震　○関東及北陸道にて○ぢしんといふ　西国及中国西国にて　○なゐといふ〉とみえます。現代方言でも、島根、広島、富山、山口、高知、宮崎、沖縄など広くナイ（ヰ）が方言として残存しています。ナイのナは奈良のナとも同じで、〈地・土地〉をいうのでしょう（ナラは朝鮮語の国でも解せます）。そのナとイ（ヰ＝居）が一つになって、ナヰと土地の意を示しています。このナヰが震《フ》ルと地震ということになります。〈天《あめ》・地《つち》〉の語源も参照してください。奄美大島の刀自《とじ》（婦人）や沖縄の〈東風《こち(くち)》〉など多くの古語が今なお生きて話されています。

　気がついたので蛇足を一つ。現代では共通語になっている〈ダ〉――富士山は日本一だのダ――も、五百年ほど前に発生し、百五十年前まで関東、または江戸の方言だったのです。これは吉利支《キリシ》丹《タン》バテレンが、指摘しているように、デアル→デア（ラ抜き）→ダと短縮し訛ったわけです。上方では、デアル→デア→ヂャ（ジャ）となりました。当時、京都の人びとは荒夷《あらえびす》の関東人の使う卑しい方言がダであるとさげすんだのです。しかしダは政治の力は言葉にも権威を与え現代は標準的日本語です。

(6)　よこざ（横座）

『宇治拾遺物語上』（十三世紀前半成）に、〈横座《よこざ》のおに、盃を左のてにもちて、ゑみこだれたるさまたゞこの世の人のごとし〉（「鬼に瘤《こぶ》とらるゝ事」）と〈横座〉の語がみえます。ここは鬼の親分が横座にいることで、いわばその家の主人が座るところを〈横座〉と表現しています。わたくしがはじめて八戸へ行った時、いろりの主人の座る定席を、ヨコザと聞いて耳をうたがうほどでした。ここにこのような古語が残り、今に使われているのかと感慨一入でした。『今昔物語集』や『お伽草子』にもみえる語ですから、古代〜近代の間に一般に用いられたのでしょう。『源氏物語』などにはみえませんが。方言として、東北地域一帯、長野、静岡、和歌山、愛媛、長崎、熊本などと現代でも広く用いるようです。かつては京都はもちろん、全国的だったのです。しかも京都を中心に東西、南北と京都生まれの言葉が、地方へと伝播していったことが推しはかられます。中には〈よこだ〉と訛った語形でもみられます。また内容的に、〈いろりのある座・茶の間・客の座するところ〉と微妙に内容、用法も変化し語形も移行して、本義が忘れさらされるところもみえます。

横は〈よこしま〉（横の方向、邪）の言葉があるように、悪い意があります。『万葉集』に、〈かきほなす人の横辞《ヨコゴト》繁みかも（巻九）／思はぬに横風《ヨコカゼ》のにふぶかに〔にわかに〕おほひきたれば為《せ》むすべのたどき〔手段方法〕を知らに〔知らずに〕（巻五）〉などのように古代から正常ではない意をみます。近代語でも、西鶴『好色一代男[六]』などにも、〈横を行く（横車をおす）〉など無理を強いる表現にみられるわけです。タテに対しヨコですから中心より水平、左右にゆれがあり、はずれるわけでいわば不正であり、邪道に通じます。根源的に−《マイナス》的表現だと思われます。

しかし主人の座を、〈横座〉というのはどういうことでしょう。これは考え方として、語源的に鬼門などと同じことで、邪、不正、非道、いうならば、裏返すと一種のタブーとして、人間の力以上に絶対的な意をもつわけです。そこで絶対権力者である一家の主人や、さらに最高にもてなすべき客人の座するための場という意が生じて、〈横座〉の言い方が出てきたのでしょう。〈横手をうつ＝すっかり感心する〉などの動作も何か呪詛的意味がこめられているのかもしれません。〈横槍を入れる・横紙破り・横に寝る・横と（に）出る〉など、近代語として、ヨコをもつ語はよく用いているわけですが、本義としては邪の意味をもちます。

(7)　しょうしい（笑止い）

〈しょうしい〉は恥しい、気の毒の意の方言です。これもわたくしは八戸で耳にしたのですが、東北地方以外に、長野、静岡、千葉県などでも用い、ショウシとかオショーシ（シイ）など、オを接頭した語形でも用いるようです。ショーシは、〈笑止千万（片腹痛い、笑うべきこと）〉の〈笑止〉と同じです。ただし本来は〈勝事《ショウジ》〉です。『易林本小山板節用集』（一六一〇年）に、〈勝事《ショウジ》　笑止同〉とみえます。狂言「二千石《じせんせき》」に、〈畳の塵をむしって御座るを陰ながら見まして、余りお笑止に存じてお前

〔あなたさま〕に教へませうと存じて〉とみえます。ここは〈お笑止〉でお気の毒、同情すべきの意です。しかし根源は勝事《ショウジ》ですから、勝はマサル、特別に稀なこと、大切なこと、大変なことを意味します。たとえば『日葡辞書』(一六〇四年)には、〈シャウジ　スグレタコト＝秀れたこと、キタイノショウジ＝稀な、秀れたこと〉とみえます。この意味では、『平家物語』など十四世紀ごろに一般にみえます。これが意味の変化とともに勝事《ショウジ》→笑止《セウシ》となるわけです。さらに漢字、笑・止により、滑稽ナコト・笑ウベキコト、迷惑ナコト、また困窮や困苦の意と変化し、相手に対してオ気の毒と感じ、その裏返しで、自分自身には恥じる、はずかしい意ともなります。〈気の毒〉も本来は、〈気の薬《くすり》〉の反対で迷惑の意、やがて江戸時代に、相手への同情に変化したわけです。

本来の漢字表記、〈勝事〉も忘れられ、〈笑止〉(止はトマルではなく振舞う意)となり、笑うほどに馬鹿げたこと、はずかしいことに意味も転化したというのがこの言葉の履歴です。〈笑止顔〉は気の毒そうな顔つき、また動詞で〈笑止がる〉で困惑する、気の毒がるの意で用いました。しかし〈笑止〉の表記から現代では笑うべきこと、まともに考えられぬ馬鹿気たことと解されているわけです。しかし一方、本義より派生の意味で用いるようになった十四、五世紀の意味用法が方言には残っているのが〈笑止《しょうし》い〉というわけです。

江戸初期の笑話本、『きのふはけふの物語』に、〈からせられぬ物(苦しいとも思はないもの)はしゝばかりぢゃ、あらせうしや〉(上巻)とか、〈でし、だんなあつまって、さてもせうし成御事や〉(下巻)と気の毒の意でみえます。さらに、〈あまりふためいて、〔あわてて〕〔餅が〕のどにつまる人々せうしがりくすりをまひらせて〉と笑止がり（気の毒がる）もみえます。いずれにせよ十五〜十七世紀ごろには、〈笑止〉はごく一般的に京都で用いられていたと思われます。『日葡辞書』にも、〈ショウシ　心を痛めること、あるいは憐み同情すること、ショウシセンバンニゾンズル（非常にあわれに痛ましく思ふ）、ショウシナコト（痛ましいこと）〉とみえます。ポルトガル人は、勝事《ショウジ》と笑止《ショウシ》を別の語と理解して辞書にのせたのでしょう。

『書言字考』には江戸初期とて、まだ〈勝事《ショウジ》・笑止《セウシ》〉がみえますが、江戸も中期には、『早引節用集』（一七五二）のように、〈笑止《しやうし》・せうし〉のみが登録されています。そこで漢字の〈笑止〉にひかれて、笑いも止まらぬ馬鹿々々しいといった意味で現代にまで流れていくわけです。しかし方言は正統性を保って、気の毒だったり、恥づかしの意味で今なお生きているのです。平賀源内『風来六部集』には、〈嗚呼《あゝ》笑止《しやうし》なる事を承るものかな〉などと現代語と同じ用法をみます。明治期にも、森鴎外『雁』に、〈末造〔人名〕の目が笑止《せうし》にも愛する女の精神状態を錯《あやま》り認《みと》めてゐるのである〉とか、幸田露伴『五重塔』に、〈老《おい》の歩みの見る目笑止にへの字なりして〉などと笑うべきこと、馬鹿げていること、滑稽なことなど転意が伝流しています。しかし方言は気の毒、恥しいの意をかたく守っている点、歴史的に言葉を考えるうえで重大でしょう。日本語といっても、その実態は、方言の総和ということになるのですから。

(8)　のし・のんし

和歌山県は、古くは紀ノ国、江戸時代は南葵《なんき》とよばれ、徳（得）川御三家のひとつとして栄えました。紀ノ国とは、豊かな木に恵まれた土地柄に由来します。

和歌山弁の語尾につく〈のし、のーし、のんし〉は、いかにも心あたたかいこの国の人の息づかいを感じさせることばです。これは和歌山県出身の詩人、佐藤春夫の『秋刀魚《さんま》の唄』、有吉佐和子の『紀ノ川』にも登場します。ことに後者は、つぎのように人がなごむ言葉づかいです。

「見《み》、紀ノ川の色かいの」（見てごらんなさい、紀ノ川の色）

「美っついのし」（美しゅうございますねえ）

『紀ノ川』の豊乃と花との会話です。〈の〉は〈ね〉と同じ、むしろノ↓ネと変化したわけで、ノが古いのです。〈のんし〉は、和歌山県の南端・串本あたりの上品で丁寧なことばとして、お年寄りなどのあいだでよく使われています。先の『坊っちゃん』で吟味したように、〈なもし↓のし・のんし〉と変化した言い方で、ソウデスネアナタ！といった気持です。それに、〈猫があしこにねむりあるがや（＝猫があそこにねむっているよ）〉と、本来の日本語で有情のものも非情のものも、アル（アリ）で表現したのです。その古代をしのばせる〈ある〉の言い方が用いられて、まるで生きたことばの化石のようでしょう。

和歌山県はまた、古くから温泉地としても名高い。串本の北西・田辺の奥の温泉郷・湯ノ峰は二世紀に発見された秘湯として知られる。白浜湯崎温泉や紀伊勝浦にほど近い湯川の温泉は昔、熊野詣の人々が湯垢離《ゆこり》をとったところとして有名です。

和歌山県を象徴する産物といえば、紀州みかんだが、梅も忘れることができません。特に梅漬は、私の好物でもありますが、みやげに最適と重宝がられています。また江戸時代に井原西鶴が、名作『日本永代蔵』で、〈紀伊の国の大港、太地《たいじ》〉と、〈鯨恵比寿《えびす》〉（鯨は海の幸をもたらす福の神）の信仰と、捕鯨の勇壮な様を描いているように、和歌山県は鯨の国としても知られています。そこの民の暮しとクジラについて、西鶴の妙筆で描かれ、〝鯨一頭は七郷《ななさと》の賑《にぎわい》〟の諺を生んだほどです。串本の北東・太地には鯨の博物館や資料館などがあります。

うららかな春の紀州路――心地よいお国ことば、素朴な紀州の茶がゆと梅漬は、紀伊の旅の忘れえぬ思い出になるでしょう。

(9)　ふけ（雲脂・頭垢）

むかしから、〈方言は国の手形〉といいます。かなり上手に東京のことばをマスターしたと思っても、人にもよりましょうが、お国のなまりはそう簡単にはなくなりません。戦争前には、なまりを笑われて自殺したり、親子心中をしたというウソのようなほんとうの話があります。わたくしの新聞切り抜き帳にも、そうした例が茶色く色あせて残っています。それにくらべると昨今はどうでしょうか。テレビのコマーシャルにまで、〈チカレタベー〉（とても聞くにたえぬいやなことば）などが幅をきかせます。人工的方言も濫造されているようです。〈方言〉がお金になるなどと、むかしの誰が考えたでしょうか。万事何事も、金、金、金の世の中、地獄の沙汰だけではなくなったようです。

　しかし故郷へもどった時、故郷から両親がやってきた時、同郷の友人同士があって話しがはずむ時、おのずから、なつかしいなまりがとびだす。忘れていたお国ことばが、再び活《い》きかえったように躍動して口からとび出します。話に花が咲く。そんな時しみじみと方言のありがたさや、友人の尊さを知らされるでしょう。たとえいなかがイヤでとび出してきた人でも、なまりを聞く時、もっとも心の安らぎを覚えることも確かだろうと思います。詩人、石川啄木も、〈ふるさとのなまりなつかし……〉と、ひそかに上野の駅まで方言を聞きに出向いています。東京での苦しい生活にたえての一時だったろうと思います。

　日本は領土は小さいのに方言の変化には富んでいるといいます。東京大島でいう〈島のアンコ（女）〉も、東北の八戸では、〈男《アンコ》〉といいます。天井から、〈ダンプ〉がおっこちてきたといえば、何のことはない〈燈《ランプ》〉のことで、これは八丈島の方言です。日本語はｄ音とｒ音ともよく交替します。それこそ〈かどのウロン《(下)》屋〉というところです。

　ただ地域的に方言が変化に富んでいるだけではありません。遠い『万葉集』の時代にも、〈心〉をケケレ、〈あかぎれ〉をアカガリ、〈針〉をハロなどと、関東方言で東の人びとは歌をよんだものです。古代から東と西は異なる言語文化をもっているのです。この日本列島に日本人が住みつくようになってから、この日本語が唯一のお互いのことばであり、意志や感情を伝達し理解しあう大切な方法・道具だったのです。もとより東京にだって方言はあります。〈折る〉といわずに、オッペショル、〈落ちる〉といわず、オッコチル、〈顔〉といわずにシヤッラ。また国際的港町、横浜にも、〈そうジャンカ（そうではないか）〉といういわゆる〈ジャンカことば〉があります。若干のきたない響をもって耳にはいってくるのです。明治の文明開化のころは、犬のことを、〈洋犬《カメ》々々〉とよびました。英語で犬を呼び寄せるのに、毛唐（当時、外国人をこう呼びました）が用いたcome《カム》 on《オン》の訛りを犬と誤認したままとり違えたからです。

さて話がすこしかたくなってきましたが、床屋さんと縁のあるフケについて考えてみましょう。かくいう小生もフケ性ですが、しかしこのフケも所によっていろいろな異称があります。たとえば、青森県の津軽・岩手県のある地方では、〈ウロコ・ウロゴ〉と呼んでいます。また秋田県や福島県では、〈イロコ〉、説明するまでもなく、〈ウロコ〉は古代では、〈イロコ〉とよんで、〈魚〉のそれをさすこともありましたが、ウロコはその訛りです。ちょうどフケのあのようすが、魚のウロコと似ているところからの命名かと思います。うまく名づけたものです。鹿児島県の方言でも、〈イラコ・ウルコ〉などと呼びますから、これもウロコの訛ったもので、北と南とでウロコ系の方言が、おこなわれていることになるのです。こう考えてきますと〈フケ〉ということば、案外に日本語全体としては、一般的ではなく新しいものと思われます。

日本で最初の百科事典、『和名抄』（十世紀ごろ）をみますと、まさしく〈雲脂　以路古《イロコ》〉と出ているのです。福島県や秋田県の方言とかわらぬこととなるわけです。『源氏物語』を書いた紫式部などもイロコで悩まされた一人だったと思います。——このことからしても、純粋なフケの日本語はイロコ・ウロコだったと結論してよいでしょう。

頭からフケが落ちるのも不潔感がともないますが、ぞろぞろと頭からウロコが落ちてくるというのもあまり気味のよい図ではあるまいと思います。むかしの人もフケというのは、脂と垢が固まってできるものというのは知っていたのでしょうか。しかし古代シナの人はこれを、〈雲脂《ウンシ》〉と呼び、日本人はその漢語をそのまま学んで、イロコという日本語にあてたわけです。しかし物の見方は日本とシナとではまったく異なっています。いかにもシナの人は壮大で実質的な命名をします。それに反して日本人はムードに弱い国民性をかいま見せて、対比してみると興味ふかいものがあるでしょう。眼の白いところも、シナの人は、〈銀海〉などと称して、日本人の〈白眼《しろめ》〉などとはまったくことばの発想や感覚がちがうのです。現代中国語も、〈孝衣〉は喪服、〈寿材〉は棺桶のことになります。

さてそれでは肝心のフケの方言はどうでしょうか。地域によっては、〈頭ノアカ〉とずばり呼ぶところもありますし、さらに興味あるのは、大分県・鹿児島種子島では、〈コケ〉と呼んでいます。コケという方言は、熊本県・長崎県など九州にはかなり広くみられます。四国の高知県にもあり、さらには鳥取県や島根県では、コケがすこしなまって、〈クケ〉と呼ぶところがあります。地域的にはすこし離れますが、長野県にも〈クケ〉があります。

こうして〈コケ〉系の方言も、かなりな広がりをもっているようです。おそらくこのコケは、〈苔〉と同じことで、人間の頭に生える？　フケを苔とみたわけでしょう。山口県の方言で、カビのことをコケというところもあり、フケをコケに見立てたのは、特殊ではなく、むしろ実生活からの命名といってよいでしょう。おそらくコケは、〈木毛《コケ》〉でしょうから、ウロコと同じく見立ての類ですが、きっと形の大きいのはイロコやウロコであり、小粒のミニサイズは、コケと区別したかもしれません。さしあたってわたくしのはウロコ形ですが……。

『和名抄』には、〈コケ〉はみえません。そこで十五、六世紀ごろ、足利尊氏、さらに織田信長などの活躍したころに作成の辞書をみてみましょう。そこでは、〈雲脂〉に、〈アタマノアカ・イロコ〉とあって、やはり〈フケ〉はみえません。しかし江戸時代、元禄のころ出版された辞書に、〈雲脂《ふけ》・頭垢《ふけ》〉と漢語に、〈フケ〉とふりがなをしている例がみえます。――こうしてみてくると、どうやら現代語の〈フケ〉は、比較的新しく十七世紀ぐらいから日本語として登場することになります。まただ残念ですが、物の本には、コケと呼ぶ例はみえません。多分フケの出現以前にコケと呼んだ時代が、どこかにあったと思います。コケのなまったフケの方が一般に迎えられたというべきでしょう。コケというとあまりにも現実の苔と直結するイメージもあり、〈人をコケにする〈馬鹿にする〉〉などと、混線してつまらぬもののたとえにされるところからも、多少は変化を与えてフケとしたのかもしれません（コケにするは虚仮《コケ》で仏教語、苔とは関連がない）。

現代の方言で、コケ系方言の広がりの多いことを指摘しておきましたが、コケラというところや、アタマノコケとことわって用いている地域もあります。フケ系にも、〈フケラ（八丈島など）〉・ホケ（高知県など）〉など、コケとフケの合の子のことばもあって、語源の鍵をほのかに示しています。

おわりに日本語の古い姿をとどめる沖縄の方言をのぞいてみましょう。〈イリキ（iriki）〉というさすがに日本語の古い姿をとどめている沖縄語ならではで、語源は古語の〈イロコ（iroko）〉と同じで、その根源です（母音交替による）。切《き》る（kiru）も樵《こ》る（koru）というように、日本語は母音の変化（i《イ》→o《オ》）でも、どしどし仲間のことばを製造するのです。どうも日ごろから頭のフケに悩まされていますが、フケの方言もなかなか一筋なわではいかぬところがあるようです。日本は方言が豊かといわれていますが、こう考えますと、案外に根源は一つで、その変化、変形にすぎぬかもしれません。

＊「さすら442号～463号」（二〇〇七年・二〇〇八年、神理研究会）／「健保だより95」（一九九四年、春。北海道電力健康保険組合）

七　ことばのふるさと

(1)　方言への関心

小学五年になる娘が、しきりにＮＨＫの〈天下御免〉を愛視？　している。中味があまりデタラメなので、親のぼくはゆがんだ源内像をえがかれてはと、教育パパぶりを発動する。がしかしおもしろくて楽しくてしょうがないらしい。軽妙なコトバのやりとりがその一つなのである。実はこれからお話しようと思う〈方言〉も、この源内先生にとっては、きわめて関心ふかいものだった。テレビではそうした演技は見えなかったが、薬草の採集に熱心な彼はかならず、物と名との確かめをしている。たとえばキキョウ科の宿根草に、ツリガネニンジンというのがあった。彼はその植物学的な観察と共に、〈山城・山科方言ビシャビシャ、築紫方言シテンバ、南部方言ヤマダイコン、但馬方言キキョウモドキ〉などと、書きとめることを忘れないのだ。所変れば品が変るし名も変わる。東京などで言うデンデン虫が、九州のあちこちで、ナメクジとかツウナメクジと呼ばれている。あるいは、伊豆大島のかわいやアンコも、東北は八戸《はちのへ》に行けばれっきとした男子のことだ。しかしまた、これは決して方言だけの特殊性ではない。コトバに対する時は、常に源内的確かめが大切になってくるのである。

(2)　方言と朝鮮語

高松塚古墳の壁画は、発表以来、日本人に、日鮮の古代文化交渉の事実を再認識させた。有史以前から両国の関係は、他人ごとではないのだが、方言からもこれを証明する材料が得られそうである。

北九州では、クモ（虫）を呼ぶのに、コブという。巣はコブノエとかコブノヤネというわけだ。いっぽう現代の朝鮮語でクモは、コムというのである。クモとコムでは、日鮮の呼称に、やや隔りを感じるだろうが、コブという方言を中に入れて考えると、kobu《コブ》. komu《コム》. kumo《クモ》といった実に相似た姉妹関係を見出すことができる。

東北地方の地名に〈毛馬内〉などと、ナイのつく土地がよくみられる。これはアイヌ語で水アル所などと説明されているが、おそらくナイはネと同じもので、低地、窪地《くぼち》の地形をさすので、朝鮮語のネ（小川の意）と関係があると思う。愛ai《アイ》はe《エ》（愛媛《エヒメ》）とも読まれるように、nai《ナイ》とne《ネ》はこれまた他人のそら似ではない。朝鮮文化の北上は意外に古いのであろう。

奈良県のナラは別に方言ではないが、朝鮮語で国の意、このナラと無縁といえるだろうか。はじめて朝鮮語を学習したときの私の印象だった。我国《ウリナラ》という教材だった。静岡の方言に馬をマルというが、これも朝鮮語にある。古代の東国は韓国《から》、その人びととは深い関係があったはずである。

(3)　ダンプからドテウナギまで

年があけたので、旧聞になってしまったが、12月4日の地震は、八丈島を中心に都内でもかなり大ゆれだった。こんな時八丈島では、〈ダンプが落ちる〉以上の騒ぎだったと形容できそうである。まさかダンプが？　とオーバーな表現にあきれかえるかもしれないが、ダンプはランプのこと。ここ八丈島ではラ行音がダ行音（r→d）に置きかえられるというわけだ。東京都とはいえ、この島はまことに珍しい方言の宝庫で、語彙的にも、〈ケービョーメ（とかげ）・ヘッチョメ（とんぼ）・アヒ（いちご）・ニョコ（長女）・トンメテ（早朝）・ヘビラ（衣服）・マルブ（死ぬ）・カム（食う）〉など、ちょっと日本語離れしている。国立国語研究所でここの方言を調査し報告している。

しかし、実は古語の姿をとどめているのであるが。動物にメをつけるのは特色だが、スズメやツバメなどのメとも本源を同じくしているかもしれない。東北地方ならこんな場合、〈馬ッコ・オ茶ッコ・猫ノ子ッコ〉など、コをつけるので知られている。

しかし、同じ東北でも、アッパは青森では母・おかみさんの意、福島では、唖《おし》・馬鹿となるから生兵法はけがのもとである。さらに中部地方では、大便をさすところもある。

長野県の伊那地方で、蛇のことをドテウナギということが、柳田国男のものに書かれているのを読んで、まさしく言い得て妙と感心したことがある。方言のエネルギーといった地方の人びとの巧まない生命がおどっている。つぎに挨拶言葉の方言版をお目にかけよう。

おはよう★一般の朝の挨拶。（　）内は県名。

＊北海道・東北
おはよう（北海道）
おはよ（青森）
おはやがんす（岩手）
おはやんし（秋田）
おはよーがす（宮城）
おはよっす（山形）
はやいない、はいやなし（福島）

＊関東
おはよ（茨城）
おはよーがんす（群馬）
おはよー（千葉）
おはようござんす（栃木）
はやいねえ、おはよーがんす（埼玉）
やどろーかい（八丈島）

＊中部
おはよーがす（静岡）
おはようごいす（山梨）
おはよーござんす（長野）
おはよーぜえます（新潟）
おはよーござりまっすあ（富山）
おはよござんす、おひんなり（石川）
はやいのー（福井）
おはよーございます（岐阜）

おはよーござんす（愛知）

＊近畿

おはようございます（滋賀）

おはようさん（京都）

おはよお（兵庫）

おはよーさん（奈良）

おはよう（三重・和歌山）

＊中国・四国

はえのー（鳥取）

おはよーごあんす、おひんなりました（島根）

おはよーござんす（岡山）

おはよーござります（山口）

おはよう、おはようごわす（徳島）

おはよー（愛媛・高知）

＊九州・沖縄

おはよーござーす（福岡）

おはよーござんした（佐賀）

おひんなりました（長崎）

おひなり（大分）

おはよーござります（熊本）

はえのー、おはよー（宮崎）

きゅはまだごわした、さめやんしたか（鹿児島）

おきみそーちー（沖縄）

註：中世、宮中の女官の〈女房詞〉に、朝のあいさつに、〈おひんなる（お昼になりました）〉がある。彼女たちは昼近くまで、起床していなかったのであろう。

(4)　顔の方言

フランスでおこった〈言語地理学〉は、世界の方言研究へも大きな影響を与えた。日本でも国立国語研究所の〈日本言語地図〉がその影響、成果であるが、それを開いてみて感じたことを、同地図の紹介がてらお話したい。

〈顔〉を全国の方言分布でながめると興味あることを発見した。というのは、およそ佐渡から新潟県の県境にそって、浜名湖までの縦の線によって、日本列島はツラ地域とカオ地域の東西に二分割できることである。これをもう少し細かくいうと、九州の北東部までがカオ地域のひろがりで、それ以南、沖縄までが、またツラ地域となる。要するに日本列島は外側にツラ地域があって、その中にはさまれてカオ地域があるわけだ。さらに注意されることは、中部地方は長野県に、〈カオッツラ〉という方言が存在することである。いわば、右の二分割される線上の地帯、カオとツラのぶつかりあう方言境界あたりに、両方言を結合した語形がちゃんと見られるのだ。ツラ地域には〈シャッツラ〉という仲間もあり、カオ地域には〈カワ・ミハナ（目鼻であろう）〉などの変形が散在している。いうまでもなくツラはカオの古形であり、古くは、〈頬《ツラ》〉とホホの部分をさし拡大して顔全体をさすようになった。地図は歴史的な語りかけもしているのである。つぎに〈顔〉の言語地図をあげておく。

〈顔〉の方言分布

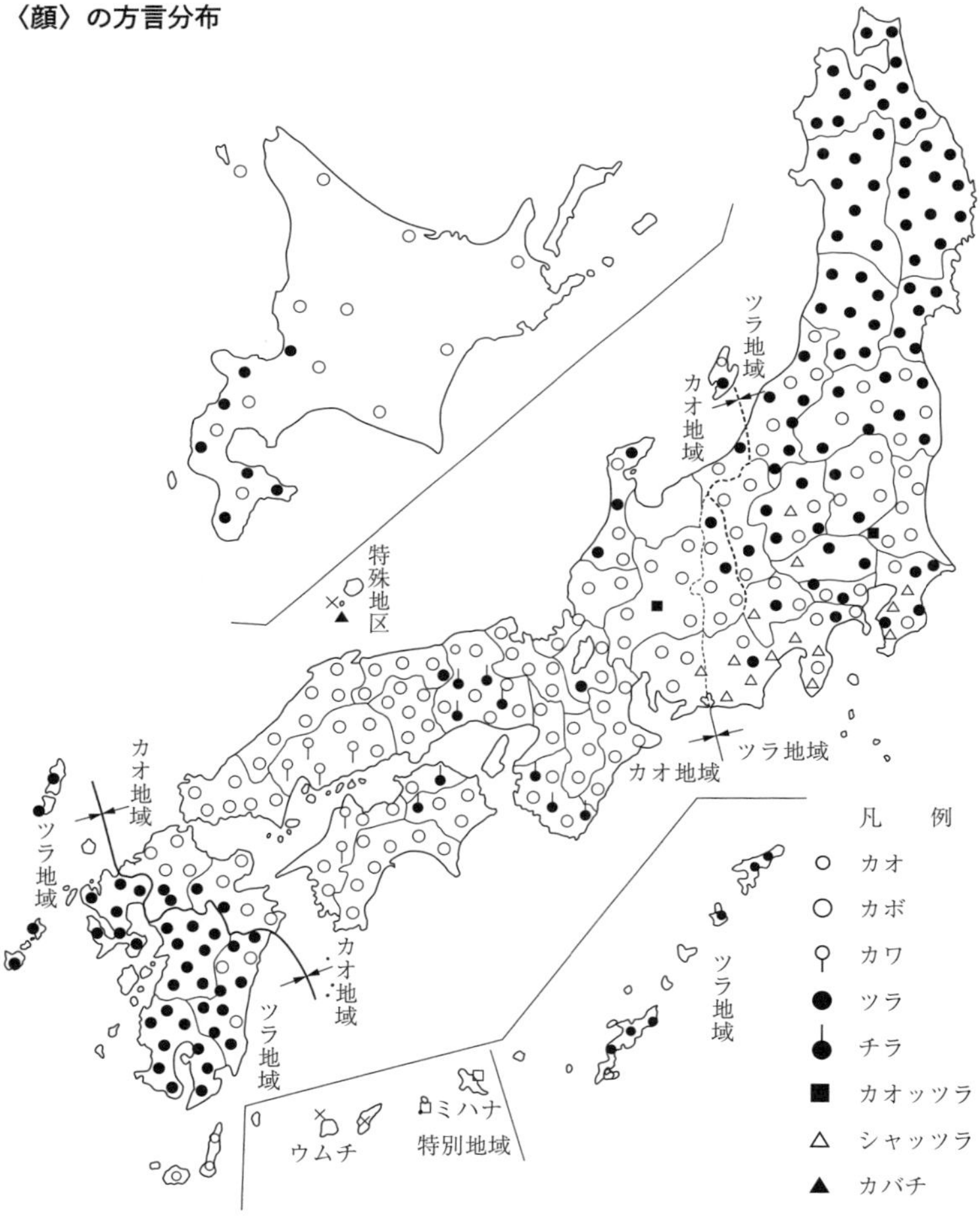

カオは全国的にカオ・ツラの二系統となり、後者は両端にあって、これがカオより古い語であることを知らせる。ツラは卑称とそうでない場合の両方がある。東西のほぼ中間点にカオッツラのあるのもおもしろい。ミハナは目鼻であろうが、ほかに、〈バッキ・イド・ミンバ〉など、特殊なものもあって興味がひかれる。「日本言語地図」を参照して私に作製。

(5)　さつまいもの文化

前回で『日本言語地図』のお話をしましたが、この地図によってもう一つ方言を紹介しておきましょう。それは〈さつまいも（甘藷）〉です。一般にはサツマイモですが、しかし西日本も、中国地方では、琉球《リュウキュウ》イモ、四国で琉球イモ・唐《カラ》イモ、さらに九州では、唐《カラ》イモ・唐《トウ》イモなど、そう単純ではないようです。今から二百年前に刊行された『物類称呼《ぶつるいしょうこ》』にも、〈畿内にて、りうきういも、東国にて、さつまいも、肥前にて、からいも〉とあります。標準語的言い方からいけば、おそらくカライモ→リュウキュウイモ→サツマイモと移行したことになりましょう。ともに名がその伝播の路すじを示しているといえます。貝原益軒の『大和本草』には、植物関係の方言が主に示されているのですが、〈元禄ノ末、琉球ヨリ薩州ニ渡ル〉と述べています。かの有名な甘藷《かんしょ》先生、青木昆陽が薩摩から甘藷を取りよせて、江戸や千葉で栽培したわけで、関東には、サツマイモの呼称がおこなわれたのも、ここに一因があるかもしれません。幕末の滑稽本、『浮世風呂』には、女の子が、ふかしたものを〈お薩《さつ》〉ともよんでいます。しかしこのころ、関西ではすでにリュウキュウイモが売られていたことも忘れてはなりません。またフィリッピン→長崎と渡来したともいわれ、九州での唐《トウ》イモ・唐《カラ》イモは、おそらく当時は中国船が運んできたので、それを名として方言に残っていると思います。こうして方言は、文化伝播の指標でもあるわけです。

(6)　詩と方言と

いよいよ最終回になりました。方言は故郷のコトバであると同時に、コトバの故郷でもあります。方言こそ生きたにっぽん語なのです。宮沢賢治は、方言で〈永訣の朝〉というすばらしい詩を書いていますが、まさに死なんとしている妹の切なる願いを、〈あめゆじゅとてちてけんじゃ（雨雪を取って来てください）〉と巧みに表現しています。この詩を誦するたびに、私は涙して方言の魂に心がゆすぶられるのです。妹はまた、〈Ora Orade Shitori égumo〉と、この世との永訣をもらします。そして〈オラ・オラデ・シトリ・エグモ〉を耳にした賢治は、〈わたくしのすべてのさいはひをかけてねがふ〉とむすびます。この最後を読み終る時、この一節がそれまでの方言と壮厳なハアモニィを奏でるのです。ローマ字書きも、方言を詩にまで高めているのです。東北の雪に閉された生と死の戦いが切々ときこえてきます。

また北原白秋の詩にも、〈いまだに大人びぬ TONKA JOHN《トンカジョン》のころは〉と九州方言が用いられています。トンカジョンは註して、〈大きい方の坊っちゃん〉とあり、小さい弟の〈チンカジョン〉、さらに良家の娘の〈Ongo《オンゴ》〉も用いて、抒情に富む故郷、柳河の方言を詩に高めています。これは石川啄木の〈ふるさとの訛なつかし……〉とも通じる詩人の魂の叫びであり、方言こそが、万人に共通する心のコトバであることをはっきりと語っていると思うのです。

＊「教室の窓」〈ことばのふるさと①～⑥〉（一九七三年一月一日～六月一日、東京書籍）

八　歴史から学ぶべきもの

シリーズ　日本語への提言

はじめに　歴史主義に、のんべんだらんと従うと、結果は温故知新どころではなく、おそろしい因習のとりこになる。何事によらず、主観的な観念の世界に遊ぶと、ドグマ的になり、客観性を失ってしまう。丸い卵も切りようで四角にするには、それ相応の理由がなければならない。ことばの研究において、このことはいっそう重要であろう。

これまでの〈日本語への提言〉を一読してみて、感じたのは何としても、文字、ことに漢字に関するものの多いことだ。ひとしきり盛んになった未来学も、日本列島の公害問題で影がうすくなっているように、ことばにおいても現実の問題が関心の的となっている。しかしことばにおいては、未来への展望が必要であり、過去への分析が大切である。わたくしは毎日の研究生活で、ことばと人間のかかわりを、ぎりぎりの接点で考えてみたいと思っている。以下はそうしたわたくしの研究余滴であるが、これをもってささやかな提言としたい。

①漢文は滅びた。そして……

コンピュータなどの操作の場合、よく耳にすることであるが、現在の日本は漢字を用いているし、漢字かなまじり文が、標準的な文章のスタイルであるから、そのためのプロジェクトを、考えねばならないという。ローマ字やかたかなでの表記は実用にならない。したがってコンピュータも、その領域でとどまっていたのでは役立たず、いくら金がかかっても、漢字かなまじりの場合を、真剣に考えねばならないというわけである。しかしこうした前提は、果して本質論的に正しいのだろうか。この方面にずぶの素人《しろうと》であるわたくしは、こうした論議をきかされると、未来にまで不安をもつ。では漢字を制限せずとも、どんなに画数の多い漢字が登場しても、やがて電算機は、真摯にして聡明な科学者によって、あらゆる困難を克服するというのであろうか。精巧な機械によって、冑兜《よろいかぶと》が瞬時に製作されるからといって、再びむかしの武将にもどらねばならぬいわれが、どこにあろうか。電算機による言語処理の革命には、何よりも前向きの態度が必要であり、処理以前の言語の本質、あり方が問われねばならないのではあるまいか。そうでなければ、電算機を一時開店休業にしておいた方が、根本的な文字改革や、文化革命のためには是《ぜ》なりとわたくしは考える。どうも日本人はせっかちだ。それによくいうなしくずし精神が、第二の天性になってしまっている。〈公害〉にしてもそうだが、実験室での科学者の良心と、十二分なデータ、結果への見とおし、予想される不備――こうしたものへの、科学者としての責任を自覚すれば、安全不十分な試作段階などで、それを企業へ売りわたすことはできぬはずだ。アフターケアまでふくめた科学者の態度の明確性と、社会的責任が考えられねばならない。企業へのみ責任を転ずべきではない。機械を用いるコンピュータの場合も、これに類似した問題が存在すると思う。

さて漢字を客観的な対象と考え、これが社会的な声となったのは、十八世紀後半である。たとえば森島中良の『紅毛雑話』（天明七年一七八七）などをひもといてみられよ。何故かというと、漢字というものが、日本人にとって最高に用いられ、飽和状態にまで、日本人の精神指導、言語指導の具と、なりおおせたからである。この状態を誤りなく分析し、認識する識者にとって、これを批判せねばならぬという立場をつくらせたのである。これは小さいようで、実に大きな歴史的意義をもつと思う。ほとんどそれまで数千年の間、漢字の思想をもたなかった日本人が、これを客観的に考察し、批判し、あれこれと、率直な意見を述べるようになったのである。権威の失墜、価値観の転換が、――ちょうどそのころ移入された、コペルニクスの地動説のように――ささやかれ主張されるようにもなったのである。

こうした批判は、もう一つ、ヨーロッパ文化・科学に、日本人がじかに接したことに一基因があった。あえて言うならば、ヨーロッパの合理的精神を学んだ故である。それはちょうど、一つの物に一つの文字という漢字社会と異なって、一つの物に一定の文字の組合せ――a《ア》b《ベ》c《セ》という二十六文字――で、漢字一万字にも匹敵するコトバが、たやすく創造されていくという驚きである。単なる驚きではなく、文字それ自体に目的をもった古い考え方に対し、文字はコトバをつくる道具にすぎないという言語観の相違でもあった。

東と西とが、ちょうどぶつかりあった十字路に立って、日本人はどちらの方向を選んだか。いうまでもなく、一つは旧来どおり漢字漢文という縦の道を進んだ。しかしもう一つは、立ちどまり、考え、苦しみ決意して、横の道を選んだ。二千年近い伝統をもつ漢文をやめて、漢字かなまじり文にふみ切った。麦酒《ビイル》とか蒸餅《パン》という表記をやめて、ビイル・パンとした。中には左横書きまでつづった。――こうした試みが、翻訳書とか学術書においてである。女や子どもの読むお話しの本は、かなり早くから、かな文かかな漢字まじり文であった（しかし創作の構造は両者の混同を許さない）。漢字そのものの表現である中国医学の五臓六腑は、否定された。人体のメカニズムは、それぞれの臓器のもつ機能であり、それらに正しい名のあることであった。しかも目で見、物と名を対応させ確認したところは、ぴったりと一致した。ヨーロッパ精神の発芽と結実とは、ヨーロッパ語（文字）に熱く流れている――と認識したのである。しかも漢文体を廃したところに、誰のため何のためという目的意識も、明確に立てられた。いわく、〈厚生済民《こうせいさいみん》〉である。

当時の標準的な文章表記のスタイルは、漢文であったが、あえてこれを当時の日本の科学者は、ぶち破ったのである。漢文よりかなまじり文の方がやさしい、簡単であるという、表面的な形而下的理由からではない。新しい科学や文化・思想・医術は、古い革袋にはもりこめなかったからである。この精神と行動は、現代に生かされていいのではあるまいか。おそらく現代の学者より、はるかに漢字・漢文に秀で、実力のあった江戸時代の学者たちが、積極的におしすすめた新時代の、人民大衆への奉仕を賞賛したい。日本の文化や、学問の流れと関連して言えば、やはり中国からヨーロッパへ、縦から横へ、漢字からかなへ——この路線を近代日本の一部指導者は、あやまつことなく進んでいったと思う。

いうまでもなく、単純に漢字文化圏からの脱出は不可能であった。であるから、転換期にはさまざまな現象がおこっている。日本最初の翻訳書といわれる『解體新書』の〈解体〉にしても、当時の漢学者から批難をあびたように、おかしな和製漢語である。しかし趣味的、無目的な好みで創作したのではない。生命の尊重と、ヨーロッパ医術の枠を、この語にもりつくそうとしたのである。あるいは宇田川玄真・榕庵のように、〈全身諸物ノ名及ビ官能《ハタラキ》ノ綱領《オホグヽリ》ヲ述ベ〉と既存の漢語に明瞭な日本語を与えた。〈位置《アリドコロ》・球根《タマネ》〉などまで試みたのである。あるいはまた、〈花粉《ストクアメール》・蜜槽《ホーニフバック》〉のように、横文字との関連を維持する工夫もした。こうした試みを実行したのは個人である。しかしこの大きな流れは、現状を自覚し未来を認識した数百人の学者・文化人によって、おしすすめられた。多くのものわかりいい人びとが、これに追従したのである。幕末の洋学者、緒方洪庵の場合のように、医学書の翻訳を漢字かなまじり文にした故に、仲間からも低俗なものと批判された場合もあった。しかし彼は、〈馬槽ニ盛レル羊羹〉という自信があった。洪庵における啓蒙性と、文章表現の問題は、明治期になり、門弟、福沢諭吉で開花したとも言える。

漢文はここにおいて滅びた。しかしそれには約百年ぐらいのゆれがあったと思う。そしてやがて漢字かなじり文も終焉の時がくるだろう。世界共通文字のローマ字の時代が、必ずくると確信する。こうした歴史の流れに立って、なおかつコンピュータは、漢文までもつくり出そうとするのだろうか。日本語の現在と将来を見とおした、誤りないプログラミングを切望する。

②記号や句読点の確立を

現代の日本語文は、。や、が一つの要素であり、コンピュータではキャラクターのうちであろう。これに加えて・とか「　」・（　）・～などの記号を用いている。何故こうした記号を用いるのかが問われずに、いかにこれらをコンピュータではじくかを論ずるのは、これまた本末転倒である。まだ日本語には、句読点のシステムがないのである。そしてつい最近まで荘重な文章には、。や、は用いなかった（教育勅語はその一例）。むかしむかしは濁点さえなかった。現状からいけば、コンピュータはこうしたもろもろのものを、日本語のキャラクターとして、とりこまねばならないであろう。むかしより現代の方が、やっかいな問題があることになる。

こうした記号は、ほとんどが外国のものである。。や、もその使用の意識において、それまでの日本語観と違ったところから出ている。そしてこれも江戸時代からなのである。わたくしの調査した限りでは、やはり、この点に真剣にとり組んだのは、十八世紀であるが、〈西書ノ諸標アルハ、猶航海ノ羅盤アルガ如ク特ニ最重ノ事ナリ〉と言って、コンマやセミコロンという呼称と、その記号とをかなり的確に認識している。オランダ語で teken《テーケン》 と称しているが、これを〈点例・標式〉と訳し、西欧論理を目ざとくそこに見てとっている。と同時に、日本語文でこうした記号を用いぬことの非を論じている。今ここに例を出す必要もあるまいが、江戸時代（前半）にはほとんどが。や・などをきわめて恣意的にうっているだけである。もとより。と、の区別した用法はない。「」で話しコトバの部分を区別することもなかった。いや改行ということすらない（世界的古典といわれる井原西鶴の作品を、ご覧いただけばよい）。しかしついにヨーロッパ的な点例は、日本語文にとりいれられぬままに、江戸時代は終っている。もっとも江戸時代後半には、〈△▲▼▲「▯。□△〻、・〉などの記号が登場人物の識別のために考案され、用いられている。しかしそれらは、句読法とは本質的にまったく異なる。せいぜい、地の文と会話の部分とを、区別しようとしたものである。また論として、『句読考』（橋田直助）や『国文世〻の跡《くにつふみよよのあと》』（伴蒿蹊）などに、多少とも日本語文における句読の法が、吟味されているといえよう。——ともあれヨーロッパのもの（西書という）とは異なるものであり、〈句読法《パンクチユエーシヨン》〉の論は見えない。一方漢字（漢文）の方には、古くより句読師が存在し、句読点をうつことは漢文を解読することであった。入力ではなく出力としてである。これは中国の論理とも、一脈通じているであろう。日本語はヨーロッパのみでなく、中国と比較してもきわめて感覚的な、仲間内の物言いのスタイルを持続してきたのである。

一つには漢字を用いていること、またいわゆる変体がなの区別使用が、句読法を必要としなかったのであろう。今でもそうだが、かなが多いと読みにくいというのがこれに関係ある。したがって、漢字かなまじり文が、中世以来、日本人にとって落着いた形と受けとられたわけである。これはまた日本人の話しが、入口も出口も明確でない点に通じる。明確にする必要がなかったともいえる。島国であった。討論というより、一方的伝達で終ることが多かった。さらに日本語それ自体が、切れや中止、続きをシナ語やオランダ語などより、はるかに形として明確に示すようにできている。あるいはまた、〈水を一ぱい〉という場合でも、a glass of とか、a bucketful of など、厳格な区別を必要としなかった。個別的認識（表現）より、概括的認識（表現）をえてとしたと思う。であるから、翻訳本には?や!まで用い、文末の・《ピュンクト》の重要性を十分に了解していたのにもかかわらず、自分のもの、日本語文には用いなかった。文章という点からは、何としても、書きコトバを尊ぶ風があったから、江戸時代の後半になって、話しコトバが読み物に登場して、やっと改行やいくらかの記号が用いられるようになったのである。このようにヨーロッパ風の記号が、日本語文にはいってこなかったのには、それ相応の理由が存在したのである。それが明治時代となり、はげしい欧化熱で熱狂的に記号をとり入れようとした。やがて大正・昭和の時代と、文章を書きつづる時、記号は必要なものになってきた。それでも：や；をはじめ?や!などが、一般的に日本語文に用いられていない。

このごろわたくしは、時に横文字語を原稿用紙に縦書きにするが、日本語を横書きするより、はるかに困難である。単に馴れというものではあるまい。また日本語、特に現行のかな文字は、横書きに適していない。活字の場合でも、字形は再吟味の余地があろう。記号が用いられていないということも、これと関連があることだと思う。左横書きをふくめて、現代日本語と記号の問題は、ひとつゆっくりと考えてみたいと思う。しかしながら漢字をすくなくしたり、論理性の確立を期さねばなるまい。どうしても適当な記号の選択、創作が必要になると思う。近い将来、横書きが標準的にもなるであろうから……。

③徹底した簡略字を

さてつぎは漢字について考えてみたい。確かに日本人はかなり早くから、漢字に接し日本語を書きあらわすための道具として、用いてきた。しかし日本人一般が、日常の言語生活において、漢字を用いるようになったのは、中世からであり、厳密にいうと、江戸時代、十七世紀からといった方がよい。漢字はいうまでもなく、中国語を書きあらわすために創作されたものであるが、既に唐の時代〈七世紀〉に、内部的に、〈漢字問題〉がおこっている。現代の日本でも同様であるが、藝を芸とする略字的なもの。凢と凡、頼と賴の両字体では、どちらを正式なものとするか――などの点である。いうならば世間で通用しているものと、正式にきちんと帝王の書類や公文書などに書くべき文字との間に、ズレができたわけである。こうした状態がそのまま日本にはいってきて、さらに日本では、日本なりの変化をとげたということである。したがって、古代から既に漢字については、さまざまな変種が存在したのである。こうして中世になって、漢字がかなり多くの日本人に書かれるようになり、さらに江戸時代には、日常必要な漢字が――正式な中国古典などに典拠をおくなどという、関係ではなしに――自由に書かれ用いられるようになるのである。一口に言えば、通俗的な〈俗字〉であるが、これはただかた苦しい書物の中で見られる文字でなく、生活のためのものである点で、まさしく生きた漢字であった。そうした時に、どのような漢字が用いられたかというと、つぎのような俗字、略字であった。

献（獻）・啚（圖）・体（體）・凼（幽）・荨（等）・乱（亂）・囲（圍）・飞（飛）・浊（濁）

＊（　）内は辞典にのる本字。

そして、〈扨《ユビノマク》・努力《ユメ〱》・恍惚《ホレタリ》・咄嗟《トツサ》・獨立《ドクリフ》〉と、右に読みがなを付すこともした。中にはまた〈去年《コソ》《キヨネン》〉といった、ご丁寧なものまで見られた。生活の中で使いやすいように、効率の高まる方法を考案した。よし正式には辭であり、灋であっても、実際は〈辞・法〉と省略した。このような漢字こそが、日本人の生活を、文化を、文芸を支える時代の文字だったのである。連歌師や俳諧師のように、俤《ヲモカゲ》・椛《モミジ》などと新しく和字（国字）を創作した群もいた。しかしそこに一貫して流れる精神と、具体化された文字は、簡潔性をとうとぶもので、複雑↓簡易への傾向をもった。何故なのだろうか。この答えを出す前に、もうすこし事実を見つめようか。漢字人口が量的にも増加し、質的にもかなりバリエーションのある人びとが、構成されてきたから、字体も多様になったであろう。元禄五年（一六九二）、和算家、中根元圭によって、当時のいろいろな漢字が収集されたが、変種が五千余字体のにぎにぎしさである。たとえば〈青〉にも、〈靑　奆　沓　岙　峇　𡧃　青　害〉と八種の変種《バリアント》がみえる。一字に数体の漢字——これは何としても、整理されねばならぬものであった。伝統もあり、実用に供されていた、いくらかの変種があったろう。しかしそれが一つのもので代表されてきたのが、歴史の流れであった。漢学者でもある新井白石は、〈条・国・円・点・昼・仮・尽・宝・区・烛〉などの使用を支持した。中世以来の通用文字でもあったからである。あるいは太宰春台のように、多分にいやいやながら、〈払・滝・沢・卆（衆）〉を世間で用いている文字として示した。また特に中国人の作った略字（省文という）、〈区・劝（勸）・与・号・阥、阴（陰）・阦、阳（陽）・灯・犬（然）・覚（覺）・貭（質）党・数・証・関〉などを推奨せざるを得なくなった。こうしたもろもろの漢字字体・字形の問題は、そのまま当時の日本人の、漢字生活の総覧であるが、文字も時代とともに変化するし、その時点において、もっとも多くの人びとに用いられ、社会的に受け入れられているものこそ、支持されていくものなのである。これは中国の『列女伝』・『金瓶梅』など、宋・元・明と時代の創作物においても見うけられる。いわば日中共通した現象、推移をもっていることが確認されるのである。中国人民の数千年にわたる、近くはここ千年余にわたる生活文字の発展の歴史の上に、現代中共政府の簡体字の基盤も、存在すると確信するのである。と同時に、中世・近世の漢字の実際を、人民大衆のがわから見る時、日本もまたその路線に進み、徹底した簡略字の制定確立が可能であったと思う。しかし明治期のブルジョア革命と、第一次大戦後の旧思想、無政策な政府や教育は、この長い間の日本人の漢字史に、思想とそれにふさわしい文字を与えることができなかった。そしてそのまままわずかに制限や、一部思いつきなしくずし的略字で、間に合せてしまったのである。觸は触、燈は灯とするといった当用漢字字体の制定など、まさに中世的であり、わが先輩に、ザンキせざるべけんやではないか。第二次世界大戦で、日本は敗北した。思想や表現が文字にもたれかかっている限り、新しい創造も発展もない。言語能力の開発など、およびもつかないのではないか。石川啄木がローマ字日記を書くことにより、その前後で、雲泥の差ある日本語文を創始したように、文学者もこうした点に、十二分の努力と勉強をしていただきたいものである。そしてさらに徹底した漢字の簡略化、字形の整理を切望する。やがて漢字もなくなるであろう。その時、日本語は当然の、しかも相応の姿をもって、変身していくと確信する。日本語だけでなく、日本も日本人も生まれかわるのである。漢文でなくかな文が、道理を説き明すに、いかにすぐれた文字であるかは、既に歴史学者でもある僧慈円が七百年も前に、宣言しているのである。さらに古く、実は『御堂関白記』の著者、藤原道長も天下第一の人間ながら、〈女房〉は〈女方〉で妥当と考え、豊臣秀吉もダイゴ（醍醐）はどう書く？　に対し、〈大五〉でよかろうと平気の平佐であった。

④ふりがなの廃止を

おわりにふりがなのことを考えておかねばならない。前節でも二、三例をあげておいたが、漢字とその右側にふりがなをつけることが一般的になったのも、ここ四、五百年の歴史をもっている

〈古代は現代と同じく下方〉のである。もしかなが発明されなかったならばと思うと、ことは単純ではない。現代もふりがなと漢字の結びつきは、中世的ですらある。いつまでも漢字や漢語が整理されないのも、このふりがなに、その責任の一端がかかっている。必要悪とでもいうべきものかもしれない。しかしそれ故に、過去の日本語が、声を出してハッキリと読めることにもなるわけではある。江戸時代になって多くの人びとが、いち早く読み物を自分のものにし得たのも、現代の義務教育終了者が、漢字の難関を克服できるのも、みなふりがなのおかげである。しかし長所は短所である点、コンピュータまで、ふりがな付きの漢字がうてるとなると、ますます堕落していくのではあるまいか。自分の姓名にまで、フリガナがなければ公的に認めぬ国など日本以外にあるまい。

江戸時代の小説類には、このふりがなを付ける専門師などがいたようである。そして彼は単なる漢字へのふりがなにとどまらず、実は現代やかましい送り仮字の是非をもかねていたということである。江戸時代というより、一般的に過去においては、できる限り送り仮字をつけぬことが原則である。例えば、〈一言聞身行衛《ごんきくみのゆくゑ》〉と平気でやってのける。〈立破《たちやぶ》り／静《しづか》に〉といった具合である。現代のように、〈行《おこなう》〉はナからかウからか、などと送り仮字を心配する必要もないし、〈明《あきらか》に〉などもラか、カか問題にならない。〈死《しぬ》〉とあればシヌ、〈死《しな》ぬ〉とあれば、シナヌと読めるのである。表意文字としての漢字が、日本化されて用いられればこれは自然の成りゆきでもあろう。現代の〈終《お》わり〉の方がよほどおかしいわけである。おそらく漢字優先の考えがあった江戸時代では、そうした点でふりがなは、十二分に活用されたであろう。漢字がなければ、送り仮字はまったく問題にならないのである。江戸時代と逆に、現代でも漢字から離れきれぬならば、〈おこなう《行》／おわり《終》〉とでも、ふり漢字をした方が気がきいているかもしれない。漢字は早く目にはいるし、瞬間的に意味を理解し得る長所をもっているようだが、実はそれも表面だけのことであって、じっくり内容を吟味したり、読み味わううえで、利すること大とはいえない。ましてどう読むべきかわからぬ場合さえすくなくない。わかったようで、何か漠然としているのが漢字である。教室などで、学生と一字一句を厳密に読んでいく時、常に感じるのは、漢字漢語のもつアイマイサである。桜はサクラではないとは、植物学者、牧野富太郎の説だが、サミダレを五月雨と書かねばすませない時代錯誤の態度は、賛成できない。中世・近世では鴛鷺々々《ニョロ〳〵》や浮雲《あぶなし》・一二《つまびらか》などの類はわんさと用いられた。それが次第にニョロ〳〵となったり、詳《つまびら》かという方向に、整理されていったのである。ふりがなというぬるま湯に盲目的にひたりきって、それから目ざめた時に、この種のものは、便宜的、遊戯的分子が多いことに気づき減少させていったのである。やがて廃止されるべきであろう。日本語の独立、日本漢字の独立は、やはりこうした表記の構造をうち破ったところにあると思う。〈応帝亜《インデア》（印度）／野禮幾《ゑれき》（電気）／奈端《ニュートン》〉などといった表記が、ついになくなったことは一つの進歩であり、慶すべきことである。ある種の固有名詞をのぞいて、単独な語の場合、ほとんどがかな表記ですむはずである。どうして日本人にとって、特に知識人にとって、かなが尊敬と愛情の的とならないのであろうか。

おわりに　いささか、とうとつながら、つぎの中国語がおわかりだろうか。

1面包　2隠居　3冰激凌　4奥林匹克的　5出租汽車　6滑雪板　7运送滑雪者用的悬空索道　8手紙　*『日語外来語辞典』（北京刊　一九六四年）

（解答）

1パン　2プライベイト　3アイスクリーム　4オリンピック　5タクシー　6スキー　7スキーリフト　8トイレットペーパ

もう何千年と、中国では漢字の試行錯誤がつづけられたのだ。日本はかなの発見で、むしろ漢字の補強をつづけてきた。しかしいつになっても、かなの優位と独立を認識しえない人びとが多く、困ったものである。右に例をあげたように、おそらく英語の受け入れ方一つにしても、日本と中国とではコトバ・文字にあって、根本的違いがある。それがとりもなおさず両国の近代化の相違であり、その変貌と深いかかわりをもつと思う。何でも翻訳し、漢字で表記しなければならない中国語、しかしその欠点に気づいてきたからこそ、今やローマ字化を国家的、国民的課題として、真剣に研究しているというではないか。簡体字の徹底さも、日本をしのいでいる。文字に関して、中国人の歩んできた道は、もって現代の日本人が教訓とし、反省の資料とし、明日に生かさねばならないのである。今こそ日中の学者が共同して、一つのテーマにとり組んでみたらと思う。そして現状のままでいくならば、日本は文字の分野において、世界の孤児となり、アジアにあってもとり残されることが目に見えている。そのためにも、日本文学の整理、体系化の樹立という本質的、根本的研究に全力をそそぐべきである。ことは緊急である。すべての学者・教育者・文学者などが悔いのない明日の日本語を創造するよう努力したいものである。

＊「言語生活」（一九七二年一一月）

Ⅲ

辞書を読む、考える

一　辞書史からの視点

一国文化の象徴として、辞書の文化史的意義を現代に問う

かってオランダ・ライデン大学に遊学の折、東洋語研究の教授や大学院生が、古びた文書、中世アラビア語の解読に取組んでいる場に接しました。そのころ日本は石油のことで、アラビアとかなり密接な関係をもっていたのです。また、もはや半世紀以上も昔のことながら、石油の一滴は血の一滴と唱え——ついに日米交戦の端緒がひらかれました。オランダの教授はわたしに、〈日本にどんなア—日辞典がありますか？　日本のアラビア学は？〉とたずねました。もとよりその分野に門外漢のわたしは返答に困惑しました。しかし彼がつづけて、経済大国の日本がアラビア語の研究にほとんど何の貢献もしていない事実を指摘、その国の文化や風俗の理解を前提に、アラビア人との友好の中から石油を買うというのが、基本ではないかと彼の私見を示しました。そして師弟三代に

わたりアラビア語の古文書解読に精進していることもしらされました。その現場も拝見しました。学の峻厳さに胸のしめつけられる思いでした。現代、否将来とも日本にアラビア語辞典の必要性や有効性は皆無に近いかもしれません。しかし……です、ここに日本に欠落している国際性や学術《アカデミズム》の根本的秘密があると思うのです。これは現代の辞典についてもいえることなのです。たとえば、今、机上に某漢和辞典があります。編者のことばに、〈漢文読解。国語の中の漢字や漢語を正しく知り書くため〉と編集の目的を二つあげています。しかし漢字の文化的背景をしらせることはうたっていません。漢字が漢民族の文化や知恵の結晶であることを、日本の漢字辞典はまったく教えてくれないのです。辞書史を通覧すると、むしろ古代の方が正当な真摯な態度がみられます。

試みに日本最古の百科事典、『和名抄』を開巻してください。漢字・漢語の本体を知りたいという内親王の熱烈な願いが、どのページにもしみこんでいます。あるいはまた、中世の日本語の実体を知りたいと思うとき、もっとも有効で語彙、用例の豊かな辞典は、『日葡辞書』――ポルトガル人やイタリー人などキリシタン宣教師の手になる――によらねばならないのです。水とオヒヤ〈女性用語〉の違いはもとより食《ク》ウと食《タ》ベル、召《メス》にアガルと、同じ行為のさまざまな異表現のあることを解説登録しています。さらに彼らの編集した漢字辞典、『落葉集《らくようしゅう》』で、はじめて漢字の部首と部首名を与えて、日本漢字の整理が実験的に実行されているのです。クサカンムリやサンズイの呼称はここに公開され、日本人の漢字生活いわゆる宛字など画期的道具を紹介、提供してくれています。

横文字の国には、〝辞書学〟（Lexicography）がきちんと存在します。それに反し、日本には何のために、どう辞書を編集するか、理念も方法もなく、人海戦術によって、資力ある出版社がつぎつぎと利潤を目ざして、国語辞典を刊行するのではないでしょうか。

　現代日本はあまりにも金に汚染されています。国家的事業として、是非とも本格的な日本語辞典を編集してほしいのです。しかし実はこれにはすでに先輩があります。文化八年（一八一一）、幕府が当時の蘭学者をして、国家的プロジェクトとして、オランダ語の家庭百科事典、俗称、ショメールの事典の翻訳を計画、実行したことです。フランスの「百科全書」にも匹敵するものです。オランダ語、ラテン語を基本に、先進国ヨーロッパの知識、医学・文化・自然科学を、すべて日本語にうつさんとしたわけです。主任はわずか二十五歳の長崎蘭通詞、馬場佐十郎でした。蘭、仏、英、魯、満と外ツ国のことばを自由に操る彼によって、この一大翻訳事業の幕が切られました。幕末まで約四分の一世紀、蘭学者は必死になって、横のものを縦にすべく努力したのです。彼らはどんな報酬を望んだのでしょうか。

　この事典は意訳して、『厚生新編』とよび、〈不学文盲の野夫工職〉のものも広く読めるよう平易通俗の訳文で翻訳しました。編集の目的は、〈厚生済民—生ニ厚ク人民ノ生活ヲ豊カニスル〉にあったのです。〈厚生・福祉〉などの訳語も翻訳されました。わたしは『西洋文化事始め十講』でこれをとりあげ、その文化史的意義を現代に問うてみました。辞書こそ一国文化の象徴なのです。

＊「週刊読書人」（一九九六年三月二九日）

二　辞書と文化

辞書編集史の視点から

(1)　被害者は、いつも弱い子どもたち

新学期になると、どの本屋も辞書の花ざかりである。辞書のもつ重い、いかめしいイメージとはおよそかけはなれて、カバーも色あざやかに大小さまざまな形をもち、現代の社会状況や文化、国民的関心を象徴しているかのようである。

低学年の場合、親が辞書を購入して子どもに与えるのであるが、あれだけの多種多様な辞書を目の前にして、どの辞書がいいのか、どこにポイントをもって、選択すべきか迷い、無難なところというので、化粧品や電気製品を購入するのと同じように、有名ブランド、知名度のある出版社のものの購入におちつく。育児ノイローゼで心中したり、自殺する例はあっても、辞書購入に悩んでの

そうした例はきかない。ことはそんなに重大なことではないからだろうか。

たとえば、ある有名出版社の中型国語辞書を買って、中学生になった子どもに与えたとする。教材として、芭蕉《ばしょう》の『奥の細道』があるので辞書をひかせる。まず〈……馬の口とらへて老いを迎ふる者は〉の、〈馬の口とらへ〉の意味を知ろうとして辞書を見る。出ていない。他の『古語辞典』と称するものをみても〈馬の口〉は、〈馬の轡（くつわ）、馬の口取り〉とあってすこしも解答は示してくれない。もちろん、『奥の細道』を出典として例示する辞書は皆無なのである。しかるに、どの辞書も、完璧な語釈をのせるといい、美しい日本語を育てるといい、新入生への最適のプレゼントと宣伝している。

この方面に無知で名に弱い教育ママやパパは、いや現場の教師も、内容吟味などしないから誇大宣伝に一役かって、教室では大量にまとめて、かかる欠陥商品を推薦し購入させる。被害者はいつもいかなる場合も弱い子どもたちになる。

――現代の日本の辞書の現状と内容は、かくもお粗末なもの。文化国家を標榜《ひょうぼう》する民主教育の基盤がまことにおさむいかぎりなのである。〈馬の脚・馬の骨〉を辞書にのせているのに……と批判の筆は怒りに達する。これは出版社や編集者に向けねばならないのだろう。詳細は小著、『国語辞書を読む』（開拓社）にゆずるが、もっと根本的な要因がある――と私考する。それは日本人のことばや文化、辞書に対する考え方に帰する。

人はよくフランス語を例にして、明晰《めいせき》性や典雅《てんが》なことを羨望《せんぼう》する。しかし、フランス語も根源は卑俗なるラテン語の洗練によるとは歴史の教えるところである。日本語とても、この二つの性格はそなえている。国民文学の名に価する作品も、科学の粋を集めた最新のコンピューター技術も、日本語の参加と活躍の投影であり、日本語の結晶といっても過言ではない。

(2)　うれしい、たのしいの区別もされない

かつてわたしがオーストラリヤの国立大学（キャンベラ）に客員教授であった時、オランダの文化人類学者に逢ったが、彼は、〈日本語は数学にむいている〉と、その日本語学習歴と日本語観の一端を披露してくれた。しかし玉みがかざれば光らず、日本人は日本語を大切にし、真剣に育てる意欲と方法をもたねばならない。

十七世紀から十八世紀にかけて、フランスやイタリーのアカデミーは、対言語政策や辞書編集に真剣であった。国語を純化洗練し、国民が依《よ》ることのできる規範的な国語の樹立を目ざす。フランスアカデミーの辞典は、一六九四年にパリで出版されている。日本で元禄文化、花やかなりしころであり、ロシヤで日本語学校が創設されようとした時だ。あるいはまた、イギリスの場合、辞書編集史上で逸することのできないのは、いわゆる〝ジョンソン英語辞典〟（一七五五年、二巻）である。彼は最初の標準的辞典を独力でつくりあげたわけであるが、語彙の選択にあって、標準的作家から最適な用例をぬき出し、帰納的に語の定義を与えた。目先の俗語や今日あって明日消える流行語をおいまわして、辞書は社会をうつす鏡と錯覚している手あいにはもって範とするにたりる。

語は多きを宗《むね》とする必要はない。的確な語釈は、用例の厳選によって実証的に過不足なく示すべきものである。辞書をつくれば必ず儲かるというがごときは、受験産業にうつつをぬかしている我利我利亡者、すなわち出版社の手先以外のなにものでもない。もっとも現代で、S・ジョンソンのいう、〈辞書の主たる目的が純粋性の保存と慣用法の意味の確立〉という段階を全面的に是認していいか慎重な検討を要する。しかし、〈うれしい〉と〈たのしい〉の区別も明示しない現代日本語辞典に比しても、その配慮と準備はまさっていよう。

イギリスでも英羅《えいら》辞典（英語とラテン語の対訳）の編集が発達史上では注目すべきものであるが、日本でも同様である。太古より中国の影響が強く、いわゆる漢和辞典の編集がそのまま国語辞典の発達につながる。今でも必ず学者の参考書とされる最古の百科事典、『和名抄《わみょうしょう》』（十世紀）にしても、漢籍を読むための座右の書であり、下克上といわれる戦乱時代の辞書、『節用集』も漢字の読み書き、すなわち古典シナ語解読と生活語を書くためであった。ふり仮字を積極的に用い字引の機能を十二分に発揮させている。

(3)　鎖国時代でも、進んでいた言葉の研究

しかし学問的で日本語の本質に根ざした近代的国語辞書の誕生は、尾張の学者、谷川士清《たにがわことすが》の『倭《わ》訓栞《くんのしおり》』である。〈大綱〉を一読すると、士清の意図や方法が了解できるが、具体的に内容を検討した場合も、古語・現代語・外来語・方言と、その収録の語彙は豊かで一人の手になるものとして、

日本のジョンソン辞典と称してよい。しかし成立から全巻刊行完了まで江戸時代から明治初期に及ぶという、百年の歳月が、流れていることも忘れてはなるまい。士清にどれだけの実質的報酬があったろうか。後世のわれわれがひたすらその恩恵を受けているのである。もちろんこの辞典の誕生も個人の力のみではない。小著『辞典・事典の世界』（桜楓社）でも考えたが、当時の多くの学者の、古典や方言、歴史研究の成果が大きなファクターになっている。学芸の隆盛がこれを世に出したといえる。あえていえば、鎖国の中で日本文化が熟成し、ことば研究の果実をたわわに実らせて、この国語辞書を文化遺産として現存せしめているのである。

また、十九世紀に入り、翻訳大百科事典、『厚生新編《ホイスホウテレーキ・ウチールドブック》』（原本はフランス人、N・ショメール編、蘭人サルモット蘭訳）の翻訳が、幕府の公的事業として出発する。二十五歳の長崎通詞、馬場佐十郎により開始される。明治維新の半世紀前である。その翻訳編集の大旨にこうある。

厳命を下し給ふ御趣意は行々弘く、天下に公に布かせ給ひ、不学文盲なる野夫工職の輩に至るまで、遍くこれを読みて能くこれを理会し其用を利せしめん

人民の幸福と厚生のために国家の財をなげうって、ヨーロッパの先進文化・技術・医術を摂取しようとしたのである。〈本編の訳説初より俗文国文となせり〉という点まで考える時、幕府が翻訳編集させた趣意こそ辞典編集の一原点を示すものであろう。こうした幕府の文教・文化政策と実行こそが、明治維新を経て近代日本を建設する大きな原動力となったのである。

＊「公明新聞」（日曜版文化欄、一九八二年四月二五日）

（4）　辞書の選び方――高価で大きいものを

言葉を選ぶということは、何事にあれむずかしい。まして辞書の選び方を示すとなると考えこんでしまう。自分の過去をふりかえっても、ほとんど積極的に目的をもって選んだという記憶はない。デパートの食堂で料理を選ぶようにはいかない。率直にいって値の高い大きい辞書がいい。なぜならば、それだけ語が多く集められているので、目指す語をその中に見出せる確率が高いからである。たとえ一冊一万円――安い高いは個人差によろう――でも、辞書づくりの御苦心を思えば、とても安いものだ。辞書を引いてこれはと思うことばのない時ほど、こん畜生！　と叫びたくなる時はない。

しかし学校などに持参するとなると大型は不便である。辞書では大が小をかねないことも確か。だから小型の辞書なら紙質や活字・組み方など印刷上で上等なものがいい。もっとも外側のサックはどうでもいいし、宣伝文句も無視していい――これは時に薬や不動産の広告のように信用できない。中を見て素人にも吟味できるところで選択に決断を下すべきだ。つぎに凡例・序・付録などに、ごてごて御託宣や良さをならべたて、あらずもがなの符号を多用しているのはやめた方がいい。――最低限、大・小二種の辞書をそなえるぐらいは、文化国家の一員として当然、一冊ですまそうなどまずしい民の証明だ。古典語はやはり専門の辞書を選ばざるをえまいが、これは例文が多く的確な現代語訳を与えたものを選ぶのがいい。

しかし本音をいえば、現代の国語辞書で満足のいくものはほとんどなく、どれを選んでも大同小異なのだ。そこで大切なことは、道具一般と同じように、よく使いこむこと。水泳をただ水オヨギと辞書にあっても、金魚の泳ぎには代行できない。辞書の不備をかこつより、どんな辞書でも、底光りのするほど使いこみ、終生の恋人、協力者として、時には自分でも欠点を補い、書き込みをするほどに創造的な使い方に徹することだと思う。

＊「週刊読書人」、第1524号（一九八四年三月一九日）

三　辞書は一国文化の索引

——国語辞書の批判に際してのノート

辞書は一国文化の索引であると思う。その辞書が編集された時期の一般的な言語事象・言語活動・言語生活、さらに社会・教育・研究など各分野での文化活動に密着した記録を、しかるべき方法で選択し、排列した索引である。それゆえに、同時代の言語の生きた形態・構造・意味・用法を充足的に示し伝えねばならない。辞書は文化の象徴ということも可能である。しかしそこに関与するのは個人であり人間である。この点も忘れてはならない。

よく例に引かれるのであるが、辞書編集の苦心は、英語辞書編集者として著名なサミュエル・ジョンソンの定義にあらわれている。〈せわしく語の起源をたどり、語の意味をくわしく述べる無害な下働き〉——なのである。現代の国語辞書の編集者が、これをどう受けとめるかは問わないが、〈無害な下働き（a harmless drudge）〉とある点は注目しておいてよい。そしてジョンソンには国家に対する忠誠とか、初学者に対する教育的愛情が底流として認められ、そこに労多くして報いられること少ない辞書編集者の喜びや誇りも存在したと思う。しかし現代の国語辞書の編集者に、どれだけの自覚と準備があるのだろうか。一冊の辞書の編集と刊行が、個人や会社の莫大な利潤につながり、うまい金もうけ仕事になるということで、辞書を出版されては困るのである。そこでわたしが昭和五十六年二月まで、大学教育学部、専攻科課程の演習で、三年間にわたって検討した辞書批判の中から以下数点を選び、その結果をいわば私的な〈国語辞書白書〉として、御報告することにしよう。まず出発点にあたって、ケースの宣伝文句の一部を三省堂刊『新明解国語辞典』からとりあげてみる。

初版：　美しい日本語を育てるために／心をこめて編集された／最新の本格的国語辞典！

第二版：的確な語釈、豊かな用例／美しい日本語を育てる、携帯国語辞典の決定版！

ここで数年の差による、文句の改変を問題にするわけではないが、第二版で〈本格的〉の語がけずられたのは、多少編集者に自省があって、いうをはばかったからかもしれない。そういえば同ケースの他の文句、〈本格的な例解・現代語辞典〉という文句もけずられている。さらに、初版の〈語原・用法・正書法など、学問的権威に裏付けられた興味深い説明〉の文句もない。もっとも、かわって、第二版には、〈深い内省と鋭い分析に支えられた格調高い語釈〉といった自画自賛風の宣伝文句がみえる。いずれにせよ、全体としての調子《トーン》はそんなに変っているわけではない。そして製薬会社の宣伝文句と異なって、辞書の場合すぐその効果のあらわれることもないから、こうした宣伝文への批判など、どなたもおこなわず、問題にしないのであろう。しかしはっきりと形として外に出ないものの方が問題の根は深いのである。

読者にあっても、各自自分の問題としてとらえ、できれば身辺の辞書を手にとり、検証してほしい。使用者の立場に立っての具体的な思索こそ、さらに好ましい辞書の選択につながると確信する。ことばのもつ限界と、そしてまた霊妙不可思議な無尽のことばの力とを、実体験されることを切望する。それはそのまま辞書編集者にも、大いなる忠告という福音となって還元されるはずである。かつてはやった文句を借りれば、〈読者は神さま〉なのである。

これまでは主として辞書編集者、あるいは与える側からの辞書批判が多かったが、それに反しここは辞書を使う側からの、具体的な批判や意見である。演習には約十五名の出席者があったが、ここで発表した学生以外のものの調査や考察も、それぞれの論文やわたしの論考に、いかされていることはいうまでもない。あえていえば、受講生みんなの意見が、本書を成立させているといえるのである。しかしリポートをまとめた学生のなかにも、卒業して数年教職に身をおいている現場（中学校・高等学校）の教師もおり、同じ目標に対して批判の方法や態度に異なりの点があるのも当然である。学生たちはいちように、この国語学の授業に意欲的で、その熱心な学習意欲と準備のよさに支えられ、わたしの目標の一つが達成された。もう〈『広辞苑』が日本の代表的辞書です〉などという有名無実の返答はもどってこないはずである。

ある学生は、〈辞書をテキストに一年間演習をしたり、討論形式にして批判的に読んでいくなど夢にも考えていなかった〉といい、またある学生は結果的に、〈ぼくは辞書や教師である今の立場に、深い疑問をもち、どう教え子たちに対処すべきか迷いのみ残ってしまった〉と告白している。しかし教室でもいくたびか述べたように、〈走れメロス〉という教材によって、友情の尊さを教える修身道徳教育で終る国語教育は、明らかに欠陥があり自立性を放棄している。何よりも、〈言語教育〉が必要であると強調したい。正確なことばの意味や言語感覚をみがく教育が、もっと優先されなければならない。教育の成果は長い目でみなければならないが、教育の勝負はある一瞬だと思っている。今後とも問題点について、率直に現場からリポートしてもらうことにした。

本書の原稿は四年前に成立したものである。したがってとりあげた辞書のうち、なかには原稿執筆後に改訂版が出版され、語釈や説明文に若干の異同をみるものもある。たとえば、『新明解国語辞典』で、三語を引用してみよう。(1)が〈第二版〉、(2)が〈第三版〉である。

身障児：(1)　先天的・後天的にからだの欠陥が有って、普通の子供と一緒に学校教育を受けさせることが出来ない児童。

(2)　先天的・後天的にからだの欠陥が有って、慎重な配慮の下に学校教育を受けさせる必要の有る児童。

ペット：(1)　子供の居ない家庭などで退屈をまぎらわすために飼う動物。〔お気に入りの年少者や年下の恋人にたとえられる〕
(2)　その家庭で、家族の一員のようにかわいがる（小）動物。〔お気に入りの年少者や年下の恋人の意にも用いられる〕
マンション：(1)　スラムの感じが比較的少ないように作った高級アパート。〔賃貸しのものと分譲する方式のものとが有る〕
(2)　スラムの感じが比較的少ないように作った鉄筋アパート式高級住宅。〔各階で個人・家庭が使用する一画には、賃貸しのものと分譲する方式のものとが有る〕

＊〈第三版〉は批判した本書成稿後の昨年（昭和五十六年）二月刊行である。いずれも既にわたしどもが、三年前に一度、『新明解国語辞典』に対して反省を求めた故に、多少改訂した跡がみられるものであると思われる。しかし、その他の語彙などを比較検討の結果は、指摘した要点、ないしは欠点に関して、基本的に改められているわけではないことも判明した。まして今回新しくとりあげた語例は、まだ第三者からの指摘のないため、まったく〈第二版〉と〈第三版〉とは同じである。

どの家庭でも一般に、改訂版の出るたびに辞書を新規購入するということはあるまい。したがって、論考の公開は十分に意味があると信じる。私見ではむしろ、改訂版は部分的にかつ小手先で字句を改めているだけで、いずれの辞書も改善ということにはならないとみている。根本的には辞書に対する編者の哲学・理念がなければならない。平たくいえば、編者に思想があるか否かがポイントである。批判の論考はまだ多く手元にあるので、読者の御要望があれば、第二、第三と公表して、辞書への啓蒙運動をつづけたいと念じている。

ここではどの出版社のどの国語辞書がいいとかわるいとか、個別的にあげつらうのが目的ではない。出版社名を明示したのも、わたしたちの責任を明確にすべきと考え、かつは出版社の社会的責任を自覚してもらいたいからである。事実、三省堂以外の出版社の出版物には、わたしも寄稿している。そうした個人的なことよりも、専門学者として、少しでもいい辞書を社会に、一般の人びとに提供したいという微意から、本書の刊行にふみきったものである。読書子の御了解を切望する。

また本書は国語辞書の現状をより正確に認識・批判して、国語辞書はどうあるべきか、またどのような国語辞書を一般の人びとが自分で選択すべきか、そうした問題点を具体的に検討してみた論集である。各論考とも、いろいろ批判されるところがあろうかと思う。しかし若い人びととの素直な意見として、辞書編集の専門家も、現場の先生方、一般家庭の方々にも、御理解ある御批判をお願いして筆をおく。

〈教えることはおそわること〉という。この文句がぴったりするのが、この小論文集である。また〈親験目睹・実測究理〉という江戸時代の自然科学者のことばが、ぴったりするほど、国語学にあって、国語教育の〈現場〉は重要であり、生きた教師である。大学の講義の場合も、また〈国語教育〉の現場を尊重すべきである。

ここにまとめた諸論考は、昨年（昭和五十三年度）早稲田大学国語国文学専攻科で、わたしの国語学の演習を受講した学生諸君の学期末リポート（全体の約半分）を一本にまとめ、終りにわたしの辞書小見を付したものである。どの学生もいちように、この国語学の授業に意欲的で、〈学ブトハ真ヲ識ルニアリ〉という古人のことばに共感をもってくれた学生たちである。学生の一人がもたらしているわたしへの謝辞など、公にする点から削除したほかは、固有名詞・記号の表示など若干の統一をはかったにすぎない。また、わたしは学生たちにつとめて〈かな〉を尊重して用いるように希望して書いてもらった。

文科系でも卒業にあたって卒業作品をつくることが、ちょうど芸大の工芸科や洋画科の学生同様に必要だと思っている。若いころの思考や独創は尊重されるべきだからである。そうした試みの一つが本書（『国語辞書を批判する』）である。

*『国語辞書を批判する』（桜楓社。一九七九年七月刊）本書はさる筋の圧力により出版社がすべて断裁しました。

四　私説・国語辞書白書

――辞典編集の基本的態度を批判する

〈凡例〉引用の各辞典に関して、つぎの略称を用いた（以下同）。

広辞	広辞苑	岩波書店
新明	新明解国語辞典	三省堂
新国	三省堂新国語中辞典	三省堂
岩国	岩波国語辞典	岩波書店
新潮	新潮国語辞典	新潮社
例解	例解国語辞典	中教出版
基本	基本古語辞典	大修館

岩古　岩波古語辞典　岩波書店
角川　角川国語辞典　角川書店
三省　三省堂国語辞典　三省堂
旺文　旺文社国語辞典　旺文社

特に広辞を考える場合だけでなく、辞書において、いわゆる〈見出し語〉をどうするかは重要な問題である。その点でまず問題になるのが広辞の場合である。同書（以下、昭和五十二年十月二十日刊、第二版補訂版第二刷を用いる）の〈凡例〉の〈見出し語〉の条には、〈かなづかい〉として次のような説明がみえる。

かなづかい　表音式かなづかいに従って太字で表記した。和語・漢語には平仮名を、外来語には片仮名を用いた。

1　ここにいう表音式かなづかいは、いわゆる現代かなづかいとほぼ一致する。／ただし、二語の連合または同音の連呼によって生ずる「ぢ」または「づ」については、これをすべて「じ」または「ず」で表わし、また、助詞の「は」「へ」「を」はそれぞれ発音通りに「わ」「え」「お」で示した。この場合、右に該当する仮名の下には〈　〉でかこんで現代かなづかいを注記した。

はな―じ〈ぢ〉【鼻血】　た―ず〈づ〉な【手綱】
ちじ〈ぢ〉・む【縮む】　つず〈づ〉・く【続く】
こんにち―わ〈は〉【今日は】　お〈を〉―こと―てん【乎古止点】

〈現代かなづかいとほぼ一致する〉とあるのは、むしろきわめて誤解されやすい説明である。たとえば右にあげたうちの四語は、現代かなづかいで表記すると、〈はなぢ・たづな・ちぢむ・つづく〉であって、むしろ現代かなづかいともっとも異なる点である。これは、昭和二十一年十一月十六日、内閣告示第三三号によって定められた〈現代かなづかい〉の規則を一読すれば判明する。すなわち〈「ぢ」「づ」は、原則として使わないで、「じ」「ず」で書き表す。ただし、二語の連合、同音の連呼によって生じる「ぢ」「づ」は、「ぢ」「づ」を使う。〉とみえるのである（いうまでもなく、現代語に適用されるものであって、古典の場合は別）。同じ出版社の岩国では、広辞と異なって、〈はなぢ・たづな・ちぢむ・つづく〉と見出し語に示している。したがって、広辞の見出し語の方法は、出版社の考えではなく、編集者のそれであることが推定できる。

現代かなづかいと発音かなづかいの是非を問う前に、すくなくとも学校教育の現場、広く日本人の言語生活――結局は学校教育が基本になる――において、現代かなづかいがどのようなものか定見を示すべきである。しかるのち、採択しない理由を述べ実行にうつすべきである。現代かなづかいによらないことは、完全に学校教育からの断絶を意味する。〈つづり方〉を知ろうとしても、広辞はその見出し語では出ていないのである。こうした辞典が、国民のための日本の代表的辞典などといえるであろうか。現代かなづかいを認めるかいなかは問わないが、こうした独断的な見出し語の立て方が、一般の日本人に理解許容されるだろうか。学校教育を受けぬ人にはともかく、こんなひとりよがりというか、うぬぼれとごうまんさが底を流れている私案かなづかいを天下に公表するのは悪である。この辞典編集に参画した国語学者なども同じ責任であるが、果してこうした方法に、学者としても十分の責任をもってのぞんだのであろうか。その真意を問いたいと思う。編集に参画した人びとの日本語観・辞書編集方針をあらためてききたい。現代語だけではなく、古語についても表音式かなづかいである。たとえば次のようにある。

あえーなむ【敢へなむ】（アフに、完了の助動詞ヌと推量の助動詞ムのついたもの）こらえておこう。我慢しておこう。さしつかえない。源柏木「我が御咎あることは―」

表音式かなづかいで一貫しようというのであるから、古語も現代語もいっしょくたにしてすべてを表音式にするのは、一つの試みとしておもしろい（岩波文庫の古典作品がほぼこれに準じている）。しかしこれこそ、実は現代語も古語も区別ができず、かなづかいそのものを否定した態度のあらわれなのである。たとえば、古語の〈をかし〉が、広辞では〈おかし《ヲカシ》〉の見出しで出ており、現代語は〈おかし・い《ヲカシイ》〖形〗⇩おかし〉と空見出しで出ているのである。ここでは現代語を知るにも、古語の〈おかし《ヲカシ》〉に、もう一度眼を転じなければならないし、どだい〈ヲカシイ〉などという現代語（形）が存在するのだろうか。これは現代かなづかいでも古典かなづかいでもない、奇怪千万な創作された日本語である。こうした辞典が日本の代表的な！　といわれては、まさしく国辱ものであろう。この態度は次にあげる〈おどろく〉で、さらに一驚させられる。

おどろ・く【驚く・愕く・駭く】〔自四〕①眠りからさめる。万四「夢（いめ）の逢ひは苦しかりけり─・きてかき探れども手にも触れねば」。今昔一二「抱きて寝たるに─・きて児（ちご）を見るになし」②（心を）呼びおこされる。気がつく。源紅葉賀「こちやと宣へど─・かず」。古今秋「秋来ぬと目にはさやかに見えねども風の音にぞ─・かれぬる」③意外な事にあって心がさわぐ。仰天する。びっくりする。伊勢「とみのこととて御文あり。─・きて見れば」

現代語としては、①・②の意味はない。どうやら③の意味が現代語に受けつがれている。しかし用例は『伊勢物語』という古代文学作品からである。ついに現代語としての〈おどろく〉の説明は存在しないのである。一般の日本人が、果して①・②を通読して、正しい語釈を読みとることができるだろうか。それよりもほんとうに広辞は、現代語や現代の日本人のことを基本に考えているのだろうか。現代語と古語とを、かなづかいで同一視しているのみか、その本音は古語偏重であって、この辞典ほど、現代語を軽視しているものはないのである。一般の人びとはその点を見ぬけぬままに、出版社の宣伝文句に迷わされて、広辞が現代日本語のため、国民のよき辞典と錯覚しているのである。すくなくとも、①・②の意味では、現代語として用いないと、どこかに注記すべきであろう。もっともそうすると、[広辞]は全巻に注記が氾濫することになりかねない。こうした現代語を無視した古典へのひとりよがりは、次のような場合、見出し語にも用例にも破綻をきたす。

あかる・し【明るし】〘形ク〙①光が十分にさして物がよく見える状態である。明らかである。「月が―・い」②性格・表情・色彩などの感じが陽気である。明朗である。陰険でない。疑いがない。「―・い性質（色・顔・絵・政治）」③その事についてよく知っている（通じている）。「彼は政界の事情に―・い」[口語]あかるい

ここでは〈[口語]あかるい〉とことわりを入れているが、[広辞]の方針からいけば、前掲の〈おかしい〉の場合と同じように、空見出しで〈あかるい⇩あかるし〉としなければ原則にもとるであろう。さらに用例文、〈―・い性質／事情に―・い〉などは、見出しの〈あかる・し〉に対応させたのであろうが、あわない。すなわち、〈あかる・し（明るし）〉に対しては、〈あかる・き性質／事情にあかる・し〉とあるべきである。中学生でもこれくらいならば、是非の判断がつくと思う。こうしたミスを堂々と印刷して、日本最高の辞典として売り出しているのであるからまことに驚きである。欠陥商品ということばがあるが、こうした欠陥辞書こそメーカーは回収して、正しいものととりかえるべきである。

毛を吹いてきずを求めると誤解されるとこまるので、もう一例〈ふれる〉を考えてみよう。いうまでもなく、〈ふれる〉では語釈はなく、〈ふれる➡ふる〉とあって、やはり文語形の〈ふる〉のと

ころをみないと、現代語としての意味も了解できないのである。ともかく〈ふれる・ふる〉を広辞からぬき出してみよう。

ふ・れる【振れる・震れる】〘自下一〙ゆれ動く。

ふ・れる【触れる】〘自下一〙⇩ふる（下二）

ふ・れる【触れる】〘他下一〙⇩ふる（下二）

ぶ・れる〘自下一〙①ぶらぶらゆれ動く。②あるべき位置から逸れる。正常でなくなる。狂う。

ふる【触る】〘自四〙（下二段活用「触る」の古形）さわる。接触する。記下「わがなくつまをこぞこそはやすくはだ―・れ」。万二〇「大君のみことかしこみ磯に―・りうのはら渡る父母をおきて」

ふ・る【触る】〘自下二〙①さわる。あたる。万四「吾が衣人にな著せそ網引（あびき）する難波壮士（なにわおとこ）の手には―・るとも」②男女が親交をむすぶ。万一四「馬せごし麦はむ駒のはつはつににひ肌―・れし子ろしかなしも」③関する。物事に出あう。時にのぞむ。源紅葉賀「かくをさなき御けはひの事に―・れてしるければ」。「折に―・れ」④目・耳などに知覚する。平家七「目に見、耳にて―・るる事」。「目に―・れる」⑤ひっかかる。犯す。「規則に―・れる」⑥言い及ぶ。「この点には―・れないことにする」⑦⇩ふる

（偏る）。[口語]ふれる（下二）

ふ・る【触る】〘他下二〙ひろく一般に知らせる。言いふらす。金葉雑「小弓を取りてさぶらひにこれはおろしつと―・れて出でにけり」。平家一二「大番衆に―・れめぐらして」[口語]ふれる（下一）

さわ・る【触る】〘自四〙①手で触れる。あたる。②かかわる。よりつく。③宴会で盃のやりとりの作法の一。人からさされた盃を、その人にかえすをいう。浄、暦「ここは一つ―・りませう」

触らぬ神に祟りなし　物事に関係しなければ、禍を招くことはないの意。

さわ・る【障る】〘自四〙①さしつかえる。さしさわる。②邪魔となる。障害になる。「気に―・る」「体に―・る」

ここでも他の例の場合とまったく同様のことがいえる。用例文も現代文ではなく、死んだ古文が引用されているにすぎない。この〈ふれる〉が、〈さわる〉とどう異なるのかもまったく説明されていない。イデオムでも了解できるように、〈袖ふれ合うも他生の縁〉とはいっても、〈袖さわり合う……〉とはいわない。〈心と心がふれあう〉とはいっても、〈心と心がさわりあう〉とは絶対にいわない。したがって簡単に、〈ふれる＝さわる〉ではないはずである。また、〈冷たい〉と〈寒い〉は似たところがあっても、〈冷たい牛乳〉とはいっても、〈寒い牛乳〉とはいわない。このように類義語の微妙で決定的な異同をよく説明し、的確な例文を示すことが、辞典の一つの使命ではないか。広辞にはこうした辞典の基本的で、根本的な点がきちんと記述されていないのである。限られたスペースゆえに古文の用例をとりやめても、現代文の例を示して説明すべきである。具体的な文例を考えてみれば、〈ふれる〉と〈さわる〉の異同もよく了解できると思う。まだ十分に考えたうえではないが、参考までに〈ふれる〉の例文をあげてみよう。

○〈ふれる〉

1　展示品に手をふれないでください。
2　ぼくの手が彼女の胸にふれた。
3　フランスの芸術にふれるため、単身で渡航した。
4　ことにふれて、亡き母のことを思う。
5　ふと目（心）にふれた姿がいつまでも残る。
6　父の怒りにふれる。
7　それを公開すると法律にふれるよ。
8　問題の核心にふれる。
9　皆に二人のことをふれまわる。
10　心（肩）と心（肩）がふれあう。
11　袖ふれ合うも他生の縁

以上十一例をみると、〈さわる〉とある程度近く、置換できそうなのは、1の〈手をふれる〉2の〈胸にふれた〉などである。この場合でも、1でそのまま〈手をさわる〉とはいえず、〈手でさわるな〉というか、単に〈さわるな〉という方が普通である。〈ふれる〉には積極的な意志の働きによって対象に手をおくのではなく、いかにも知らぬ間に、そういう状態になることもある。このことは、2の場合さらに明確になる。〈胸にふれた〉を〈胸にさわった〉というと、軽犯罪になりかねない。これを文章語（ふれる）と口頭語（さわる）の違いのように解説する辞典もあるが、決してそんなことではない（後述参照）。意志の有無には、〈手が〉とするか、〈手で〉とするか、助詞の〈が〉と〈で〉が重要な働きをもつ。〈ふれる〉の方が柔らかい感じであり、〈さわる〉の方が具体的なもの、に、直接的に接触する感じが強い。〈ふれる〉に具体的な皮膚感覚がともなわないことが、3以下の例文を形成することになるのだと思う。もっとも、3は意志的に渡航するのであるから、意志的か否かは文脈・内容にかかわることも注意すべきであろう。〈さわる〉は反対に具体的なものによる触覚が必要なのである。したがって〈心と心がさわりあう（さわる）〉など絶対にいうことはないのである。4以下の〈ふれる〉には、〈ある事柄や事態と関係をもつ〉という、より広がった具体的形のない接触面が基盤にあって、〈ふれる〉が成立していることも判明すると思う。

2でふれたように、〈手が～にふれる〉というと意志がないといえるが、〈手を～にふれる〉というと意志があるから、〈ガ～ニ〉型と、〈ヲ～ニ〉型の二つの文型があることになる。辞典にはこうした助詞の異同と動詞の意味機能、さらに表現する内容の異同をできる限り正確に解説し、例文を示すべきかと思う。

〈ふれる〉方が一般的にいうと好ましいように思う。〈さわらぬ神にたたりなし〉にしても、〈しゃくにさわる〉にしても、〈さわる〉が好ましくないことを示唆するように思う。この場合は〈障わる〉の漢字を用いるであろうが、本来は同じことばかと思う。このへんはさらに十分客観的に考察すべきである。しかしわたしがここで多少考察した〈ふれる・さわる〉の異同は、広辞や辞書一般にはまったくといっていいほどみえない。

さて以上のように、説明や例文にとぼしい辞典が、日本の代表的な、推奨されると自他ともに誇る現代日本の国語辞典なのである。どうもどこか、根本が狂っているといわねばなるまい。なお広辞は〈第二版補訂版〉ではなくても、たとえば、〈第一版、昭和三十年刊〉の版でも、ほとんど同様である。二十年以上も、かかる辞書公害をたれ流しにしているのである。

広辞以外の辞典の場合や、辞典の中味、すなわち語釈については、批判するスペースを失ってしまったので、新明解から、三例だけぬき出してみよう（以下、単に〈この辞典〉と呼ぶ）。

1**アイヌ**①〔Ainu ＝人〕石器時代、日本各地に広く分布したといわれる先住民族。現在は北海道にまとまり住み、同化が進みつつある。〔昔、「えみし」「えぞ」と呼ばれたのは、これという〕「―コタン④〔アイヌ村〕」

2 **あくさい**⓪〔悪妻〕〔第三者から見て〕夫の・出世（研究・事業など）のためにならないと思われる妻。↕良妻・賢妻

3 **ペット**①〔pet〕子供の居ない家庭などで、退屈をまぎらすために飼う動物。〔お気に入りの年少者や年下の恋人にたとえられる〕

右の1、2、3にあえてコメントは必要あるまい。日本最高の学府、東京大学を卒業した五人の博士の編集による辞典である。こうした知識人が何と偏見と独断と無知にみちた〈アイヌ〉ほかの解説をしていることであろうか。〈アイヌ〉に対するおそろしいほどとぼしい、あまりにも貧弱な理解である。ほんとうにアイヌを石器時代とか、先住民族とか信じているのだろうか。日本のトップレベルの人たちがこうした偏見をもっていることは、徹底的に批判されねばならない。これはもはや辞典の語釈云々でかたづける小さい問題ではない。人間の思考の中で、もっとも卑劣な差別観の端的なあらわれである。この基本態度は、2の〈悪妻〉でも同じであるが、説明に、〈第三者から見て〉とある点などごまかされてはいけない。真意は、〈主観的にいって〉なのである。〈夫の出世のため〉という概念を、妻の解釈にいれているのにはおそれいった。これはまた妻・女性への偏見である。この規定でいくと、共かせぎ夫婦などの妻は悪妻の見本となろうし、育児や地域社会への奉仕をする妻など最大級の悪妻ときめつけられるであろう。夫の出世のために、夫の上司と情を通じるなどの非人間的行為をしたり、社長のゴルフにつき合うことを望んで、暇をみてゴルフの練習に専念する有閑マダムの一群が、良妻・賢妻ということになろう。良き妻か否かを夫の出世云々

で規定しているというおろかさは、——よし旧儒教道徳教育を受けた人たちとはいえ——妻や女性を夫や男の飾りものかなんぞの手段としてしか考えていないのである。五人の博士の理想的な妻の像は、どうなのだろうか。浅薄といおうか論外といおうか、同じ男性として穴があったらはいりたいくらいである。すべての妻が、夫の出世のために毎日の家政をきりまわしているとしたら……。どだい夫の出世のためとかためでないとかは、妻と関係ないことなのである。夫と妻、男と女とは対等なのである。この辞書編集の先生方には、小学校からいわれている〈男女平等〉の真の意味は、かいもくわかっていないのではないか。こうしたことをここであげつらうこと自体、あほらしくなる。しかしこの辞典が日本の教育の現場、青少年の間で、もっとも売れている国語辞典だという。このような解説が子どもたちの人間性や男女観に、どういう悪影響を及ぼすことか、純真な子どもたちの心が、ねじまげられていく毒薬の役割をもつと危惧するのである。こうした辞書こそ、悪書として告発追放しなければなるまい。〈悪妻〉はほんの一例である。この辞典には、他の語釈からいっても、女性や労働に身を砕くものに対して偏見と独断がみちみちているのである。大学での教育によって、こうした考えがつくられたとしたら、大いに問題であろう。社会正義にももとるし、誠実な人間生活を営むうえでの欠陥人間の集団となろう。日教組などもこうした点をこそ、とりあげて批判し、大企業と結びつく一部の学者に猛省をうながすべきである。いや自から正しいものを編集する意欲と実行力をもつべきである。

3の場合もどうであろう。ほんとうに〈子供の居ない家庭〉でなければ、ペットは存在しないのだろうか。わたしは妻も子もいるが、ペットに猫を飼っている。娘の情操教育のためでもあり、動物の死により、彼女は死の意味を子供なりに考えたのである。わたしにとって猫はこよなく心の通じあうわが友でもある。退屈をまぎらすためでもない。〈年下の恋人〉＝〈ペット〉とたとえることがあるとしたら、それこそここにも特殊な、女性（男性）蔑視の偏見をかいまみせているといわねばならない。冗談ではないと言いたい。恋人を退屈をまぎらすためのペットと同一視するにおいては、この解説者の精神状態を疑いたくなる。つい筆がすべったというには、他にもこの辞典にはこうした筆のすべりが多すぎるのである。悪書追放は、なにも週刊誌やエログロ雑誌だけではない。むしろこうした一見高級にみえる辞典が、実は思想も主体性もなく、物事を冷静客観的に評価できぬ学者の小手先で編集され、教育の現場に威風堂々と侵入していくことが、問題なのである。子どもたちに、ことばのアヘンを用意するのに等しいのである。どうか小・中・高の各学校の現場の教師たちよ、各自ゆっくりしかし冷静に、この辞典の内容を批判的に読みとってほしい。蛇足を加えると、〈アイヌ〉はこの辞典にあるが、しかし〈おきなわ〉はない。おきなわへの偏見も言わずして明らかであろう。この辞典で、〈アパッチ〉の語釈を読んでみようか。〈もと、アメリカのニューメキシコ州やアリゾナ州に住んでいた、恐れを知らない北米土人〉とある。――これも〈アイヌ〉といい勝負の、偏見と独断にみちた誤解である。アパッチがまるでどうもうなアフリカのライオンか何かのようである。

戦争中でさえ、〈土人〉の語をよろしくないと追放する良心はあった。アパッチをほんとうに、

〈恐れを知らない土人〉などと、この日本の知識人たちは考えているのだろうか。さしあたって太平洋戦争中の一部日本軍と同じことになるのだろう。〈恐れ〉どころか、〈死〉も知らぬ日本人は、極東の小島に住する大土人、野蛮人と解説されかねない。この辞典の編集者は、ついに命をかけて祖国を救った日本の若者の存在や使命さえも、心底から理解していないことになるのである。こうした点はもっとよく調べて、慎重にかつ正確に記述してほしいと思う。むしろ百科事典にまかせたほうがよいのではないか。外国人が日本の代表を、フジヤマ・ゲイシャといい、今なお日本人がチョンマゲスタイルで生活していると誤解しているというが、どうしてその点をとがめることができようか。とがめだてする資格もないのである。

以上、わたしが一年間新明を学生たちと、〈演習〉の時間にとりあげ、批判的に読んでいった際、ノートしたほんの一部である。同辞典は見出し語にも表記にも符号用法にも、多くの欠陥、問題点がある。広辞と同じように欠陥商品であることにかわりはない。

ただあえていえば欠陥部分を広辞のように巧みにいんぺいしていない。さらけ出し、時には不必要なまでにおしゃべりをしているから、俗に素人でも、その欠陥部分をたやすく見抜くことができる。いんけんさは、広辞の方が根がふかいと思う。

ともあれケースや帯ににぎにぎしく刻された宣伝文句も、〈決定版〉という大うそをはじめ、製薬会社のそれ以上に、羊頭狗肉の虚である。自重されたい。一般の人は宣伝文句によって、つい辞典を買ってしまうのである。辞典のもつ使命をよく考え、くれぐれも慎重にかつ客観的に、さらにい、教育への配慮を怠らずに、編集執筆されることを希望する。同時に一般の人びとも、特に辞典を買って与える立場にある人は、十分な批判の眼――これも訓練すれば必ずつくりあげられ、みがきあげられる――をもって、一冊の購入にもかしこくなってほしい。宣伝文句は編者というよりも、出版社での広告であるという次元の相違に心してほしいものである。

＊『国語辞書を批判する』（桜楓社、一九七九年七月）

五　辞書における差別意識

辞書を点検していくという作業の中で、少数民族に対する扱い、それも欧米中心主義的な、白人優位の思想には全く驚かされた。しかしその例をあげるとき、一番わかり易い、つまり差別意識がストレートにあらわれているのは、女に対する記述である。

差別問題として、大きくとりあげられているものには、人種差別、階級差別、部落差別、アジア・アフリカに対する差別、少数民族差別、性差別などなど、差別の本質はまったく変わりがないにもかかわらず、種々のかたちのあらわれをもつ。例えば日本では、黒人差別について実体をもたない形で論じられ、被差別部落の問題にしても、その部落と全くかかわりをもたない地域では、わずかに狭山事件などで知らされるか、あるいは、まったく意識の外に追いやられたままとなる。

差別は間違っているといいながら、身障者が自分の子供と同じ教室に学ぶことを、阻止しようとしたり、被差別部落出身者の、結婚における差別など、具体的に自分の生活にかかわってきたときの対応は、利己的で差別者としてのホンネがあらわれるというのは、よくある例である。しかし公共の場で、黒人と私とは同じ人間ではあるが、違った精神構造をもつなどと、堂々と主張するような人はまずいない。ところが性差別となると、これがまったく通用しない。ウイメンズ・リブのデモでもあれば、〈赤い気炎〉とか、〈黄色い声〉とかいった表現が、臆面もなく使われるのである。〈赤い気炎〉にこだわれば、〈だから女はユーモアを解さぬ生物だ〉などと笑うのがオチだ。

これ程までに根深い、生活にこびりついた垢のような女性差別は、辞書の中にどのようにあらわれているのだろうか。頭でだけ理解し、タテマエとしてしか語られない反差別意識は、差別の本質、差別意識の構造を何一つとらえていない以上、実に無意味なものである。しかしその差別の存在自体、曖昧な輪郭のなかで見定めることさえ困難な女性差別は、マスコミの報道がそうであるように、比較的明らかな形であらわれる。

よって今回はまず、女性差別に関して、新明を中心に、広辞・新国（昭和43年第七刷）をみてみようと思う（〈四〉凡例を参照）。

○新明の場合：

あくさい［悪妻］〔第三者から見て〕夫の・出世（研究・事業など）のためにならないと思われる妻。↕良妻・賢妻

あられもない［有られもない］〔女性としては〕ふさわしくない。「―姿〔＝ひどくだらしなく

乱れた姿〕」

ていせつ〔貞節〕〔夫が病気・死亡したり長期間不在したりする時などに〕婦人が貞操をよく守ること。

ていそう〔貞操〕〔婦人が〕性的関係の純潔を保持すること。

新明におけるこのような記述は、いったい差別意識に基づいて書かれた以外に、何と説明ができるだろう。まず夫婦などといった個人的関係を、「第三者から見て」判断すること自体おかしなことだが、「夫の・出世〔研究・事業など〕のためにならないと思われる妻」といった言い方には、妻たるもの労働力再生産の場たる家庭を守り、夫の言うことに従い、つつましやかに生きるべしといった先入観を、後生大事にかかえた誤った思想がうかがえる。これでは封建道徳、つまり支配者の論理に同調することであり、そして戦後において、労働者から搾取しつづける資本家の論理に身を寄せているとしか思えない。

また、「あられもない」が何故「〔女性としては〕ふさわしくない」姿と規定されなくてはならないのか。同じ格好をしても男なら認められ、女には認められないというのは、どうも納得しにくい。例えば腰かけている時、男が堂々と足をひろげてすわっていても、それは認められ、女が膝をつけずにいれば行儀が悪いとする。人間が自然に腰かけたら、膝がひらいているのが当然である。江戸時代に、町人の女が労働から締め出されて、今の着物の形ができたとでもいうのだろうか。活動するにはたしかに不便な着物である。またスカートをはかせ、自然に腰かけることも、また暑いからと服をぬぐことも認めない、それは絶えず不要な緊張を、女性に強いるものである。そして、「貞節」や「貞操」は、女のものであるといいきる。ここには、男は妾の一人や二人持つのが、甲斐性といった、前時代的な意識がチラつき、女はこうすべきだと、男性からの一面的なものの見方しかなされていない。

勿論、ここは辞書である。どのように不当なことであっても、現実にそのような見方が存在する以上、それをとりあげなくてはならないといわれれば、それも確かである。どんなに間違っていようと、悪妻とは、夫の出世や研究や事業のためにならない妻であると思いこんでいる人間が、少なからずいるからには、その説明が必要であるというのかもしれない。しかしそれに対しては、こちらからも、これは辞書なのであると言い返すことができる。辞書である以上、言葉の意味を正確に示してくれなければ困る。辞書をひくとき、その人はその正確な意味の記述を期待する。世間的にどのような使われ方をするかと、知りたい場合もあるだろうが、その前に、その言葉自体の本当の意味が必要なのである。その言葉の意味を知りたかった者が、不当にもかかわらず、世間的には通用し得る説明を、本当の意味ととり違えた時、大きな問題がおこる。その、世間的には通用し得ることが、差別観に裏うちされているにすぎないとき、本当の意味を辞書によって、とり違えさせられた者によって、再び差別の輪はひろがり、後代へと伝えられていくのである。

まだ容認してもいいであろう記述としては（前述の意味で）、つぎの語釈がみえる。

あら　驚いた時に女性が出す、言葉にならない言葉。「―まあ」
あれ　意外なことに気づいたり感動したり、女性が助けを求める時などに思わず出す声。
まあ　□二〔感〕〔女性語〕意外な事を初めて知った時などに出す声。「―驚いた」

これらは世間的に多い事実（あくまで多いにすぎないが）として書かれているが、それ程問題にはならないものであろう。ただ、男が「あら」とか、「まあ」とかいったところで、男でなくなるわけでもなく、別に不自然でもない以上、右もあまり正確な記述であるとはいえず、「女性が」とか、わざわざ「女性語」とことわりをいれる必然性はみあたらない。

しかし、「ぺちゃくちゃ」などになると、またまた差別意識がむくむくと頭をもたげているのがわかる。

ぺちゃくちゃ〔俗〕〔女・子供が〕続けざまにうるさくしゃべる様子。〔強調形は、ぺちゃぺちゃ〕

この「女・子供が」というただしがきは、どういうつもりのものだろう。この辞書の、ややこしい符号の読み方では、「女または子供が」とでもなるのかもしれないが、女子供はひっこんでろといった、男意識、女と子供は同等で、いかに成人していようと女は子供程度であり、男は数段優れているとでもいいたいようである。そのほか女性とかかわる用例について、不当に偏ったとりあげ方は数多いが、二つだけあげておく。

あくしょう〔悪性〕身持のよくない・こと（様子）。「―女〈＝浮気をする女〉」
たじょう〔多情〕㊁異性に対する愛情が次つぎと移りやすい様子。「―な女」

このようにこの辞書編集の人たちは、よぽど女性にひどい目にあわされたのではないかと思うほど、あまりよくない例として女がよく出てくるのである。また、「情夫・情婦」などになると、性差別だけでなく、間違った先入観にこりかたまっている様子がうかがえる。

じょうふ〔情夫〕〈芸者・ホステスなどと〉内縁関係にある男。〔情婦〕〈犯罪者・遊び人などと〉内縁関係にある女。

それではこの辞書は、「男」とか、「女」をどのようなものと考えているのであろうか。

おとこ〔男〕↕女　㊀人間のうち、雄としての性機能を持つ方。〈広義では、動物の雄をも指す。例、「―ネコ」〉㊁「男㊀」として精神的・肉体的に一人前に成人したもの。〈狭義では、弱い者をかばう、積極的な行動性を持った人を指す。また、いい・（悪い）意味で、「奴」とほとんど同義に使うこともある〉「―〈＝男子としての名誉〉を上げる・―がすたる・―と見て頼む・いい〈＝男ぶりがいい〉―・たより無い―」㊂正式の夫以外の、愛人としての男性。情夫。「―を作る」㊃男の召使。下男。〈―一匹〉自覚が有り・（能力を持っていて）どこに出しても恥ずかしくない男。〔―帯〕男子用の幅の狭い帯。〔―女〕男でありながら女のような・〈女でありながら男のような〕どっちつかずの性質を持つ人。［―気］弱い者が苦しんでいることを知って、黙って見のがせない気性。俠気。［―臭い］㊀男の体臭がする様子だ。㊁いかにも男性らしい。㊂女でありながら男のように見える感じだ。［―盛り］男として一番気力が充実し、働き盛りの時期。［―衆］男の人〔たち〕。〔女から男を呼んで言う語〕、［―だて］男気が有ることを、行いで見せる・こと〔人〕。［男泣き］めったに泣かないはずの男が、たまりかねて泣くこと。「―に泣く」、「―の子」㊀男の子供。㊁「若い男」の意の女性語。↕女の子、［―振り］男として好ましい、ふうさい・顔つき。おとこまえ。［―勝り］男以上に気持がしっかりしている・こと〔女〕。［―冥利］男に生まれたという・しあわせ〔喜び〕。「―に尽きる〔＝男として非常にしあわせだ〕」［―妾］情夫として女に養われている男。ジゴロ。［―らしい］強さ・いさぎよさなど、いかにも男性特有の性質を持っている様子だ。↕女らしい〔一部省略〕

おんな［女］↕男　㊀人間のうち、雌としての性機能を持つ方。〔広義では、動物の雌をも指す。例、「―ネコ」〕㊁〔女㊀〕として精神的・肉体的に一人前に成人したもの。〔狭義では、気が弱く、心のやさしい、決断力に欠けた消極的な性質の人を指す〕「いい〔＝器量のいい〕女」㊂正式の妻以外の、愛人としての女性。情婦・めかけなど。「―を作る」㊃女の召使。下女。女中。［―方］おやま、［―だてらに］女にも似合わず、女のくせに。［―手］家事担当者としての女性。［―結び］ひもの結び方の一つ。男結びの結び方を左から始めたもの。↕男結び、［―らしい］やさしさなど、いかにも女性特有の性質を持っている様子だ。↕男らしい〔一

部省略）

ここにみられる説明のうち、「おとこ」「おんな」の㊀の語釈は、認められるものである。男と女をわける唯一の明確なものは、体の構造以外ないのだから、そこで説明することは正しい。また「男帯」「男坂」「女結び」「女坂」などは、実際にこの語釈のように用いられる以外はないために、「男坂」「女坂」などの呼び方自体、差別意識に基づいているかもしれないという疑問点をのぞけば、認められるものといっていい。しかしやたらと、「男として」とか、「女として」との表現が多いのは認めるわけにはいかない。「男として精神的・肉体的に一人前」とはどういう事だろう。ごていねいにも、「精神的」が「肉体的」の前に置かれている。「肉体的」というのは、前述のとおり、認め得る。しかし、「男として精神的に」とは、一体何を示すのだろう。そして一番問題なのは、「男」の「狭義」で、「弱い者をかばう、積極的な行動性を持った人」とし、「女」の「狭義」はその対極として、「気が弱く、心のやさしい、決断力に欠けた消極的な人」としていることがまず挙げられる。ただこれは、「狭義」にすぎないという逃げ道がある。もともとこの新明では、「広義」や「狭義」といった語が多用され、その意味がはっきりしないのだが、「狭義」に関する語釈「ある言葉の意味のうち、指す範囲の狭い方の場合」という、曖昧模糊たる記述から類推するに、イコールで結ばれるわけではなく、ごく偏った人の間で、通用する意味程度を指すらしいので、この、「男」や「女」の「狭義」も、そのように解釈すれば、強く追求するわけにもいかない。

しかし、「男女」「男泣き」「男勝り」「男らしい」また、「女だてらに」「女らしい」といったものの語釈は、差別と偏見にこりかたまっているとしか、いいようがない。「めったに泣かないはずの男」とか、「強さ・いさぎよさなど、いかにも男性特有の性質」、あるいは「女にも似合わず、女のくせに。」「やさしさなど、いかにも女性特有の性質」といった記述、これらは、男と女が、精神的にまったく違った生物であることを示し、またそのような先入観に、全く何の疑問ももっていないことを示している。

ではこの辞書に書かれているように、男と女には、その精神的構造に本質的な違いがあるのだろうか。先程から何度も私がこだわってきたように、体の構造の違いは確かなものとして認める。つまり、生物として産む性か、産まない性かという違いである。

女は子供を産める、母親になれる体の構造を持っている。しかしそれは男が父親になれる体の構造を持っているのと変わりはない。子供を産めるということは、単に肉体的能力の証明であり、だから彼女は子供を産まなければならないという説明にはならない。女にとって子供を産むことが最大の目的、女はそのためにあるとの考えは、肉体的能力を機能――それが彼女の存在理由だという――にすりかえてしまったことを示し一種の偏見である。

例えばAという人がいて、そのAは、右足と左足を交互に前に出すこと、そして片足ずつ跳ぶことができたとする。すると彼は、スキップする能力があることを、証明したことになる。しかしそれは、Aの機能ではない。スキップすることに、一生を費やさないからといって、誰も彼を非難したりはしないだろう。女が、子供を産む能力を持っているということも、Aがスキップする能力をもっていることも、男が父親になる能力を持っていることも、まったく同じことなのである。

次に、種の保存ということについて考えてみる。たしかに女が子供を産むことによって、種の保存は維持されてきた。しかしだからといって、子供を産み、母親になることが自然で、本来的な女の役割であるとするのは、短絡といわざるを得ない。まず人間に関して、自然な役割というものがあるのだろうか。人間は社会的動物だから、「自然な役割」とは、時・所によって変化する人工的な役割であるというのなら別だが、言葉の定義そのままに、「自然な役割」というものが実際にあるのなら、誰が何と云おうと、それを変えることなど出来はしない。

人間が犬でもなく、猫でもなく、イルカでもなく、かたつむりでもなく、人間であるということは、社会的存在として自然の欲望を制御したり、昇華したりする理性、また社会に役立つ能力をもっているということである。たしかに生物学的にみれば、種を永続させようとするものはあるだろう。しかし人間が人間として存在することによって、その生殖の状況さえ、意識的に変えてきたのでは、あるまいか。

女は種の保存のためのものであるとするのは、人類を二つのグループにわける、いやそれどころか、人類＝男（人間の文化をつくりあげる者達）と、女（さらに多くの男を産むための種類の違う――人間でない――動物）に分けるものである。

意識的にすべての状況を変えてきた人間には、本能といわれるものも、一切ないのかもしれないのである。産める性である女には、母性本能なるものがあるといわれている。しかしそれも、文化によってつくられた役割にすぎない。勿論、いろいろな異なった文化の中で、非常にたくさんの男女が子供を欲しがり、――女は、母親として子供を愛することを望み、同時に男は、父親として子供を愛することを望んでいる――実際に子供を生み、育てている。しかし、そのいろいろな文化の中で、子供を全然欲しがらない人々も、またたくさんいるのである。もし本当に子孫をつくり、種の保存をすることが自然の欲望なら、その能力をもちながら、子供をもたない人たちが、こんなにたくさんいるはずはない。

それでは女の本質が、産む性としっかりむすびついていないとしても、そこから発する諸々の違いがあるのではないかとの疑問も、当然おこってくる。ホルモンを例にとれば、性ホルモンは脳にもはいっているそうである。女と男で異なった化学物質が脳にはいる、ということは、本質的な違いが、女と男の間にあるのではないか。しかし、ホルモンが影響するのは、生理状態でしかない。人間の行為は生理状態よりも、それまでの経験（＝その人をとりまく文化）によって決定される。ホルモン自体は、自然であっても、人間の行為は自然ではないのである。

ここであらためて、男の特性、曰く、「強さ、いさぎよさ」、女の特性、曰く、「やさしさ気弱さ」について考えてみる。浅学菲才なものなので、ここで外国人の助勢をたのむことにする。すなわち右の点に関して、ジーン・マリンは数々の調査を駆使して、次のように考察している。

ブローマン調査は女が〝従属的、感情的、他の影響を受けやすく、傷つくことを恐れ、はしゃぎやすく、自分の外観に対する自信が強く、依存心が強く、冒険心に富まず、競争心は比較的弱く、攻撃性と客観性に欠けている〟という結論を出したとチェスラーはのべています。子供達の間にみられる両性の違いに関する研究を調べているターマンとタイラーは、女の子は神経が細やかで、環境に対して反応を示し、愛敬があり、社会の抑圧に順応しやすく、恵まれない者に対して同情と憐れみの気持を抱き、心配性で、大きな野心を抱かず、情緒不安定で神経症、服従的で気が弱く、感情的で恐怖に脅かされやすく、受け身――そして男の子とくらべると神経質で自信を持てず、自分や一般の女に対する評価が低いということがわかったといっています。……（中略）……ジョー・フリーマンは、彼女のエッセイ「女の子らしく成長すること」の中で他の多くの調査と同様に、ターマンとタイラーによる研究も自分で完璧に調べあげたうえで、女たちが自分たちの性の特質として、確信を持てず、不安、神経質、落ち着きが足りず、注意力に欠け、恐怖心が強く、退屈で、幼稚で、無力、愚痴っぽく、弱気で、敏捷性に欠け、バカで家庭的。（中略）これらの特性のうち、十ほどリストにして、だれか精神病医のひとりに見せてごらんなさい。そしてあなたがそれをどこで手に入れたかはいわず、これらの特徴は何をあらわしているか尋ねたら、おそらく医者は精神分裂症状だと答えるでしょう。

（ジーン・マリン『本当の女らしさとは』）

そしてさらに、次のものと較べると、事態はいっそう明らかになる。ユダヤ人と黒人の特性とされている点に関してである。

神経質、服従、権力幻想、保護願望、あいまい、迎合的、些細な仕返しや中傷を目論み、同情的、自己および仲間に対する極端な嫌悪と崇拝、けばけばしいステータス・シンボルの顕示、恵まれない人たちに対する慈愛、グループの強力な規範にのっとり、忍耐強い。（ジーン・マリン『本当の女らしさとは』）

右の二つを比較すれば、一目瞭然のように、ここにみられるのは、社会的強者に対する弱者の特性なのである。社会的強者は、抑圧されたグループに対して、同じ言葉を使い、同じ性格的特徴づけをし、同じような扱い方をする。その結果、被抑圧者達は、同じような態度で接するようになるのである。そして次第に強者のものの見方や価値観を吸収し、これらで自分達を見るために、自己嫌悪をはじめ、お互いに非常に似かよった、さまざまな感情を生み出すのである。

これは明らかに男女の性差ではなく、優劣の差別意識を基盤とした競争社会における強者対弱者なのである。そしてまた、文化圏の全く違うところでは、例えばイラン人の間では、極度の男性支配社会であるにもかかわらず、男は生まれながらにして、感情的、神経質、直感的だと信じられているのである。

このように、本質的な性差とみられていたものは、実は文化によって条件づけられていたにすぎない。そしてその文化も、これからも続くであろう人類の長い歴史の、たった一コマにすぎないかもしれないのである。にもかかわらず、辞書において、このような考察がまったくなされず、物事の本質をとらえず、現象的なもののみかたしかなされていないために、女の特性やら男の特性やらといった、実体のない怪物が、平気でかかげられているのである。しかし、今、［新明］だけを問題としたが、他の辞書がどのように記述、説明しているか、これまでとった例を［広辞］と［新国］からひろい、列挙してみようと思う。

［広辞］**あくさい**【悪妻】夫のためによくない妻。「—は六十年の不作」

［新国］**あくさい**【悪妻】品性・行為のよくない妻。

［広辞］**あられもない**　①ありようもない。ありえない。②不都合である。③似合わしくない。とんでもない。浄、本朝廿四孝「姫御前の—・い」

［新国］**あられもない**　㊀あるべきでない。ふさわしくない。とんでもない。「—・い格好で寝ている」㊁〔古〕ありそうにもない。思いがけない。

［広辞］**ていせつ**【貞節】女子のみさおの正しいこと。貞操。

［新国］**ていせつ**【貞節】操が正しいこと。貞操。節操。

［広辞］**ていそう**【貞操】①女の正しいみさお。女子の節操。②異性関係の純潔を保持すること。みさおの正しいこと。

［新国］**ていそう**【貞操】㊀堅いみさお。変わらぬ節義。㊁婦人が、性の上での純潔を保持すること。

広辞 **あら**　驚き感ずるときに発する声。ああ。
新国 **あら**　驚いた時、不思議に思ったときなどに出す声。ああ。あっ。「—変ね」
広辞 **あれ**　驚いた時、不審に思う時に発する声。
新国 **あれ**　ふと気がついた時、驚いたときなどに発する声。「—鐘の音が」「—変だぞ」
広辞 **まあ**　驚いたり感嘆したりまた危ぶんだりした時に発する声。
新国 **まあ**　㈠ちょっと押えとめる声。勢いを押しとどめる声。㈡驚いたり、あやぶんだりして出す声。「—きれいだこと」
広辞 **ぺちゃくちゃ**　つづけざまにうるさくしゃべるさま。
新国 **ぺちゃくちゃ**　続けざまによくしゃべるさま。
広辞 **あくしょう【悪性】**　①（性質・行状や病などの）たちが悪いこと。②酒色にふけること。遊蕩。
新国 **あくしょう【悪性】**　㈠性質の悪いこと。㈡酒色にふけること。みだらな性質。うわき。
広辞 **たじょう【多情】**　①情の多いこと。情愛のふかいこと。②気の移り易いこと。浮気なこと。
新国 **たじょう【多情】**　㈠愛情の深いこと。㈡気の移りやすいこと。うわきなこと。

このように見ていくと、新明に多用された「女として」とか、「女が」といった表現が、これらでは殆どなされていないことがわかる。特に新国では、「貞節」の項でわかるように、広辞にくらべても、より正確な見方がされているようにみえる。単に言葉のいいかえにすぎなかったり、語釈がもとの単語より難解になる場合があることなどを、ここでは考慮せずにいえば、新国はいい辞書といえるのだろうか。

しかしここに危険もひそんでいるのである。新明が、ちょっと意識してみれば、すぐにその偏った見方を看破できるのと違い、一見、客観的な記述は人の目をくもらせる。もしそこに差別意識が隠されていると、使う人々は、知らぬ間に差別意識を植えつけられるのである。

広辞の「悪妻」の項では、妻は常に夫のために存在しなくてはならぬといった、身勝手な男の論理が仄見えるし、新国の「貞操」の項では、わざわざ二番目の意味として持ってこられてはいるが、「婦人が」（この「婦人」という言葉を持ち出すところにも、まやかしは感じられる）という言葉がしっかりはいっている。

そしてこれらの一見客観的、正確らしい表現が、根深い差別を隠していないか、表面上だけつくろい、編集者達の差別に対する鈍感な感受性を、ひそませているのではないかをみきわめたいために、再びこの二つの辞書で「男」と「女」をしらべてみた。

広辞**おとこ**【男】❶人間の性別の一つで、女でない方。男子。男性。①若くて盛りの男性。②年齢に関せず一般に、男性。③成年男子。元服して一人前と認められる男性。④強くしっかりしているなど男性の特質をそなえた男子。「―なら泣き言を言うな」⑤むすこ。⑥範囲を人間以外の動物まで及ぼして、雄性のもの。❷成年男子のあり方にかかわる、次のようなもの。①男性である恋人。情夫。②おっと。③在俗の男。出家せぬ男。④召使の男子。しもべ。下男。❸男子としての器量・特性。①一人前の男としての面目。②（多く「よい」を伴って）男性の容貌。男ぶり。③力強い・激しいなど、一人前の男に期待されているのと同類の特性。④男色。若道。〔―おんな〕男でありながら女のような性徴・性質を有する人。或いは、女でありながら男の性徴・性質を有する人。〔―だて〕男子としての面目を立たせるように、強きを挫き弱きを助け、仁義を重んじ、そのためには身をすてても惜しまぬこと。〔―なき〕女に比して感情の冷静な男が感極まって泣くこと。〔―まさり〕女で気性が男にもまさる程に勝気であること。また、その女。

新国 **おとこ【男】**㊀男性。おのこ。お。↕女㊁おす。雄性。㊂心身が成熟して一人まえになった男子。若盛りの男。㊃おっと。㊄愛人である男。情夫。㊅男ぶり。㊆男子の体面。㊇むすこ。子息。㊈しもべ。下男。奉公する男子。㊉〔古〕元服して一人まえになった男。〔―が立つ〕男としての面目が保たれる。〔―を上げる〕男としての面目をほどこす。〔―おんな〕男でありながら女のような、また女でありながら男のような性徴・性質を持つ―こと（人）。〔―なき〕（めったに泣かないはずの）男が感情を押えかねて泣くこと。〔―まさり〕女ではあるが、男にまさるほどしっかりしていること。また、そういう女。〔―らしい〕男としての気性や態度をそなえている。おおしい。

広辞　おんな【女】❶人間の性別の一つで、子を産み得る器官をそなえている方。女子。女性。婦人。①年齢に関せず一般に、女性②成年女子。成熟して性的特徴があらわれた女性。③天性やさしいとか、煮えきらないとかいう通有性に着目していう場合の、女性❷女のあり方にかかわる、特に次のようなもの。①妻。②情婦。③めかけ。④売春婦。女郎。⑤召使である女子。はしため。下女。女中。❸女性の器量・特性。①容貌。女ぶり。②激しさ・荒々しさ・きびしさがないなど、女性の通有性と同類の特性。〔―だてら〕女にも似合わぬこと。女のくせに。〔―でんか〕一家内で、女が男よりも勢力をもち、万事をとりしきること。

新国　おんな【女】㊀おなご。女子。女性。婦人。女人。↕男㊁めす。雌性。㊂心身が成熟して一人まえになった女子。若盛りの女。㊃つま。㊄かくしおんな。情婦。㊅売春婦。㊆女ざかり。㊇女中。下女。はしため。〔―天下〕男よりも女が幅をきかせること。〔―らしい〕女としての気性や態度を備えている。しとやかである。

語釈については全部、例語は気になったものだけを挙げた。そして順序が逆になるが、新国の方から考えてみたい。

この辞書では、先程語釈を列挙した時にも、比較的差別意識が感じられなかった。そして、「男」や「女」の言葉自体の語釈には、問題はないといっていい。しかしそのあとが悪い。「男として」「男でありながら」「女のような」「女でありながら」「男のような」といった記述がなされ、男や女に、特有の性質があるかのように書かれている。「男泣き」では、新明と大差なく、「男まさり」

では、男は女にまさっているといった意識が、その書き方にうかがえる。「男として」「女として」の性質の具体例をあげていないだけ、すくわれてはいるが、結局、オブラートにつつまれた差別意識を暴露してしまっている。問題は、比較的にどれが差別意識が少ないかなのではなく、差別意識はあくまで敏感に嗅ぎつけ、なくさねばいけないのである。

広辞になると、比較などの問題ではない。「おとこ」の❶の④「強くしっかりしているなど男性の特質をそなえた男子。」❸の③「力強い・激しいなど、一人前の男に期待されているのと同類の特性」、「男泣き」の項で「女に比して感情の冷静な男」といった表現。また、「おんな」では、❶の③「天性やさしいとか、煮えきらない、激しくないとかいう通有性に着目していう場合の、女性。」❸の②「激しさ・荒々しさ・きびしさがないなど、女性の通有性と同類の特性。」などみていくと、先程引用したブローマンの調査、ターマンとタイラーの調査が、すぐに頭に浮かぶ。ここに書かれているのは、差別意識そのものである。だいたい人間を相手に、「通有性」なるものをひきだすのは、大きな間違いである。ためしに、「通有性」なるものをひいてみると、「特有でなく、一般の物に共通してある性質」とある。しかし、「一般の」人間の性質などあるはずもなく、二本の足で直立して歩くといった事実は、「通有」であっても（ただしこれも、二本の足で直立して歩けないからといって「人間」でないとは、決していえない）、性質において、一般に共通であるとか、女だから男だからというものは存在しないのである。

新国は客観性はあるが、やはり差別意識から解放されてはいない。しかし広辞となると、解放されていないどころか、人間を平均値として扱うことを客観性とはき違え、新明が主観性をかなりあからさまにしているのに対し、一見、客観的であるかのような表現にだまされていると、大きな間違いを犯すことになる。この根深い差別意識は、整った顔をおもてに見せている分、犯罪的言動とさえいえる。では次に、その他の差別、身障差別や、少数民族、アジア・アフリカ差別、部落差別についても、少々とりあげようと思う。方法としては、再びその差別意識を素直にさらしてくれる新明からひろった文言を、広辞、新国で点検するという形式をとることにする。

しんしょう【身障】「身体障害」の略。〔—児〕先天的・後天的にからだの欠陥が有って、普通の子供と一緒に学校教育を受けさせることが出来ない児童。

サリドマイド　睡眠薬の一種。〔これを飲むと奇形児が生まれるというので禁止〕

この書き方には、まずその無責任さを感じる。「普通の子供と一緒に学校教育を受けさせることが出来ない」のではなく、出来得るのに、行政側がさせないにすぎない。養護学校義務化という、健全者と身障者の隔離政策を企る者たち、実際に存在している者を、目の前から消すことによって、その存在すらも忘れさせようとする、健全者中心主義に、この編者達は身を寄せていることになる。より便利な労働力を作るための、資本の論理に、画一的教育に、加担しているとさえいえるだろう。のち新明は第3版で、〈慎重な配慮の下に学校教育を受けさせる必要の有る児童〉と認める。批判の影響であろうか。また「サリドマイド」の項でも、「生まれるというので」といった曖昧な表現をとる。責任の所在をはっきりとした形であらわすべきである。

広辞・新国ともに、「しんしょう」では項目がないため、「しんたい」でひき、「身体障害者」を見ようとしたが、新国にはこれもなかった。

広辞**しんたい**〔―しょうがいしゃ〕生れつき、または疾病・外傷により感覚器に障害を有する者。不具者。

なるほど広辞は無難に片づけて、「黒人と私とは精神構造が違う」などと、声高に叫んだりはしない。「不具者」といった云い方は、妥当とはいえないが、まずまず穏当な語釈ではあろう。

広辞**サリドマイド**　ドイツで開発された睡眠薬の一種。妊娠初期に使用するとアザラシ肢症などの奇形児を生ずることが明らかになり、現在は市販を停止。

新国**サリドマイド**　睡眠剤の一種。一九五八年西独と日本で発売され、その効果をもてはやされたが、その後、妊娠初期にこれを服用した女性から生まれる子供に、腕などの短い先天異常児（サリドマイド児）が多いことがわかり、社会問題となった。

ここでも、サリドマイド児が生まれたという事実が明確にされ、「社会問題となった」まで書かれた新国に、軍配があげられる。辞書という範囲では、その「社会問題」の内容までは、つっこむわけにはいかないだろう。

新明 **えた**〔穢多〕四民の下に置かれ不当にしいたげられた一部の人たちの、明治時代までの蔑称。〔この人たちの解放運動が、「水平運動」を経て、今日、「部落解放運動」となっている。〕

広辞 **えた** 江戸時代、非人とともに士農工商の下におかれ、年貢の賦課を受けなかった階層。特定の地域に居住して、皮革業を主とし、草履・燈心・茶筅などの手工業にも従事した。明治四年にその称呼は廃止され、平民のうちに加えられた。えった。

新国 **えた**【穢多】近世、城下はずれなどに特殊な集落を作り、製革・屠殺など、特定職業に従事した集団。四民のほかにおかれ、生活面でもきびしく差別された。一八七一年平民に編入されたが、実質的差別は長く消失せず、大正ごろからは特殊部落とよばれた。現在も部落解放運動が続けられている。

新明 **ぶらく**〔部落〕農家・漁家などが何軒か一かたまりになっている所。〔狭義では、不当に差別・迫害された一部の人たちの部落を指す。この種の偏見は一日も早く除かれることが望ましい。〕

広辞 **ぶらく**【部落】②身分的社会的に強い差別待遇を受けてきた人々が集団的に住む地域。江戸時代に形成され、明治初年法制上は身分を解放されたが、社会生活上の差別は完全には撤廃されていない。未解放部落。

新国**とくしゅーぶらく【—部落】**「えた」「部落民」などと呼ばれて不当な差別待遇を受けていた人たちの集団。大正ごろからの呼び名で、現在は「未解放部落」「同和地区」などという。

果たしてこれだけの説明で、何がわかるのだろうか。差別というものは、もともと支配者の側に便利に出来ている。現在の差別が、被差別者を教育からしめ出し、低賃金労働者として使い、資本の側を太らせているように、江戸時代において、「穢多・非人」をつくりだすことは、支配者には非常に都合のいいことであった。ところがこれらの語釈では、なぜそこに差別がうまれたかが、全く示されず、まるで自主的に集まった者について書いているかのようである。

新明の「えた」は説明不足もはなはだしい上、「この人たち」といった表現は適当とは思われない。そして「ぶらく」の項では、またまた「狭義」が使われているが、「一日も早く除かれることが望ましい」といった表現がなされる。これは実に曖昧な云い方で、問題は「望ましい」とか「望ましくない」で済みはしない。偏見は除かねばならず、差別はしてはいけないのだ。広辞や新国も、相変らず、一見客観的な表現で説明しているが、差別の実体に、何一つ触れてはいない。

このようにみていく時、辞書の編集者達が、「差別」に対し、いかに魯鈍な目でしか見ていないかがよくわかる。そして、新明の「差別」についての語釈が、「価値判断や先入主（「先入観」の誤植か）・偏見による扱いの違い。またそのように扱うこと。」というのはまだいいとしても、広辞では

「①〔仏〕↓しゃべつ。②差をつけること。区別。ちがい。けじめ。」としか書かれず、新国でも、「差をつけて区別すること。違い。」としか書かれていないのをみると、その鈍感さに納得がいく。自分を強者として、被差別者の立場、弱者の立場に身を寄せることなど、この編集者達には、考えられもしないのである。

そして差別意識を中心に、辞書の語釈を追いながら、私は、辞書における語釈、意味説明とは何かを、考えざるを得なかった。前の方で一度述べたことだが、いかに不当な差別意識に基づいていようと、世間一般的に通じる意味は、やはり辞書に書かれなければいけないのだろうか。例えば「百姓読み」という言葉がある。

百姓読み　漢字の読み方を、偏や旁の音から類推してまちがって読むこと。例、「攪」を「カク」と読むなど。

広辞・新国でも、この語に関しては、同じような説明がされている。しかし根源をたどれば、支配者に便利なように、百姓に字を教えないような制度があったためであり、「百姓」の語自体に、蔑称的な意味が生じたのは、差別意識（そして、何度もいうように、差別意識は社会的強者に生じ、弱者であるが故に、強者の論理を身につけねばならなかったその弱者によってひろめられる。）を、もととしている。新明のように、「漏洩」の項で、「〔ろうせつの百姓読み〕」とまで書かれているのは、問題外としても、現に「百姓読み」の意が、そのようなものである以上、やはり辞書に書かれなければならないのだろうか。

言葉には、1＋1＝2といった数式のように、これこれをこうと名付けるといったものがある。抽象的な語では、そのような定義以外、説明のしようがない。しかし具象的な語とか、現実に存在するものを説明しようとする時、その付加的な意味、多くは強者の論理によって新しく意味づけされたものを、辞書はどのように扱うべきなのか。

「男」「女」の項でのように、「産めない性」と「産める性」という客観的事実は、その本質にふれるものである。しかし、世間的にこのように見られる場合もあるというものを、語釈に加えることによって、その一面的なものの見方は助長される。事実を事実として書く姿勢は、間違っているとはいえない。が、その事実、強者の論理にもとづいているかもしれない事実を、思想的対決ぬきに示した時、物事の本質は手もとをすりぬけていってしまうのである。

事実認識から語釈をはじめるためには、その「事実」と、常に思想的対決をしなければならないと思う。それを不問にした時、日常生活に横たわる差別意識は、再び勢力をまし我がもの顔にひろがっていく。そしていい辞書というのは、一見客観的などという逃げ道を残したものでなく、そのような対決を課した上で、本質を見極めわかりやすく記述するものでなくてはならない。

＊『国語辞書を批判する』（桜楓社。一九七九年七月）

六　ふだん考えていること

―国語辞書・差別用語・図書館など―

はじめに

差別用語または国語辞書について話をする予定でしたが、どうも今の世の中はわたくしにとってあまり住みやすいところとうつりません。鎌倉――住みついて約10年ほど――も先日〈読売新聞〉に投書しましたが、住人は精神的に病んでいるようです。東京とくらべれば、比較的に緑も多く、豊かな自然ということなのでしょうが、しかし京都と同じように、人間の心はあまり豊かとはいえないようです。わたくしには否定的にしかうつりません。そのうえ、司書会の会報「がっし17号」や、昨年の夏季連続講座の報告集などを読みますと、わたくしなどこうしたところで、皆さんにお話しをする資格などないとつくづく感じます。逆に皆さんから、いろいろとお聞きしたいと思うのです。しかしひきうけた手前、何かをお話ししなければならず、困っております。そこではじめのお約束どおり、〈国語辞書を批判する〉というところから、話すことにしますが、また差別という点では、女性に対するものが一つの焦点でもありますから、そこから話しをはじめます。

国語辞書を批判する

学生のころから女性のことばに関心がありましたし、かって（昭和30年代後半）、ＮＨＫの〈女性手帳〉という番組に出演して、視聴者代表の女性二人とアナウンサーを中にして、対談したことがあります。どうも女性への評価は、ＮＨＫもあまりかんばしくありませんでした。〈あまり高級な話はしないでほしい〉とか、〈大学出でも、せいぜい高校出身ぐらいに程度を考えて話してください〉とか、いやはやすごいものでした。それに最近のわたくしには、現代日本はもうゆきつくところにゆきつくまでは、何をしてもダメだと思っています。ましてもっと若いころでしたら、おそらく差別用語・表記に対して、これを糾弾するべく立ちあがるでしょう。しかし今は、そうした点に対しとがめだてをする気持はなくなりつつあります。とがめる前に、自分はどうなのかということを考えるようになっています。あのような差別的考えを辞書編集者——いずれも一流の大学を出、日本語の研究を専門とする学者たちです——はなぜそうなのかと、自分のこととして考えています。たとえば、自分に影響を与えた一冊の書物をたずねられたら、わたくしは『論語』と答えるでしょう。過去の教育はやたらむしょうに丸暗記して、あとからそれとさとるような方式です。俗にいえば古い教育で育ったものとして、わたくしも辞書編集者も、ほとんど同じようなものなのです。自分ではっきりと自分の立場を考え、律していくような教育は、受けていなかったといってもよいでしょう。

わたくしは小学校の教師をふりだしに、現在の大学の教師まで、教師という職業をタテに約40年ほど遍歴してきて、しみじみ過去の教育のことを考えるのです。現実と対決して、いつも己れが埋没してしまうのではないかという危機感をもち、それがまた自分の目標を達成するために、これでいいのかと考え、結果的にはいわば敵前逃亡をつづけて、ここまできてしまいました。職場に誇りがもてなくなったら、やめた方がいいんだといいきかせて今日に至っています。日本の図書館は歴史が浅く、学校司書も生徒や先生への対応におわれて、自分自身の勉強をする暇もすくなく、何か責任だけが重くのしかかってくるポジションではないかと感じています。いかがでしょうか。

はなしが横にそれましたが、そういう現在の心境からしても、辞書編集者を批判することより、そうした旧態依然とした考えしかない研究者の立場や、教育の歴史を反省したくなるのです。ともかく、『国語辞書を批判する』は、予想外によく売れました。読書カードや読後感想の手紙も多くの人から頂戴しました。しかしその中に、氏名は新明解といい、年齢１９７９歳、千代田区神田にある三省堂内という読者カードが出版した会社にきました。それが一つのきっかけとなって、わたくしのこの本を刊行した小さな会社は、『国語辞書を批判する』をすべて断裁してしまいました。大手出版社のものを批判することはよくなかったのです。読書カードの内容はわたくしたちの論に言及しているのではなく、事実誤認もあって、引用した点にいちゃもんをつけているのです。断裁することなど無用だったのに、やはり小さい出版社はおそれおののいて、自から刊行継続をやめてしまったわけです。引用の誤りを明確にして、刊行は継続できたはずです（関係者の了承もえられたのです）。

この悲運をふとしたことから、T大学の英語学の教授がおききになって、絶版はおしいからと、別のK出版社を紹介してくださり、『国語辞書を読む』と改題して、新書版で刊行することになりました。たわむれに幻の名（迷）著？といっていた嘆きも、解消されることになりました。もっともこれも現在では品切れで、増刷はしないという点では、再び絶版になったようなものです。＊註『国語辞書を批判する』の断裁のかげには、毎日新聞の記者も動いてくれて、わたくしに紙面を提供するからと、批判の再批判をする場を与えてくれましたし、いろいろと事情をさぐってくれたのですが、わたくし自身、もはやそうしたわずらわしいことには、あいそをつかして、再び批判の筆をとる気持はなくしました。いうならわたくし自身、次第に無抵抗主義にかわっていきました。戦前も戦後も、日本人の本質はそんなにかわっていないのだとしみじみ反省し、無駄なことにエネルギーをつかわず、より自分の研究をふかめることに専念すべしと、己れにいいきかせる方向をとってきたのです。現在もそういう点で、辞書への関心は強いものの、批判してとやかくいう気持はなくなりました。

はなしが前後しますが、さきほどいいましたわたくしの本が断裁されたというのは、わたくしが調べてわかったことでも出版社からの連絡からでもありません。毎日新聞の学芸部の新聞記者が、電話をかけてきて、そのことを知らされました。本が断裁されたことについて、インタビューに応じてほしいということでしたが、断りました。別に新聞記者がいけないというわけではありませんが、インタビューというのは、非常に警戒し用心しなければいけないものです。記者は記事をおもしろおかしく書く要素があって、こちらでいったポイント以外のところを強調されたり、おひれをつけたりすることがよくあるものです。

もしそのときに再批判を書いていたら、どういう展開をしていたかわかりません。それは、この度、城北高校の先生方の強烈で正当な、そして合理的な抗議の仕方に対する出版社側の解答でおわかりいただけると思います。

わたくしが抗議をしても、ヌカにクギだったと思います。そういう世の中になっているわけです。もっとも『国語辞書を批判する』の方法や用例を巧みに利用して、もっともらしく論文を書いて、さる著名な賞をもらったある女性の先生もいるのですから、世の中はいろいろなものです。

現代社会と書物の存在

わたくしは、毎年、自分が教えている学生たちに、『国語辞書を読む』と『医戒』という本をよんでもらっています。もう千人以上の学生に読ませました。読んだ学生の99％は、いい本を推薦してくれたと書いています。その『医戒』さえも絶版の憂き目にあう本でした。司書の方は本と接することが多いので、少しおはなししておきたいと思います。

今、日本の出版界はどういうことになっているのでしょうか。わたくしが書いた『江戸の博物学者たち』という本が、日本図書館協会の選定図書に選ばれているということですが、正直なところは少しもうれしいとは思っていません。なぜなら、こういうことがどういう形で行われるのか、むしろ選定という形で、多くの母親などがそれを買って、子どもに読ませるというのであれば、かえって困ると思います。母親が自分できちんと判断して子どもに与えるというのが第一なのです。

学校では本は司書の方が、ご自分でお読みになって、そして生徒にすすめて下さい。選定所？のそれで選択を左右されてはならないと思います。

いまC・W・フーヘランド著、『医戒—幕末の西欧医学思想—』（現代教養文庫）にふれましたが、多くの人がこの『医戒』を読んだようです。今も研究家だけでなく、町の開業医のような人たちも読んでいるようで、多くの人たちにしられるようになった本です。その『医戒』も編集会議にかけて、10対９ぐらいの賛成でやっと出版刊行が実現することになったしろものです。

ご存じでしょうが、出版社は売れないで残った本には、税金がかかるために断裁します。そうでなければ、ぞっき本といいまして、大幅に値引きをしても、とにかく売ってしまいます。『医戒』も刊行時に売れなかったので絶版しようというところまでいきましたが、ある有名なしにせの書店から、うちで責任を持って売ってあげましょうという申し入れがありました。現在は九刷にもなって、読まれるようになりました。売れるか否かで、出版するかどうかをきめるのは困ったものです。平賀源内のいうように、日本人一般は名ニ依リテ実ニ迷フようで、よく図書選択に目をひらかせ、めいめいが自分も勉強してください。

いろいろな事情もあって、現代の日本をみわたすと、『国語辞書を読む』にあったあれだけの差別用語は、たとえ現実に用語がなくなっても、差別意識とその事実自体は、残っているでしょう。現代社会において、書物がなにゆえに存在し、人びとに読まれるのか、よく考えてみることです。あるいはまた、なぜ書物を読まねばならないのかということも、じっくり考えてみることです。

外国の図書館

さてまとまらぬはなしばかりで恐縮ですが、今日の講習会に多少ともふさわしいと思いますので、過去において、わたくしが体験した外国の図書館のことに話題をかえることにします。

わたくしがオランダの国立ライデン大学に滞在中、国立モスクワ大学へ招かれていくことになりました。そのときのことです。オランダの大学の先生は10人のうち9人までが、行くことに反対しました。無事に帰ってこられるかどうか、わからないというわけです。

同じヨーロッパ人でありながら、こんなふうに、偏見があるのかと考えてしまいました。そのなかで、「いいや、そういうことは絶対にありません」といって、ソ連邦に対しても招聘に応じるべきことをすすめてくれたのは、大学図書館の司書の方でした。モスクワのレーニン図書館でいろいろ資料をみましたが、親切でしかもオープンで、充実した毎日でした。心配や不安はまったくありませんでした。

ライデン大学でも同じように、特別資料室の図書も資料も、自由に能率的に閲覧することができました。日本の大学の図書館は、後進国的であり、問題外であることを感じました。東大の図書館にしても、土曜日の午後になると、参考室は綱をはって中に入れてくれないではありませんか。日本の図書館ほど図書館の機能を果していない国はありません。

もう二十年ほど前のことですが、オーストラリアの国立大学（ANU、キャンベラにある）では、夜11時まで勉強ができました。それはその時間まで図書館を開けておいてくれるからです。大学の図書館として、こうした処置はあたりまえのことなのです。今度、ようやくわたくしの所属している大学の図書館も、日曜開館するようになりましたが、わたくしたちが、二十年間も要求してきた努力の一端がむくわれた？というわけです。たとえ一億の蔵書があっても、一般公開しなければ、それらの本は死蔵です。生きた本ではありません。その使命を十分に自覚しているとは思われません。国立国会図書館なども、すべて開架式にするのが望ましいと思っています。

ライデン大学では、一日、二日の予定で来た旅行者さえも自由に中に入れてくれるのです。勝手にカバンを置いてカードに、図書番号を書いて出せば、本がでてきます。レーニン図書館もほとんどオープンです。マイクロフィルムもすぐにたのめます。

やはり日本はまだまだ外国から学ばなければいけないと思います。

再び差別とその用語について

『国語辞書』を批判することにした要因の一つは、語釈、ことに女性に関する解説が無意識的にも差別を露呈しすぎていることからでした。はじめにお話ししたように、わたくし自身、果して女性差別観をもっていないか?と反省し、過去においてことに現代と直接関連のある江戸時代の女性はどうだったのか、少し調べることにしました。吉原の遊女についても、色や体を売る商売だなどと短絡的に考えている人がいませんか。いろいろと調べてみると、遊女たちはかなりの教養をもち、ことばや話し方についても、達人といっていいほど、よく訓練されている人びとです。遊里は社交場で、ちょうど芝居の観劇と同じようなものでした。吉原の遊女に関する文献をさぐりますと、肉体や容色の大切さよりも、よく文字を書けるか、本を読むか?といった点がうたわれているのです。町の娘たちも、遊女のそれを手本として、お習字などは習うべしとしています。現在、スチュワーデスを募集するときなど、第一条件として、身長とか体重など、主として肉体的条件が云云されると思うのですが、それとくらべると、むしろ遊女の方がはるかに、文化を担う人びとです。もっとも客にもピンからキリまであり、遊女にも大夫・天神・局女郎……端女郎などいろいろとランク付があるわけです。やはり人に接する職業として、ことばには最大級の注意をはらっているのです。しかし人身売買ではありませんが、品物のように売られることも確かで、その点、決して遊女制度を百パーセント肯定などできませんし、現代社会のほうが一歩も二歩も前進しているといえるでしょう。しかし一つの歴史的過程としては、やむをえなかった制度でしょうし、人間の本性に根ざしたことは、一面キタナイコトがあるものです。わたくしがいいたいのは、遊女に対する偏見や差別意識をこそ注意しなければいけないということです。調べれば調べるほど、遊女もまたりっぱな職業人であったということです。辞書にみられる差別用語が、心ない浅薄な独断や偏見で、公的に普及していくこと――ことにこれからの少年少女たちへの影響に――は、十分に警戒しなければいけないといいたいのです。

また江戸時代の女性の躾書《しつけ》をあれこれと調べてみますと、決して単純に男尊女卑ときめつけられないような事実がいろいろと判明します。話し方なども、外国流に相手と正対して目をみて話すのではなく、むしろ相手の左膝のあたりに視線をおとして話すとか、目上の人には自分の息がふきかからぬように斜に構えて話すべしというなど、既成の考えや外国流の手本をそのまま正しいとして、その是非を判断しては、むしろまちがっているといえるのです。日本人には、江戸時代には、それぞれ話し方の型もあり、女性にもそうした社会人の一人としての自覚と実行を強制しているわけです。文化とはこうした型であり、型は修練、習慣の集積によるものでしょう。

江戸時代は椅子の生活をしていませんから、右か左かどちらかの膝を立てて話すという、型の美学があるわけです。その中に遊女の話し方もふくまれているのです。最近は話し方の学校までありますが、江戸時代の話し方、特に女性の場合はどうしていたか、それについて研究された本が、実はほとんどありません。

わたくしも本格的にというか、女性関係の作法書や話し方について書いた本というのは、国語学者はばかにしていますから読まないわけですし、研究したがらないのです。女性の方でこの方面に関心をもって研究してほしいと思います。おそらく国語研究者として、『女重宝記』（元禄期刊）など日本語の歴史資料としてまともにとりあげたのは、わたくしの『近代日本語の成立』（桜楓社）がはじめてだったと思います（おかげさまで、「朝日ジャーナル」では高い評価で紹介されました）。

最後にショックなことを一つお話ししておわります。それは、外国人が日本人をどういうふうに見ていたか、ということです。〈差別〉ということの根本にかかわる点です。フランシスコ・ザビエルは、岩波文庫、『ザビエル書簡抄』を読みますと、こう書いているのです。「日本人は白人である」と。このコメントはさしひかえますが、当時聖職にある最高のものの発言です。さらに、江戸時代のE・ケンペルという人ですが、彼も日本の文化・科学・学問を理解研究する過程で、日本人は黒人種でも黄色人種でもない、白人の子孫であると考えなければ理解できないというようなことを書いているのです。こうした点で、裏返えすと白人優先の言です。根本から考えなおさなければならないと思います。

もっとお話ししたいことはたくさんあるのですが、時間ですのでこのへんでおわります。まとまらぬ話しを最後までおききいただき恐縮しております。

この『国語辞書を批判する』は、わたくしが大学の演習で、〈国語辞書を読む〉（演習）ことをはじめて、三年たった時点で、学生にリポートをまとめてもらったものです。しかし三省堂も岩波書店も、特に反省を示す言動はありません。かえって批判した側に犠牲者が出てしまいました。その点、城北高校の方々の批判が現場に直結するものであって、多少は耳を傾けたのでしょう。しかし根本は改まりませんし、わたくしどもが批判した国語辞書は、全面改訂どころか、絶版こそ出版社の良心を示す最低の線だと思います。しかしいまだに増刷、一部改訂でお茶をにごしています。〈マンション〉を、〈スラムの感じが比較的少ないように作った高級アパート〉（某大手の国語辞書）だという説明は、どう改訂しているのでしょうか。この底に流れる優越感と差別意識が、辞書全体に流れている基本姿勢はかわりません。絶版、陳謝こそ、唯一の改訂の道かと考えます。人身事故は交通事故だけではありません。よくよく精神的不毛な現代社会を考えてください。

＊第3回（1985・7／8月）都立高等学校司書会、夏季連続講座報告集、公開講演（東京都立高等学校学校司書会主催）

【註】『国語辞書を批判する』は、昭和54年7月初版、桜楓社から刊行。内容はつぎのとおりです。
1．辞書における差別意識について／2．広辞苑に関する批判的検討／3．国語辞典におけるオノマトペの具体的検討／4．三つの国語辞書を比較して／5．辞書批判／6．辞典編集の根本的態度を批判する。

七　『嬉遊笑覧』を読む

ＮＨＫの大河ドラマは、庶民の間に歴史上の人物などの、思わぬ虚像を定着させかねません。伊《だ》達《て》政宗《まさむね》（一五六七〜一六三六）もその一つでしょう。歴史との関係はともあれ、ことばのうえでダテもその一例だと思います。

現代国語辞典では、〈⑴意気・侠気をことさらに示そうとすること。⑵外見だけを飾ること。みえをはるさま〉の二義を伊達《だて》の用語の意味にあげています。この辞書の解説もうまくないのですが、政宗との関連では主として⑵の意、俗にオシャレと言えばいいでしょう。

江戸の初期に、〈伊達の薄着〉の言い方がみえますから、現代とほぼ同じ意も定着していたようです。ややのちになりますが、喜多村信節《きたむらのぶよ》（一七八三〜一八五六）の『嬉遊笑覧《きゆうしょうらん》』に、このダテを伊達政宗と関連づけて解している俗説があるが、誤りだと考証しています。百五十余年前にその非を明言しているのに、どうもいまだに政宗とダテについてこうして書かねばならぬ点、困ったものです。一言、ＮＨＫの製作余滴として、ことばの考証もいれ、放送してほしいものです。

あえて考証は省きますが、政宗生存のころと、ほぼ等しく成立刊行の『日葡辞書』（一六〇三年）に次の説明があるということだけを引用しておきましょう（原本、日本語はポルトガル語式ローマ字綴りです）。

ダテ　何か物を誇示して見えを張ること

ダテヲスル＝外面にみせびらかし誇示する

知恵ダテヲスル＝ほんとうに知っているよりも、あるいはいくぶん誇張してハデに自分の知恵をひけらかす

右のとおりで、複合語も、〈健気《けなげ》だて、利口《りこう》だて〉など七語あげています。接尾語的用法も多く、いろいろな複合語を作ります。例の男伊達（立）も同じダテです。

こんなわけで、ダテをはじめ現代語の中には、江戸時代の少し前か後に発生したり、一般的になったことばが少なくありません。それを解く参考書として、『嬉遊笑覧』はまことに好資料で、もうすこし多くの人が利用すべきかと思います。

江戸初期から、関東者をモサ（猛者）と上方人が呼びましたが、これは『壒嚢鈔《あいのうしょう》』（中世百科事典）に、〈坂東まうさと見えたり　故に是を猛者の音なりといへるは非なるべし。今も詞の終にもしといふことをそへていふ処あり〉とのべ、猛者説を否定しています。そして、初期江戸城下町を横行

闊歩した奴《やっこ》（旗本奴・町奴）などが用いていたので、奴詞《やっこことば》の一種と考証しています。ちょうど漱石の『坊っちゃん』で、松山方言ながら、〈おくれんかなもしは生温《なまぬる》い言葉だ〉とナモシを批判していますが、同語系と言えるわけです。このモサことばを用いる奴の言動が猛者風なので、誤解されたのです。

言うまでもなく、ベイも初期の江戸でよく用いられた特色ある江戸語です。信節も、〈古き歌につくば山つくばってさへ、でっかいに、つッたったら猶でっかかるべい〉を引用して考証します（デッカイは巨大の意の方言）。

わたしたち専門家には、江戸語を研究するうえで、貴重な用例や手法を提供してくれるのが『嬉遊笑覧』です。

『江戸語の辞典』（前田勇、講談社）では、チンプンカンを、安永七年（一七七八）の例をあげて、漢語・漢文をさして言うと述べています。しかし信節は、〈今唐山人（シナの人）の言のやうにいへ共〉として、〈阿蘭陀や、きたって蝶まふ、ちんぷんたる雪（為誰）の例をあげて、〈紅毛人の詞のまねびなり〉と正しい考証をしています。用例は延宝七年（一六七九）で、辞典例よりも一世紀前です。信節の説をとるべきでしょう。誠に豊かな資料・実例の宝庫です。

どちらかと言うと、流行語などなかなか記録されないものですが、信節は、〈然らば――正徳頃のはやり詞。いつもお若い・ぽかん――近頃のはやり詞〉などとあげています。最近、プッツンなどがはやるようですが、昔も今も流行語は他愛もないもので、やがて消えてしまうものです。

同書の流行語をさらに抜き出しますと、〈あんぽんたん・おや親・やみ雲・ちゃらくら・やくざ・べらぼう・しみたれ・馬鹿らしい・けしからねェ・虫がい丶・聞てあきれる・お気の毒蝿の頭〉などです。いつごろのものかも明示しており、語源的なものまであかしている点で、たいへん興味ぶかく、その博覧強記ぶりにも一驚します。

信節の読書範囲、興味の及ぶところは広いようです。江戸時代、西欧の科学知識や思想の摂取にあって、日本人に大きな影響を与えたシナ科学書、『物理小識』（明、方以智）も、よくみられます。ヨーロッパから舶載のものの考証として、〈シャボンは本草土部に石鹼といふもの也、蘭人はセ（ゼ）ップといひ羅甸語にサボーネといふ〉など、シャボン玉のことにもふれています。また、〈石筆は紅毛より渡るホ（ポ）ットロウといふもの也〉（ゼップ＝zeep《ゼープ》＝soap《ソープ》、ポットロウ＝potlood《ポットロート》＝鉛筆。なおオランダ語のペンセールは毛筆のこと）などと断りでみえます。

本書が国語学辞典に一顧だにもされていない点は不可思議というほかありません。

＊「歴史読本32巻23号」（新人物往来社、一九八七年一二月号）

八　日本語の海　畔田翠山『古名録』

◇二千余種の文献を駆使／〈和名〉のルーツ示す／紀州藩の医師
実証主義の科学精神

〈インコ〉の初出　『古名録』で、〈インコ〉をみると、〈蕃禽類〉〈鸚歌　明月記〉とあり、〈明月記曰嘉祿二年二月七日ノ朝ニ宗清法印送生廝鸚歌云云鳥為一見也可進殿下云云其鳥大レ自レ鴨色青毛極濃柔篆如レ鷹而細食柑子栗柿等云云喚人名由雖聞其説当時無音不経時刻返了〇本草啓蒙曰一種インコト呼モノアリテ暹羅《シャム》ヨリ来ル即鸚哥ノ音ナリ大サ伯労《モズ》ノ如ク或ハ伯労ヨリ大ナルモアリ凡ソ数十種皆羽色鮮麗比スベキモノナシ丹青糸造皆及バス〉（第七十一巻）とある。日本でのインコの最古の例が藤原定家の『明月記』にみえるこの記事というわけである。中国での〈鸚哥　広東新語〉も明示している。引用文で判明するように、単に語彙の出典を示すだけではなく、その語をふくむ資料を長文にわたって詳細にぬき出し、時に挿図も示している。いうまでもなく、『広辞苑』などにはこうしたルーツは示されていない。

もう一例、〈イワシ〉を紹介してみよう。〈海魚類〉（第五十四巻）に〈以和之　倭名類聚鈔〉をはじめ、〈伊和志　新撰字鏡／鰯魚　延喜式巻第五／むらさき　伊勢守貞陸記／おほそ　見上注／きぬかつき　同上／漢名　鰮魚〉とイワシの異名と、それが記載されている文献資料をすべてあげ、インコの場合と同じように、詳細に原文を引用している。周知のように、『倭名類聚鈔』は日本最古の百科事典である。どこまでもルーツをさぐり、異表記や異名もあますことなく示そうとしている。

比肩するものなし　以上のように『古名録』というのは有史以来、日本人が用いている自然界の動植鉱物名を文献によってあとづけ、その本源《ルーツ》を正確に示そうとした一大博物語彙辞典であり、ものの名を収集考証した古語辞典でもある。本編・目録・索引で八十七巻、総語彙数約一万三千語と、江戸時代のみでなく、現代においても比肩するもののない日本語の海と評しても過言ではあるまい。引用文献も和漢の書籍、二千余種二千数百巻に及んでいる。

本書は明治十九年から五年間にわたり、田中芳男らの厚志により、八十七巻を四五冊に分冊して出版した。そのためやや使用に不便なところがあり、今回の複刻にあたり、原本全巻六〇七〇ページを一八〇〇ページの一冊本にまとめ、別冊として語彙・引用文献総索引を作成、口絵・研究の一端をあわせ編集した。さらに著者生前唯一の刊本と称される『紫藤園攷証甲集』を影印で付録とした。この出版によって著者の堅実な学問態度が判明する。

忘れられた功業　著者、クロダスイザンは紀州藩の医師・本草学者で、東洋のリンネといわれた小野蘭山の孫弟子にあたる。しかし蘭山が志して果たさなかった〈和名〉の考証を、この『古名録』によって見事に完成、私見では江戸時代の本草学・博物学は、貝原益軒の『大和本草』、小野蘭山の『本草綱目啓蒙』、そしてこの『古名録』と三大巨峰をもつと考える。なかでも、日本に産出する自然の産物とその名称、それが収録されている文献、その考証において、翠山ほど広く深く史的に究めた学者は古今まれであろう。伊藤篤太郎博士が絶賛し、白井光太郎博士がその研究を慕い、南方熊楠翁が、偉大なる人物と賞賛しているのも、まことにむべなるかなである。しかし幕末から明治へと学問の風化はついにこの偉大なる博物学者を一塊の土と化せしめ、その著書——約六〇部三百巻——もほとんど顧みられぬままになっている。明治初年に、『水族志』や『古名録』が出版されたものの依然としてその功業は忘れたまま埋もれている。多年、ことばと物、民俗と方言を、江戸時代の学問体系の中にさぐってきたわたくしは、先に蘭山に出あい、ここで翠山にめぐりあって、先人の偉大なる業績と日日やむことなく研究に励んでいる姿に強くうたれた。しかも共通してそこには日本語が問題にされ収集され、あるべきかたちで詳細に記述されている。スイザンは輝かしい名声を博することなく、優秀な弟子にも恵まれなかった。独力独歩、自から本草学・博物学を書物と自然に求め、それらを師として研究した。そして近世における〈実証主義・親試実験〉の科学精神を具現した。もとより本草学者として、常に厚生済民の精神をもって学問に励んでいる。

『古名録』という日本語の宝庫は、ただ本草学・博物学・医学を研究する人に益あるのみでなく、日本文学を研究する人、和歌・俳諧にみえる動植物に関心をもつ人、あるいは歴史、文化、民俗を考察する士にも、多大の示唆を与えてくれる。いうまでもなく日本語を研究する人には、日本語の初源の姿を知るうえでの貴重な資料研究として、いつまでも書架に君臨するであろう。

＊「図書新聞」〈旧刊文庫〉（一九七八年一二月一六日）

九　『江戸時代翻訳日本語辞典』を編む

――新しい世界への架橋

言いふるされた諺なれど、光陰矢のごとく過ぎ去って、もはや十五年になろうか（一九六七年より）。学園が日に日に荒廃をたどる早大紛争のさなか、わたくしは交渉をもった数名の学生と、何か研究会をと思いたってはじめたのが、江戸時代の辞書研究であった。空しい大学の改革を呼ぶよりも、もっと自分自身の問題になっていることを研究しあうことにきめた。そのころ練馬区石神井の三宝寺池近くに茅屋をかまえていたわたくしは、狭いわが家を離れて、池畔の茶店に学生を誘い、用意の握り飯と店のおでんを注文して、小会をもった。もっとも、直接わたくしと関係のある早大の学生は二人。他はその友人の友人というわけで、予備校生やK大学・M大学の学生など混成グループであった。

しかし大学紛争の悪条件下で、今まさに刊行せんとする『江戸時代翻訳日本語辞典』作成の第一歩がふみ出されたのであった。紛争が終結しても研究会はつづけられたが、それぞれ卒業と同時に別々の道を歩むこととなって、一時、中絶することになった。しかしはじめよければ終りよしで、長い歳月をへて、ともかく初志が貫徹できたことは、協力の学生諸君に心から感謝のことばを提したい。既に二人の母親になっている学生もいて、しみじみわが老いをかこつこのごろである。そういえば、そのころ幼稚園に通っていた娘も、今は大学生となっている。まったく人間のできる仕事の量などたかのしれたものとつくづく思いしらされた。

『江戸時代翻訳日本語辞典』とは命名したものの、内容的には底本として使用した文久二年（一八六二）、幕府の開成所で刊行の『英和対訳袖珍辞書』を裏返しにした翻訳日本語集である。しかしさらにさかのぼると、淵源はＨ・ピカードのポケット版英蘭蘭英辞典であって、いわば蘭に代えた英語からの翻訳語という性格が重要である。いうならば江戸時代の蘭語学習と、その研究から生み出された蘭語に根源する訳語が、ここに数多くひきつがれていることになるのである。語数は約六万語をかぞえる。

Loveを訳して〈財宝〉とあるのを見、わたくしは大きな衝撃を受けた。愛欲や恋愛などで置換せず、伝統的な宝《タカラ》の観念――これは、Amor（ポルトガル語）を南蛮文化で、大切《タイセツ》・懇切《コンセツ》と訳している点と共通する――に興味をもった。逆に〈愛スル〉が、二ケタの英語に対応していることも知られる。日本人が欧米の愛の実相を理解するのに、どんなに苦心したことか。この辞書の翻訳に従事した人びとは、主任の堀達之助（長崎通詞、開成所教授）が三十九歳、年少者は十六歳と若い人びとであった。幕末騒乱の中で、彼らが明日を目ざして外国語学習に精進し、創始した訳語の輝きに深い敬意を表したい。語学用語、〈副詞・形容詞・前置詞〉などはもちろんであるが、〈経済学、共和政治・政府・大統領・法王・デモケラシー・論理術〉など新時代の日本に必要となった語彙はすくなくない。是非ともこの辞典を一見してほしい。

達之助は吉田松陰とも交友を結んだ学ある通詞であり、ことばと文化の翻訳者として、長崎通詞有終の美を飾るにふさわしい人物であった。

＊「図書新聞250号」（一九八一年四月一日）

【註】　杉本つとむ編『江戸時代翻訳日本語辞典』（一九八一年四月二十日。Ｂ５一一〇六頁・二五〇〇〇円・早稲田大学出版部）

Ⅳ

論より証拠の論

一　日蓮の言語生活寸描

はじめに　文永八年（一二七一）十月十日付「佐渡御勘気鈔（御書）」の一節に、〈本より学文し候し事は仏教をきはめて仏になり、恩ある人をもたすけんと思ふ、仏になる道は必ず身命をすつるほどの事ありてこそ仏にはなり候らめとをしはからる。既に経文のごとく悪口罵詈刀杖瓦礫、数数見擯出と説れてかゝるめ〔佐渡への流罪〕に値候こそ法華経をよむにて候らめといよいよ信心もおこり後生もたのもしく候、死して候はば必ず各各をもたすけたてまつるべし……日蓮は日本国東夷東条安房国海辺の旃陀羅が子也、いたづらにくちん身を法華経の御故に捨まいらせん事、あに石に金をかふるにあらずや〉と。また、弘安元年（一二七八）九月成立の「本尊問答抄」にも、〈日蓮は東海道十五国内第十二に相当安房国長狭郡東条郷片海の海人が子也……随分諸国を修行して学問し候しほどに我身は不肖也〉とみえる。旃陀羅《センダラ》とは梵語 caṇḍāla の音写、訳して厳熾・執悪・殺者、インドで最下級の賤民という。もとより小論は日蓮（一二二二〜八二）の出自・思想を論究するものではなく、センダラの自覚をもって、〈行生法得仏道者少於爪上土〉と危機にさらされている日本と日本人を救わんとして厖大な数量の文章をつらね、現代へ伝えている日蓮の言語生活の実態を論評するものである。通読して、日蓮の遺文はまさしくそのまま仏陀の言葉・法華経（法花経）の教えであり、具体的には〈譬へば／……の如し〉という言語芸術ともいうべき豊かな譬喩表現、修辞《レトリック》、言語生活の世界を示す。さらには日本語の史的観点からみて、古代語から近代語への過程を示す貴重な言語史材で充満している。わたくしが日蓮の遺文に出会ってほぼ三十年、日頃の読書の中からその一端、小見をここにのべてみたい（日蓮遺文には、〈法華経〉と〈法花経〉とが混在している。女性向には、〈法花経〉か）。

すでに右の遺文中にも石と金、爪上ノ土の譬えがあったが、「開目鈔」にも、〈井底の蝦が大海を見ず、山左が洛中をしらざるがごとし〉と、〈井のうちのかへる大かいをしらず〉（『毛吹草』）の原型をみる。あるいはまた、馬琴の用字〈悮（＝誤）〉などもみえて共通する。ときに〈夫妻は海老同穴の契とて大海にあるえびは同畜生ながら夫婦ちぎり細かに一生一処にともなひて離去る事なきが如し〉と、〈偕老同穴ノ契〉（『諺草』・『諺苑』）も巧みに変身させる。宗教家でありながら、日蓮の儒教的教養、学問はとうてい現今の学者の比ではない。伝教大師を尊び、弘法大師を見下すこと、天台宗への限りない信仰も日蓮の土台であろう。そしてなお、〈日本国と申は女人の国と申国也。天照太神と申せし女神のつきいだし給る島也。此日本には男は十九億九万四千八百二十八人、女は二十九億九万四千八百三十八人也。此男女は皆念仏者にて候ぞ〉と女信者の一人に対しても、〈女人の中の第一也〉と励ます。女人成仏の道は法華教（法花教）のみと断言し、女人への愛惜といたわりの筆は絶品である。細かくも数字の点綴は修辞であり、さながら西鶴の浮世草子を連想させる。きわめてリアリティに富む。文永六年（一二六九）の「法門可被申様之事」（真筆）には国語学でよくしられる東国方言への矜持が垣間みられる。〈わ御房〔門弟〕もそれていになりて天のにくまれかほむる。のぼりていくはくもなきに実名をかうるてう物くるわし、定てことばつき音なんとも京なめり〔訛《なま》り〕になりたるらん。ねすみがかわほりになりたるやうに、鳥にもあらすねすみにもあらす、田舎法師にもあらす京法師にもにす、せう房がやうになりぬとをほゆ言をは但いなかことはにてあるへしなか〳〵あしきやうにて有なり〉と。日蓮四十八歳、京都遊学中の弟子、三位房《さんみぼう》に与えた教誡の言葉である。鼠が蝙蝠《こうもり》に化すと叱責し東国方言を用いよと。日蓮遺文にまた多くのナメリをみる。日蓮も若きころ京都で真剣に修行した。以下、さらに日蓮の言語生活の一端を探ることとする。

（二）譬喩の世界

(a) 男と女に関する譬喩

周知のように、日蓮と切っても切れないものは法華経であり、この経典は他と異なって女人成仏を旗印とする。日蓮の厖大な遺文を検討すると、至るところに日蓮の女性観が現代的意味をもって読者をひきつける。わたくしもひきつけられた一人であるが、フェミニストとまでいかないが、十二、三世紀ごろの聖者としては特に珍しく女性を尊重する一人が日蓮といえる。その一端を語る遺文に建治二年（一二七六）三月二十七日付、「富木《とき》尼御前《ごぜん》御書《ごしょ》」（真蹟）に、つぎのような譬喩表現をみる。

やのはしる事は弓のちから、くものゆくことはりうのちから、をとこのしわざはめのちからなり

ここで矢と弓を点出して、矢を男（夫）、弓を女（女《め》・妻）と譬喩的に並出する。男の仕業は女の力によって――ちょうどそれはまた、雲と龍の関係とも同様というのである――いるという。富木尼御前は忠実な日蓮の女弟子の一人であり、したがって文章も仮字文であるが、日蓮の居る身延にこの尼の夫が訪問したことに関連しても、〈ときとのゝこれへ御わたりある事、尼こセんの御力なり〉とのべる。俗には内助の功などというが日蓮の表現はそうした表裏の関係でなく、もっと率直に一対一の関係を表現する。さらに、〈けふりをみれハ火をみる。あめをみれハりうをみる。をとこを見ればめをみる〉とやはり、〈煙《けぶり》〉と〈火《ひ》〉、〈雨《あめ》〉と〈龍《りゅう》〉の関係こそ、〈男＝夫《おっと》〉をみれば〈女《め》＝妻〉のことが推測できるという理である。相互依存、否相互扶助とでもいうべき関係の譬喩である。ここでも俗に火のないところに煙は立たぬという俗諺をふまえる。弘安二年（一二七九）正月三日付「上野殿御返事」にも、〈夫レ海辺には木を財とし、山中には塩を財とす。旱颰には水

をたからとし、闇中には灯を財とす。女人はをとこを財とし、をとこは女をいのちとす。王は民をおやとし、民は食を天とす。この両三年は日本国の内、大疫起りて人半分げんじて候〉とみえる。女と男の関係を財や命で譬えている。さらに文永九年五月二十五日付「日妙聖人御書」の一節に、〈男子女人其性本より別れたり。火はあた、かに、水はつめたし。海人は魚をとるにたくみなり、山人は鹿をとるにかしこし、女人は嫉事にかしこしとこそ経文にあかされて候へ〉とのべている。ここもあたたかい火とつめたい水と、譬喩をもって示し、さらに海人と山人をあげて女と男の在り方をのべているわけである。

法華教以外では、〈女人の心〉を〈水に（文字を）ゑがく／水面には文字とどまらざるゆへ〉と女の心の定まらぬことを軽視して譬喩的にのべる。それ故に日蓮はこれに反駁し、それらを〈妄語のごとし、綺語のごとし、悪口のごとし、両舌のごとし〉とのべる。これが日蓮の本音である。法華教は、〈正道なる事弓の絃のはれるごとく、墨のなはをうつがごとくなる者の信じまいらする御経なり〉とのべる。裏返すと、法華教の信者は弦を満月の如く一ぱいに張った弓であり、墨縄を真直ぐに打ち定めるような素直で且は柔軟な心をもつ人々であるというのだ。それ故にこの日妙（尼）を〈日本第一の法華経の行者女人なり〉と絶賛する。あるいはまた門弟四条頼基にあっても、〈御さかもり夜は一向に止給へ、只女房と酒うち飲でなで〔なぜに、などての訛〕御不足あるべき〉〈主君耳入此法門免与同罪事〉とさながら現代サラリーマン同様に、早く帰宅して、〈女房〉（これも近代語の用法）と一緒に酒を楽しく飲むべしと戒めている。

(b) 犬と猨（日蓮に猿の字は「開目鈔」の一か所のみ）の譬喩

弘長二年（一二六二）成立、「顕謗法鈔（ママ）」（謗法ヲ顕ス鈔（法））の一節に、つぎのように犬と猨の関係にかかわる譬喩がみえる。

> 此中の罪人はたがいに害心をいだく。若たまたま相見れば犬と猨とのあえるがごとし。各鐵の爪をもて互につかみさく、血肉既に尽ぬれば唯骨のみあり

最近は地下鉄の駅の看板にも、〈嫌煙（犬猿）〉の文字をみることがあるが、右のように、罪人が互に犬と猨のようにとりもなおさず敵対しているさまを示す。猨は『易林本小山板節用集』に、〈猨《サル》蝯猿皆同・猴同・申同〉とみえる。同じく弘安元年（一二七八）二月（あるいは建治三年（一二七七）八月）成立、「神国王御書《しんこくおうごしょ》」の一節にもつぎの記述をみる。

> 鷹の前のきし、蚰の前のかへる、猫の前のねすみ、犬の前のさると有し時もありき

ここは、鷹―きじ（雉子《きぎす》）、蚰（蛇）―かへる（蛙）、猫―ねずみ（鼠）、犬―さる（猨）と強者に対して弱者を対立させての言い方である。もとより弱者（猨に譬える）は日蓮である。ほかに、〈犬のさるをみたるがごとく〉と〈……ごとく〉の言い方でもみえるが、いずれも仲が悪い、現代風の嫌悪という発想ではなく、それ以上である。江戸期の『俚言集覧』に、〈犬と猿　中あしき喩（犬子

集」中のあしきをさていかゝせん　猿のとし通りかぬるや犬のそば〉などとは質的に異なる。引用文中の『犬子集』は寛永十年（一六三三）刊というから、江戸期にはいっては犬猿の仲の悪いという意で定めた表現でみえることになる。狂言では和泉流の狂言「竹生島詣」（冨山房版）に、〈物じて昔から、仲の悪いものは戌と猿との様に云ふが、其様な体もなかったか〉（大蔵流虎寛本にもほぼ類似の表現）とみえるので、これは江戸期にひきつがれる。おそらく仲の悪い同士、犬猿の仲は日蓮よりややおくれて、意味変化しての定着といってよかろう。日蓮の場合は強者と弱者の見立が基本で、他の鷹と雉子、蛇と蛙の取り合わせも同様の発想であろう。時代もそういう様相をもっていたのである。〈鷹と雉子〉は『毛吹草』（寛永十五年・一六三八刊）に〈雉子と鷹〉の順でみえるが、自然発生的にも創作される言い方であろう。〈蛇と蛙〉は現代でもそうであり同様の発生事情が考えられる。日蓮とほぼ同じころ成立の往来物の一つ『東山往来』（十二世紀初成）にも、〈蛇呑蛙可打放歟〉と命題をかかげ問答体で現証の例としてみえる。しかし日蓮は〈蛇の前のかへる〉の句形としてみえる点、記録しておく意味があろう。大衆への布教者の説得の弁がある。さらに〈猫の前のねずみ〉はどうか。『故事俗信ことわざ大辞典』（小学館）に、〈猫の前の鼠の昼寝〉を江戸期の浄瑠璃の例としてあげているが論外、『俚諺大成』にもみえない。これまた自然発生的であり日常的であるはず。一つの成句としてはまだ熟さぬか。言語の不条理性であろうか。日蓮遺文にはこの種の文句（成句）が豊かである。もとより日蓮個人の生活の反映もあろう。

（c）鬼に鉄棒の譬喩

ここでよくしられる〈鬼に金（鉄）棒〉を一考してみよう。文永十年（一二七三）八月十五日付「経王《きょうおう》御前御返事」の一節に、〈法華経の剣は信心のけなげなる人こそ用事なれ。鬼にかなぼうなるべし。日蓮がたましひ（ママ）をすみにうめながしてかきて候ぞ〉とみえる（かなぼうはカナバウが好ましい）。信仰に断乎たる決意をもった者、すなわち鬼ともいうべき信者にとって、法華経という剣（これもひとつの譬喩）は鉄棒というわけである。先に参考した『俚言集覧』に、〈鬼に鐵棒、餓鬼にをから〈武具要説、吾吟我集〉軒にふく瓦をとめてさす釘や手つよく見ゆるおにに鐵棒〉とある。〈鬼にかなぼう〉はどの時代まで遡って考えられようか。先に参照の『ことわざ大辞典』には、〈鬼に金棒（かなぼう）〉と立項しながら引用の例文は、〈たのもしうて勢を得れば鬼にかなさい棒ぞ（史記抄一九）〉と、『史記抄』を例示し、しかも肝心の〈鉄棒〉ではなく、〈かなさい棒〉である。これには『太平記』など、物の本にみえる〈鉄撮棒（周囲に凸凹のとがり刺のある鉄棒）〉の一つが考えられる。『西源院本太平記』、〈四月三日京軍事同田中兄弟軍事付有元一族打死事并妻鹿孫三郎人飛礫事〉に、〈五尺余りノ太刀ヲ佩、八尺余りノ金《カ》サイ棒《ハウ》ノ八角ナルヲ、手本二尺余リ円《マル》メテ誠に軽ケニ提タリ〉とみえる。したがって、むしろ『毛吹草二』〈世話付古語〉に、〈おに、かなぼう／かけむまにむち〉が比較的日蓮に近いといえ、四百年も隔たりがある実例といえそうである。かくして日蓮の例は、〈鬼にかなぼう〉のごく古く、初出に近い例といえよう。実体は同じでも、鉄撮棒と鉄棒は別語である。ここの経王御前は日蓮の門下ながら、必ずしも身分行動が明確ではなく、生没年も不明、御前は江戸期以前では、男・女ともに敬称として用いるので、〈――御前〉も女性とは断定しがたいが、日蓮では女性が主である。このように現代ともほぼ同じ意味で、〈鬼にかなぼう〉がみえるわけで、この記事は文章体からいっても、女性宛であることにまちがいあるまい。

なおこの「経王御前御返事」に、〈何より重宝たるあし、山海を尋るとも日蓮が身には、時に当りて大切に候〉と〈あし〉がみえる。日蓮は流されて佐渡にある。現代語のオアシ――幸田露伴『一刀剣』（明治二十一年成立）に〈おあし〉がみえるが、これと同じで、銭のこと――も語源的には中国書『晋書』〈隠逸伝〉の〈無足而走〉によるという。『徒然草』（十四世紀成）などにも、〈多くのあしをたまひて〉などとみえるが、オアシは『運歩色葉集』（元亀二年・一五七一成）に〈御足《アシ》〉（後述参照）とあり、時期的にはかなり下る。オを接頭させるのは女性の使用語彙ともなってであろう。『日葡辞書』（慶長八年・一六〇三刊）には、〈Voaxi. 銭《ゼニ》に同じ。これは婦人語である〉とみえる。というわけで日蓮遺文の例はやはり貴重であろう。また同じくアシと関連して、〈鵞目《がもく》〉がみえる。

先に引用した「富木尼御前御書」などに、〈鵞目一貫〉とみえ、この用語は他の遺文にも多いので、当時はごく一般的だったと思われる。どういうわけか『岩波古語辞典』には、〈鵝目《ガ》〉は登録されていない（あるいは俗称か）。もとより一般に辞書に日蓮からの例はみえない。『下学集』（一四四四年成）に、〈鵝眼《ガガン》　鵝瞳　四方銭穴ノ如シ故ニ云レ尓〉と鵝眼のいわれを解説している。『運歩色葉集』には、〈鵝目《ガモク》名銭　鵝眼《ガガン》〉と並出されており、『日葡辞書』にも、〈Gamocu. ガノメ（鵞の目）、すなわちゼニ、銅銭／Gagan. 銭ニ同ジ、銅銭〉とみえ、このころでは一般的な用語と思われる。藤原定家『明月記』（嘉禄二年（一二二六）十月六日付）に、〈鵝眼三百貫〉と鵝眼がみえる点、鎌倉時代の日宋貿易も想定させる。〈鵝目〉のほか、文永八年五月「月満《つきまろ》御前《ごぜん》御書」に、〈御祝として餅、酒、鳥目一貫文送給候畢〉、また弘安元年（一二七八）四月二十三日付、「太田左衛門尉御返事」にも、〈如御状御布施鳥目十貫文、太刀一、五明一本、焼香廿両給候……〉（五明は扇の異称）と〈鳥目〉がみえる。これも鳥は鵝を具体的にはさし、同時代の共通語であり、『下学集』に〈鳥目《テウモク》〉、『運歩色葉集』には〈銭《セン》〉として、〈鳥目〉をはじめにあげ、〈鵝眼、青銅《ツウ》、銅臭（ママ）、孔方足、阿堵物、要脚、御足、料足、用途〉と多くの異称をあげる。『日葡辞書』にも、〈Chômocu. ゼニノコト、銭すなわち銅貨〉とある鳥目《チョウモク》である。『易林本小山板節用集』（慶長十五年・一六一〇刊）では、〈鳥目《テウモク》名銭〉とある。狂言には〈鳥目蔵《ぐら》〉の語もみえるが、『大日本国語辞典』には、〈狂言布施無「定めて鳥目十疋づつ下さる」〉の用例をあげる。「狂言」（虎寛本）にはつぎの例をみる。

○昆布うり―私は若狭の小ばまのめしの昆布うりで御座る……夫はおびたゞしい鳥目じゃが夫は何として持て戻るぞ○なはなひ―扨鳥目がおびたゞしう有る程に縄をなふて呉れい○かはらたらう―定ておびたゞしう売れたで有う。鳥目もあまた有う。是へお出しやれ。某がつないでやらう○じしやく―扨明日は所用有て都へ登りまするが鳥目が貳百疋入まする○さんにんかたは―扨其上で身共が鳥目をぐはらり〳〵と出いて今一勝負初うでは有るまいか

〈鳥目〉は一般庶民用語ともいうべきか。月満御前は従来、日蓮の有力な門下、四条金吾（頼基）の息女とされる。しかしこれを否定する説もあり、〈鳥目〉の用語の選択もその一端を示唆するか。

なお、扇の異称〈五明〉について一言。『易林本小山板節用集』には、〈扇《アフギ》五明《メイ》雉尾《チビ》以上異名〉とあり。また、『下学集』に、〈五明《ゴメイ》　舜帝造二五明扇一ヲ其ノ形如二日本ノ扇子一ノ、後人呼レテ之ヲ曰二旋風扇一ト也〉と由来を記す。中国の古代の帝、舜の発明に因む異称で、古語辞典など従来、日蓮の例はなく、これが初出に近いとて貴重である。もとより、『日葡辞書』にも、〈Gomei. アフギ（扇）〉とある。

ついでをもって〈銭《ぜに》〉の例を紹介しておく。日蓮は、「主君耳入此法門免与同罪事」（文永十一年九月廿六日付）に、冒頭、〈銭二貫文給了。有情の第一の財は命にはすぎず、此を奪者必三途に堕〉とみえる。銭に関し、〈有情の第一は命〉で銭ではないという日蓮の銭観も確認したい。ゼニは〈銭《ゼン》〉の日本語化した語形で、古く〈ぜに（銭）も持て来ず、一月九日〉（『土佐日記』）とか、『和名類聚抄十三』に、〈紙銭……俗ニ云フ加美勢迩〉とあって、〈銭《ゼニ》〉はかなり古くから日本語となっている（日蓮のころも、具体的に〈紙銭〉がおこなわれた）。『日葡辞書』にも、〈Ieni. お金として用いられる銅銭、すなわち銅製の貨幣〉とあり、現代まで一千年余の命ある語である。日蓮に近いころで詳述しているのは、『塵添壒嚢鈔十』〈鳥目事付鵝眼孔方兄青凫等事〉であろう。〈銭ヲ鳥目鵝眼ト云ハ何ノ謂ゾ鳥目鵝眼青凫ナンド皆是料足ノ異名也、鳥ノ目ハ円キ故ニ尓云、鳥ノ大小同ク目ノ円ナル様ニ銭モ品具ナレドモ、其形共円キが故也。亦孔方兄共云也。是モ孔ハ穴也。穴四方ナル故ニ孔方ト云……青凫ヲモ銭トヨム……又青蚨共書ク青蚨ヲバ水虫也ト釈セリ、然ルヲ銭名トスル事ハ、此虫能ク多子ヲ生ム、爰ヲ以テ世俗取テ此虫ヲ塗レ錢、則其錢多ク生レ子ト云リ、故祝レ錢青蚨ト云也（後略）〉とみえる（ただし、鵝目はみえない）。日蓮遺文には、ほかにも〈尼ごぜん鵞目一貫、富木殿青鳧一貫給候了〉（文永十一年）とか、〈ぜに六百のかわり御《ご》ざのむしろ十枚給了〉（弘安元年閏十月十三日）と、〈青鳧・ぜに〉もみえる。

なおゼニの解説として、『東雅七』（享保四年・一七一九成立）に、〈錢をゼニと云は其字音の転じたるなり〉とある。また、日蓮に近くは、『類聚名義抄』にも、〈錢セニ〉とあり、ゼニは一般的であるが和歌の類では、『古今集十八』に、〈家をうりてよめる／あすか川ふちにもあらね我宿もせに〈瀬にと錢《ぜに》〉かはり行ものにぞありける　伊勢〉がみえる。ゼニは現代でもゼニモウケなどの言い方がある。しかし、現代ではこの言い方は品格のない感じであり、好ましくない。日本語の一つの欠陥であるが、漢字で書いてあっては正しくどう読むか難渋する。古代から『日本書紀』にも『延喜式』にも、漢字〈錢〉が用語としてみえるが、厳密にはゼニと断定できない。逆に、右に引用した「月満御前御書」の〈鳥目一貫文〉の鳥目も信者の間ではゼニと読んでいるが、これも決して否定できない。本質的に日本語は漢字使用の限り宛字の構造である。語誌ならぬ字誌は過去の研究には重要なことである。

また文永九年二月、佐渡での成立という『開目鈔』に、〈王寿と云人は河の水を飲て金の鵞目を水に入公胤といゐ（ママ）し人は腹をさいて主君の肝を入〉と〈鵞目〉がみえ、同じく信者間ではこれをゼニとよんでいる。もとより原文に傍訓のあるわけではない。いずれにしても、ゼニと断定できる仮字表記の例以外は断言できない。『易林本小山板節用集』に〈銭《ぜニせン》同ト〉、『毛吹草』にも〈銭《ぜに》〉はみえるが、いずれも傍訓のある点で明確である。また日蓮にみえる〈鵝（鵞）目〉の例は、他の文献資料にはみえず、貴重な例語であろう。また、傍訓と関連して、「波木井《はきい》三郎殿御返事」（文永十年八月三日付）に、〈鳥跡飛来晴不審疾風巻重雲如向明月〉の文において、『昭和定本日蓮聖人遺文』では、〈鳥跡《てがみ》飛来レリ〉とよんでいる。文勢からいっても、不審の晴れるすみやかなことの譬喩表現である。しかしいささか編者の失態でテウセキヒライスとよんでよかろう。そもそも当時テガミの日本語は存在せず、江戸期にはいって西鶴や芭蕉などが、〈手紙〉と用いるまでまたねばならないのである。〈朶雲飛来《だうんひらい》〉などの言い方もあり、朶雲（手紙、厳密には他人の）同様に書翰の意味で、中国故事に因み文字をいう〈鳥跡《テウセキ》（迹）〉を用いたまでであろう。先の五明《ゴメイ》とすこし事情が異なる。五明は可能性として『下学集』にみえる点などを考慮し、当時存在するのでアフギともゴメイともよめるが、〈鳥跡《てがみ》〉は時代錯誤といえる（同遺文集は他にもこの種の例が散見する）。

（二）語彙考証若干

○転（伝）子病

文永十一年（一二七四）九月十日付、「弥源太入道殿御返事（返書）」の一節につぎの記述がみえる。

法華経と中経は轉子病と申す病の様に候、轉子と申は親の様なる子は少く候へども、此病は必傳り候也　例せば犬の子は母の吠を傳へ、猫（猫ィ）の子は母の用を傳て鼠を取る

＊京都「本満寺本」では〈轉〉は〈傳〉とある。

右の転子病・転子の〈転〉は私見では〈傳《デン》〉を可とすると思うが、『病名彙解』（貞享三年・一六八六刊）にみえる〈伝尸〈屍〉病〉と同じことと思う。すなわち、〈伝尸病《デンシビョウ》　癆瘵ノ病ノ中ニ伝尸ノ一証アリ　尸《シ》ハ三尸虫《シチウ》トテ人ノ腹《フク》中ニテ臓腑ヲクラフ虫ナリ癆瘵ヲ一人ワヅラヒソレヨリ身近キ親類《シンルイ》ニヒタモノウツリテ一家ヲツクシテ死スルノ症也　尸疰《シチウ》ノ類考《カンガ》ヘミルベシ〉（巻五・五四ウ）とある。いささか非科学的漢方処方ながら、〈伝尸病〉は日蓮も例示しているように、犬や猫が親の用（これも日蓮の用語）を伝えて、吠えたり鼠を取る素質的なものと解説しているわけである。

江戸末期刊『扶氏経験遺訓十二』（安政四年・一八五七刊）の〈肺労〉の説明のところで、〈素質〉についで、〈伝屍〉の項をもうけ、〈伝屍　媾精〈交媾・性交〉ノ時ニ当テ病種ヲ児孫ニ伝ルコト此病ヨリ著キハナシ、児子ノ生前其父母ノ曾テ之レヲ患ヒシコト有リシヲ以テ徴スベシ、或ハ一族皆此素因ヲ抱ケル者アリ〉とみえる。〈伝屍〉は原本ではオランダ語 erfenis であり、『ドゥーフハルマ』（文化十三年・一八一六成立）に、〈Een erfelijke ziekte. 伝尸病《でんしびょう》〉とあり、日蓮の言葉の用は幕末に及んでいることになる。さらに同じ訳者の『病学通論』（嘉永二年・一八四九刊）には、〈遺伝病《エルフエレイケシーキテン》　遺伝病ハ賦生ノ始メニ於テ父母ノ病ヲ其体ノ質中ニ稟受セル者ナリ〉とあり、オランダ語からも伝屍病＝遺伝病であると断定してよかろう。日蓮がこともあろうにというか、法華経の伝流を遺伝病に譬

えているのに一驚する。当時も伝屍病なるものが広がっていたのであろう――戦前、肺病が遺伝するとおそれられていたから決して古くさい日蓮の譬喩ということではない――が、人びとの恐れる病を法華経伝流の譬喩に用いるのが適・不適か疑問でもあろう。法華経信仰と伝播の強さを譬喩的にのべんとする決意はしられる。相手の弥源太入道は北条氏を名乗る幕閣の中でも要人といわれる人物である。書翰でも、〈御所労の御平愈の由うれしく候うれしく候〉と二重奏の表現（この言葉重ねも日蓮の特色であり、一つの文体である）をもって示している。なお文永十年（一二七三）十一月三日付「土木殿御返事」に、〈佐渡国七月己下自天忽石灰蟲と申虫雨に一時穀損失し……〉と〈石灰虫《いしばいむし》〉（単に石灰《いしばい》でも）がみえるが未詳。火山の噴火灰などを虫に譬えたか、御示教を乞う。

○強盛《ガウジヤウ》

先に引用した「経王殿御返事」の終りのほうに、〈ただ歎く所は露命計也。天にたすけ給へと強盛に申候〉とみえる。この〈強盛〉は他の遺文にしばしばみえる用語である。『運歩色葉集』に、〈強敵《ガウテキ》、強盛《ジヤウ》、強縁《エン》〉とみえ、また、『易林本小山板節用集』に〈強縁《カウエン》……強盛《ジヤウ》……強問《モン》、強義《ギ》〉と強《ガウ》の熟語群中にみえる。したがって強盛はガウジヤウと読むのであろう（意味はここにみえない）。まさしく日蓮の愛語の一つといってよい。つぎに用例をあげてみる。

（1）今度強盛の菩提心をこして退転せじと願しぬ（開目鈔）

（2）世をとろへ人の智あさくなるほどに、天台の深義は習うしないぬ。他宗の執心は強盛になるほどに（同上）

（3）此等の経文よも虚事にては候はじ、強盛の信力こそありがたく候へ（四条金吾殿御消息）

（4）とくとく利生をさづけ給へと強盛に申ならば、いかでか祈のかなはざるべき（祈祷鈔）

（5）法華経の御為に身をも捨、命をも惜まざれと強盛に申せしは是也（義浄房御書）

（6）〔女人が〕案に相違して日蓮よりも強盛の御志どもありと聞へ候は偏に只事にあらず（呵責謗法滅罪鈔）

（7）湿木より火を出し乾土より水を儲けんが如く強盛に申也（同上）

（8）いよいよふびんにをぼへて名をもをしまず命をもすてて強盛に申はり〔ヨバハリとよむか〕しかば（種種御振舞御書）

（9）正像之時所立権小二宗漸漸入末法執心強盛以小打大以権破実国土大体謗法者充満也（顕仏未來記）

（10）今ま日蓮強盛に国土の謗法を責れば……今生の護法に招出せなるべし（開目鈔）

強盛はガウジャウと呉音で読んだが、漢語としてキャウセイとも読み、中国古典『北史』に〈漢ノ武士、馬強盛〉とみえる。（2）での意味は文字どおり強くして盛んなこと、俗にいうゴウジョウであり、ネバリ強ク、シツコイなどであろう。おそらく仏教語的にガウジャウと読ませるのであろう。感覚的には〈強情《ガウジョウ》〉とも相通うようであるが、用例から形容動詞で、〈強盛の・強盛に〉とこの二用法が主であり、後者は〈申〉につづく点、かなり強烈、劇烈な表現と思われる。他に〈強盛の菩提心〉などともにみえるとおり、断乎とした菩提心、不退転の決意ということでもあろう。(3)も断乎として信じる〈強盛の信力〉は稀有なるものということであろう。(4)は強烈に主張するならば祈がかなえられるということである。(5)も必死に〈不惜身命〉と法華経一筋に信仰するよう申すことである。かなり劇しい表現である。(6)は文字どおり〈只事〉ではない断乎とした志であろう。(8)は断乎とした決意と劇しい主張とが合体した〈強盛〉の真意を語る用法といえよう。(9)は〈執心強盛ニシテ……国土ニ大体謗法者〔正法を誹謗する者〕充満スル也〉と悪い者が執拗にはびこると誹謗した表現である。いずれも、精神的強さをいうのである。

上であげた節用集の類にはもとより意味はみえないので、日蓮の用法から帰納しなければならぬわけだが、『岩波古語辞典』には珍しくこれを――多く漢語系の語は古語辞書には登録されていない――〈強く盛んなこと。強健〉と釈し、用例として、『発心集三』の〈勇猛強盛《がうじやう》なる心〉を挙げる。さらに、〈↓がんじょう〉とあるが、日蓮遺文を解釈するのには不十分であろう。また指示している〈がんじょう〉をみると、〈がんじょう［岩乗］《ガウジャウ（強盛）の転。「岩畳」「五調」「四調」などとも書く》①人や物のすこぶる強健なこと。②馬の特に強健なこと〉とある（②はキャウセイとよみ別語であろう）。これは江戸初期『斉東俗談』（貞享二年・一六八五刊）に、〈岩乗《ガンジャウ》　俗。物ノ健《スコヤカ》ナルヲ云〉とあり、右の古語辞典はこれに通じる。しかしやはり〈強盛〉とは直結すまい。強盛→岩乗（これは宛字にかわりないが）とあっても、字音は異なり、意味も日蓮の用法とはかなりずれ、これは肉体的にも強さをさすというか似て非である。同辞典の用例は江戸期の文献からであるから問題外であろう。江戸期以前の例として、『邦訳日葡辞書』では翻訳して、〈Gangiô. ガンヂョウ（五調）労働したり、旅行をしたりなどする体力．¶Gangiôna mono. ガンヂョウナモノ（五調な者）労働する力のある人．／Gangiô vaza. ガンヂョウワザ（五調業）体力、腕力を要する仕事〉とみえる。さらに『大日本国語辞典』では、〈がんじゃう強盛　がんじょう（岩乗）に同じ。甲陽軍艦九上「手足強盛なる者共を、侍ひ・雑人共に三百人すぐって」〉とある。ガウジャウはこうした肉体的な点での用例であって、日蓮にはみえない。現代の国語辞典、たとえば『研究社国語新辞典』に、〈ガンジョウ岩乗・頑丈（形動）1．馬が特別にすぐれて強いこと［stout］、2．構造が堅固なこと［firm］（例）岩乗な船、3．身体が非常に健康なこと［strong］（例）頑丈作りの男〉も同様である。いずれも日蓮の〈強盛〉を正確に解釈するうえではほとんど役だたぬ。日蓮が断乎として、確乎とした信念をもって自己の宗教活動をすすめんとした表現――こうした真意は〈岩乗〉とは無縁であろう。まさに、〈日自東出照西、仏法又以如是、正像自西向東、末法自東往西〉と日蓮の日本人としての民族的自覚を伝え、表現するうえで、大切な語が〈強盛〉である。〈強盛〉と〈岩乗〉とは別語で、〈岩乗〉は右の国語辞典の〈馬ノ強イコト〉で、本来は〈五調《ガンデウ》〉と書く。先にふれたように日蓮遺文を通読すると、一つの大切なキーワードが〈強盛〉なのである。堅固な日蓮の意志の発露を意味する語である。

○十字《ジフジ》

日蓮遺文でもう一つのキーワードは、〈十字〉であろうか。これは日蓮の布教というより生活とふかくかかわる。

弘安元年（一二七八、一説に弘安三年）十二月廿一日付「十字御書」に、〈十字三十、法華経の御宝前につみまいらせ候ぬ又すみ二へい（俵）給候了　恐々謹言／十二廿一日　日蓮（花押）ほりの内殿御返事〉と〈十字〉がみえる。『昭和定本日蓮聖人遺文』では、〈十字《むしもち》〉とルビがあり、実体は蒸餅《むしもち》でムシモチとよむとする。おそらくこの訓みも誤りであろう。同遺文集の弘安二年正月三日付「上野殿御返事」に、つぎの〈十字〉をみる記述がある（傍訓は筆者）。

（a）餅九十枚・薯蕷《やまいも》五本。わざと御使をもつて正月三日ひつじの時に……身延山のほらへおくりたびて候（中略）心ぼそくて過し候処に元三の内に十字九十枚満月の如し

さらに二例あげる。

（b）十字五十まい、くしがき一れん、あめをけ一送給了「窪《くぼ》尼御前御返事」（弘安二年十二月二十七日付）

（c）（前略）さては御送物の日記、八木（米の異称）一俵白塩一俵十字三十枚いも一俵給候了「春初御消息」（弘安五年正月二十日付）

右の〈十字〉が問題である。これをジフジと音読にするか、ムシモチ、マンヂュウとするか内容よりまずヨミが問題になる。〈枚〉の助数詞はマンヂュウより餅・蒸餅を思わせる。形は平たいか、円い饅頭形か？一つの解答は、『大日本国語辞典』にみえる。〈じふじ　十字（名）㈢むしもち（蒸餅）又はまんぢゅう（饅頭）の異名。下文の晋書の故事によりていふ。東鑑十二、建久三年十一月廿九日「送二給十字一」晋書何曾「何曾逾豪累世（中略）蒸餅上不三坼作二十字一不レ食」〉と説明。右にしたがえば〈十字〉は、そのままジフジとよみ、むし餅、饅頭がその内容となろう。しかし日蓮遺文集では編者の意向であろうが、〈むしもち〉とよませている。中国に根拠を求めれば、〈蒸餅〉とみえるから、饅頭ではなくムシモチであろう。しかし右の辞典ではムシモチ、マンヂュウを同じと考えているのかどうか未詳ながら、一つの〈十字〉に二つの名称、異称・異物を対応させていることになる。日蓮も特に十字を説明しているわけではなく、仮字表記のみえないことは残念である。これまで古語辞典に日蓮の例はみえず、先に例示のように出典として、『吾妻鏡』をあげているのみ。念のため岩波文庫『吾妻鏡』により該当部分をみると、建久三年十一月、〈廿九日、戊戌　新誕の若君、五十日百日《いかももか》の儀あり……御贈物を進ぜらる。御剱、沙金、鷲羽なりと云々、武州、上州、……常胤……重忠……義盛、景時……景光等に、十字《じふじ》（蒸餅の異名）を送り給はると云々〉とある。文庫の訳注者、龍粛氏はムシモチなど訓まず、ジフジとよみ蒸餅と解している。これが正当かと思うが、もとよりジフジと断定の根拠はみえないので何によったか未詳である。同じく『吾妻鏡』には右の引用のほかつぎの記事がみえる。

（a）建久四年五月十六日辛巳　富士野の御狩の間、将軍家督の若君（頼家）始めて鹿を射しめ給ふ……山神の矢口《やのくち》等を祭らる、江間殿、餅を献ぜしめ給ふ……列座の衆盃酒に預り、悉く酔に乗ると云々、次に諂馬勢子の輩を召し各十字（蒸餅の異名）を賜ひ列卒を励まさると云々

（b）同年九月十一日甲戌　江間殿の嫡男の童形（泰時）此間江間に在りて昨日参著す……厳閤箭祭《ヤマツリ》餅を備へ子細を申さるるの間、将軍家西侍の上に出御、上総介、伊豆守以下数輩列候す、先づ十字を供ふ、将軍家、小山左衛門朝政を召し一口を賜ふ、朝政御前に蹲居して三度之を食ふ、初口には叫声を発ち第二三度には然らず、次に三浦十郎左衛門尉義連を召し、二口を賜ける、三度に之を食ひて、毎度声を発つ、三口の事は頗る思食し煩ふの気有り……諏方の祝《はふり》盛澄を召すに……三口を賜はる三度に之を食いて声を発たず、凡そ十字を含むの体、三口の礼に及びて各伝へ用ふる所に皆差別有り、珍重の由御感の仰を蒙り其後勧盃《げんぱい》御献と云々

建久三年（一一九二）では、御家人たちに対して若君誕生で、〈十字〉を贈っている。しかし（a）では狩場での勢子《せこ》に〈十字〉を下賜している。（b）はちょっと特異に思われる。箭祭の餅とは別に、〈十字を供ふ〉とあり、一口賜って三度でこれを食うといい、はじめの一口に叫声を発するなどとある。口は十字の数え方をいうか。しかも〈三口の礼〉に何か差別があるらしい。やはり〈十字〉はモノとしては単なるムシモチであろうが、特別な意味をもつようにみえる。形の大小か

らいくと『吾妻鏡』の十字は円く小形で、饅頭に近いものであろうか。

右の『吾妻鏡』の記事に対して幕末の本草家畔田翠山《くろだすいざい》は、モチ＝モチヒ＝糯糍とモチ（むし餅ではない）と考えている。日蓮の場合は〈十字御書〉としてもみえ、〈法華経に供へ〉ることや、形が〈満月の如し〉とあり、〈九十枚〉などの数量と助数詞の用法を考えると、饅頭――すくなくとも現代的なものから考えられる――ではなく、形のうえで饅頭のように円いが平で、やはり中身は、〈蒸餅《むしもち》〉であろう。蒸餅は近代中国では〈蒸餅《パン》〉にもあてているが、ここは『晋書』とも関連して考えると、米、もち米でなく麦、麦粉と麹により蒸した中国風〈餅《へい》〉（餅は月餅や煎餅などのように本来麦が材料で、餅《もち》と異なる）をさすと思われる。法華経に供えてもおり、勢子《せこ》（人夫）に与えている点、十字をその場で食べている点など現代のノシ餅などではないことは確実であろう。饅頭に似ているところから、異称としてのちにマンジュウともよぶようになったので、日蓮の時代、『吾妻鏡』などもジフジとよびならわしたと思う。

十字は蒸餅の上部に、十の字形の切り目を入れないと食べなかったというわけで、〈蒸餅＝十字＝形、饅頭（丸）〉という関連が考えられる。『日葡辞書』に〈Muximochi. 湯の蒸気でむした餅《モチ》の一種〉とあるのも、日蓮の〈十字〉と有縁であろうか。『日葡辞書』には、〈Mangiǔ. 小麦の小さいパンであって湯の蒸気で蒸したもの／マンヂュウヲムス＝湯の蒸気で小麦の小さいパンを煮る〉とマンヂュウ＝ムシモチでもある。しかしジフジの語はみえない。このころには用いなくなったのであろうか。〈十字〉はマンヂュウでもあるわけであろう。しかしこれは日蓮の時代よりのちのことである。『岩波古語辞典』に引用の抄物の例文に、〈じふじ（十字）は饅頭を云ふぞ、上を十文字に裂くと云う説もあるぞ（蒙求抄一〇）〉とあるのも参考にはなろう（日本では必ずしも十字の切り目の有無は問題になるまい）。貝原益軒『大和本草』四〈造醸類〉の〈蒸餅《ハン》〉に、〈麹《コムギコ》ニテ作リ甘酒ニテ製ス形饅頭ノ如ニシテ大ナリ餡《アン》ナシ長崎ニ作ル……○東鑑ニ十字ト云ハ是蒸餅饅頭ナルベシ〉とある。益軒は、パンが病人食としても妨ナシといい、十字にも関心をはらっている。そして十字は〈蒸餅饅頭〉と推定しているわけである。酒こうじでも蒸餅を日本でもはやく作られていたか。つぎにほとんど有効とは思えないが、参考までに、『倭訓栞』の説を引用しておく。

　じふじ　東鑑に見ゆ俗にいふ米《ヨネ》饅頭の事也といへり晋書に蒸餅上不レ析二十字一則不レ食といひ書言故事に蒸餅十字瓊ニスレ肌と是也。麪を醴にて造れる物内に餡なし長崎にて市人制（ママ）すぱんと云ふ

ここで当時の〈餅〉の意味を一考する点で『日葡辞書』をみると、〈Mochi. 米で作った円いボーロ（状のもの）〉で、ボーロ自体については、〈小麦粉をこねて焼いた普通は円形の菓子〉とある。編者はモチへの認識に多少欠けていて、米を材料とするのか、麦を材料とするのか明確にしていない。餅《ヘイ》は日本のモチではなく、小麦粉での餅で蒸餅や饅頭の類、〈十字〉と実体は同様と思われる。

饅頭にしろ蒸餅にしろ、言葉として日蓮生存の十三世紀ごろに、饅頭はみえないであろう。実体はムシ餅《ベイ》で呼称は〈十字《ジフジ》〉が一般的で、遺文集にも〈十字〉の呼称以外の、ムシモチ・マンヂウと

いう名称も表記もみえない。日蓮の〈十字〉例は貴重な用例であることは確かである。十六世紀にはいれば『運歩色葉集』に〈饅頭《マンヂウ》〉などがみえるが、『日葡辞書』などと同様に、日蓮在世より三世紀ほどのちのこと、『岩波古語辞典』の例文も同様である。したがって、日蓮の時代にマンヂウやムシモチの呼称のみえる文献資料を例示することが、第一であるが未見である。

日本に饅頭作りの技が中国から伝えられ、日本人のものとなったのは暦応四年（一三三九）以降といわれるので、日蓮のころは存在しないし、呼称もみえるはずがないと考えられる。したがって十字をマンジュウやムシモチと訓《よ》むことは不可能で、のちに実体が同様な点から異称が生じたまでであろう。日蓮の時代は〈十字《ジフジ》〉と音読みで用いるのがもっとも可能性が高い。もとより日蓮のころムシモチが作られていたのであろう。これが饅頭以前にもあったかどうかの点、中国渡りの製法なのかどうか。日本独自のものはなかったのかなどの吟味も必要である。日蓮と同時代のもので、ムシモチの例があるかどうかはさらなる資料の博捜を心掛けたい。〈小麦酒〉などビールを思わせ、すでに『延喜式』などにみえる。やはり事実、実体を確かめたい。

なお遺文中の〈八木〉は日蓮信者の間では八木《コメ》とよませている——「太田殿女房御返事」（弘安三年（建治元年とも）七月二日）に、〈八月分《やつきぶん》の八木《こめ》一石給《たび》候了《ンヌ》〉——が、同時代の『吾妻鏡十三』に〈御布施〉として、〈建久四年十一月廿七日庚寅、……八木百石送文近江国に於て沙汰致す可しと云々等被遣僧正旅館比企藤内朝臣御使云々〉とあり、『運歩色葉集』に〈八木《ハツボク》米名〉、『日葡辞書』に〈Fachibocu〉、『易林本小山板節用集』に〈八木《ハチボク》米也〉とみえる。『庭訓往来』（十四世紀後半成）、〈六月状、兵粮八木、鞍替糒袋……〉とあり、これは撰者、玄恵（一二六九～一三五〇）という。また本居宣長、『玉勝間六』に、〈八木　米を八木といふはふるきこと也、小右記の寛仁万寿のころのところに八木十石八木卅石など見えたり〉と考証している。西鶴作品にも、よくみえ〈八木《はちぼく》〉と振り仮字がある。ハツボク、またはハチボクと読むべきであろう。やはりコメの訓みは日蓮の場合も好ましくない。もとより本来は中国での用字（米を分解して、八木とする）である点、〈十字〉と同じ事情である。

〈補記〉

＊江戸後期刊『本草網目啓蒙』に、〈蒸餅　パン長崎　アンナシマンヂウ／此ハウドンノコヲ溲《コネ》テ餅トナシ蒸スモノナリ……内ニ餡《アン》ヲ入ル、者ハ饅頭ナリ薬用ハ餡ナキ者ナレドモ通シテ饅頭トモ書ケリ本草彙言ニ蒸餅即俗名二饅頭一ト云附方ニモ饅頭餅ト書ス〉とみえる。中国本草書で、〈蒸餅・饅頭餅〉の呼称があったことも推測される。いずれも日本への伝播は日蓮生存後のことと思われる。

＊小論のテクストは、立正大学日蓮教学研究所『昭和定本日蓮聖人遺文』（昭和二七年初版刊）、立正安国会編『随喜居士謹集日蓮大聖人御真蹟対照録』（昭和四三年刊）。前者の傍訓には、疑うべきところすくなくない。再考を希望する。

☆引用文中の〔　〕は筆者の註記を示す。『近代語論集十三』（二〇〇七年十二月十五日、近代語学会）

二　江戸の〈性〉語彙

一

江戸時代、〈性（セックス）〉に関するキー・ワーズといえば、〈色（エロチシズム）・好色・風流・春色・愛・遊里〉ということになろうか。さらにそれぞれに、付加的要素として、〈恋・浮世・春画／ほれる・好き・あだ・欲・艶〉などが考えられる。さらに横文字のセックスやエロチシズムが当時存在するはずもないという意味では、それらが色や愛と重なりあう。性即色という等式も成り立つ。こちらがわでも、色は色欲や愛欲と結びつくわけであるから、愛とも重なりあう。そんな中で、十六世紀に日本に紹介された西欧型にはamor《アモール》（ポルトガル語）が存在した。それは右の属性をほとんど排除し訳して、〈大切・懇切〉――いわばプラトニック・ラヴをもって紹介された。筆の走りのついでに、そのあとをすこし追っておこうか。

この異文化侵入は必ずしも、強い衝撃を日本人の性や恋の世界に与えたわけではない。高山右近などにおけるキリシタンゆえのヨーロッパ人的行動は、日本人一般に受け入れられるはずはない。あえて蛇足を加えれば、鎖国の第一歩に、オランダのリーフデ Liefde（愛）号が来航したことは象徴的である。また鎖国とはいえ、十九世紀初頭には蘭文翻訳に、〈彼等はまだ初恋である〉といったプラトニック・ラヴがみえ、さらに英語の love は、〈愛・恋・財宝《タカラモノ》／愛スル・好ク〉などの訳をあてる。同じく、仏文翻訳からは、〈少年孃子春情の問答〉として、〈貴婦人《マドマゼール》〉と〈少年《ムッシュ》〉の問答があって、〈Je vous aimerai 吾儞《ナンジ》を愛念《スク》す〉（『拂郎察辞範』）と、仏語 aimer を〈好《ス》ク〉で訳す。〈春情〉のほかにも、〈情事・恋情・恋力〉が派生してみえ、キリシタンとは語彙・様相に変化をもたらす。〝ロミオとジュリエット〟の翻案、「心謎解色糸」まで考えると、訳語にもゆれはあるが、原語との対訳を検討するとき、終始プラトニック・ラヴ（西欧的愛）を了解認識していたであろう点は注目される。恋は何物にもかえがたいタカラモノなのである。

いうまでもなく、〈初恋〉（初出は鎌倉時代）も日本では、〈濡染めしおれとそなたが初恋に〉（近松「博多小女郎波枕」）とみえ、英語の calf love ではなく、俗に〈初体験〉ともいうべき性の交渉を前提とする。好きから、好兵衛＝助平の擬人名が創作されるように、日本では肉体的交渉、いわば性と恋とはいつも一つのものとして認識されていた。ことばもまたそう理解すべきなのである。そして、恋の終局は文字どおり一生、ベターハーフと生活をともにすることとするならば、はじめから肉欲をともなうのも理の当然で、性《セックス》のともなわぬ愛などは存在しない。そんな愛は人間としてむしろ異常なはずである。いうまでもなく、〈本恋〉もあれば、〈いたづらの恋〉もあるのだが……。恋におちいる契機に必ず、肉体的接触のともなう描写のあるのは、西鶴の浮世草子でも明解である。『好色五人女[三]』に、腰元のりんが茂右衛門に恋心を感じたのも、灸を〈自然と居落《すゑおと》して……りんかなしく（申シワケナク）もみ消して、是より肌をさすりそめて、いつとなくいとしやとばかり思ひ込み〉という具体的に男性の肉体の一部にふれたことが、そもそものポイントである。西鶴は〈りんいやしかるそだち〉とコメントはしているが、これは筆のあやにすぎない。肌↓性的衝動＝恋である。近松の浄瑠璃では、〈親より子より我が身より、いとし殿御のいとほしや〉（「五十年忌歌念仏」）と、究極の情熱をほとばしらせ、肉欲的なものを昇華させ、単なる肉欲で満足し終っていない。あるいは西鶴の『西鶴諸国ばなし』の一話にも、武家屋敷の姫が下僕と恋におちて、〈男なき女の一生に一人の男を不義とは申されまじ〉と叫ぶ。近代的自我の目覚め！と錯覚をおこしそうである。これも恋の契機は、肉体的、生理的かつ心理的願望からであろう。ときに、その範囲にとどまるわけではなく、精神的な、かつは浮世の義理までからみあって、悲劇も生じる。極端な話、ＮＨＫ「春日局」ではないが、江戸時代、女は単に男の権勢欲、政治の犠牲者となり、性欲の相手にすらみられぬ場合が存在したといえる。

武士階級にはまた別の恋の模様があったであろう。しかし一般庶民階級では、予想以上に性の開放のあったことも確かなようである。『好色一代女』で西鶴は見事に当世女気質について、〈今時の娘さかしくなりて仲人《なかうど》をもどかしく、身拵へ取り急ぎ、駕籠待ちかね、尻軽に乗り移りて、悦喜鼻の先に露《あら》わなり〉という積極的、近代的というべき姿勢をもつ娘を描く。もっとも女がさかしくなったゆえというのをどこまで受け入れていいかは問題で、平和と繁栄で社会的に衣・食・住にもゆとりがでてきたこと、むしろ母親も娘の売りこみに積極的で、恋に衣装に、これはという舞台をつくりだし演出している。西鶴の〈好色〇〇〇〉を冠しての諸作品は、しかしこうした肉欲的なものだけを追求したわけでもなければ、面白おかしく記述したわけでもない。性欲は人間の本性に根ざしているものであり、透谷流にいっても、〈恋愛は人生の秘鑰《ひやく》〉である。作家にとっても永遠のテーマであろう。このごろの大臣さまの女性問題を、すぐ短絡的にセックス・スキャンダル sex scandal などと考えるジャーナリズムは、底の浅い性感覚しかそなえていないわけだ。兼好法師のいう〈よろづにいみじくとも、色このまざらん男は、いとさうざうしく（人間味ない殺風景なもので）玉の盃の底なきここち〉がするもの。西鶴の〈好色〉を改めて吟味する重要性を痛感する。

いうまでもなく、ここは西鶴を論ずるところではない。しかし西鶴について、〈恋を性的欲求に終始するもの〉と断ずる津田左右吉の所論はいかがかと思う。たとえば『好色一代男』の結末は、世之介が女護島に渡って女をつかみ取りにしようと、恋風の吹くにまかせて行方しれずになったというわけで、西鶴は形而下的な性欲の域にとどまっているのではなく、〈世界の偽《うそ》かたまって、ひとつの美遊となれり〉という。人間生存の真の意味を自問自答して、獣と霊の対極的世界を描こうとしたのであろう。西鶴の生活したころの国語辞書には、〈嫁《トツグ》＝交接《トツグ》・交合《同》〉と性交の意が嫁の語源と考えられる語彙登録がみえる。

二

さて以上を序論《イントロ》として、〈好色〉を一考していこう。『論語』にも、〈子曰、吾未見好徳如好色者也〉とみえるように、人間にとって、食欲などと同じ根本的な性欲に発しているのが色好みであり、江戸期の〈好色〉である。しかし、性欲にのみとどまらず、さらにそれを超越し、浄化した恋愛にまで高められ、精神的な純粋な愛の領域にはいりこむところがある。

〈色〉には、『好色一代男』・『好色一代女』・『男色大鑑』のように、〈女色〉と〈男色〉とがある。〈色〉は字源的には男女交合の象形の一説もあるが、〈色情〉の語があるように、また仏教では、色や愛は罪悪の一つである。それゆえに、キリシタンでは手垢によごれた愛をやめて、訳語に、〈大切〉などを選択したのであろう。日本でも古代から、〈愛と仁〉と並用するのをはじめ、子を愛し、妻を愛するなど、〈思いやり・いつくしみ〉など、〈愛〉の漢字をイトオシム・イツクシム・カナシムなどにあてている。愛が恋愛の愛をさすのは、古代からごくふつうにみられる。しかし『源氏物語』に、〈愛敬《アイギョウ》のはじめ〉――〈私は愛行のはじめ〉など――がみえるが、これは文脈からいっても、現代語の〈セックスする・性交〉などに近い表現といえよう。十一世紀ごろの『今昔物語集』に、〈二人臥シテ愛シツル顔／タチマチニ愛ノ心ヲオコシテ妻トセムト思ヒ〉などがみえ、これも性交・性欲をさすものであろう。愛スとは以上のような面、意味をもっていて、古代ではむしろ仏教的な要素（第三の意味ともいえる）の入りこまない純度の高い日本人の愛――罪とか汚れとは無縁なもの――が、みられるわけで、これこそ伝統的な〈色好《いろごの》み・好色《こうしょく》〉に受けつがれる日本語ということができよう。お伽草子に、〈主なき女をよびて、料足を取らせて逢ふを色好みといふ也〉など、売春もみられるが、好色の一端として注意しておきたい。

『好色五人女』に、〈洛中に隠れなきさはぎ仲間の男……光瀬左近など愛して衆道女道《しゅだうにょだう》を昼夜のわかちなく〉と、歌舞伎役者を〈愛する〉こと、肉欲にふけること、性的交渉をもつことを〈愛〉で示している。これも〈好色〉である。古代的な愛＝性愛が江戸期でも全盛をきわめていることが判明する。衆道や女道の〈道〉も興味ある語であるが――『色道大鏡』のように、色にも武道や書道と同様に〈道〉というイデーがはいりこんでいる――、前者は〈男色・若道《にゃくどう》〉ともいい、いわゆるソドミイであり男の同性愛で、中世に一起源をみる。この当事者を〈念者《ねんじゃ》・念友《ねんゆう》〉とよぶ。これらは戦国の世の所産ともいえる。たとえば『男色大鑑』を例にとると、内容的に、武士と歌舞伎子にまつわる話であり、総じて美少年を対象とするのである。中世の文学作品を一見すると僧侶と、稚児の場合もあるから、やはり起源的には中世が考えられるが、武士の場合は、義理や意気地がからむわけであり、〈念友〉の心意気は股を突いたり、指を切ったりするなど肉体的刺戟を示している。これはほとんどそのまま、初期の遊女の、女色にプラスαの要素としてはいりこむ。恋に死の属性のともなう日本的心中の風土も、ここに顕在している点を見のがすことができない。

『武道伝来記』なども、角書きには、〈諸国敵討〉とはあっても、やはり男色をとり扱っている点を創作意図によみとらねばならない。他の作家に、〈男色子鑑・男色十寸鏡・男色木芽漬・男色比翼鳥〉などがあり、後期にはいると、『男色北野梅』『男色太平記』などもあるが、前期の西鶴などにみられる〈男色〉の世界はほとんど消滅する。なお、英語の sodomy はパレスチナの一都市 Sodoma の乱倫に由来し、〈獣姦・鶏姦〉などと訳すように、日本古代のそれとも共通するところはあっても、中・近世の〈衆道・男色〉とは本質的に異質である。〈恋人〉の語も男色の相手に用いる。むしろ性欲の対象を男女の区別なく、〈道〉の修行者と求める。

『好色一代男』の主人公、浮世之介から色道の秘伝一巻を授けられたという世伝は、『好色二代男』の主人公になりすませているが、同書は実は本来的に、『諸艶大鑑』と呼称されたように、色道は第一章と終章のみで、他の三十八話の内容は色里の男女のかけ引を内容とする。艶は直接的には遊女をさしていようが、いうまでもなく色や好色とシノニムである。〈艶〉は〈㛤〉とも同じように用いられる。そして、〈京の女郎に江戸の張をもたせ、大坂の揚屋にあはば……〉という遊女気質に焦点を合せていて、次第に性と金のからむ、いわば苦界へとはいりこむことになる。

〈艶〉といえば、江戸中期に神道学者、増穂残口《ますほざんこう》の『艶道通鑑』（正徳五年・一七一五序）がしられる。艶道として恋の道入門をつづっているが、しかし一読三嘆、いい意味で絶句させる論をもつ。艶道はむしろ正常なる男女和合——著者は〈親和〉の語をもつ——の究極点を示す。〈所詮、恋も情も忙《ほるゝ》という字も、心にしたがふ文字なれば、上辺ばかりにあらざるを知《しる》べし〉とのべる。〈善言《よきこと》は古人の糟粕《ぬかかす》なれば、博識人《ものしる》の涎《よだれ》をなめても益なき事／天地有て而《しかふしてのち》後男女あり。男女有て而《しかふして》夫婦あり／交合《きやうがう》（性交）の情は人の作業《さごう》になれば……夫婦ぞ世の根源としれたる欤。その夫婦和《くは》せずして、一日も道あるべからず／男は女にけそうじ、女は男に思ひみだれて、一夜の契《ちぎり》も心にし、かなはゞ百年《ももとせ》の命も物かはとなしぬ〉――男女平等を前提とする性交の整合性をうたいあげる。同期の安藤昌益などにも、あるいは本居宣長の〈もののあはれ〉論とも通じる。時代のしからしめるところか、共通するところであろう。

〈妻を悲しみ子をおもふたぐひ、すべて恋也……其中に男女の交《まじはり》はつよくしたしき物……執《しつ》着《じやく》とをきらひて、恋慕愛情を捨べからず、此道なくて一日も世界がたつもの欤〉ともみえる。〈恋は誠に叶ふ事の最第一なり〉と喝破する。外聞をおそれ義理づくめを否定し、〈人のしらぬ所にこそ恋も情もある物を、さらし物にして笑草《わらひ》にせらるゝ段なれば、今時の傾城買は、生身《しやうじん》の狐狂《きつねぐるひ》するにてぞ有けり〉とさえのべ、〈素人《しろうと》に貞《てい》なきは、彼無理《かのむり》ずくめの婚礼《こんれい》ゆへぞ〉といい、人為を排し、人間本然の性を尊重することまことに徹底しているといえよう。〈売女《ばいた》〉が金づまり義理あひから心中、自殺するのを笑い罵《ののし》るものにも、〈どうぞならば死《しん》でみや〉とむしろ擬似インテリを嘲笑して弱者の立場に立つ。近代的知識人《インテリ》の姿勢まで感じられる。艶道を西欧の世界と異なり性の哲学にまで思想化の肉付けをしているといえよう。〈夫婦混合《みとのまぐはい》〉の復活であって、〈親和の本は男女・厚き情・恋慕・愛欲・艶穴《あくぼ》・愛水《ぬらし》・口舌《やきで》・艶色・交合《やりくり》・愛欲の水・千話《ちわ》の床・密夫《まおとこ》・濡る・契をむすぶ〉など、性と恋の世界を表現する語彙も豊かに、和光同塵、むしろ近代的恋愛至上論をぶちあげてむすぶのである。

〈好色〉は、〈色道〉の語でもしばしば語られるが、『色道太鼓』（貞享四年・一六八七）『色道懺悔男』（宝永四年・一七〇七）などから、さらに、〈傾城（契情）〉は『傾城買四十八手』（寛政二年・一七九〇）のように、江戸っ子の遊里でのかけひき案内とコトバの軽妙さに終始し、遊女に偏する〈洒落本〉の世界、〈寛濶〉の語も好色をひきついで、男女の色の道を表現し、解説しているのである。

　さて〈好色〉という肉欲賛美と、性の饗宴を張るうちに、時代がくだると、〈風流〉にバトンタッチするように思われる。風流は本来、中国語に発し、伝統の意をもち、倫理的意味合いも濃厚であった。日本では『万葉集』に〈風流士《みやびを》〉の例があるが、これも人の情をよく解するものの意で理解されるが倫理性も濃厚にもつ。『日本霊異記』に〈風流《みさを》〉の例もあって、この世ならぬ美とともに貞操に通じるところがあろう。同じく『遊仙窟』（醍醐寺本）で、風流にミサヲサヤカナルと訓みのみえる点も注意される。また鎌倉期、『色葉字類抄』に〈蠱《ミサヲナリ》（コ、まどわす美）〉などの用語例もある。あるいは『今昔物語集』に〈継母ノ心ハ風流也ケレバ……〉をあてて、我子と継子とを差別しないやさしい心根も表現している。『源氏物語』などでは周知のように主人公、光源氏は風流なる貴公子であり、色好み、性愛のテクニシャンでもあった。〈風流〉は豪放とは反対の都会的・宮廷風、洗練されたものという属性をもつという点で、次第に男女間の恋や性・色好みと同じニュアンスをおびてくる。こうして、ある傾斜した世界を表現する力が、〈風流〉に依託される。これが江戸時代、十八世紀後半にはいっては顕在し、ダテやアダともシノニムな用法としてみられるようになるのである。しかしどちらかというと、矮小化され、異常性のある〈好色〉とでもいう相、陽に対して、多分に陰をともなった、いわば淫風的なものの表現となる。これは、社会的に一種の閉塞がおとずれることの裏返しでもある。『風流源氏物語』なども、すでに、風流に卑俗の意をもつが、『風流今平家』『風流夢浮橋』など、いずれも伝統的な風流な心とは、異質ともいえる陰湿な雰囲気をもってくる。一例として、『風流連《つらね》三味線』（宝永四年・一七〇四刊）を一見してみよう。内容は、僧と人妻の密通、娘と手代の恋、素人女の売春、遊女と情人《いろ》との手練手管というように、男女の愛欲を諸国に求めて描き、およそ風流が本質的にもっている上品さや優雅さ、また倫理性はまったくかげをひそめる。いうならば、近世版ポルノ小説の世界といってもよかろう。もっとも、西鶴描く好色も遊女が主役として活躍している点に焦点をあてれば、ポルノグラフィー――ポルノは語源的に娼婦の意――であり、〝アルス・アマトリア〟とも十分に通じるわけである。西鶴の『好色盛衰記』などその典型といえる。しかし西鶴の場合、表現も内容も人間性を明朗に描いてヨーロッパの〈艶笑〉にも似、人間の本能の自然なる発露として性を扱っており、両者は本質的に異なる。

〈風流〉はどうもいびつである。もし芸術か猥褻かといえば、限りなく後者に近づいているといえそうである。それが儒教のなせるわざか否かは別として、増穂残口も批判している人為的な諸制度などで、人間性をゆがめたゆえの異常性からかもしれない。『傾城色三味線』についだ『風流曲三味線』（宝永三年・一七〇六）もその一つの典型で、恋を武士が主君を思う情と同じように解したり（『葉隠』も参照）、道徳上に恋をすえて論議するという、的はずれの道学先生流講義で、性や恋を――情を否定し、恋は因果と自他ともに言いふくめる――人間性を無視して描こうとしている。

それにさらに、〈黄いろな光る餌〉ともいう金がまつわりついてくる。

〈風流〉と関連して、もう一つ、『風流呉竹男』（宝永五年）がとりあげられる。〈呉竹〉にも、古典的な呉竹の移りかわる世（夜）、有情、無情の浮沈を暗示しているわけである。しかし内容的に奸策、勘当、夫婦離別、後家の男妾と、エロチシズムをとおりこしてグロテスクな、俗にエログロの世界が展開している。こうなると、さわやかなエロであるはずの風流は、何かその要素の一部ではあろうが、男・女の色のからみあいと、暗い部分が強調されてきているようである。ある点では日本人の、この十八世紀後半の、性や色に対する想念がこうしたものであった証言になろうか。そろそろ江戸文化、生活にも、アンニュイの季節がおとずれてきつつある証明かもしれない。それはともあれ、〈風流〉は本来（中国語）の美風の名残りとか、日本的な風雅、優美な情趣とはまったく裏腹の怪奇的で異様なる構図をとる。ことばにまどわされて、江戸研究者は、〈風流〉に一顧だにしないのは、既成観念、しかも平安朝絵巻のそれを無批判に脳中にくりひろげて、終れりとしているからであろう。『風流志道軒伝』（宝暦十三年・一七六三）もこの系列である。〈人情の至処は、色欲《しきよく》を第一とすれば、諸国の色里なんどをも遊行すべし〉と、性欲第一をかかげる。著者が平賀源内という点からも推測できるように一味も二味も他の〈風流〇〇〇〉とは構想・論談を異にする。それも飛行自由自在な羽扇をもつというトリック——究極の人情をさぐるため、諸国の遊里や吉原をはじめ、江戸の岡場所をも探訪、セックス産業の一源流とでもいえるか——さらに、大人国、小人国、穿胸国、愚医町、ぶざ国・いかさま国と巡行、さらに朝鮮・中国へと渡り、北京では官女の閨室にしのび込んで発見される。しかしどうやら日本にもどされ、ついには女護島へ渡る。そこでは同行の唐人百人と女郎屋ならぬ〈遊男〉屋を開業、昼夜をわかたぬつとめに、主人公一人生き残る。さいごは仙人に浅草へつれもどされ、松茸形の叩き棒で、僧と女の害毒を、俗語を駆使して談議するという趣向である。書名に冠した風流の真意はむしろ無風流への諷刺である。架空の国にまで発場させるのは、ナチュラリスト、源内の博識ぶりと思想が背景にあるわけだが、無粋の典型の武佐《ぶざ》や、世を横にわたるイカサマ師、好色の世界のノゾキ趣味——とさまざまな〈色欲〉世界を紹介、批判、風刺しつつ、縦横無尽と筆を走らせる。ゆがめられた性（女色・男色）への諷刺が基調である。いな著者は世の中の人がそうした偏見を性にもつことを告発せんとしているのかもしれない。のちに、『風流酒煙草問答』（十八世紀後半）なども刊行されるが、低俗な男色や女色——若い女の生胆まで切りとるというマゾの要素も入れて——のお話に終ることになる。

〈好色〉から〈風流〉へは、そうした点でまさしく表面的に古典の名を連想させ、羊頭狗肉の名称によって、酒色におぼれ、義理や金にしばられる人間、そこに人間の浅智もはたらいて、男女の恋情を描こうとする。これは川柳『誹風末摘花』（安永五年・一七七六）にみる性と愛欲の日常性にもつながる。同書は、〈へのこ・ぼちゃ・べべ・ちんぼこ・口吸ひ・ばれ・まを・裾ッぱり（淫奔女）・色男・ねる・される・ずいき・どら・ちょっかい・おちゃっぴい〉など、アンダーグラウンド・ワーズ（スラング）も多くみられる。一方では増穂残口のような開放的所論もあるが、実は当時の社会のかかえるさまざまな病いの所産がネガ・ポジの両面で示されたといえそうである。〈風流〉は、タイトルのそれが古典作品のパロディーとして暗示の機能をしているといってよかろう。そうでなければ、露骨な性愛話としかいいようがない。このころの日本人にとって、〈性〉とはそうした存在であったという一証言なのである。まさに時代の反映である。

ここでちょっと寄り道してみる。絵師、西川祐信は、京都、浮世絵中興の祖と称される人物、伝に、〈宝暦、明和、安永の比大に世に行はる。絵本あまた有、中にも絵本倭比事すぐれたり。〉（『浮世絵類考』）といわれる。さらに、〈名人之枕絵を書初／古今比類なき好手なり、浮世絵師の名誉なるべきか、春画は此人より風俗大にひらけたり／「百人美女」とて雲上高位の尊きより賤のいやしき迄、各其時世の風俗を写し分たり、後又是を春画にかきしかば罪せられしと云〉（同上）とある。〈枕絵、春画〉の初出であろうか。また、〈西川祐信は浮世絵枕画好色本の達人と云れし／大内の隠し事を画き、其後好色雙ケ岡といふ雲上のすがたの枕絵を板刻す、……やん事なき方々の枕席密通の体……種々の玉簾の隠し事を画くこと〉ともある。『新明解国語辞典』に、〈春画　性交の様子を興味本位に誇大してかいた絵。ポルノ。スプリング〉とある。〈浮世〉も単に英語で訳して、Floating world としても無意味だ。『好色一代男』の主人公も浮世之介とあるように、浮世は、中世と異なる近世の現実主義を示すことはもとよりながら、文字どおりエロス＝好色＝春を画く＝浮いたる世の要素を秘めていると思われる。浮世絵の重要な部分は、春画の春色をおびているはずである。のちの歌麿の〈絵本歌枕〉が、西欧で春画の代表とされるが、浮世絵の初期の作者未詳の〈湯《ゆ》女《な》〉にも、菱川師宣の大和絵にもエロスは豊かで、日本人は浮世絵の大量海外流出と彼らから、

〈春画〉の価値を教えられる為体《ていたらく》ではないか。文芸と異なる視覚芸術ゆえに、性器も誇張され、劇化され、ときに理想化され、滑稽化され、性のまさしくアルス・アマトリアに近い。西欧的な罪の意識など微塵もない。一見制度的に厳しい倫理道徳社会からすれば反社会的であるが、さばさばとした原始的健全ささえ感じさせる。これを春画と呼んだり、枕絵と呼ぶこと自体きわめて人間性豊かである。また、〈口すい図案〉と装飾化しているところまで見ると、およそ猥褻感や好奇さなどはなく、独特なモダンアートの精神をさえ見てとることができよう。非凡なる絵師たちだ。

さてまさに十九世紀には、〈春色《しゅんしょく》〉が文学の主流となる。作者から為永春水の名をもつ。〈好色・風流〉を経過して、この春色――春は初春、青春、春の海と新鮮で、さわやかな語彙であるはずなのに、反面、春情・売春・思春・春心《あだごころ》など、性とふかいかかわりのある語彙を創作する――は、『春色梅暦』で代表される人情本（一名泣本《なきほん》）の世界の最有力なキーワードである。

春色の世界は、一つの家に色男の丹次郎とそれを中心に、a・b・cの女が同棲生活をし、嫉妬や恋のかけひきをし、痴情の美に酔っている。しかも平和そのものの生活である。江戸小市民の愛の営みがある。しかし好色の明るさも透明さも、新鮮さもなく、陰、湿、潤、よどみの愛が、しかも悪臭を放たず、ときに芳香までただよわせて、情緒たっぷりに、江戸下町の男と女の大人の愛欲の世界を描く。たとえ肉体は汚れていても、精神は献身的愛と色めき、ほろびゆくものへも、それなりの美意識をもって愛をもえたたせる。〈ほれた・ほの字〉の世界である。後世からきわめて日本的なといわれる恋愛ごっこを読者をして、しみじみと泣かせ、いとしさの涙でしぼらせる。それまでの読本《よみほん》の恋愛否定への反動か、あるいは、〈河豚羹《ふぐしる》を不食愚鹵《くはぬたはけ》あり、くふ痴呆《たはけ》あり〉（『仕懸文庫』跋）とうたう洒落本の世界を厭うてかもしれないが、〈世の中に迷ふといふが実意〉という恋故の煩悶を描き、洒落本に登場する性欲の化身のような〈武左《ぶざ》〉を、茶化すキャラクターも登場しない。恋愛を性欲でおわらせることはなく、思う人には添えず、思わぬ人の自由にさせられる女の不運に涙する。男のために身を売る、犠牲となって悔いない。もっとも丹次郎を人情本の一典型キャラクターとしてみるとき、情熱は感じられず、むしろひ弱さ、その場その場の対処に、さざ波さえもたてぬ周囲の状況順応型に無気力さえ感じる。女を可愛とはいえ、手にとっても、力一ぱい抱きしめる逞しさは欠如する。傷心と紅涙を流しつづけるのは女性である。あえていえば、人情本は色ごと、愛欲ごっこ――しかし遊戯ではない――に終始する。ここにはもちろん色道も存在しない。基調において、恋愛を十分に肯定しているところに、恋を単に性欲の現われ――恋が一種の手段として利用されていた――とするのではなく、また生物自然の道で終らせず、〈物のあはれ〉、春の愁い、人の情というきわめて不透明な中に埋没させて、ハッピーエンドの結末を心がけんとしている。いうまでもなく、〈春色〉を冠せずとも、『清談松の調』では、大家の息子と恋人や小間使いとの恋愛ごっこ、主人公二人が本妻以外にもそれぞれ二人の恋人（情人）をもち、しかも物わかりいい本妻とも平和で楽しく暮していく。他の登場人物も遊女と契り、若い情人とも上手に恋をこなしていく――という趣向である。洒落本作者、山東京伝のいう〈好色淫蕩〉や〈野暮〉の世界と別次元、別世界で〈弱気《にやけ》〉（本来は若気）男の登場である。遊里も市民社会も同じレベルとなる幕末、性も愛も人情も皆がアウンの呼吸を楽しんでいる。社会の歪みのはざまで呻吟し、色や春、性を売って生きていく女性もまた、もちろん現実には存在しているのである……。

＊「imago《イマーゴ》(2)」（一九九〇年、創刊第二号、青土社）

三　緒方洪庵、適塾とその思想

もし近代教育史を描くとしたら、その第一に私はためらうことなく、大坂（阪）、適塾《てきじゅく》とその主、緒方洪庵に指を折り、論述したいと考える。理由は、第一、師である坪井信道・宇田川玄真に対し、門弟として、限りない学恩を感じつつ、幕末のきびしい蘭学弾圧の下、蘭学一途とすすんだこと、第二に、多くの門弟を養成、指導したこと。福沢諭吉もその一人であり、日本赤十字社を創始した佐野常民、さらに、司馬遼太郎つづる大村益次郎などもその一人、どの門人をとっても近代日本建設に貢献大なる人物であった。第三に、多くの医書を翻訳、オランダ語のできぬ医師たちに限りない診察、治療のための良書を提供。明治期には、東京大学医学部となる幕府の医学所で、最高責任者として活躍、最終的には国家、国民のために全生命を捧げたこと――このような三点であろう。五十余歳にして昇天した、すばらしい指導者こそ緒方洪庵といえるであろう。

医の世に生活するは人の為のみ。をのれがためにあらずといふことを其業の本旨とす。安逸を思はず、名利を顧みず、唯おのれをすて丶人を救はんことを希ふべし。人の生命を保全し、人の疾病を復活し、人の患苦を寛解するの外他事あるものにあらず。

「扶氏医戒之略」安政丁巳春正月　公裁（洪庵）誌

右は洪庵四十八歳の時に翻訳した「扶氏医戒之略（全、十二章よりなる）」の最初の第一章である。〈医の世に生活するは人の為のみ〉とは、原文、Leven voor anderen というオランダ語で、人ノタメニノミ生ヲ営ムコト――ただこのことにむかって、五十四歳の生涯を誠実に生きぬいた蘭方医。四十八歳といえば、かの有名な（しかし内容は噂とかなり異なる）福沢諭吉の入門が、この二年前であり、勤王の志士とよばれる橋本左内（彼は今まで以上に蘭学者として、高く評価しなければならぬ）の入門は、七年も以前になっている。洪庵の塾、適塾（適斎塾、適々斎塾）には俊才がひしめき、集まっては散じ散じては集まる熱気にみちあふれた時である。――医師として教育者として蘭書翻訳家として、順風満帆ともいうべき得意――こうした形容は彼に似つかわしくないが――の絶頂にあった。〈扶氏〉とはドイツベルリン大学の賢学 Ch・W・Hufeland《フーヘランド》のことで、その〝エンチリディオン・メディカム（Enchiridion Medicum）〟の一部を、かなり大胆に意訳した書である。しかしそれはまさしく彼のコトバになっており、適塾のモットーとなっている。適塾の精神はこの「扶氏医戒之略」に言いつくされているといっても過言ではない。これはまさに現代の医師への戒であり、そのためのものですらある。と同時に人の師たる指導者すべてのための金句ではなかろうか。医師として、人間としてどうあるべきか。その崇高さをうたいあげてためらいがない。私はさらにもう一章示して、洪庵の人を語り、適塾の思想を追究する出発点にもどりたい。即ち、

> 病者に対しては唯病者を視るべし。貴賤貧富を顧ることなかれ。長者一握の黄金を以て貧士雙眼の感涙に比するに、其心に得るところ如何ぞや。深く之を思ふべし。

いわゆる諭吉の〈天ハ人ノ上ニ人ヲツクラズト云ヘリ〉式の思想と表現は、ここに充分に集約されている。適塾で朝に夕にこのコトバを耳にし口にし、さらに蘭書翻訳という作業をとおして、どれだけ多くの蘭学書生がこのコトバに感化されたことか。諭吉はその不特定多数の一人にすぎない。洪庵の偉大さは、コトバと思想とを経験という次元で、実に巧みに把握し、自己のものとして表現していること、性来この方向に資質があったのではなかろうか。時代が時代なら、大福沢として、第一級の啓蒙家としても世に立って、時代や人びとを導くことができたのではないか。

(1)　洪庵と蘭学修業の背景

緒方洪庵は文化七年（一八一〇）七月十四日、備中足守藩、佐伯惟因の第三子として生を受けた。幼名を田上騂《せい》之助（田上は佐伯家の先祖の姓）、十六歳の時に元服して惟彰と名乗った。父惟因は藩の会計方をつとめて、三十三俵四人扶持という下級武士であった。洪庵が算数に秀でていたらしいのは父の才をつぐものかと思う。

文政九年（一八二六）十七歳の時に、一通の書置きを残して家を後にし、大坂に出て蘭医、中天《なか》游の蘭学塾に入門した。蘭学史からいえば、蘭学がこのころは一つの頂点に達した時期であって、洪庵にとっても、一つの幸といわねばならない。洪庵は生まれつき病弱であって、武士にむかなかったことも、結果的に幸したのではなかろうか。さらに、二つの見のがせない精神形成期の要因がある。一つは中国地方の、田舎の小藩に生を受けたことである。私は資料探訪で鹿児島や長崎、萩・米沢・金沢など日本の各地を訪ねたが、そこでつくづく感じたことは、私が城下町に生まれなかった幸である。雑居地であるヨコハマでの、私の幼少年時代は、ある意味では城下町にあこがれ、何とヨコハマの頼りないことかとうらめしくも思った。しかし萩の城下町で過した四日間は、まったく私に逆の喜びと幸福感を味わせてくれた。

萩はどこの辻、どこの街角にも維新の亡霊がうごめいていて、窒息しそうになる。幼いころから松陰先生のように！とか、ここで、高杉晋作先生が顔を洗われた！などと説教されたのではたまったものではない。自由でのびのびとした天地は、思索は、ついに城下町という魔物によっておしつぶされてしまうのではないか。近代的な人間の誕生など、期することができない！海あり、港あり、自由と外つ国の文化が、そよ風のようにふきわたる小さな窓のある部屋――ヨコハマを賛美したい。城下町など皆死の町だ。――こういう点で、洪庵が精神的にも身分的にも、当時としてはかなり好条件に恵まれたと解せるのである。人ごとではない。ことに彼が青春をすごした町、大坂こそ、さらにいっそう青年洪庵に、一個の人間としての自由を満喫するに充分な環境ではなかったか。大坂の商人が一たび怒ればと言われたほどに、大坂商人の経済力はすごい。漢学塾である懐徳堂（享保十一年・一七二六に官許される）など、一つをとっても、官学に対して自由の気は強く、士庶共学から士庶同席にまで至ったのが、大坂である。天下の珍籍を蒐集し、博学多趣味、日本国中の文化人を友とする木村兼葭堂も大坂の生んだ偉才である。また詩社として名高い混沌社にしても、〈社友相ヒ会スルヤ交際甚ダ昵ナリ。浪華ノ俗ハ酒饌極メテ豊ナリ、杯盤交錯ノ間、韻ヲ拈ジ詩ヲ賦シ、各々爾ノ志ヲ言フ〉（『在津紀事』）という雰囲気である。〈学問ノ浮華ナル上ニ、無頼ヲ加味シタリト南郭モ歎息シ玉ヘリ〉（『文会雑記』）ともいう。これは裏返せば、伝統――因習というべきか――にとらわれず、官製におもねらず、各自思うところを自由に闊歩して倦まない、精神の自由と人間平等に一歩近づく気風と風土であったことを語る。元禄のその昔、作家、井原西鶴は阿蘭陀流と評され、その日本人離れした自由人であった。この大坂の風土性こそ大切。こうした大坂で四年間、蘭学修行をした洪庵の意義を考えねばなるまい。

蘭学においても、大坂は麻田剛立、高橋東岡、間長涯、山片蟠桃、さらに橋本宗吉、中天游と多士済済であった。これら質屋の主人や商家の番頭、傘屋職人などが、大坂の蘭学をささえていた人的資源である。洪庵が大坂で育ち、学問・人間が形成された事実は、――後に彼が江戸や長崎でさらに研鑽をつんではいるが――決定的といってよく、自からここに適塾を創設したことは、まぎれもなく洪庵にとって離れ難い魂の故郷になったということができよう。当時、江戸と比べても、大坂は庶民の住む空間が七割、あとの三割が武士と寺社のものという町割りであった（江戸はこの逆の割合）。

もう一つは文政五年（一八二二）に一つの小さくて大きな事件がある。まだ十三歳の時のことであるが、八月に朝鮮におこった虎狼痢《コロリ》（コレラ）は、対馬から九州、さらに中国、大坂、東海道とまんえんした。〈鉄砲〉とか〈三日コロリ〉などとも呼ばれたように、この病魔は毒牙をほしいままにし、洪庵の足守もこの禍に襲われ、一人死ねば、三人、五人と屍の山ができた。――縦令《タトヘ》、聖タリ賢タルノ人トイヘドモ、若《モシ》疾病有レバ則チ如何。然レバ則チ医以ツテ学バズンバアルベカラズト（原文漢文）――後年洪庵はこう記している。十七歳の時の手紙に、〈欲志医三歳〉とあるから、この十三歳のコレラ伝染の一大疾禍を目撃しての三年は、少年洪庵に将来の志を約束させたと思う。しかもこの病魔の撲滅は古い漢方でなく、新しい蘭方であること。彼洪庵の幼い精神には、まだ近代的なヨーロッパ医学への明確な理解はなかったであろう。しかし少年のほのかな憧憬は、やがて蘭医、中天游の門をたたくべく武士をすて、大坂へ出ることとなったというわけである。

(2)　信道と玄真に学ぶ

天保二年（一八三一）二月、大坂を発《た》って江戸に入り、坪井信道（号、誠軒）の蘭学塾の門をたたいた。二十二歳の時である。翌年には、『人身窮理学小解』（生理学関係の書）などを翻訳するほどの実力であったから、十代での語学習得とその結果が、どんなにすばらしいものだったかがわかる。

信道はまったく洪庵にふさわしい師であった。当時の信道の手紙に、〈江戸洋学家無数御座候得共多分山師俗子而已、一も取るに足不申……出群之人無之、唯々一時之虚名と小利を貪る鼠輩のみにて道欲行而不行、有志之士ハ不堪忿慨候〉（大坂にいた友人で、シーボルト門下の第一人者、岡研介宛の手紙）とみえる。戸塚静海、伊東玄朴と並んで、江戸蘭方の三大医家といわれた信道、教えを受けたもの二千余人という。その信道にして、当時の蘭学界、蘭学者のダラクぶりを痛憤しているのである。手紙はつづけて、〈此時正心誠意之学士興起せば、必千載之俗習を一洗して実学を一定せん事疑なし〉とある。洪庵はまさしくかかる時に出現した有為なる一人であった。

信道は墓誌銘の一節に、〈百事誠敬ヲ主トシ、詩及ビ筆礼ヲ善クシ、而シテ情才深識アリ〉といわれた人物で、名利をおわず誠実なところは、よく洪庵に受けつがれている。両者の違いは、洪庵がより温厚で、感情の高ぶりがすくなく、国家社会——政治的なもの——というものに、志を向けることのなかった点であろう。

信道はまたその師、宇田川玄真（榛斎）に、忠実な弟子であり、よく師の教えを受けついだ。やがて洪庵も直接玄真に師事するが、玄真の翻訳の方法は、よく洪庵に受けつがれ、洪庵によってこそ玄真の果たせなかった医書翻訳——漢文体でなく漢字仮字まじりの翻訳文体——に磨きがかかるのである。

後年洪庵は門人の一人、津田淳三が塾を去るにあたって、つぎのような恩師、坪井信道のヒポカ（ク）ラテス（西洋医学の祖といわれる）賛を書いて贈っている。

西方有美人　鶴髪皎如銀　雙眼睨寰宇　片玄驚鬼神　高天仁不極　大海知無垠

赫々吾医祖　光輝照萬春
右誠軒先生所賦依卜加得賛為津田生
緒方　章　拝書

依卜加得《ヒポカラテス》（古代ギリシャの医師。Hippokrates, BC5〜4）は西洋ではいうまでもないが、日本でも多くの蘭医が尊敬する医聖であり、日本の蘭医にとって、幕末の扶氏《ヒューヘランド》とまさに双璧であった。

信道や洪庵は、西洋から単に技を学んだのではない。〈高天仁不極〉とあるように〈仁〉は高天ノ如ク極リナシと学んだし、〈医祖〉としてあがめたのである。佐久間象山――西洋ノ芸術、東洋ノ道徳などと叫んでいる――のような浅学のものがとかく高く評価されている。史家の誤を指摘しておきたい。象山はオポチュニストにすぎず、現在でもこうした擬《えせ》知識人は多かろう。

私は思う。洪庵にとって、信道は実によき師であった。洪庵の愛読書の一つである訳書、『扶氏経験遺訓』の一節にも、〈少年輩の幸福は、実に老師の一言にかかわること多し〉とある。信道と洪庵は、このコトバを実行したよき師弟であった。現代のように医師のモラルや、師弟の在り方が云々されているとき、洪庵の青春と生涯は、もって一服二服の清涼剤といわねばならない。これは独り信道や洪庵のみではない。心あるものは年齢や上下の差なく、師とし先達として、礼をもって教を乞うている。現代の学界、閉鎖性はもって破るべしである。どちらが封建時代なのか、と問いたい。

適塾でのモラルがもしあるとするならば、そのすべては、坪井塾で若い時に身体から経験し反省し努力したものの延長であるといってもよい。幕末騒乱の世に、宇田川玄真――坪井信道――緒方洪庵の清冽な学問と師弟愛の流れは、美しくも厳しい音をかなでる激流であり、真に伝統を受けついだ真理の大演奏会ともいえるのである。

ここで玄真についてもふれておかねばならない。洪庵在府のころ、天保五年（一八三四）に出版、『当世名家評判記』の〈医者之部〉に、〈大上上吉〉の評点でつぎのようにある。

　宇田川玄榛（ママ）（玄真）　深川頭取「御著述も沢山あり蘭学者の老先生、三ヶ津でしらぬ人はござりません。わる口「なぜ療治が出来ぬぞ。ひいき「これさこれさ此人は蘭書の翻訳をして、世間の医者の文盲をお療治なさいます。

翻訳において抜群の才をもっていたようで、尾張の蘭方医、野村立栄《りゅうえい》も、〈紅毛学第一〉と世評されていると己れのノートに書きとどめている。一般には有名な大槻玄沢のことなど、同じ評判記には、〈一向ニ埒ガ明カヌ〉とのべているにすぎず、当時の真の評価がわかる。現代の研究からもこのとおりである。こうした人を師としてもち得た洪庵は、真に先生運に恵まれた人間といってよい。しかも玄真の病いあつき時、洪庵は呼び寄せられて、未完の翻訳、特に算数に秀れていたので、用薬の度量衡について、正確な翻訳をしてくれるよう玄真に依頼されている。すなわち、

　先生病篤キ日章（洪庵）ニ嘱シテ曰ク、病学ノ一書未ダ稿ヲ脱セズ。予（玄真）が遺憾ナリ。其レ予ガ志ヲ継ゲト。学不才浅学、何ゾ能ク此大任ヲ奉ズルニ耐ン。然レドモ亦既ニ遺命トナリ

テ辞スルニ所ナシ、先生歿後其遺稿ヲ乞、更ニ其原書ヲ取テ鑽研考覈シ……

玄真の歿後十五年をへて、この訳書は、やっと日の目をみる。敬する師からの信頼ある遺命に、どうして若い後輩が、感激発憤しないことがあろうか。

玄真は翻訳について一家言をもっており、当時この種、学術書が漢文であるのに、あえて〈済生ノ大志〉によって、〈国字《カナ》〉文を用い、多くの人に西欧医学、科学の枠を正確に提供しようとしたのである。中には、〈人間《ヨノナカ》ノ営靡《ムダゴト》〉（『西説医範提綱』の題言）のように、学あるものは本文のとおりに読み、左側に日常の一般俗語を示して、容易に内容を理解できるように工夫したのである。この翻訳の精神は進展して洪庵に、さらに明治期の福沢諭吉などにも受けつがれていく。

玄真についても語るところ多いが割愛して、別の機会をまちたい（杉田玄白『蘭学事始《らんがくじし》』に一端が記述されている）。ただ幕末の多くの俊才が、ほとんどこの玄真の門人とか孫門人で、その影響するところ大であること。さらに、〈血球・腺・鎖骨・膵臓・腱／水素・酸素・窒素・元素／カテーテル〉など、多くの訳語が彼（並びに嗣子の宇田川榕庵）によって創訳されたこと――単にコトバの問題ではないことは、いうまでもあるまい――を銘記されたい。

(3)　洋学弾圧と適塾の創立

天保六年（一八三五）坪井塾を去り、一度は帰郷するが、翌年、洪庵は長崎に遊学。この時はじめて〈洪庵〉と称し、内容主義の翻訳技法は、この遊学の大きな成果でもあった。出島の商館長、ニーマンから医術を学んでいる。天保九年に帰郷、さらに大坂に出て、瓦町に開業し、医師、億川百記の女、八重と結婚した。いよいよ以後二十五年に及ぶ、大坂での洪庵の医学・医療の活躍が、その幕を切っておとされるのである。時に年、二十九歳、外はやがて洋学弾圧の嵐の吹きまくる時代となる。洪庵に政治的行動がみえないのも、一つにはこの幕府の洋学及び洋学者への弾圧に対する警戒と、自戒が因をなしているのではなかろうか。つぎに参考までに二、三当時その史実を示しておきたい。

天保十年五月、いわゆる〝蛮社の獄〟がおこる。小関《コセキ》（従来、オゼキとよぶのは誤）三英は自殺。天保十一年、幕府は市内の売薬看板にオランダ文字の使用を禁じる。長崎奉行に命じて蘭書の扱いと翻訳を一般人が行なうことについて警告を発している。天保十二年七月、高良斎（シーボルトの弟子）の翻訳刊行した『駆梅要方』の発売禁止。天保十三年六月、翻訳書出版には、官立医学館の検閲と町奉行の許可を必要とした。弘化二年七月、翻訳出版はすべて天文台の許可を必要とした。嘉永二年三月、幕府は外科、眼科を除いて蘭方での治療を禁止。九月、蘭書翻訳にいっそう制限が加えられ、医書出版には、医学館の許可を必要とした。嘉永三年九月、幕府は長崎奉行に命じて、輸入洋書を検閲させ、みだりに所持翻訳することを禁止。安政三年六月、新規開板の洋書及び翻訳書は、すべて官立の蕃書調所での検閲となる。安政五年（一八五八）七月、嘉永二年制定の蘭方禁止令が解かれる（五年後、緒方洪庵病歿）。

右のように、世は騒乱と弾圧の時代に突入していく。しかし塾は年とともに隆盛となり、天保十一年十月、父からの返書に、〈当時書生相増し、多人数の由三度の仕出賑か成事にてこまり被申候由、御尤に御座候〉とある。そしていよいよ、天保十四年に適塾を過書町（現在東区北浜三丁目）に移して、文字どおり天下の適塾となった。適塾はいうまでもなく洪庵の号、〈適々斎〉から出ているわけであるが、出所は『荘子』の〈適二人之適一而不三自適二其適一者也〉（太宗師篇）にあるといわれる〈自適〉の適であって、それぞれ己れが適とするところを適として、他のことにとらわれぬ独立独歩ということである。ここにも諭吉らの塑像が厳存していることをしる。そして門弟の一人、長与専斎の『松香私志』にあるように、〈元来適塾は医家の塾とは言へ、其実蘭書解読の研究所にて、諸生には医師に限らず、兵学家もあり本草家も、舎密《セイミ》（化学）家も、凡そ当時蘭学を志す程の人は、皆この塾に入りて其支度をなす〉という具合で、それはまさしく坪井塾を凌駕して、一種の外国語学校であり、時勢によく適した実用的学問をおさめるべき場でもあった。人のため、世のために独歩する自適であり、学問をただ学問のためとしたり、社会から遊離した畳の上の学問で終らせずに、実社会と同じレベルのところに立って思考行動したのである。そこに、〈当今必用の西洋学者を育立候積に覚悟〉した洪庵の決意と姿勢がうかがえる。

適塾にはもともと塾則などなかったのではないかと思う。無頼の徒の集りで結構であり、ただ形式的な師弟の礼などは、それこそ自適の敵であったろう。一人畳一枚と机、寝具とその他雑物で、二階の塾生の部屋は、混雑名状し難いものだったという（『福翁自伝』）。その上、食事は粗末で、副食物は、日によって葱とさつまいもの難波煮、豆腐汁、蜆汁というように、献立が一定しており、板張の部屋で草履ばきのままに、立喰するというのが実状だったという。しかし年齢や新旧に関係なく、努力し成績次第でどんどん級があがり、席次の改まりで、座席も有利な場所をしめることができた。三か月首席をしめてはじめて級が上るという。まことに近代的塾といえよう。会読の蘭語テキストについても、調べはすべて自分が辞書と首っぴきでしなければならず、決して他人に質問できなかった。ために二階の北側にあったいわゆる〈ヅーフ部屋〉（ここに蘭和辞書――オランダ商館長、H・ヅーフDoeffが、通詞とともに編集した辞典（写本）――が一部そなえつけてあって、禁帯出であった）は、夜を徹してあかりがついていたという。皆先をあらそって、これを利用したわけで、中にはこれをはじめから辞典全体を写しとり、その写本を売って学資にあてた者もあった。毎月六回おこなわれる会読のための原書講読は、辞書が塾に一冊しかないため、一回分ずつ筆写するという必死の劇しい勉強が熱っぽく行われたのである。現代、大学図書館などでの図書切り取りの非文化的行為を思え。あるいはまた建物といい、ラボや複写の設備といい、辞書、文法書といい、無いものはない現代の学習情況と比べてみよ。しかし自適の精神がなくして何ぞやというわけである。

あらゆる学問においてコトバは基礎である。ガラマチカ（文法品詞論）とセインタキス（文章論）を初歩として、徹底した外国語の基礎をトレーニングした適塾の塾生が、やがて思想的にも日本をとびこえて、西欧の近代思想や文化、科学を理解摂取する有力な旗手となったことに何の疑もなかろう。安政三年四月の日記に、橋本左内は、〈四時より原書校読十五枚半〉などと記しており、二十六歳で形場の露と消え去るまで、ひたすら暗い行灯《あんどん》下で、医学書のオランダ語原書を翻訳する蘭学学徒であった。

こうした若い魂の結集したところが、適塾であった。しかもその師たる洪庵は、これまでの蘭学修業によって、明確な理念と学問方法を樹立して、門弟の指導にあたっている。温厚篤実、淳々として倦むことなく塾生を指導した。時に破門するほどのきびしさもあったが。『姓名録』には六百四十人ほどの門弟の名が記されているが、北は箱館（函館）から、佐渡、対馬などの離島まで、ほとんど全国からここに志ある若者が集っている。

(4)　『扶氏経験遺訓』の翻訳と洪庵

洪庵にとって、『扶氏経験遺訓』は、生命の書ともいうべく、その序に、〈熟読数回ニシテ漸ク味ヒヲ生ジ、愈々玩味スレバ愈々意味ノ深長ヲ覚エ、自ラ旧来ノ疑団氷釈セルヲ知ラズ。殆ド寝食ヲ忘レタリ。之ヲ久フシテ以為ク、此論説ヲ以テ之レヲ同志ニ示サバ、其喜ビ亦必ズ余ガ若クナラント……之ヲ上梓シ、以テ四方ノ済世ニ頒ツ〉と、誰にも一生に一つは必死の愛読書がある。この書こそ洪庵に絶対の書であった。この洪庵の感激はそれもそのはず、原著ははじめにあげたドイツの賢学、フーヘランド（オランダ語よみで当時は、ヒューヘランド）の五十年にわたる医学と治療の研究と実践生活の総決算として記述された名著である。〈殆ド寝食ヲ忘レタリ〉とは、決して誇張した表現ではなく、訳文を通してわれわれもまた魂の浄化を得るのである。本書は適塾で会読のテキストとして利用され、その結果がきわだってすぐれた人材を世に送り出す原動力となったのである。

フーヘランドはかの文豪ゲーテの推薦によって、ワイマール公の侍医となり、さらにその推薦でベルリン大学の教授になった。カントやシルレルなど十八世紀ドイツ啓蒙主義の第一級人物とも交渉をもった。特にカントから受けた思想的影響は大であるという。そうした医学思想の粋《エッセンス》がぎっしりつまっているのが、『扶氏経験遺訓』である（拙著『医戒』を参照）。本書の翻訳はしたがって、間接的ではあっても、日本にはじめてカントなど近代ドイツ哲学、思想が日本語に移し植えられた画期的な書でもある。これまで日本の哲学者の誰が、これを指摘しているだろうか。従来洪庵の思想について、その日本主義を失わぬ点に焦点をあてて論じるものが多い。しかし私は彼の著書と全人格、全生涯とをたどってみる時、洪庵に、そして適塾の思想に、もっとも大きなバックボーンとなったのは、西洋の、特にドイツの、この哲学、医学、倫理、思想であったと考える。

またフーヘランドは、〈自然良能〉というヒポカラテスの理想《イデア》――これは人間の体は、その疾患の回復にあって薬による局所的なそれなどでなく、本来的にもつ体力によって自然《おのず》と回復するという思想（一種の免疫性）――をわが理想とした医師であった。そこで同時代のルソー的な思想も、ここに統合され真の意味で、〈自然にかえれ〉を医療の本筋としたのである。洪庵はフーヘランドの自然《ナツゥール》（natuur）を東洋や日本の自然と異なることもよく理解していたので、〈自然〉と訳すことなく、ナツゥールと原語のままで用い、理解を明示している用意深さも忘れていない。

ここにおいて、期せずして日本と西欧が、ヒポカラテスの精神、思想を共有した意義を考えねばならない。即ち、洪庵の徹底した済生（世）救民・福祉厚生の思想は、まさしく西洋倫理から学んだものであり、しかも蘭書をとおしてではあるが、直接にオランダ語など外国語から学んだものであった。適塾での精神指導の原理を思うべきである。翻訳の方法は前に師、宇田川玄真の場合をあげたが、洪庵はこの玄真の方法を受継いで、さらに平易に啓蒙的な文章表現を心がけている。これをもっとも端的に語るものは別著、『病学通論』（嘉永二年・一八四九）の〈題言〉である（原本に句読点なし）。

一　或云此編意義通達論理精密ヲ尽セリト謂ベシ惜哉文字鄙俗ニシテ雅ナラズ恰モ羊羹ヲ馬槽ニ盛レルガ如シ……章云ク然リ余モ亦嘗テ文字ヲ正シ章句ヲ明ニシ法ヲ後世ニ垂ンコトヲ庶幾セリ然レドモ西学ニ志シ東西ニ奔走シテ文ヲ学ブノ余暇ヲ得ズ卑拙浅陋悔ユトモ及バズ以為ラク遺芳ノ備ラザランヨリハ寧ロ臭ヲ伝ヘザル者勝レリト……遺命（師玄真の命令）ノ遅遅ス可ラザルコトヲ念ヒ其卑陋ヲ省ミズ遂ニ梓シテ後ノ君子ヲ俟ツノミ

右の〈或云〉は恩師信道の忠告で、儒家に相談して文辞をととのえることを勧められている。その忠告は実に理を尽し、世間への思いやりをもって説き、感激させるのである。しかし洪庵は〈文〉（漢文）を学ぶ暇のなかった故の、己の文章の悪さを自覚しながら、ついに出版にふみ切ったのである。これは榛斎の遺命でもあったが、また彼がいうように食を〈饑者《うえるもの》ニ与ヘル〉ものであり、美味ではないが、〈飢渇ノ飲食ヲ望ム者〉への糧になると決意したからである。〈羊羹ヲ馬槽に盛レルガ如シ〉とは言い得て妙である。まさに洪庵は多くの人びとに羊羹を与えるため、翻訳に努力したのだ。馬槽といわれた卑俗な文体（訳文は漢字仮字まじり文）こそ、適塾の塾生をして、真に滋養に富んだ西欧医学思想という羊羹とその真髄を味わう絶好の容器を提供して余りあったというべきである。

適塾の逸材、伊藤慎蔵の訳書、『颶風新話』におけるくだけた啓蒙的文体を思い、諭吉の俗文による明治期の啓蒙活躍を考えれば、この洪庵の卑俗なる文章表現こそ、新しい日本のための馬槽にあらずして、むしろ金盃というべきか。これは反面、辞句の末梢にとらわれず、内容と真の意義を理解し、実践する適塾の翻訳方法であった。

明治維新を文化、科学、医学の面で、推進した原動力が適塾にあったのは当然といってもよかろう。コトバは何のために、誰のために、あえていうならば、洪庵が深い（根深い）儒教精神にむしばまれ、漢文をよくしたならば、ついにあの翻訳にみられる自由でのびのびした啓蒙的な文章を創始することはできなかったであろう。洪庵が意識したしないにかかわらず、まさに新しい酒をもるべき新しい革袋を用意し、これになみなみと美酒をそそぎ、彼が前途を嘱望した青年たちと、くみかわして、世のタメ、人のタメに、幕末日本の国家的危機の中で、光栄ある孤立と、輝しい人間教育に尽し、ついには最高位の将軍奥医師となった平凡なる非凡人こそ緒方洪庵であった。

文久三年（一八六三）、六月十日、突然多量の喀血により自宅にて急逝した。行年五十四歳。法号は〈華陰院殿法眼公裁文粛居士〉という。

最後にもう一つ「扶氏医戒之略」（完全な全訳は同門で、杉田玄白の孫杉田成卿により、『医戒』の名で嘉永二年（一八四九）に出版された）からつぎの一文を引用しておく。

病者の費用少なからん事を思ふべし。命を与ふるも、命を繋ぐの資を奪はゞ亦何の益かあらん、貧民に於ては玆に斟酌なくんばあらず。

幕末、幾多の藩校・私塾――米沢の興譲館や松下村塾などもその一例――の存在する中で、洪庵の適塾こそ最高の私塾であったと私は評価したい。しかし明治期にはいって、多くの私塾は新政府による官学優先政策、制度の前にことごとく存在の意味を失い消滅――慶應義塾のように、私塾から私学に変貌し政府との好交渉により（東京三田の幕府の土地をごく安く（ただ同然と）買収し）生き残ったものもみえるが――この官・私学の間の根本的クレバスは現代までつづいており、適塾の精神も思想もなし崩しに忘却の彼方に追いやられたと思う。あらためて、幕末の藩校とともに、私塾の存在と思想を考えてみたいと思う。それこそ二十一世紀の人間学と未来へのたくましい創造的営みと考える。

＊「望星2・9」（昭和四六年一〇月一日、東海大学教育研究所）

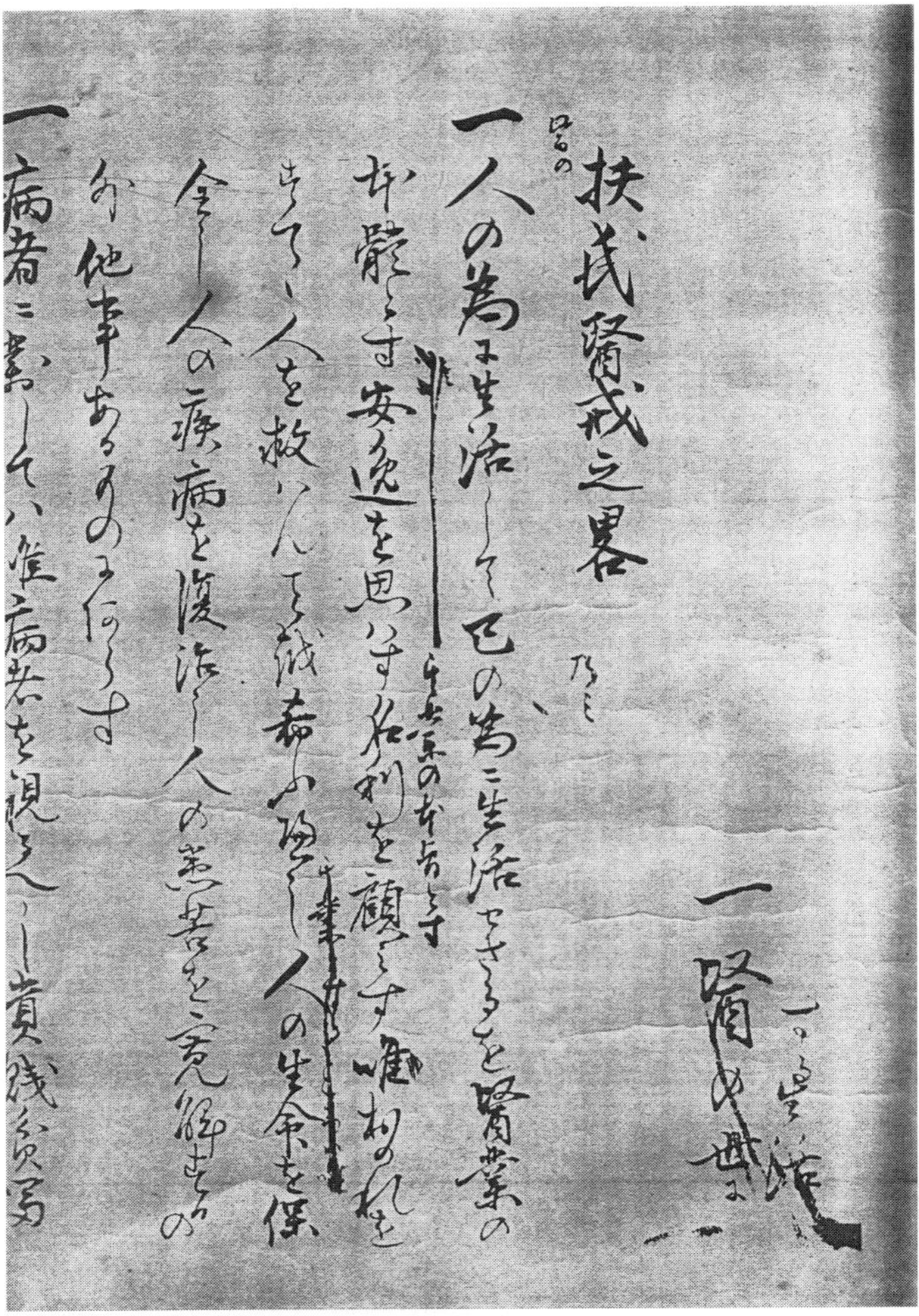
扶氏医戒之畧
一 人の為に生活して己の為に生活せさるを医業の本体とす安逸を思はす名利を顧ミす唯おのれをすてゝ人を救ハんことを希ふへし人の生命を保全し人の疾病を復治し人の患苦を寛解するの外他事あるものにあらす
一 病者に対してハ唯病者を視るへし貴賤貧富

〈扶氏医戒之畧〉草稿（冒頭）

四　商館長《カピタン》と蘭通詞

――鎖国《さこく》の中の蘭・日友好の礎《いしずえ》

a　彼は彼女と接吻した。
b　ビールがコップの中にて泡だっておる。
c　四十九の平方根は七である。
d　彼はアリストヲテレスを信仰する人であった。
e　彼の眼より出る光線が諸人を心酔さする。

＊〝ドゥーフ・ハルマ〟（一八一六年成立）――

右のａ～ｅはおよそ二百年前に訳編された蘭和対訳辞典、〝ドゥーフ・ハルマ〟から抜きだした訳文です。訳者は長崎出島の商館長《カピタン》、Ｈ・ドゥーフ Doeff と、彼の辞書訳編に協力した蘭通詞、吉雄権之助（永保、如淵）たちによります。この辞典は日本で最初にできた本格的蘭和辞典で、六万語の見出し語と約二万の例文（オランダ語・日本語対訳）をもつ、これまでで最大の対訳辞典です。現代でもこれほどのものはありません。

〈接吻――長崎方言でア（ウ）マクチ、古い日本語でクチスイ〉の語がはじめて登場します。ビール・コップは周知のように、オランダ語です。eの訳文をもう一度ゆっくり読んでみてください。いささかバタくさいというか、純な日本語にはない発想と構文でしょう。〈光線〉の語もオランダ語の翻訳による新日本語ですが、そもそも、〈彼女《かのおんな》（カノジョではない）より出る光線〉などという言い方が当時の日本人にあるはずもなく、くだいていえば、〈眼にものいわせて、その女はすっかりみんなを酔わせてしまった〉ぐらいに落着するでしょう。

さらにcのデアルの訳語も珍品なのです。当時は、〈○○ナリ〉などというのが普通です。これもオランダ語のzijn（英語、to be動詞）の翻訳による新文体といえるでしょう。ドゥーフと通詞らが日夜苦心してオランダ語の精神《エスプリ》と表現を、何とかわかりやすく日本語に移そうと努力した成果なのです（ドゥーフDoeffは約十八年も日本に滞在しました）。

ここにあげた新しい表現や語彙こそが、近代日本語の歴史の中にきちんと座をしめていきます。デアルは夏目漱石『吾輩ハ猫デアル』など、やがては日本に新しい文体や修辞《レトリック》を創造する本源《ルーツ》、基本の一つにもなるのです。オランダ語の翻訳――英語ではなく――こそが、明治維新以降、近代日本語の礎となったことばなのです。鎖国――これもオランダ語で通詞の中野柳圃の創訳――の中で、多くの日本人はオランダの珍器、珍物にのみあいこがれたなどと、一般にしばしばいわれますが、そのようなわけではない明確な証言でもあるのです。

通詞たちはオランダ人の指導をうけ、両者の相寄る魂によって、新時代をになう大切な表現やことばを創造することとなったのです。しかし熱しやすくさめやすい日本の国民性は、この二五〇年余にわたる日蘭交流の恩恵を忘れ去ろうとしています。残念なことです。

ドゥーフは滞日中、丸山の遊女瓜生野（本名、よう）との間に一子、道富丈吉《みちとみじょうきち》をもうけました。彼は通詞として育てあげられ、通詞見習にまでなりました。しかし十七歳の時、急死してしまうのです。そのころ幕府の役人として、長崎奉行所にいた蜀山人《しょくさんじん》こと大田南畝《なんぽ》――幕府の役人ですが、江戸時代の著名な文化人でもあります――が、「道富丈吉由緒書」を、その著『一話一言』に記録しています。〈本国阿蘭陀あむすてるだむ　生国肥前長崎　道富丈吉／父、へんでれきどうふ／母長崎新橋町住居、土井徳兵衛娘　よう〉とみえます。丈吉は通詞仲間にもかわいがられ、大いに前途を期待されたのです。今もりっぱで苔むした墓がそのまま残っています。ちなみにドゥーフの墓もアムステルダム郊外に無縁のまま現存します。

私はこの〝ドゥーフ・ハルマ〟に憑《つ》かれ、約三十年、国内はもとより、オランダのライデン大学、民族博物館、ロンドンの大英図書館、さらにモスクワのレーニン図書館と彷徨しました。福沢諭吉がその自伝に記しているように、〝ドゥーフ・ハルマ〟なしには、江戸の蘭学は決して発展しなかったでしょう。ヨーロッパの学術・文化にあこがれる洋学生のバイブル的存在だったのです。

ドゥーフは仙台出版の日本人の俳句集、『みさご鮓《すし》』にも、序をよせるなど、俳句をよんだようですが、日本の文化、文学にも関心をもち、かなり日本語もできたようです。彼についての多くのエピソードはつぎの機会にゆずることにします。

さて離日にあたり、ドゥーフは吉雄権之助らに、訳文の補訂や整備などを依託して帰国しました。草稿はローマ字表記だったでしょうから、これを読んで、よく理解できる漢字仮字まじりの日本文に改めること――これが通詞の任務となったわけです。こうしてこの願いと目的は、着手しておよそ四分の一世紀のち、すなわち天保四年（一八三三）十二月に見事達成され、精撰した素晴しい蘭和辞典が幕府に献上されました。通詞たちの苦心のほどいかがばかりだったでしょうか。

現存している精撰本（写本）には末尾に掛り通詞による〈あとがき〉が蘭文と日本文の二種で記されています。その一節に、〈すべて物事の成就するは始めと終とあり……嗚乎《ああ》道富微《なか》りせば此業を始むること能《あた》はず。予輩（通詞）つがざればまたその業を終ること能はず。二物相会ふて其事成就せり〉と高らかにうたいあげています。ドゥーフの功をたたえると同時に、自分たちの長年の努力によってはじめて、日本人が自由につかえる蘭日辞典が、つくりあげられたと誇らかに叫んでいるのです。のち将軍侍医、桂川甫周《ほしゅう》らにより、名を『和蘭字彙《おらんだじい》』として公刊されました（これはわたしが写真版で複製刊行しました）。

ドゥーフに協力した吉雄権之助は、やがて来日したシーボルトにも全面的に協力し、シーボルトをして、〈学問のある通詞〉と尊敬させたのです。権之助はシーボルトがオランダ人ではないことも見破りましたが、オランダ語の会話はむしろシーボルトより上手だったといわれています。

権之助は長崎通詞中、最高と評され、多くの知識人や文化人とも交渉をもった大通詞、吉雄耕牛（永章）の妾の子として生まれました。三歳にしてよくオランダ語を操った様子が記録されています。父の業を受けついで自ら『外科新書』を翻訳しています。オランダ語と外科術の塾を経営、多くの俊才を養成しましたが、その一人高野長英なども先生といって尊敬しています。ただし残念なことに、例のシーボルト事件に連座、投獄され、放免はされましたが、やがて病死します。権之助は仲間の本木正栄などと力をあわせ、彼等だけで日本最初の英和辞典も訳編、完成させました。当時のシナ、広東などに在住のイギリス人宣教師で、シナ学の権威、R・モリソンの日記《メモ》にも権之助の熱心な語学学習ぶりが記録されています。

さらに権之助と同門のよきライバルに、天才的通詞という馬場佐十郎（轂里《こくり》、千之助、貞由、アブラハム）がいます。彼は権之助と同じく、長崎通詞で日本物理学の祖――地動説を蘭書から翻訳したこともしられています――と仰がれている志筑《しづき》忠雄こと中野柳圃に蘭文法の手ほどきをうけました。またドゥーフにも師事して、蘭《オランダ》語の実力をみがきあげました。馬場は蘭語のみでなく、仏《フランス》・魯《ロシア》・英《イギリス》の諸語にも通じ、語学の天才として、当時、〈紅毛読書達人〉（野村立栄の手記）と絶賛されました。二十八歳のとき獄中のロシア人との通訳にあたり、その牢屋にまで手弁当持参で押しかけ、片手に仏魯辞典をもって、巧みにオランダ語やロシア語を操ったとロシア人が記録しています。ついにロシア人も、その才能と努力に感服して、馬場のために、ロシア語文法を教え、馬場に対して文典、『魯語文法規範』を新しくロシア語で書きあげ提供しています。この書は、馬場自ら翻訳しているのです。さらには、天然痘撲滅《てんねんとうぼくめつ》の訳書『遁花秘訣《とんかひけつ》』を、イギリス人、ジェンナーの種痘書（ロシア語訳書）から翻訳します。これは日本でジェンナーの種痘法が紹介された最初です。また詩にも、関心があって、ロシア詩人、ロモノソフをはじめ当時著名なロシア詩人の詩なども翻訳、日本最初のロシア文学の紹介者です。さらにまた、浦賀に寄港の英捕鯨船に、英語の通訳として腕（口？）をふるいます。彼の活躍ぶりはついに幕臣（御家人《ごけにん》）にまでとりたてられることとなるのです。彼が責任者として設立された俗にいう翻訳局（正式には和蘭書籍和解《わげ》御用）こそ、開成所などをへて明治維新以降開成学校となり、最終的には、東京大学に発展します。いわば近代日本の建設のための原点、其礎となった西洋学学問の府にまでなったわけです。

鎖国の鎖《くさり》の一つ一つが彼の語学力により、断ちきられていったといっていいでしょう。しかし文政五年（一八二二）浦賀に入津のイギリス船に通訳として派遣されましたが、江戸に帰着するや、間もなく、突如肺の病いで昇天、三十六歳の若さでの死去でした。お墓は東京杉並区の宗延寺（日蓮宗）に現存しています。昭和二十年三月十日の東京大空襲により御子孫もなく、今は無縁の墓碑と墓誌銘のみがその功績をたたえて、静かに名残をとどめています。

＊二〇一七年三月、註之

五　幕末の英通詞断想

井上靖の小説でも知られているロシア漂着の大黒屋光太夫《だいこくやこうだゆう》は、帰国後もその豊かなロシアやロシア語の知識をほとんど活用できず、軟禁状態で命をおえた。それにひきかえ、ジョン・万次郎（一八二七〜九八）の場合は、嘉永四年（一八五一）帰国ののち、郷里土佐藩の徒士格《かち》に登用され、ついで二年後のペリーの浦賀入津にあたっては、土佐から幕府に召しだされ、二十俵二人扶持《ぶち》で御普請役にとりたてられ、通訳として活躍、のちは順風満帆の勢いであった。当時、長崎のオランダ語通詞である森山栄之助（多吉郎）や堀達之助なども、転向して英通詞として活躍していたのであるが、やはり万次郎が召されたのには、それだけの理由があったと思われる。幕末騒乱期の先輩の苦心を知るものとして、軽々しく批判がましいことはいいたくないが、やはり現実に役立たぬ転向組の英語に対して、漂流民ではあっても、本場仕込みの米語（幕末には英語と区別してこの呼称がある）を操るには、両者で雲泥の差があった——とみるべきであろう。

わたくし個人、過去三度ほど海外に出て生活したが、日本から研究にやって来たえらい先生がたの英語会話力はまずしく、中には通訳を雇って資料さがしをする方もいた。そんなわけで、幕末のもっとも優秀な英通詞といえば、ジョン・万次郎に指を屈せざるをえない。光太夫に比し、万次郎は時の利があった。しかしその万次郎も、安政六年（一八五九）に出版した『英米対話捷径』（一冊、三十八葉、袖珍版）を一見すると、“Can you speak English?”にキャン・ユー・スパーカ・エンケレセと片仮字で発音がほどこされていて、どうもかんばしくない。つぎに若干単語をひろいあげて紹介してみよう。

sun《シヤン》, last night《ラースタナイ》, glad《ゲラーダ》, certainly《シヤテンリ》, knowing《カノーイン》, but《バツタ》, was《ワーシ》, pretty《フロテ》, take《テキ》, think《センカ》, daughter《ダーク》, rainy《ロイネ》, church《チヨチ》, nothing《ナセン》, country《カンツレ》, lesson《レシン》

右で一読した読者は、おそらく片仮字だけの表示であったら、どんな英語なのか原語の復元はおぼつかないと思う。もっとも was のワーシ（オランダ語風）をみると、あるいは万次郎以外のものが、この発音の仮字振りをしたのではないかと疑いももたれる。部分的に誤りのあることも留意して読みとるべきで、すべて万次郎の変則英語ときめつけることはできまい。しかし万次郎の名で、万次郎が承知して出版していることも確かなのである。よく引き合いにだされるが、同じ漂流民の浜田彦蔵《ジヨセフ・ヒコ》なども、サンフランシスコに到着のとき、アメリカ人に“How are you?”とよびかけられたのを、〈可愛《かわ》いい〉と誤聴したというから、教科書英語を規準にして、アメリカ訛《なま》りだとか、土佐訛りの米語などと批判することはできまい。漂流民伝来のギャル（女）やマイハウス、ホェル（鯨）など、りっぱな日本語にまでなっている。

福沢諭吉も、長崎通詞、森山栄之助の英語はだめで、やはり万次郎の指導を仰いだという。西周《あまね》、中村敬宇、箕作《みづくり》麟祥《りんしょう》、榎本武揚《たけあき》、大島圭介、尺振八《せきしんぱち》など明治維新後も活躍する面々はいずれも然《しか》りである。明治の日本の英語は、長崎通詞の転向組とは別の根から、新しい出発をしたということができる。ただし長崎通詞の英語も、その根源は米語であって、近代史を彩るのは英語《キングスイングリッシュ》ではなく、米語である。長崎通詞に対する米語教育は、幕末に長崎に来日の宣教師であった。次第に通詞の米語力も改良していったと思われる。まず第一は、アメリカから北海道に漂流して長崎に送られたR・マクドナルドが指導者である。そのあとに、J・リギンズなど宣教師がつづく。上述の森山は幕末に英通詞として、もっとも活躍した人物である。堀達之助も同様であるが、堀の場合、直接にご子孫からうかがったところでも、また残されている資料からも、英語には必ずしも自信がなかったようである。しかしそれにしても幕末、英米語をほとんど一手に引き受けて、まがりなりにも外交文書の翻訳（誤訳もあったが）まで手がけたのは、旧長崎蘭通詞たちである。

アメリカの国民的詩人、W・ホイットマンが、〈礼儀正しく色浅黒く、両刀を腰にたばさんだ使節たち〉とうたい、〈東洋がやってきた〉と礼賛した新見《しんみ》豊前守《ぶぜんのかみ》正興《まさおき》ら、万延元年（一八六〇）の遣米使節は、堂々としかも謙虚に、アメリカの政治、学芸、文化を学んだ。彼らに英通詞として随行したのは、長崎蘭通詞、名村五八郎（三十四歳、万次郎にも師事）、立石得十郎（三十二歳）、立石斧次郎（為八《ためはち》。維新後、長野桂次郎と名乗る、十七歳）であった。斧次郎は養子であるが、特に父、得十郎が幕府に懇願して、同行を願って許可されたという。当時のアメリカの新聞に、若い為八はトミーとよばれ、その積極的な行動と米語駆使の活躍が、アメリカ人に好印象を与えたと書きつづられている。

開成所によばれた何礼之助《か》、柴田大助（昌吉）などいずれも旧長崎唐通事（蘭通詞と区別して、通事という）や蘭通詞である。E・M・サトーやS・R・ブラウンを補佐した石橋政方（明治の文学者、思案の父君）も伝統ある長崎通詞の出身であるが、新興の都市、横浜へ移住して、英通詞、翻訳方、英語教師として活躍している。

横浜では通詞というよりは、公的文書には、〈通弁〉の用語を用いている。幕末の英通詞の誕生については、さらに語るべき多くのことがあるが、このへんで筆をおく。英語が公的に正課として学ばれるようになったのは万延元年（一八六〇）のことで、すでに百五十年ほどたっているわけである。

＊『２００１年小事典』（小学館。一九八四年三月）。百科事典ちらし

Tommy こと立石為八（斧次郎）"The China and Japan"（1860）
の挿絵より　画像提供　国際日本文化研究センター

六　オーストラリア文学の流れ

序にかえて——カンガルーの国、名の由来について

昭和十八年に刊行の山川敏夫氏訳『オーストラリア史』に、オーストラリアへの一般的見方として、〈大東亜戦争以前において、オーストラリアは羊とカンガルーの国であり、可愛いい仔熊《コアラ》や鴨《カモ》の嘴《ノハシ》の産地であった、と言っても敢えて大袈裟ではない。〉と述べておられます。この言葉は、同書発行の年から二十年以上もたった現在でも、ほとんど変りない日本人のオーストラリア観といっていいでしょう。日本人のオーストラリア（豪州）に対する知識のほどは、まったく幼稚園の園児級と酷評してもよさそうです。

私は昭和三十八年に渡豪し、翌三十九年の八月まで一年余を首府キャンベラで過す機会を得ました。渡豪前に、できる限り情報を集めようとしましたが、不可能に近いようでした。皆からもカン

ガルーの国、羊毛の国へ行くぐらいに考えられていたにすぎませんでした。加えて、いわゆる占領中の豪州兵のご乱行と白豪主義で、東洋人をシャットアウトするつきあいにくい国だと考えられていたわけです。

訳者の山川氏もふれていますように、日本人で知っている者は数少いかもしれませんが、明治十年には、日本人数百人がこのオーストラリアの地に定住する取り決めまでなされ、永代借地権を認め、市民権が与えられるという点まで、協定が確定されていたのです。これはオーストラリア政府と日本政府との間で交渉がおこなわれたのですから、もし西南戦争がなかったならば、今ごろはアメリカ同様に二世・三世の日本人がカンガルーのよき友人として、あるいは日豪間のよき橋渡しとして、活躍しているかもしれません。この交渉打切りが両国にとって、幸福なものであったかどうか。歴史は今なお明確な判断を下していないと思います。私はもとよりオーストラリアの歴史全般を記述するものではありません。その文学と原住民の間につたわる伝説をあちらの諸文献により記述しましたが、序にかえて、その国名のおこりについてすこし説明しておきたいと思います。

テラ・オーストラリア　一五九四年、オランダのアムステルダムで、刊行された地図の中に、南方大陸《テラ・オーストラリス》（Terra Australis）の名があります。これは現在のオーストラリアと同じものではありませんが、まだ学問の発達しなかった当時としては、当然なことともいえるのです――少なくとも現在のオーストラリア大陸とその名の一致がないまでも、少なくとも南半球にある一大陸が、オーストラリアと呼ばれ得る可能性の一つを示す第一歩であったと言ってもいいでしょう。

また一五四二年刊といわれるフランスの地図には、現在のジャワを小ジャワというのに対して、この南方大陸を大ジャワと記しているといいます。しかし十七世紀の初期まで、この大陸自体のことがわからなかったし、それに特定の一つの名を与えることもむずかしいことでした。そして一五九五年、ソロモン群島にスペインの植民地を築くため、スペインのアルヴァロ・ドゥ・メンダーニァの指揮する遠征隊がおりましたが、これに加わっていたペドロ・フェルナンデス・ドゥ・クィロスは、この探検が終ってから、一六〇五年にスペイン王、フィリップ三世の命によって、この南方大陸の近くを探検する機会を得ました。そしてクィロスは、一六一〇年に出版した彼の航海記の中で、〈南極に至るこの総べての南の地域は、エスピリツ・サントのオーストラリア〉と呼ばねばならぬと述べています。

オーストラリアとは、このクィロスが、広大な南にある大陸と彼の考えたもの（実際には一六〇六年、オランダ船、ドゥイフケン号がオーストラリア海岸を訪ねたのがそれですが、その後は、オーストラリア海岸に近づきもしなかったといいます）に対する命名ですが、またフィリップ三世（オーストリア王室の一員とみなされる）への敬意を表わしたもの――いわば、〈王の称号たるオーストリア〉から選ばれたものとも述べています。やや架空に近かったかも知れませんが、クィロスが自分で見たと誤認し、大陸だと思ったこの南方大陸をオーストラリアというのは、ここに淵源があると考えてよさそうです。しかしオーストラリア大陸に、最初の第一歩を印したのはオランダ人で、一六一六年・十月二十五日、オランダ人、ディルク・ハルトックの指揮するエーンドラハト号が、現在シャーク湾と呼ばれているところに上陸しました（記念の金属板が今もアムステルダムの国立博物館にあるといいます）。そこで、一時〈エーンドラハトの大陸〉（Het Land van de Eendragt）とも呼ばれ、地図にもそう記されました。

その後、一六四二年〜四四年に、有名なオランダの航海者、アベル・タスマンA. Tasman（現在、タスマニア島にその名がのこる）の探検があり、以後、この南方大陸を新オランダと呼ぶならわしとなったのです。しかしやがて、オランダ人の光輝ある探検の歴史は閉じられます。そして一六八八年には、イギリス人、ウィリアム・ダムピア（一六五二〜一七一五）があらわれます。海賊である彼ではありますが、オランダ人とちがって、絵のように美しい筆で彼の出会った原住民のことを描いています。彼が帰国してあらわした旅行記は、当時の新オランダに関する最良の資料であるといわれますが、彼はこの大陸に何の魅力も感じなかったようです。約四か月にわたる西北岸の踏査は、彼に次のようなことを書かせました。〈ちょうど最も乾燥した時期であり、新鮮なものの不足から船員たちが壊血病にかかったので、もはやこれ以上踏査する勇気を失ってしまって、この地を去ろうと決心した〉――これから、約七十五年間、オーストラリアは白人の世界から一度消えてしまいました。ただスウィフトのガリバー旅行記などに、日本と同じく空想をもてあそばれていますが……。

そしてこのひそかな小さな大陸も、大探検家、ジェームズ・クックによって、長いねむりから醒めて、賑々しく近代史に登場してくるのです。

第一章

文学以前——ヨーロッパ人の登場まで

白人往来　一七七〇年、シドニー近くのボタニー湾（Botany Bay）に上陸したキャプテン、ジェイムズ・クック James Cook は、ここが噂にきく、〈不毛と貧困の国〉ではなく、〈あらゆる穀物と果実などが美しく育てられ、実ることのできるところ〉であると感じました。そして、〈新オランダ（オーストラリアの旧名）国の原住民《アボリジニーズ》〉についてこう書きとどめました。

彼らは、この地球上最も邪悪なる人間であるように思われている。しかし事実は、われわれヨーロッパ人よりもはるかに幸福である。いわゆる文明の利器などというものを知らないが、それだけにかえって幸福である。平和に暮らし、不平等に悩まされず、彼らの周囲のすべてのものは、生活に必要であり満たされている。温暖な風土に住み、胸一ぱい大気を吸いこむことができる。衣料などはほとんど関心をはらう必要がない。——かいつまんでいえば、彼らはわれわれの与えるものに何の価値も見い出さず、われわれの厚意でさし出すどんなものも自分のものにはしたがらない。彼らは生きるために必要なものは必要にして十分貯えていると考えて

いる

翌年ロンドンに帰ったクックは、彼の見たところを報告しました。しかし多くの人が、これを信用しないままに、さらに一七七四年、二隻の船——発見号《ディスカバリー》と決断号《リゾリューション》を指揮して、再度航海へと旅立ちました。一六、七世紀のころは、インド人・シナ人・回教徒・カトリック教徒・プロテスタント教徒・ポルトガル人・スペイン人・オランダ人・イギリス人などが、黄金を求めて、右往左往していました。日本への南蛮人渡来も、その余波の一つということになります。

しかしクックより先、一六〇六年オランダ人、キャプテン、ヤンツ Jansz はデュイフケン Duyfken 号に乗りこんで、ニューギニアの南海岸をまわり、ケイプヨーク半島の一角、すなわちカーペンタリア湾《ガルフ》に到着しました。そして彼は、〈こんなところに住めたもんじゃない〉と書き残しています。これがヨーロッパ人によるオーストラリアについての最初の記述ということになります。そして十七年後、オランダ人は再度、カーペンタリア湾《ガルフ》にやって来ましたが、黄金や胡椒の代りに、〈真黒い野蛮人〉を発見しただけというのでした。

一方先にふれたように一六一六年にオランダ人、ディルク・ハルトックは、オーストラリアの西海岸を廻航し、西海岸、シャーク湾への入口にある小島に上陸したという例もありました。こうして一六一六年から四〇年までに、オランダ人たちは多少にかかわらず、この大陸の一隅に足をふれました。一六四二年には、先にふれたタスマンが、オーストラリア南端の島などを発見しました。これを追いかけるように一六八八年、イギリス人ウィリアム・ダムピア William Dampier が、オーストラリア水域に入り西海岸をまわって、一六九九年にはシャーク湾に立ち寄り、〈果実もならない不毛な土地と世界中でもっともみじめな人々〉を報告したとおりです。

——しかし結局、オランダ、イギリスの競争は、一七六八年のキャプテン、ジェイムズ・クックの航海とその勝利へとつながっていくのです。彼はまだ知られていない南太平洋の諸島をまわり、タヒチ島では高貴《ノーブル》なる野蛮人を発見し、ニュージーランドを探検し、故国英国に帰る途中に、はしなくも、オーストラリアへの最初の白人移民という、歴史的第一歩を踏みだすこととなったわけです。一七七九年には、クックと行動を共にしたことのあるJ・バンクス卿 Sir Joseph Banks は、ボタニー湾へ来ましたが、ここに英国の囚人を送ることがいいのではないかと考え、報告するところがありました。そしてボタニー湾へ上陸。一七八六年、いよいよ英国政府は、オーストラリアに七百五十名の囚人を送る計画を発表しました。こうして初代の知事《ガーバナー》として、アーサー・フィリップ Arthur Phillip を任命。一七八八年彼によって率いられた英国の囚人船は、シドニー湾に入り、ここにオーストラリアへの最初の英国国旗をかかげることができました。穀物・野菜・果実などをつくるための開墾、原住民との交際と友情を目標にかかげて、ここに住む人々への宗教と秩序への服従を規定しました。

ここに来た白人たちにとって、最初の苦闘はアメリカと同じく、まったく異なる自然と風土との戦いでした。ただアメリカにおけるインディアンの攻撃のようなものはなく、戦いの相手は人より自然だったのです。クックは不毛の地でないと感じて報告していますが、やはり来てみると、ここに生えている木は曲がりくねる代物で、家を建てる材料には使えませんし、暑くて乾燥した土は、透き通る空の青さと一つになって、人々にまったく別世界の観を抱かせました。

川の流域を除いては、必ずしも土地はよいといえず、しばしば大雨のあとは瞬間的な洪水に見舞われました（今でもシドニー郊外では、この現象が珍しくありません）。一八一三年になってはじめて山（ブルー山脈《マウンテン》）を一つ越えたところに、オーストラリア最高の土地――現在でも麦や緬羊・牧羊の地として名高い――を発見した始末です。白人と原住民の出会いは、最初のうちはきわめて平穏でした。イギリス政府は、努めて彼らと仲良くし、親切にとり扱うという、すぐれた計画をもって原住民の教化にのり出したのです。

原住民の紹介　当時、イギリス人の書き残した記録をみますと、原住民はキタナクテキタナクテ人間らしさはほとんどない。肌も洗ったことがないようだ――とみえます。しかし今や土地は大英帝国のものとなり、白人移民の間で分割されて、原住民には何の報酬も与えないのです。カンガルーのように、奥地へ奥地へと追いやられるだけになっていきました。すべて記録されているわけではありませんが、白人と原住民との小ぜり合いが、数個所であったようです。中には、非常に友好的な原住民男女二十八名を殺したかどで、七人の白人が絞首刑にあったりしています。

あるいはまた、白人高官の屋敷に手伝として住みこんでいた原住民の少女が、同じ原住民の集落にもどった時、仲間に惨殺されるというようなこともありました。――ともかく今日は、原住民対策がオーストラリア政府にとって、一つの重要な課題となっています。かつては彼らの実際的武器であったブーメランやとび槍も、特定のセトルメント（定住地）に収容された原住民の手内職になっています。それらはオーストラリアの民芸品として、旅行者をよろこばせるものの一つになっています。しかしオーストラリアはまだまだ二十世紀の石器時代といわれ、原始的生活をつづけている種族もいて、教化は前途ほど遠しというところです。いわばオーストラリア語（原住民の言語。言語地図が作られている）の本格的研究がはじまって、まだ三十年たらずということが、そのままこの方面の弱体ぶりを示しているということになります（現在、オーストラリア大陸の言語地図は作成されている）。もっとも第二次世界大戦には、ニューギニア戦線で日本人とたたかったし、原住民の中には、医師・芸術家・映画女優・看護婦・宣教師・工場労働者・カウボーイなどになって活躍しています。特にボクサーに適しているといわれ、その方面でも活躍しています。

動物と鳥たち　つぎに、ここに住む動物類についてちょっとふれておきましょう。というのは、詩や小説にしばしば、これら自然の生物が登場するからです。

まず動物ですが、もっとも知られているのはカンガルーです。これにもいろいろ種類があります。私がシドニー郊外の岩山で見たのに、ロックカンガルーというのがいました。いわゆるカンガルーよりも体が小さくて、岩の上をぴょんぴょんとびはねていました。またカンガルーの一種に、むしろ動物園などにいる大型で茶色のカンガルーとちがい、ブッシュ（草叢《くさむら》）などでよく見かけられるやや小型の灰色をしたワラビーがいます。有袋類とよばれるものの中には、カンガルー以外にいろいろな種類と名称をもった動物がいるようです。その他では、コアラ（親子熊などのニックネイムをもつ）や、卵生哺乳動物の鴨《カモ》の嘴《ノハシ》などがいます。原住民渡来と同時に一緒に来たという野生犬、ディンゴなどがいます。兎と狐は白人が来てからの輸入品です。

また鳥の類についてすこし紹介しておきましょう。まず世間でよくオーストラリアの三羽鳥といわれているものがいます。マグパイ・エミュー・ククバラがそれです。エミューをのぞけば、私のいたキャンベラでは、ごく普通に町中でもこれらを見ることができました。カンガルー同様に、どんな町でも、中心から自動車で数時間行けば必ずといっていいほど、これらに接することができるようです。その他では、赤・緑・黄など色彩豊かなオウムの類などがいて、これまたすこぶる鳥たちの楽園であると評していいようです。

未開の大陸、現代オーストラリアは、農業国から工業国へ移りつつあるといえるでしょうが、その速度はきわめて緩慢で、再三述べていますが、まだ全体の三分の二は未開拓なのです。面積が約北アメリカ合衆国（アラスカを除く）と同じといい、日本の二十倍もあります。しかしおそらく現代オーストラリア最大の課題は、人口問題でしょう。第二次大戦後、約年三十％の割で増加しているといいますが、国策上からもなかなか難題になっていることの一つです。以上のことをふまえて、以下オーストラリア文学の流れについて、スケッチしてみたいと思います。

1

はじめに詩ありき　オーストラリアの開発が、囚人（convicts）にはじまったように、文学もまた囚人と深い関係があるようです。

オーストラリアで最初に刊行された詩集はロンドンからシドニーの裁判所に赴任して来た裁判官バロン・フィールド Barron Field（一七八六～一八四六）の作品で、“First Fruits of Australian Poetry”（一八一九）と呼ばれるものです。

植民地開拓のために、オーストラリアにやってきた最初の囚人たちは、十一隻の船をつらね、総トン数約三千トンほどの集団船隊でした。新しい植民地の父と呼ばれるアーサー・フィリップ船長Captain Arthur Phillip によって、シドニー入江《コーブ》のジャクソン湾《ポート・ジャクソン》に錨をおろしたのです。

時は一七八八年の一月、ちょうど真夏、今から考えてもシドニーは、非常に暑く最悪の時だったと思います。上陸したのは約千百人で、うち四分の三は囚人だったといわれます。これから約三十年ほど後、上述のフィールドの詩集があらわれたわけです。当初の囚人たちとその生活状況、さらに原住民たちとの出会いなどについても、多くのエピソードが秘められていますが、それよりもまず、B・フィールドについて一言紹介しておきたいと思います。

彼の友人がかの有名なイギリスの作家、ラム Charles Lamb で、二人の間に文通があったことが知られていますが、一八一七年八月付のラムの手紙にこうみえます。

あなたは、まるで私には別の天体世界へ行ったように思われます。泥棒どもの住んでいる国で、どんなにお役に立っているのですか。仕事以外には、どんなことをして暇をすごしていますか。Diogenes のように、正直者をさがすためにランタンを手にして通りを歩きまわっているのですか。住民たちの風俗についてお知らせください。盗みをしない時は何をしているんでしょう。誰か詩人にあいましたか。そのような風土のところで、奥さんはいかがおすごしですか。なれましたか。バニー君か誰かに、オーストラリアのことをたずねてみようと思うんですが、私の無知をさらけだすようで、気おくれがします……。

ラムにとって、シドニーの囚人集落《コンビクト・セトルメント》のまわりのブッシュの世界については、想像することもできなかったようです。しかもこの手紙は翌年の一月、約半年たって、やっとフィールドの手に落ちたのでした。

シドニーとロンドンと詩人たち　当時のイギリスは、蒸気機関の発明があり、農業国から工業国へと変貌していました。ロンドンは、作家・画家・音楽家だけでなく、科学者・探検家の集るところでした。もっとも、そうした発展の中で、ロンドンの街角では、数個のじゃがいもを盗んだばかりに、処刑執行人にむち打たれている情景がよく見られたものです。

こうしたロンドンの情景から、ラムも囚人植民地《コンビクト・コロニー》をなんとかして頭に描こうと努めたのでした。——しかし、ラムの友人であるフィールドにとっても、ロンドンとは比較にならないシドニーの町やまわりの殺風景なブッシュは、決して歓迎すべきものではなかったようです。

小さな箱形の家々、白い壁、太陽をさけ、盗人の侵入をふせぐ狭くて高い窓。ラムが手紙で冗談を言ってるように、通りには街燈もなく、ランタンは必要品でしたし、羊毛を紡ぐもの憂い機械の音や、もろこしを砕く蒸気車《スチーム・ミル》のひびきが流れてきました。ただ既に新聞は発行されていました。

そして所々に、道路工事や建築材料を運んでいる囚人労働者たちの姿がみられ、彼らの引きずり歩く鎖の音が耳に痛くしみ入ったのです。

一方また、ここの原住民たちはどうかといいますと、埠頭の近くで、もの珍しそうにうろついているのでした。こうしたなかで、フィールドは暇をみては、シドニーの通りや郊外を散策し、動物や草花など自然にも親しんでいきました。

そうして書きあげたのが、右であげた彼の詩集です。これはシドニーで書かれ、印刷されたものですが、その一部がロンドンにいるラムに送られ、彼をひどく感激させたのです。中でも、〈カンガルー〉の題でうたった詩の一節はラムを喜ばせ、早速ロンドンの評論誌、"The Examiner"（一八〇八年創刊）に同書の書評をのせ新しい文学への期待を示しました。

〈カンガルー、カンガルー、なれこそは、オーストラリアの魂〉とうたいあげ、〈リスにも鹿にもまさる自然の偉大なる芸術品〉と描きあげました。〈地の果てに所を得たたくましき生き物〉ともうたっています。カンガルーに、オーストラリアの現在と未来を象徴する偉大な姿をみてとったのでした。〈カモノハシ〉についても、卵を生みあひるの嘴をもったモグラとうたっています。やがて一八二四年、任おえてフィールドは、この植民地を去って帰国したのです。

フィールド以前にも、オーストラリア原住民について記述している文章はあります。

先に名をあげましたダムピアの〝新オランダへの航海〟（A Voyage to New Holland, Dampier's Voyages が一九〇六年に再版）や、キャプテンクックの〝航海〟（Voyages 一八〇八）さらに厳密には、Admiral Wharton 編、〝クックの日記〟（Cook's Journal 一八九三）などがそれです。ことに前者は一六八八年ごろの原住民の様子や、コアラ（オーストラリア特産の熊の一種）やカンガルーについて記述しています。カンガルーについての文学的紹介は本書をもって最初とするといわれます。

さらには、イギリス政府から派遣され、歴史家でもあるＤ・コリンズ David Collins の〝Account of the English Colony of New South Wales〟（一七九八）、Ｗ・テンチ W. Tench の〝A Narrative of the Expedition to Botany Bay〟（一七八九）、〝A Complete-Account of the Settlement at Port Jackson in New South Wales〟（一七九三）などがあります。しかしオーストラリア文学のあけぼのにあたっては、詩と散文を一応区別して考える方がよかろうかと思います。それは〝New Land New Language—An Anthology of Australian Veres〟（一九五七）の編者、Ｊ・ライタが序文で述べていますように、〈Yet poetry is not, and ought not to be, only away of discovering the beauty of one's country and qualities of one's own being. There is very much more to poetry than the solution of such immediate problems. Australia's poets have helped to give her a spirit and a personality, and as her responsibilities towards the world increase with her taking up of nativehood and independence……〉であって、洋の東西を問わず、考えられる文学史上の真実だと思います。

最初のオーストラリアの詩人　さてしかしこれまでオーストラリアについて記述している作家はいずれも訪問者でしたが、真にオーストラリアを自分の国として記述した詩人がいます。シドニーから約百哩離れたノーホーク島 Norfolk Island 生まれのW・C・ウェントワース William Charles Wentworth（一七九二〜一八七二）がその人です。

彼の詩“Australasia”は、一八二三年、彼が学生だったイギリス・ケンブリッジ大学の詩の懸賞に入選し、第二位を得ました。これこそオーストラリア生れの詩人が、〈イギリスより故国オーストラリアを思って〉うたったオーストラリア文学史上、最初の詩ということができます。

彼は美しいシドニー湾や起伏に富み緑に囲まれたブルーマウンテン（現在でも観光地となっている）を見事に描いています。もちろん評価については、オーストラリア詩の目で描かず、イギリス詩の目で——伝統のないオーストラリアですから当然のことでもありますが——描いているともいわれています。彼の意気込みほどには、詩が形象化されていない恨みがあるというのです。オーストラリア詩人が真のオーストラリア像を描きあげるには、まだまだ時間がかかるというわけです。——彼はその長い生涯を、オーストラリアでジャーナリスト、あるいは政治運動家などとしてすごし、最後はイギリスに引退したといわれます。

ブッシュ・レンジャー　オーストラリアを主題にした劇は、ヘンリー・ミルヴィル Henry Melvilles“The Bushrangers”で、一八三三年、タスマニア島のホバート（現在、タスマニア州の首府）で発行されている〝The Hobart Town Magazine〟に発表されました。

現代でもオーストラリアでは、本国イギリスの伝統を受けて、演劇が非常に盛んで、絵画につぐオーストラリア文芸の旗手ということができましょう。その伝統が、このころに種蒔かれたといっていいでしょう（ブッシュレンジャーというのは、オーストラリアのブッシュ（叢《くさむら》）に出没した強盗のこと。アイルランド出身者に多いともいわれます）。さらに注目すべきことは、この年、同誌に、トマス・リチャーズ Thomas Richards が短篇作家、エッセイストとして登場し、〝Rob, the Red-Handed Adventures with Bushrangers〟（一八三二）などを書きあげたことです。

なお、O・U・P（オックスフォード大学版）の〝オーストラリア短篇説集《ショート・ストーリーズ》〟（一九五一年刊）には、時代順によって編集した短篇がおさめられていますが、第一は、パーカー K. Langloh Paker 夫人（一八五五～一九四〇）の〝Beereeun the Mirage Maker〟（一八九八）になっています。これはオーストラリア原住民の伝説から取材したもので、ビーリーウン Beereeun というとかげ君が、ブライブライというオウム姉妹に求婚するが、彼女たちはウィーダッという鳥君を愛していた……というものです。

しかもこのころから、イギリス本国でも植民地でも、小説というものが、ぞくぞく雑誌・単行本となって発表されました。こうして、オーストラリアで最初の小説がH・セイバリー Henry Savery（一七九二～一八四二）によって一八三〇年に発表されました。

最初の小説家　H・セイバリーは囚人ジャーナリストで、彼の経験をもとに、ロンドンからシドニー入江のボタニー湾へ輸送された一イギリス人の物語をつづっています。

作品は、“Quintus Servinton, A Tale, Founded upon Incidents of Real Occurence”（一八三〇〜三一）で、その序文で、〈これは虚構でも想像でもなく、出てくる人物も事件も実在である。一口にいうなら、自叙伝である〉と述べています。さらに、セイバリーより二十年も後輩になりますが、オーストラリア生まれの小説家として、J・ラング John Lang（一八一六〜六四）がいます。短編小説家であり最初の探偵小説作家でもあります。作品に、“Convicts［Forger's］Wife: Botony Bay or A True Tale of Early Australia”（一八五五）などがあります。

ほかには、ディフォの方法で書いたという治安判事、C・ロウクラフト Charles Rowcraft（一七八一〜一八五〇）の“Tales of the Colonies（一八四三）、The Bushranger of Van Diemen's Land”（一八四六）、オーストラリアを〈幸福な幸福な大地〉と詩によんだ John Cotton、さらに一八四三年、家族と一緒に移住してきたイギリスの自然科学者で画家、Richard Howitt（一八四〇年〜四四年まで、メルボルンに住む）などの作家がしられています。

しかし十九世紀のはじめから半ばにかけて、オーストラリアに住む——囚人だけでなく、移民もだんだんと増えてきたわけですが——白人は、シドニー中心とメルボルン中心、それにタスマニア島のホバートなどを中心として、開拓者の生活をきりひらいていきました。このオーストラリアの生活は、イギリス人、主としてスコットランド生まれの紳士たちの手によって描かれたのでした。

木の皮でふいた屋根や石も敷かぬ床、やっと雨露をしのぐ掘立小屋という植民地スタイル。そこにはイギリス人としての理想や夢を、常に描いて生活してはいたでしょうが……。ともあれ囚人・移民・彷徨者・旅行者・金鉱掘・ブッシュレンジャーなどオーストラリア人の目で、この土地のものを見ようとはしても、風俗・習慣・時には風景まで、本国イギリスのそれと、植民地のそれとを混同して描いていました。いうまでもなく彼らの教養は、詩にあっては、バイロンであり、バーンズやスコットなどの作品で、それらを読みあさり、小説では当時、本国で圧倒的人気を博していた、ディケンズなどのものでした。ほかには、J.Mudie、J.West などの作家がいます。

ともかくよりよい土地を求め、黄金の埋もれた大地を求めて、ここに来たイギリスの人々は、このオーストラリアに、恒久の家庭を築こうと努力し、子供たちも成長しては、ここを彼ら白人の町としてみるようになりました。

ここで特筆しなければならないのは、一八五一年のオーストラリアにおける〝金〟鉱の発見でしょう。これが文学に与えた影響は、経済の繁栄と文学の相関関係を十分知ることができましょう。オーストラリア文学も、このような人間たちの幸福を、未来への希望を描こうとつとめていったのです。開拓者の生活、囚人たちの哀歓、苦しみや喜びの日々、それらはいずれも、新しい文学の生まれる種子を準備していたともいえるでしょう。

2

新しい詩人たちの群　先に詩人、ウエントワースについて紹介しましたが、十九世紀も半ばをすぎますと、いよいよオーストラリア文学に値する独自の作家があらわれてきました。まったく厳密な意味で、オーストラリア最初の詩人をあげるとするなら、C・ハーパー Charles Harpur（一八一三～六八）でしょう。彼の詩は今でもまだすべて完全に収集されてはいません。彼はオーストラリアで生まれ、決してここから外へ出ませんでした。彼の見たものは、N・S・W州《ニューサウスウェルズ》の自然であり、人間でした。彼は本国イギリスのJ・ミルトン（一六〇八～七四）の詩をよみ、W・ワーズワース（一七七〇～一八五〇）の詩の方法も学びました。全体的には、十八世紀の浪漫的詩精神を学びとって作詩したようです。

彼の作品で、もっとも広く知られているのは、"Midsummer Noon in the Australian Forest" ですが、必ずしも見事にオーストラリアの自然の特色をうたいあげているとはいえないようです。しかし彼が自分の目で見、聞いたすべてのもの——忙しい蟻たち。彼らの住み家。黄褐色の斑点のある大蜂。枝にじっとしがみついているバッタなど——を的確にとらえて詩にしています。他にアメリカの作家H・メルヴィルの作品と同名の "The Bushrangers"（一八五五）があります。詩と散文による戯曲となっています。

ハーパーと並ぶものに、H・ケンダル Henry Kendall（一八三九～八二）がいます。彼はハーパー同様に、N・S・W州の生まれで、つぎに紹介するゴルドンの友人です。彼は生涯、病気がちで幸福な生活をもてず、アルコールを熱愛しました。不幸の故に飲んだのか、飲んだ故に不幸であったのか断定はできません。しかし彼は文学を愛し、文学に殉じたいと願っていました。文学青年的な人物だったといえるでしょう。彼の詩も、A・テニスン、T・アーノルド、G・G・バイロンなどイギリスの詩人をまねたものといわれ、ビクトリア朝時代の強烈なロマンチシズムにおおわれた詩がしばしば見られます。しかし〝うたう絵画〟といわれるように、ガムの木のブッシュの風景――小川、鐘釣鳥――などを思いきり描きました。自然を愛し歌うケンダルのつづったオーストラリアの自然は、今もなおオーストラリアの至るところに見られます。私は、森と湖と夕陽の美しい首府、キャンベラ（土語、native tongueで集会ノ場の意）での私の一年間の生活を思います。それを通しても、彼の詩の中に、オーストラリアが存在するとハッキリいうことができます。野兎や色彩豊かな野鳥たち。人を喰った笑い声をたてるククバラ（笑ウ翡翠《カワセミ》）、人なつっこい黒白はん点模様のマグパイ（烏《カラス》の一種）など、鳥と人との交歓にもってこいの国がオーストラリアなのです。

かつて近代日本文学の中で、武蔵野の自然を師として、すばらしい青年詩人が生まれたように、オーストラリアの詩も、自然をよき師として出発し、今にはぐくまれているのです。ただ日本人と異なるところは、こちらは自然との闘いが苛烈を極めていることでしょう。

さてこの二人よりも重要な人物に、A・L・ゴルドン Adam Lindoay Gordon（一八三三～七〇）がいます。彼は一八五三年十一月、ちょうど二十歳の時に、イギリスからオーストラリアにやって来、すっかりここが気にいって一生をここで終えました。オーストラリアにいる間中、いろいろな種類の仕事――巡査・調馬師・ジャーナリスト・競馬騎手などに就きました。しかし失望とたえざる憂鬱さのために、ブッシュで自らを射殺して息絶えましたが、その詩はスピード感があり、多少奔放な点がみられますが、バイロン風のロマンチシズムを断ち得、ケンダルよりははるかにまさる詩人といえましょう。彼はイギリスにあって、既に詩をつくっていましたし、スコット Sir Walter Scott の編集したスコットランド民謡《バラッド》を深く愛誦していました。彼は彼の友人たちのいうように典型的なオーストラリアブッシュマンになりました。彼はどちらかというと、やせがたのすらっとした紳士風の体つきでしたが、もの静かなはにかみ屋風の中に、陽にやけた男性的な野生美を秘めていました。大きなひさしの帽子をかぶり、しっかりと馬にまたがり、いつもブッシュ男のスタイルをくずしませんでした。彼は主として南オーストラリア、ビクトリア州（ここの首府がメルボルン）の陰影に富む自然をひびきわたる音をもって連ね、スピーディな民謡《バラッド》詩として描きあげました。

ブッシュのなかを旅している時に出会うアドベンチャーの数々。その瞬間瞬間に烈しい興奮におそわれた時、すばやく帽子を机にしての魂の高なりを筆にしました。彼の詩をよむ時、ブッシュマンのきびきびした動きとともに、大地をかける馬のひずめの音が、ありありと耳にきこえてくるようです。他の誰にも知られない個人的な体験を通して、開拓時代の人々の苦闘や、冒険をドラマチックに描こうとしたのでした。文学史家が、ブッシュの詩人というよりは、むしろブッシュの忍従・諦観の哲人であるといっていることもうなづけましょうか。

もし彼が自分の詩の背景として、自然を謳う時があれば、そこには音があり、匂いが必ずといっていいほど漂います。そして広大な果てしないオーストラリアの自然を、望遠鏡でみせてくれるよりは、どちらかというと、顕微鏡的な点描といっていいでしょう。こうした自然への態度は、先に述べたケンダル――彼にもブッシュをうたった民謡詩がありますが――とは、はっきり異なった作風といえるようです。

たとえば、〈私の膝の下に、かたい鞍の垂れ革をゆすっている自然の心《ハート》が感じられる……〉とか、〈このところに、咲き輝く花は、何の匂いもなく、歌なき輝く小鳥は……〉などにもその一端がうかがわれるでしょう。主なる作品としては、〝The Sick Stockrider, From the Wreck, Wolf and Hound〟(一八六九)などがあります。詩集を手にしたゴルドンのブッシュスタイルの像が、メルボルン市内に立っています。また彼の胸像が、イギリスのウエストミンスター寺院の一隅にある、かの有名な詩人の一隅《コーナー》に、テニスンの隣りに建てられています。〝オーストラリア詩人、Poet of Australia〟の文字がはっきりと刻まれているのです。その除幕にあたって、タイムズ(The Times)は、〝オーストラリアの桂冠詩人〟と題して、〝この上なき名誉のしるしに、オーストラリアの国家的詩人とたたえられたり〟と論評しました。現代の評価では、いささか過大の賛辞といわれていますが。

民謡詩人たち　以上のほか、E・ダイソン Edward Dyson(一八六五～一九三一)がいます。父が鉱山技師であった関係から、彼も少年時代から鉱山で働いたり、ブッシュでの仕事をしました。彼の詩の大きな特色は、音と色とエネルギーと行動に満ちあふれたゴールドラッシュ Gold-rush 時代の鉱山詩にあります。哀愁もあり、興奮にあふれた金掘りの民謡詩こそ彼の真骨頂といえるようです。

他にはつぎのような詩人たちがいます。ブラッディー E. Brady(一八六九～一九五二)がその一人です。彼は船会社の事務員であったことから、オーストラリアとしては、数少い海の詩人の一人になっています。かなり高い気品を備えた海の詩を創作しています。

パターソンA. B. Paterson（一八六四～一九四一）。彼はバンジョー（The Banjo）のペンネームで、宿場の生活を詩にしました。ユーモアと毒舌をしばしば弄した彼の表現は、草原・川・ブッシュを背景に、強烈な印象を読者に与えるといわれ、〝The Man from Snowy River〟は、オーストラリアにあって、古典の一つになっています。さらにオーストラリアを代表する軽快な〝Waltzing Matild〟も、古いブッシュ・ソングの歌手たちによって、長い間歌われていたものから、パターソンが書きあげた傑作といわれています。現代の曲譜は、十九世紀のイギリス軍隊の行進曲から出ているといわれ、フランスの国歌、〝ラ・マルセイエーズ〟（一七九二年に、作詞作曲された）にも匹敵するものといえましょう（後述参照。私はそのレコード盤を購入しました）。人気《ポピュラリティ》があるという点で、オーストラリアで彼に並ぶものはないといわれます。また民謡詩の収集家としても知られています。

ラウソンHenry Lawson（一八六七～一九二二）は、ブッシュの民謡詩人《バラッディスト》です。一口にいうと、パターソンとまったく対照的な生活環境の中で育ちました。彼の詩は常に悲しみがつきまとっています。旅をし、離婚をし、最後は友情にすがりつき、いつも脳裡をさらぬ自己の教育へのコムプレックスで苦しみました。彼は表でなく裏、明でなく暗を描いた詩人作家といってよく、苦難こそ彼の主題であったといえるでしょう。彼が他にものした短篇小説にも、同じような傾向と題材がみられます。

以上のほかにも、注目される詩人作家がいますが、名前をあげるにとどめます。Will Lawson,

Victor Daley, Phillip Holdsworth, Will H. Ogilvie, Roderic Quinn, J. B. Stephens, G. E. Evans, William Gay, John O'Brien, Barcroft Boake, John Farrell, Edward Sorensen, C. H. Souter Ernest Favenc などです。いずれにせよ、初期の民謡詩は、読まれるためというより、話されるためのものとして創《つ》くられたもののようです。

いうまでもなく、そうした文学創造の中に、有名無名の詩人作家が苦しみ、悩み、あるものは、B・ボアケ（Boake）のように二十六歳の若さで自殺している惜しい人材もまじっています。日本とは別の意味で、やはり新しい文学・人生への苦闘が、多くの犠牲を要求したのです。

このように十九世紀の末から二十世紀の初めにかけて、何故に新しい民謡詩がつくられ紹介されたのか？　あるいはまた、民謡詩がどうして一般的になっていったのかを理解するためには、あらためて、一八〇〇～一八五〇年の間に、オーストラリアにやって来た人々の身元を調査しなければなりません。またそれだけに、何故に、オーストラリア文学史上、もっとも重要な週刊誌、"The Bulletin" が発刊の運びになったかその事情を知らねばならないと思います。つぎにその点を追ってみましょう。

3

オーストラリア生まれ　オーストラリアにやって来た、あるいは強制的に送られて来た人々――移民や囚人たち――の中には、教養ある人々もいましたし、まったく読み書きのできない人たちもおりました。しかし退屈する海の旅や、沙漠のような異郷では、冒険談や威勢のいい歌謡の数々が、彼らを慰さめてくれる重要なものとなっていくのも当然でしょう。しかも新しく体験した異国での思いを、古くから彼らが親しんだ歌謡によってうたいあげようとしたのも至極あり得ることと思われます。単語や固有名詞、多少の表現の変改や二、三行の新しい語彙の補い――こうして、話しながら、歌われながら、この植民地に適した新しい民謡詩も生まれてきたのです。上にあげたH・ラウソンの両親なども、父は水夫で母は上手な民謡詩歌手だったといわれています。こうした歌手は、居酒屋、ブッシュ、町の通り、宿場など、さまざまな場所や時に歌いまくりました。

ここで、十九世紀末ごろまでのオーストラリアの人間構成について、すこしふれておかねばなりません。すなわち、オーストラリアのもっとも中心部ともなっているN・S・W州とVictoria《ヴィクトリア》州は、最早植民地ではなく、そこに住む人々の三分の二は、オーストラリア生まれとなっています。かくして新しい世代の、古い世界、人々に対する批判と反抗《レジスタンス》の意識がおこってきました。古いものに対する不満は、必然的にオーストラリア自身の問題として、自己をみつめることを強いました。労働力の充実、一日八時間制の実施、小農業者の成長などなど、〝オーストラリア人のためのオーストラリアAustralia for the Australians〟という政策《ポリシー》をかかげるようになってくるのです。先に紹介したH・ラウソンもこう述べています。

われわれのコトバを除いて、われわれはイギリス国民と共通するものは、すくなくなっている。われわれは、イギリスよりはるかに自由で進歩的である。オーストラリアは未来の国だ。

熱烈な若さのエネルギーが燃えている。オーストラリアのナショナリストたちは、新しいオーストラリアの伝統を創くりはじめている。それは囚人《コンビクト》の過去を断ち切るべく、理想の国をきずくもの。きずなをにぎりしめて離さぬ大英帝国を攻撃すべきものだ。新しい伝統はやがて文学の中にも、すこしずつ芽生えてきているのだ。

アメリカ合衆国の独立（一七七六年独立宣言）にみられると同じように、〈わがオーストラリアにも自由と独立への情熱的な信念があり、オーストラリアを自由の大地として愛していこう〉とする愛国心も形成されていくのでした。私もわずか一年ほどですが、このオーストラリアに住むことによって、この国の若さとナショナリズム——文字通り〝未来を約束する繁栄の国〟オーストラリアの人々と接することができました。現在、本国イギリスからここへやって来た人々が、永住を断念して、三年ほどで故国へもどってしまうという事実も聞き知り、オーストラリアの変貌を——ラウソンの言葉は既に五十年以上も昔のことなのですが——しみじみと感じるのです。ですからここで、〝金〟の発見の文学への影響をまず考えておきたいと思います。

一八五一年、E・H・ハーグレイヴズ Hargraves は、アメリカのカリフォルニア州から、故郷N・S・W州にもどり、バサースト Bathurst の近くで、上質の金鉱を発見しました。これに刺激されて、ビクトリア州でも金鉱発見者に賞金を出すまでになり、いちやく、オーストラリアにゴールドラッシュの時代がやってきました。そのため、ビクトリア州とN・S・W州の人口は、一八五〇年から六〇年の間に、二十六万五千人から八十八万六千人と、三倍以上に膨れあがり、世界各地からいろいろな人間がやって来て、入口にあたるポート・フィリップ湾は満載の船で賑わってきました。そしてメルボルンは経済・文化の中心地点となり、創作された文学作品の読者層も、質量ともにひろがってくるのでした。

バルティンの創刊　こうした情勢の中で、一八八〇年一月三十一日、オーストラリア文学史上、最も重要な週刊誌、〝The Bulletin〟がアーチバルドによってメルボルンで創刊されました。

一八五七年、ワランブールという小さな山の町に生まれたアーチバルドは、イギリスの随筆家、チャールズ・ラム Lamb（一七七五～一八三四）に負けないようなエッセイを書きたいと考えました。教養を身につけるという点で、恵まれた環境に育てられた彼は、多くの書物で室を飾り、読書に明け暮れました。十七歳の時、ハミルトン・スペクテイター紙（The Hamilton Spectator）に、地方人の軍隊葬儀を記述した一文を寄せ、稿料二・五シリングを得ました。その後まもなく、メルボルンへ移り、そこの〝Evening Herald〟社に勤めることとなり、M・クラーク Marcus Clarke やその他、メルボルン在住の著名な作家と、知り合うようになりました（後述参照）。

やがて同僚の記者とはかって、彼自身の雑誌〝The Bulletin《バルティン》〟を発行することにしました。創刊号は、わずか十数ページ。はじめの二ページは、ブッシュレンジャーの絞首刑の様子を、アーチバルド自身が、犯人とインタビューして取材した記事でうずめました。しかしこういう種類のものを待ち望んでいた読者は、われ先にと購読。彼のこの週刊誌は大成功をおさめ、後々までもながく、オーストラリアの文化・文芸の指導誌となっていきました（シドニーの国立図書館で、初版を見る機会を得ましたが、ちょうど、「英語青年」（研究社出版）のような感じのものでした）。この雑誌に、詩・民謡詩・短篇小説・伝説などが載せられるようになって、オーストラリア文学の伝統をきずく、最有力誌と目されるようになっていくのです。

オーストラリアの声　右にあげた詩人たちの作品も、数多くここにのせられて活字となりました。いわばこの雑誌には、オーストラリア人のあらゆるビジョンが高く、美しく、しかも力強いひびきをもって満たされているのです。文学史家のいうように、まさに、nationalist writers に場《マーケット》を提供したといっていいでしょう。

一八九三年九月二十三日号〝バルティン〟誌に掲載された〝オーストラリアの声（Voice of Australia）〟はつぎのようなものですが、わたしたちは、はっきりと新しいオーストラリアの若い声をきくことができます。

But the Motherland, whose sons ye were!
We know her, but light is our love of her,
Small honour have we for the mother's name,
Who stained our birth with the brand of shame.

We were flesh of her flesh, and bone of her bone,

We are lords of ourselves, and our land is our own.

〈わが肉はわが母の肉、わが骨はわが母の骨なり〉とうたい、〈われわれは、われわれ自身の主人《ロード》であり、われわれの土地はわがものなり〉と言いあげている点は、みごとなものといわねばなりません。今こそオーストラリア人がささやかながら祖国、オーストラリアを持ったのです！

4

バルティンを舞台にして　右で述べましたように、〝バルティン〟によって、多くの文学者たちが詩・民謡詩などを発表しましたが、彼らはこれを舞台として、韻文のみでなく、散文をも発表するようになりました。

H・ラウレン（一八六七～一九二二）も〝バルティン〟誌上の短篇小説作家として著名であり、大活躍しました。作品として〝The Drover's Wife〟〝While the Billy Boils〟〝On the Track and Over the Sliprails〟〝Joe Wilson and His Mates〟などがありますが、中心は何といっても、ブッシュ生活の喜怒哀楽を多少誇大にして描いている点です。

A・Bパターソン（一八六四～一九四一）には、〝Whiete-When-he's-wanted〟という物語があります。これは彼の詩の物語化で、醜く、荒っぽいブッシュ馬の物語です。

E・ダイソン（一八六五～一九三一）の滑稽な物語には、〝The Funerals of Malachi Mooney〟〝The

Christening Party", "Rhymes from the Mines" があります。

さらには、J・F・ミリングトン Millington の "The Procession of Egos" などがあります。これらはいずれも、The Bulletin Story Book としてまとめられて出版されるのです。もう少し〝バルティン〟誌の詩と作家・作品について紹介しておきたいと思います。

ラッド Steel Rudd（Arther Hoey Davis のペンネーム、一八六八～一九三五）によって書かれたシリーズもの――"On Our Selection, On Our New Selection, Sandy's Selection"、いずれも十九世紀末から二十世紀初めにかけて出版された――は、羽がはえて売れていったのです。

一八九九年に初版の出た "On Our Selection" は、半世紀で約二十五万部も売れ、一九六一年には、有名画家による原画入りペーパーバックの新版まで発行されました。物語中に出てくるダッドやダブ、マムやケイトは、オーストラリア国民の愛玩する人物となり、ちょうどアメリカで、デヴィークロケットが人気者になっているように、オーストラリア人の国民的人物となっていきました。きわめて誇張したユーモア、羽目をはずした冒険や滑稽談は、現実をとびこえてどえらいものとなっています。こうした物語を俗に "tall tales"（大法螺吹き物語）と呼ぶならわしになっています。

この種のトール・テイルズには、コダック Kodak（Ernest O'Ferrall のペンネーム）の "The Lobster and the Lioness"、V・パーマー Vauce Palmer（一八八五～一九五八）の人間と動物の物語である "The World of Men"、D・スティブンズ Dal Stivens の "The Hell-fire Jack", "Iron back Bill", "The gambling Ghust" などがあります。蚊の大群と拳銃で撃ち合って格闘するとか、馬がそっくり中にはいってしまうような巨大な南瓜など、まったく馬鹿げていて信じられぬほどの話が物語として創作されています。同じくA・マーシャル Alan Marshall にも、"Tell us about the Turkey, Jo" などがあります。これは作家としてなかなか扱いにくい子どもをテーマにして描いています。

以上は、あまりにも常軌を逸する架空物語のようにきこえましょう。いうなら、ブッシュ生活を写実的に描いているとは言えないと思われます。キャンプファイアを囲んだり、テントや掘立小屋などの中で、作家同士の間で、尾ひれがつけられて話されたものに原型があったかもしれません。悪くいえば、きわめて類型的なものにすぎないかもしれませんが、しかしこうした物語の型がずうっと受け継がれていき、"バルティン" 誌がよき舞台を提供していったのです。

しかし植民地の発展によって、宿場や道路の整備もできてきましたし、オーストラリア移民（出稼人）への情報・生活状況への関心が払われてきました。いわば以前にもまして、現実に立脚した作家・作品がうまれてくるようになったのです。そうした点について、つぎにすこし紹介してみたいと思います。

描かれた人間像　まずオーストラリア文学史上、最初のオーストラリア生まれの女流作家、C・アトキンソン Caroline Atkinson（一八三四〜七二）をあげねばなりません。

彼女は四十歳に達しない前に死んでしまいましたが、少女時代の思い出を材料にして、宿場生活を描きました。彼女の文章の中には、オーストラリア英語の片鱗がみられます。たとえば、lost を

helpless の意で用いたり、knock up を become exhausted の意で用いるなどです。

彼女より七年ほどおくれてこの世を去った作家に、W・ホウィト William Howitt があります。彼は既に英国で文学修業をしてきたのですが、その著、“Tallangetta, the Squatter's Home. A Tale of Australian Life”（一八五七）などは、見事にオーストラリア人の風景を描いているといわれます。以上二者とほとんど同時代の作家に、H・キングスリー Henry Kingsley がいます。

牧羊者の生活、イギリスから来た出稼人を描いて出色の作品という“The Recollections of Geoffry Hawlyn”があります。一八五三年、ビクトリア州に来てから、金鉱での穴掘りをしたり、宿場やブッシュでの保安官をしたりしましたが、それらの経験を基にして小説を書きあげました。彼ほどオーストラリアでの生活を満喫した作家はいないといわれます。彼はC・ディケンズ Dickens（一八一二～七〇）を愛読し、また、『トムブラウンの学校生活』の著者、トマス・フックスのものを読みました。フックスとは彼の兄弟が知り合いだった関係もあります。しかし十九世紀において、もっとも力強い小説は、マーカス・クラーク Marcus Clarke（一八四六～八一）による“For the Term of His Natural Life”（一八七四）でしょう。

クラークはキングスリーより四年ほど後に亡くなっていますが、まったく同時代の作家といっていいわけです。少年時代、母の死と父の冷たさは、彼をプレーボーイに追いやってしまいました。自らいうように、〈私の十六歳での苦悩は、六十歳の声をよぶもの〉でしたから、父の死を契機に、イギリスを去ってオーストラリアのメルボルンへとやって来たのでした。

オーストラリアでは叔父さんの世話で、銀行につとめることになりましたが、どうも適職ではないと思い、これをやめてブッシュ生活を味わいました。間もなくメルボルンを根拠地として、文筆生活にたずさわることになり、自らも、"Colonial Monthly"誌を出版して編集者となりました。

彼はメルボルンでは多くの文筆家を友人にもち、さらに彼らへの助力を惜まず、集会を設けるために奔走したりしました。先に紹介したアーチバルドの"The Bulletin《バルティン》"の創刊にはことに力を添えたといわれています。彼は新聞のコラム・エッセイ、スケッチなど、オーストラリアの日常生活を主題に書きまくりました。劇・短篇小説・喜劇的民謡詩・ミステリー・クリスマスの物語など、文筆方面で大活躍しましたが、何といっても重要な作品は、右にあげた"For the Term of His Natural Life"でしょう。それは彼が囚人生活について知るために、タスマニア島に材料を集めに行った結果、できあがった作品といわれています。

タスマニアの五分の四は、囚人からなるといわれ、現在でもかつての囚人の家が、ほとんどそのまま用いられている情景に接することができるのです。同書はいわば囚人組織、政治と宗教との葛藤を描き、中には目をおおいたくなるような囚人生活、脱走の場面があります。文字通り彼の体から、肉眼や聴覚をとおして感得した、ありし日の囚人生活を再現したものでもあります。しかし評者によっては、果して彼が囚人の心を理解していたかどうか、疑わしいともらしています。

クラークにつぐものとして、同じく囚人を扱った作家に、Price Warung（William Astley（一八五五～一九一二）のペンネーム）がいます。正義感に燃えたジャーナリストである彼は、旧い囚人制度を研究し、それらをもとにして、セミ・ドキュメンタリー風の短篇小説を創作しました。彼は自ら、よき生まれの教養ある囚人英雄や、囚人親分という人間像をつくりあげ、官僚的惨酷な囚人組織への憎しみを精一ぱい書きつづりました。作品には、〝Tales of the Convict System〟・〝Tales of the Early Days〟・〝Tales of Old Regine〟・〝Tales of the Isle of Death〟などがあります。

ロマンチックで興奮的なブッシュレンジャーの物語である〝Robbery under Arms〟の作者に、Thomas Alexander Browne（Rolf Boldrewood）（一八二六〜一九一五）のペンネーム）がいます。彼はごく幼い時に、オーストラリアに来ましたが、金鉱関係や保安官などの職業をもち、四十歳を越してから筆をとるようになりました。彼の描いた人物の中には、多くのオーストラリア人の心に残っている好人物がいます。オーストラリアの国民的英雄を描く点について、彼の取り扱ったテーマは、今に問題をなげかけているといっても過言ではありません。

探偵小説の父　先にオーストラリア生まれの最初の小説家として、J・ラングをあげ、彼がオーストラリア最初の探偵小説家であると告げましたが、ここでラングより三十年ほどおくれて一八八五年、ニュージーランドから、メルボルンにやって来たF・ヒューム Hume について一言ふれておかねばならないでしょう。彼は探偵小説に大変興味を示し、〝The Mystery of a Hansom Cab〟をあらわしました。彼はこの探偵小説の大成功によって、やがて英国ロンドンに行き、ついにそこにとどまることとなりましたが、彼の後に出た近代探偵小説作家たちによって、〝探偵小説の父〟とたたえられました。

イギリス文学の中で探偵小説といわれるものが、まさしくここオーストラリアのメルボルンで呱々の声をあげたというわけです。いうまでもなく、彼の作品中には、ヒュームがメルボルンで出あった商人、金持、与太者、無頼漢、不良者などがぞくぞくと登場しているのです。諸登場人物が、ディケンズの作品にあらわれるそれらと実によく似ているといわれています。彼の作品が評判になってから、オーストラリアには、多くのミステリー、探偵小説《デイテクチヴ・ストーリ》があらわれました。たとえば、E・ファベンク Ernest Favenc の "The Secret of the Australian Desert", "Marooned on Australia" や、William Carlton Dawe の "The Golden Lake, The Emu's Head" などがあります。いずれも彼の生まれたアデレードから中央沙漠への探検が背景になっています。私自身、アデレードから中央沙漠へ、アイヤーズロックを訪れましたが、眼下に沙漠と塩湖が広がっており、探検にふさわしい世界がそのものです。現代でも遭難の記事がみられます。

その他、作家を名前だけあげておきましょう。E. W. Hornung, A. R. G. Hales, Guy Boothby, Arthur Upfield, Bernard Cronin（ペンネームに Eric North を用いた）John Armour など。

物語の世界と心　さてここで典型的なオーストラリア人向け小説とその作家についてすこしふれておきましょう。一人は画家で、よく詩集などにさし絵を描いていた Norman Lindsay で、その作品は "The Magic Pudding" といいます。彼は体験に基づいて、真にオーストラリアらしいオーストラリア人の人間像を書き綴っています。つぎは、Tom Collins（Joseph Furphy のペンネーム、一八四三～一九一二）でその作品は、“Such is Life”（一九〇三）です。これはきわめて異常な物語です。いわゆる小説という概念からは、かけ離れたものなのです。これは日記を基に書きあげたものと考えられますが、およそあらゆる種類のもの——ユウモアありペーソスあり、皮肉あり、諷刺あり、エピソードあれば悲劇あり、喜劇あり、まじめな《シリアス》話ありというわけで、きわめて多彩な構成となっています。内容的にも、物語あり、記録《ドキュメント》あり、エッセイあり、語りありといった具合です。さまざまな引用文やパロディーの豊かさは、読者をしてかなりな教養を必要にさせます。聖書、シェイクスピア、チャールズ・ラム、トーマス・カーライルなどなど、読者の愛読するよき作家からコリンズの得たものが満載されているのです。もちろん、そうした教養なしでも、十分楽しめる小説であることはまちがいありません。ほかに読者をとまどわせ、おやっ？　と気をひかせる点に、彼の小哲学・お説教があります。ここには、オーストラリアにいる新米イギリス人、宗教団体、貧困、低俗などが語られています。彼の黙想と体験から生まれたものなのです。

　この物語中、最もよく知られている好場面は、ユーモアとペーソスのあふれた悲しい物語、ブッシュに消えた少女捜索の話でしょう。一人のブッシュマンが、仲間たちに物語るという形式で書かれていますが、時間のかかる捜索、原住民の老女が、少女の足跡を見い出した時にみられる希望と期待、時がたち太陽が沈むとともに、深刻化していく失望の色——もどかしさとやるせなさが、人々の胸をうち、読者をもまるで同じ捜索隊に加わりたい衝動にさえ、駆りたてるのです。

ともかく彼がこの小説で企図し示した意味は、かなりに高級なものであるということができます。しかも、こうした彼の文学を支えているコトバは、内容の異常さに比して、実にスムーズであって、ある評論家は、〈文学の神聖さのために、コトバに汗を流している〉と述べ、また他の評者は、〈コトバへの彼の愛は、彼とともにとび散り、コトバが彼を酔いしれさせている〉と評しています。彼は必ずしも少年時代から恵まれた教育をうけてはいませんでしたが、本来、文学的資質に富み、それが努力によって、いよいよ磨かれていったと思われます。父母の理解もまた、彼を学問のある人間とさせたのでした。

コリンズを理解する手始めとしては、短篇（本来は Such is Life の一章になっていた）"The Buln Buln and the Bralga" が恰好な入門書だといわれています。ほかに、"Rigby's Romance" という傑作があります。つぎに二つだけ特異な作家の作品をあげておきましょう、一つはE・S・ラウスンの "Jim's Ghost"（一八八九）です。これはオーストラリア文学としては珍しい幽霊の話ですが、一般的にはオーストラリア文学には、英文学とちがって幽霊の話がありません。

ブッシュを主題にした民謡詩の中には、ごくわずかだけ幽霊について言及しているにすぎません。かの有名なパターソンの "Waltzing Matilda" の中には、幽霊のことがうたわれていますが、決して普通ではないのです。そういう点で、ラウソンの幽霊物語は注目されましょう。

もう一つは、時代的にはすこし新しすぎますが、W・G・ヘイ Hay（一八七五〜一九四五）によって書かれた "An Australian Rip Van Winkle"（一九二一）です。日本でもよく知られたアメリカ作家、

W・アーヴング Irving の〝Sketch-Book〟（一八一九年）の中の〝アメリカ版浦島太郎物語（Rip Van Winkle）〟のオーストラリア版というわけです。この物語の中には、息を詰まらせるような不可解なサスペンスが、つぎつぎとおりこまれています。彼が描いた舞台は、古く、〈囚人《コンビクト》〉時代に溯り、そのころの奇妙な場所や人々を連れてきて、ユニークな一篇をつくりあげているというわけです。

以上、あけぼのから、二十世紀初期までのオーストラリア文学をごく簡単にスケッチしてみました。文学史家によって、評価の異なるものもあり、もとよりここに記述した文学の流れが完璧なものなどということはできません。それどころか、一九一〇年以降の現代オーストラリア文学史、および、原住民の伝説についての考察こそ、重要な課題であるといってもいいでしょう。しかし再三述べましたように、十九世紀の半ごろから、オーストラリアの繁栄は、急角度に上昇しましたし、オーストラリア人としての自覚も自信も高められてきました。

M・キャッシィ Maie Casey の〝An Australian Facts and Respect〟などもそうした時代のあらわれですし、G・W・ラスデンの〝History of Australia〟（一八八三）や、G・ターナー Gyles Turner の〝History of the Colony of Victoria〟（一九〇四）などの出現が、歴史的反省というか、国家主義の擡頭を如実に示しているといってよかろうと思います。もっとも一面では、こうしたことが、文学の純粋性をゆがめてしまうことにもなったでしょう。

二十世紀の初期から、オーストラリアも内部に、いろいろな問題をかかえるようになってきました。第一次、第二次世界大戦という試練にも出会い、反戦詩も作られています。新しい世代と古い世代とのギャップも、いっそうはげしくなってきます。つぎに、初期の探険を取材にした文学的記録ものを若干紹介してから、オーストラリア文学史の後半約六十年を記述したいと思います。

第二章

1

つづられた開拓史　日本の二十倍もあるオーストラリアは、二十世紀になっても、内陸の二分の一はいまだに足がふみ入れられておらず、移民のはじめから、この未知の国への探険が、大きな課題だったのです。いや一九六四年現在でも、アデレードからオーストラリアの中央砂漠へ向けて出発した一家五人が、ついに再びもどって来なかった事実をわたくしは知っています。

まえにあげましたように詩、民謡詩、冒険談によって、詳しくこの大陸が筆に描かれていきましたが、もう一つ重要なことは、作家ではなくても探険家たちによってつづられたドキュメンタリー——事実は小説よりも奇なりといわれますように——への評価と関心でしょう。

特にオーストラリアでは、この記録と文学とは、きわめて密接な関連をもっています。もっとも私もはじめてブッシュの中で、カンガルーに出会った時、まるで前世紀の恐竜にでも出会ったようなショックを受けた経験があります。ですから、記録必ずしも科学的な記述をしているとはいえませんが、それだけにかえって作者の体験、印象を通しての記録は、貴重なものといわねばなりません。多くの探険家とその記録は、貴重な資料であり大切な記録といわねばなりません。その探険家とその記録のうち、おもなものをつぎにあげましょう。

M・ミッチェル Major Mitchell――彼は一八二一年～三八年にかけて、自らオーストラリア・フェリックスと呼んだビクトリア州西北部を探険しました。探険の途中、白人の靴跡を発見しました。想像できないことだったのですが、彼以前にこのような人が、ロビンソン・クルーソーのように、既にこの知られざる土地に足を踏み入れていたわけです。彼の細かく興味深い記録は、私たちに、すこしずつベールをはがされていく未知の国、オーストラリアの歴史を知らせてくれます。

彼の探険からすぐに、同じオーストラリア・フェリックス地域を探った人に、G・H・ハイドン Hydon がおります。彼は自分の見聞をまとめて、〝Five Years Experience in Australia Felix〟を書きあげました。さらに殆んど同じ時に、A・ハリス Alexander Harris によって、〝Settless and Convicts（一八四七）〟が書かれました。これはオーストラリアにおけるD・ディフォー Defoe（一六六〇～一七三一）の〝The Journal of Plague Year〟とか、〝Robinson Crusoe〟に比せられ、記録《ドキュメンタリー》から文学的記録《セミドキュメンタリー》へと移行しているすぐれた作品で彼は秀れた作家といわれます。

彼の作品として、〝The Emigrant Family〟がありますが、本書は植民地生活への忠実な、そして細かい記録であるのみでなく、それへの案内書であり、忠告《アドバイス》の書でもあるといわれています。文中の人物の口をとおして、オーストラリア語——ghibber, gunyoh, bogie——が散見しています。さらにこの種の案内書的小説として、女性の目から見た植民地生活の記録があります。C・H・スペンスCatherine Helen Spence（一八二五～一九一〇）がそれで、彼女は教師・家庭教師としての経験をもとにして、〝Clara Morison, A Tale of South Australia during the Gold Fever（一八五四）〟などを書きあげました。かなりリアリスティックな作品で、女性によって書かれた注意すべき作品です。彼女の後にも秀れた女性作家が出てきます。

先にあげたハリスについで、ゴールドラッシュの直後にやって来たB・L・ファルジョンがおります。作品は、〝In Australian Wilds〟で、ブッシュレンジャーと、それにおそわれる旅行者一行などを描き、またブッシュを単独旅行する若者と、その周囲の出来事を描いています。C・スタートCharles Sturtは、一八二八年ごろから、内陸の〝河川〟の探険に出かけ、乾いた土地とひろがる広野を探ね、川や塩湖を発見し、細かい記録をつづっています。これをもとにして後、John K. エワーズEwersが、〝Where Rivers Run〟としてまとめました。一般的にいって〝記録文学〟は初期オーストラリア文学の中核をなしているもので、一八五〇年代までの、文学史、作品群と考えていいでしょう。

こうしてオーストラリア内陸の生活や探険事情が、描かれるようになってきますが、一八六三年、ここにやって来たE・ファベンクErnest Favencは、オーストラリアの北西部、特に砂漠を鉄道敷設のために探険、彼自身の体験をまとめて、〝The Secret of the Australian Desert〟を著しました。そのほか、牧場生活を描いたE. C. Buleyの〝Australian Life in Town and Country〟という記録作品があります。それらの中で、一九〇一年牧童頭であったA・ガン Gunn 氏と結婚したガン夫人（Mrs. Aeneas Gunn, Teannie Taylor と同一人物）は、原住民を含めた田舎の人々の生活の中にみえるユーモアや困難、冒険、哀歓を描いています。あるオーストラリア文学史家の評していますように、〈ガン夫人の生みだした男女、さらに彼女自身は、彼女の作品が読まれている限り、いつまでもオーストラリア人の心に生きていく〉と思われます。さらに、作品として、〝The Little Black Princess〟〝We of the Never Never〟などがあります。彼女は一九六一年メルボルンで息をひきとっています。ほかに女性の作品としては、ガン夫人と同年に亡くなった Myrtle Rose ホワイト White の〝No Roads go by〟とか、一八六八年生れで、五十歳をすぎてから筆をとりはじめたという Mary E. フラートン Fullerton の〝Bank house Days〟があります。

冒険談と無頼漢の物語　しかし、オーストラリア文学史上、開拓家族の生活をとりあつかった最大の作品は、何といっても、女流作家、H・H・リチャードソン Richardson（一八七〇〜一九四六）の〝The Fortunes of Richard Mahony〟でしょう。この作品の中には、理屈なしに楽しめる冒険談があります。アイルランド人で、医者であるリチャード・マホニーなる人物がビクトリア州に来て、金鉱によって富を得んとする話です。作者リチャードソンはメルボルンに住む医師の娘で、女子大学の寄宿舎で寮生として生活していましたが、十七歳の時、音楽を勉強するために、ドイツのライプチッヒに留学し、一九一二年に、オーストラリアにもどって来て、傑作を書きあげるために材料集めなどをしました。彼女の処女出版は、"Maurice Guest"（一九〇八）ですが、やがて十二年ほどへて、第二の出版である"The Getting of Wisdom"を出刊しました。本書は十九世紀末のメルボルンにおける学校生活のこよない報告書となっています。しかしある評論家の間では、彼女が自分自身の身辺を描く場合は、材料や方法の上で、破綻を示していないが、そうでない場合は、きわめて弱く、ことに構想力は大いに欠けるところがあると評しています。

つぎにシドニーの高等学校の校長先生であるL・ストン Louis Stone（一八七一～一九三四）の作品。"Jonah"（一九一二）を紹介しましょう。ストンの作品は一つの意味を文学史の上に残しています。それは内容より、むしろ作品の舞台を都会にとったということです。ある評者が、〈生まの肉そのままのスタイル〉で描いているというように、偉大なる小説とはいえませんが、二十世紀前後、シドニー生活の種々相を、新鮮でリアリスティックな作品として描きあげています。主人公はシドニー郊外、ウォーターローというスラム街に住む無頼漢（larrikin というオーストラリア英語を用いている）の親分で、せむし男のジョナハです。オーストラリアの小説として、異色のものということができるでしょうし、大衆小説的メロドラマの風ももちあわせているようです。

社会を描く眼　ストンの描いた世界を、さらにオーストラリアの歴史として書きつづった作家にC・J・デンニス Dennis がおります。"The Songs of a Sentimental Bloke"（一九一五）などがこれですが、都会という舞台に、ブッシュで働く現代オーストラリア人を品のあるタッチで描いています。

その小説は、多くのオーストラリア人に愛され、演劇、映画、ミュージカルなどになって、皆に歓迎されました。このころからオーストラリアの文学も、社会、働く人々への関心を強く示しはじめてきたのです。これはオーストラリアにおける産業、経済の発達とも、深い関連のあることはいうまでもありません。

一九三〇年までにあって、オーストラリアにおける賃金は、イギリスにおけるよりも高額になりました。しかしこれは反面、基本生産物資である砂糖、バター、乾燥果物などの値上りをもたらし、経済恐慌の様相を呈してきたのです。いわゆる〝Depression Years〟（一九二八～三〇）を迎えることとなりました。丁度、日本も、昭和初期の金融恐慌の嵐がおこり、ストライキなども勃発、作家、芥川龍之介が自殺しています。

過去オーストラリアでは、このデプレッション・イヤ（不況の時代）として、一八四〇年代、一八九〇年代の二度が考えられていますが、今回のそれは、今までにくらべていっそう深刻《シリアス》なものでした。政治家は、社会経済政策より国家主義に力をいれ、労働党内閣も、この危機に手をうつことができませんでした。共産党もまた、働く階級を自分の方によせつけることができませんでした。

一九二八～二九年度と一九二九～三〇年度の間、国家としての収入は、六十四億ポンドから五十六億ポンドと激減し、輸出入のバランスも、がたりとくずれて大きな赤字を出してしまいます。一九二九年のはじめに、羊毛や麦の価格がはげしく下落し、ついには一家の主人である男子の約三分の一が職を失なうという悲劇をつくりだしてしまったのです。先にふれたように、日本での昭和初年のパニック時代と相通ずるものでしょう。

――このような社会状況を筆にしたのが、作家、K・テナント Kylie Tennant です。彼は文学史家によって、社会学的社会派小説家と呼ばれています。彼の三つの作品、"Tiburon（一九三八）" "Foveaux（一九三九）" "The Batters（一九四一）" は、いずれも、不況にさいなまれる都会に働く人々、職なくて都会からはみ出した放浪者など、そのポートレイトをすこぶる意欲的に描いています。テナントに負けず劣らぬ作家として、ラングリー Langley がいます。

すでに上でふれるところがありましたが、作家がオーストラリアの歴史への自覚と、反省を文学という確かな武器によって、いろいろと試みてきたわけですが、とりわけ過去の事実への関心は、人ごとでなしに自分のこととして描こうとしてきたのです。作家の中でも、古い書簡、日記類、書物、史的記録などを注意深くしらべて、案をねろうとする人物があらわれました。こうして時代の分析は、V・パーマー Permer の "The Legend of the Nineties"（一九五四）にみられます。彼は人間心のあり方、もち方、しいていえば民族精神の再発見、再構成を試みようと心がけました。それまでも書かれ、教えられた文学の背景、時代精神への一大討論、検討が演じられているといえるのです。小説の舞台を、クィンスランドやアイザ山にとりましたが、彼の中に、純粋なオーストラリア人の肖像、オーストラリアの情景を見ることができます。なお、彼の夫人 Nottie・パーマーも、文芸批評家としてしられ、この分野で弱体なオーストラリア批評文学に重要な位置をしめます。

黒人少女と白人の恋　パーマーに負けずデビューしたのは、K・S・プリッチャード Katharine Prichard（一八八三〜一九三七?）です。彼女は一八八三年、フィジー島で生まれ、父はジャーナリストです。最初の作品、"The Pioneers"（一九一五）は、ビクトリア州の開拓者の生活を描いたもので、ロンドンで文学賞を得たりして、かなりな好評を博しました。ほかに、作品として、"Black Opal"、"Working Bullecks"、"The Roaring Nineties"、"Golden Miles"、"Coonardoo" などがあります。これらの中で、興味ある作品は、終りにあげた "Coonardoo"（一九二九）かと思います。

同書はオーストラリア文学の中でも、もっとも愛らしく、感動的な小説といっていいでしょう。主人公はコオナルドウと呼ばれる原住民少女ですが、彼女と牧場で働く白人との恋を描いています。写実的小説である反面、アイディアリスティックな作品として書きあげています。風景、愛情、牧場に働く人々、原住民の生活――これらの織りなす美しくもまたきびしい悲劇が、シンボリックな芸術作品にまで高められているといってもいいでしょう。最後は、次第に消え細ってゆくたき火を前にしたヒロイン、コオナルドウをこう描いて筆をおいています。すなわち、

彼女は瞬間悲しげに歌を口ずさみながら、あおむけにごろりとねころんだ。だらりなげ出された両手と両足は、ちょうど焚火の傍に、黒ずんで、折りなげられた木の枝切れのように見えるのだった。

ここにオーストラリア原住民の運命をみてとることができるのです。さらに共同作業の注目すべき作品として、B・エルダーショウ Barnard Eldershow（Flora Eldershow、一八九七〜一九五七のペンネーム）と、M・バーナード Marjorie Barnard による〝A House is Built〟があります。これは長い年月の間の開拓生活を、アイロニーをたたえながら明確に描いて示してくれています。書名は単に文字どおりだけの意味ではなく、仕事の拡張していくことも示唆しています。中流家族、ジェイムズ・ハイドと、彼の子供たちをむすぶ家族の歴史を描いた小説、いわゆる大河小説的なものといえるでしょう。

E・ダーク Eleanor Dark には、シドニーのある家族をとり扱った〝The Little Company〟（一九四〇）があります。彼女はなかなか才能ある精力的小説家です。彼女の小説では、〝The Timeless Land〟（一九四〇）がもっとも知られている作品ですが、執筆のためには、フィリップ知事の時代（十八世紀後半）の古い日記、文書類を読んだうえにとりかかったといわれます。実在の人物に配するに、想像の人物をつくり出して興味をひきます。彼女は、作品というものは、過去の思想や感情を読者の心の中に、生き生きとよびおこさせねばならぬと主張しています。

このダークと同じグループといっていい作家に、P・ホワイト Patrick White がおります。彼はイギリスやアメリカで用いられている方法や、技法《テクニック》を学んで創作しています。すなわち彼の最初の小説、〝Happy Valley〟（一九三八）は、いわゆる現代小説に著しくとられた一形式、〝意識の流れ（stream of consciousness）〟という方法を用いています。スタイルとしては文章のおわりに、〈――……〉と点という符号を用いる方法もその一つといえましょう。彼は海外の批評家たちから、〝オーストラリアのハーディー（T. Hardy、一八四〇〜一九二八、イギリスの小説家）〟と別名をもらい時代を超越した芸術家といわれています。しかし一般的にいって美しいながら、かなり難解なスタイルをとっています。現役作家として、非常に注目される人物といえましょう。ほかに作品として、〝The Aunt's Story〟,〝The Tree of Man〟,〝Voss and Riders in the Chariot〟などがあります。

以上のほか、G・B・ランカスター Lancaster には、自己の家につたわる記録をもとにして、初期タスマニアを描いた〝Pageant〟などがあります。H・シンプソン Helen Simpson には、開拓者の家庭物語、〝Boomerang〟、またシドニーの大通りに四人ギャング出没するなどという〝Under Capricorn〟があります。さらに、M・フランクリン Miles Franklin は、典型的なオーストラリア少女の自叙伝的小説、〝My Brilliant Career〟を執筆しています。舞台設定、環境、用語において、完全にオーストラリアのものであるといわれています。彼女はK・S・プリッチャードと並んで、オーストラリアで第一級の女流作家と評されています。その他の作品としては〝Old Blastus of Bandicoot, All that Swagger, Up the Country, Ten Creeks Run, Back to Bool Bool, Prelude to Waking, Cockatoos, Gentlemen of Gyang（一九五六）〟などがあります。

2

新しい時代、新しい詩歌　人はよく世紀末に対して、それが何か特別なものをはらんでいる時期な

ど と、意味づけしたくなるものです。オーストラリアの詩・文学においても、どうやらこの歴史的流れと営みを、完全に否定する除外例を見いだすことはできないようです。すなわち十九世紀の後半まで、オーストラリアで最もポピュラーだったのは、ブッシュの民謡詩でした。上であげたゴルドンも、ラウソン、パターソンにしても、一口にいうならば、バラッディスト（民謡詩人）だったといえるでしょうし、悪くいえば、地方根性的な作詩のものといえないことはないでしょう。外からの訪問者は訪問者、オーストラリア生まれのものは地元の意識にもとづくというように。

しかし二十世紀になると、型式、感情ともに前の時代と異なったものが、次第に明瞭にうちだされてきます。二十世紀にはいってからの三十年間のオーストラリアの詩は、確かに変ってきているのです。現代詩への前向きな方向へと一歩ふみ出しているのです。

こうした新しい詩の世界を代表して、J・S・ネィルソン John Shaw Neilson（一八七二～一九四二）にまず登場してもらいましょう。彼は筆舌に尽し難い人生経験を味いました。学校へもわずか数年しかいけませんでしたし、肉体労働をふくめて、ほとんどあらゆる仕事にたずさわりました。最後にはものを書くことができぬほど、視力も弱りおとろえてしまったといわれています。彼の詩も、いうならば一種のインスピレーションの所産であって、貴い純粋、率直な魂のほとばしりであるといっていいでしょう。〈バラの蕾が、すきとおる空気に話しかけるように、愛はそうっと、いとも軽やかにやってきた。わたしは、愛がそこにいたなどとは気がつかなかった〉と歌う詩人の技巧《テクニック》は、無技巧の魅力とも評されるものでしょう。さらに彼はオーストラリアを、"The Poor, Poor

Country” と題する詩でこううたっています。

Oh 't was a poor country, in Autumn it was bare, / the only green was the cutting grass and the sheep / found little there. / Oh, the thin wheat and the brown oats were never two foot high, / But down in the poor country no pauper was I. / … The New Year came with heat and thirst and the little lakes / were low, / the blue cranes were my nearest friends and I mourned to / see them go ; I watched their wings so long until I only saw the sky, -Down in that poor country no pauper was I.

この詩を口ずさむ時、私自身は一年間のオーストラリア生活と、あの秋から冬へのものさびしい日日を思いおこし、また暑いクリスマスと新春を迎える真夏の木かげを思い出します。周囲は常に野鳥のさえずりと、美しい色彩の世界がありましたが、この詩人は、私に一入なつかしみをもたらすのです。〈貧しいオーストラリア、でもわたしは細民《ポーパ》などではありませんでした〉と歌うのです。夕暮、キャンベラの人工湖のほとりに立って、夕日と向いあい、湖面にえがく渡り鳥の姿をながめる時、自分が詩の中にいる詩神にめぐりあったことさえ夢み、夕闇のせまるとともに、湖面をすれすれに飛び去っていく白鳥の白さに何と感動を覚えたことでしょうか。ごく短かい私の体験ではありますが、彼の詩に、オーストラリアの自然の友——水鳥、黒い白鳥、おうむ、いんこ、ブルークレインのリズムが存在すると、断言することができます。中ではっきりと繰返していますように、〈わたしは、貧しい《ポーパ》人間ではありませんでした〉といえるオーストラリアなのです。彼はブッシュ生活をし、自然に親しんだという点では、あるいは古い型の詩人であるかもしれません。メルボルンやホーツラレイという都市に、長い間住みましたが、都会生活は好みませんでした。しかし彼こそ、前時代の民謡詩人と、本質的にちがった資質をそなえており、純粋な詩人の目で周囲の色を見、心の耳でさまざまな音をとらえてはなさなかったのでした。そして彼自身、十九世紀の詩作と二十世紀のそれとで、ちがった地平、真なる呼吸をうたいあげ、創造しているのでした。このネィルソンは、一九二六年、たまたまシドニーでクリストファー・ブレナン Christpher Brennan という学者詩人に逢い、彼の学識豊かさに驚嘆してしまいました。一方ブレナンもまた、ネィルソンの詩人的純粋性に心を強くうたれ、何か二人に共通する詩への愛があることを感じとり、語りあかしたのでした。そこでつぎに、ブレナンについて、紹介しておくことにしましょう。

ネィルソンがシドニーで、ブレナンにあった時、ブレナンはそれまでのシドニー大学でのドイツ語・比較文学の助教授という地位を去った直後でした。年の上では二年先輩でしたし、学問の上でも大学者でした。彼はシドニー大学で哲学や古典を勉強し、さらにドイツのベルリンに留学して、そこでフランスの象徴詩人、S・マラルメ Mallarmé（一八四二～九三）とも知りあいました。留学終えてすぐに帰国し、はじめは図書館で働きましたが、後シドニー大学の講師に迎えられ、さらに助教授にまですすんだのです。しかし家庭的には恵まれず、ついに妻とも離婚するようになり、ために大学もおわれて、悲しみのうちに他界したのでした。

彼の詩は、何といっても哲学的、象徴的陰影がまさっているようです。彼の詩に“What Do I

Know?”というのがありますが、こうはじめられています。

What Do I Know? myself alone, / I gulf uncreated night, / where no star may er be shown / save I create it my might.

ここで示された彼の自問自答こそ、彼の思想、個性を示しているのにほかなりません。認識を理念にまで高めようとする彼の態度は、多少観念的ではありますが、彼の特性でもありましょう。詩は最後に、〈わたしは何をまさぐっているのだ？　わたしはコトバをまさぐっている、力という行為になるべきコトバを……〉とうたっています。彼の、〈わたしは言った――この貧しさは終らねばならない〉という詩では、〈炎が欲望という病いを消滅させる〉などという表現があります。彼の特色ある表現と内容を意味ありと尊重すべきでしょう。

こうした彼の詩を評価する上に、大切な作品として“Poems”（一九一四成）があります。これは魂の巡礼の歴史といわれ、上掲の詩も同書にありますが、彼の詩の特色、近代的メランコリーの陰影も見のがすことはできません。

ネィルソンを考える時、もう一人忘れることができない詩人がいます。それはB・オドウドBernard O'dowd（一八六六～一九五三）です。もっともよく知られている詩は、“The Bush”ですが、彼の中にこそネィルソン以上に時代の落差を感じさせます。厳格なカトリック信仰の家庭に生をうけ育てられた彼は、若い時、本をむさぼり読み、大学へかようようになっては、〈知識ある男〉となりました。彼の詩のスタイルは、アメリカの民主主義詩人、W・ホイットマン Whitman（一八一九～九二）から学んだといわれていますが、詩人として、一種の予言者的人物であろうと念じました。
自からもこういいます。〈詩人は解答者でなければならない、その時代の真の問に対して、明確に答を出す人でなければならない〉と。人も自分も許して、彼は国家詩人としての栄誉をになっています。技法上用いた擬人法が、多少マンネリズムになっていますが。さらには、このオドウドとほとんど同期の詩人として、William Baylebridge（Blocksidse 一八八三～一九四二）、Furnley Mauriee（Frank Wilmot 一八八一～一九四二）などの詩人がいて、それぞれ特色ある詩を発表しています。

つぎに特色ある詩人として、K・スレッサー Kenneth Slesser（一九〇一～）がおります。彼はあらゆる種類のものを主題として詩をつくりました。マルコ・ポーロのような歴史的人物があると思えば、シドニー湾があり、ロンドンにいる泥棒の家の台所があると思えば、田舎の町や夜の旅が現れるといった具合です。詩集を形容するにはいささか穏当さを欠くようですが、波瀾万丈、読者を各自が望むあらゆる世界へ、つれていってくれるといっていいでしょう。もっとも、〝人魚《マーメイド》〟（Marmads）のように、〈ある時マーメイドはあなたの船をなぶりものにしました。ぬれた真赤な唇／魚色の黒ずんだかたいお尻で……〉というメルヘン的な書き出しもあります。絵筆をもちカンバスをたてならべておいて、つぎつぎにわが思う絵を、想にまかせて描きなぐる才気ある詩人ということができるようです。

さらに紹介すべき詩人として、R・D・フィッジェラルド Fitz Gerald が見のがせません。たとえば、〝Essay on Memory〟など、哲学的思考を根本にした注目すべき詩を書きあげています。イギリス大詩人の一人といわれるロバート・ブラウニング Robert Browning（一八一二〜八九）を従兄にもつE・アンダーソン Ethel Anderson は、私たちにとって、詩というものが、深刻な顔付をして考えたり、顕微鏡で自然の細微を探求するようなものではなく、楽しむものであるということを教えてくれます。彼女が詩の舞台としているキャンベラ——〝モロングロからの三人組〟〝ヤララムラの日時々〟など——は、その川岸を散策し、そこに友人をもつ私には、ことさら親しみを感じます。彼女が好んで詩にうたった鳥や木や花、動物、人々——それらの一つ一つが確かにオーストラリアの原野で生の歓喜に躍りあがっている姿を想像させてくれます。

あるいはまた、〝Squatter's Luck〟にみえる、ブッシュファイア（ブッシュの火事）の情景、すべてを焼きつくす真赤な天をこがす炎と、その周囲の静寂は、圧巻といってもいいでしょう。彼女の詩の用語やリズムには、ブロウニング風のいささか特異なものがありますが、それがまたすばらしい音楽的絵画を人々に示してくれてもいます。私も飛行機の上から、黒々とした果しない樹海に、原住民の祭の火の輪のように、ブッシュファイアが輝き、灼熱する焰の群が心あるもののようにうごめいているのを臨《み》ましたが、その時の強烈な印象を忘れることができません。コトバの、詩の魅力と価値をつくづくと教えてくれるのが、彼女の線で描いた詩といえるでしょう。

愛情の詩人、R・インガマル Rex Ingamalls（一九一三〜五五）は、愛国の詩人ともいえます。自からも、〈わたくしの詩はオーストラリア大陸の自然と、伝説に祝宴をはるものだ〉と述べています。彼こそは広大なる過去に、さらにまた大地をつくりあげた原住民の英雄たち、その伝説と神話——そのようなものを高らかにうたいあげているのです。八千行以上から成るコトバの饗宴、〝歴史（History 一九二七）〟という詩の中では、彼の夢を形成した想像の世界を大切にしています。それは、いうまでもなくオーストラリアという大地に生をうけた作家、芸術家としてのイマージュからほとばしりでたものであり、用語にもオーストラリア英語が散見しています。

彼が飛びかう鸚鵡について、〈緑の葉、緑の鳥。黄金の葉、黄金の鳥。深紅の葉、深紅の鳥……〉とうたう時、私もまた、オーストラリアのブッシュを、おんぼろ車でドライブした楽しい午后の日射のまばゆさを思い出します。車が六十哩ほどのスピードで緬羊牧場の道をよぎり、クリーク（小川）のあるブッシュをつっぱしるとき、両側から緑と深紅と黄金色の鸚鵡《オウム》や鸚哥《インコ》の群が一せいにとびたつのです……。

＊早大学生誌「ワセダ四・五号」（早稲田大学出版事業研究会。一九六六年一〇月、一一月）

V

わが著書を語る

一『江戸の博物学者たち』（青土社）

ぼくが川崎で小学校の教師をしていた今はむかしのこと、千葉君というやせて顔の蒼白《あお》い男の子がいた。敗戦直後のことで教員の数はすくなく、ぼくは二年生と五年生の複式学級を担当していた。五年生の千葉君が、〈先生、カマキリの生まれるとこ見たことあるか？　すごいよ／そうかい、君は虫がすきなのかね／ウンほらこれ蟻地獄！……先生あしたの朝、カマキリの誕生を見に来て、一度でいいから／よし見せてもらおう〉——ぼくはその荘厳で華麗なカマキリの子供の誕生の一瞬を目撃した。鮮烈な印象は心のカメラに強烈にやきついた。千葉君も元気ならもう五十の坂を越している。

■江戸〈本草学〉に心惹かれて

生来、虫や植物が好きで、四泊五日で丹沢山塊を縦走。沢登りをしつつサルオガセ（苔の一種）を採集して熊にあったこともあった。いつも戦死した兄が一緒だった。

大学にはいってことばの学を専攻するようになって、名とモノとの関係を究めるのにこのうえない興味をもった。これは方言に直面したからだ。今度、小著、『江戸の博物学者たち』（青土社）で中心的に考察した小野蘭山の『本草綱目啓蒙』を読んでいて、河童の南部方言が、メドチということを知り、また実際に青森県八戸で、これが生きているコトバであることもわかった。やはり古語は方言に残る、土地による異名のことを実感した。雲脂を苔の転という柳田国男の説にも合点したのである。

方言への関心は具体的に各地を探訪することで、ますます強くなった。大学で江戸時代のことばを生涯の研究対象にしようと決意して、当然江戸時代の方言研究に注目することとなった。中でも〈物類〉を名称としたり、本草《ほんぞう》を名にもつ書物に、方言が豊かに記載されているので、すっかりその擒《とりこ》になった。本草学はそのまま方言学であり、さらにその名のとおり博物学ともふかいかかわりのあることをしって、胸の奥にひそんでいた動植物への興味と関心が再燃した。

『武江産物志』（文政七年・一八二四）を開き、〈紅鶴＝トキ・白鳥・水獺＝カワウソ〉などが、幕末の江戸に棲息していたことをしるにおよび、自然を守った先人の努力——源頼朝の人口放鶴、水戸黄門の孔雀飼育、平賀源内の物産会（博覧会）など、積極的に自然の保護と開発に取組んだこと——を多くの人にしってもらいたいと思った。急速に自然破壊のすすんでいる現代日本への警鐘になるとも考えた。ただ江戸の博物学者たちはヨーロッパのそれとちがい、常に人間生命の保全に全力を尽して、書斎と山野渓谷を跋渉《ばっしょう》したのである。

＊「聖教新聞」〈きのうきょう〉（一九八五年四月一〇日）

二　市井の俳諧師の方言研究

『越谷吾山　方言に憑かれた男』（さきたま出版会）

小著で越谷吾山についてこうのべました。〈芭蕉と同じように、吾山は旅を愛し旅を楽しみました。しかし吾山は妻と連れだっての旅行者です。吉野の花を賞で、信州更科の田毎の月をよみ、また都の仏寺名跡を巡りましたが、あくまでも、市井の一俳諧師匠でした。旅にあって芭蕉が求めたのは、離俗であり、風雅に遊び、自然を友として詩魂をみがくことでした。しかし吾山はまさしくその反対に、みずから語るように、旅によって人の情を、世の中の生きている人々の生活に接して人間のあたたかみを体験することでした。そして、その地方独特の民俗や行事、さらに方言や国郷談に接し、それを丹念に記録しようとした記録者でした。……全国方言を収集、分類して、全五巻にまとめた希有なる方言研究家だったのです〉と。

わたしが〈越谷吾山〉に関心をもち、いつかその時代と人を描こうと思ったのは、E・H・ノーマン『忘れられた思想家―安藤昌益のこと―』（岩波新書、昭和25年一月）を一読したときです。もっとも、直接的な動機は吾山の方言書『物類称呼《ぶつるいしょうこ》』を購入し、じっくりと読んで翻刻し刊行することになり、吾山のことを調査するようになった二十年ほど前からです。そして、これまで方言の書といわれてきた『物類称呼』も、〈物類〉の用語やその内容を検討すると、実は民俗学の一源流と位置づけられるのではないか、また本草学《ほんぞう》とも強い関連があると感じたのです。以前から江戸の学問における一つの発見は〈本草学〉の存在という点です。これについては、『江戸の博物学者たち』（青土社）でまとめましたが、この本草学が、方言学や民俗学の根源的なものであることをしりました。しばしば本草学の研究に登場する柳田国男の存在も注目するようになりました。率直にいって、柳田のものは読まず嫌いで、ほとんど手にとったこともありませんでした。しかしことばの研究をしていて、絶えずわたしの頭を離れないのは人間、生活とことばのかかわりです。本草学を調べてこれが日本の文化人類学――〈人類〉は本草学からの用語――の源流たりうるし、方言・民俗学はこれから生れでた、いわば一卵性双生児のような存在だと推断しました。

これまで『物類称呼』に民俗学の片鱗をすら認める研究者があったでしょうか。否と思います。また、本草学を正当に解釈して、これを江戸の学問体系に、きちんと位置づけした論考があったでしょうか。――わたしは、貝原益軒『大和本草』、石亭『雲根志』、小野蘭山『本草綱目啓蒙』などとの出逢いで、ひそかにこの本草学を、民俗学や方言学の父たる学として位置づけたいと念じていました。上述のように、その点で一書をものしましたが、さらに従来、方言書といわれるものを再検討し、それが、江戸の学問体系にどう位置づけられるのかを試みようと思ったわけです。それには『物類称呼』こそ絶好の素材であると判断しました。小著『江戸の言語学者たち』（雄山閣）の好評に支えられて、この忘れられた一俳諧師の方言研究に独自の照射を試みて、その学問形成の軌跡を世に知らせようと考えました。

なぜ一俳諧師がこの時代に、方言研究家となったかに答を出すべく、〈第3章　吾山と天明期の俳壇〉の一章を設け、ことに同時代の蕪村とのかかわりで記述してみました。この方面に無知なわたしは先輩諸賢の御労作を参照させていただき、一つの、解を与えたのです。

わたしが直接、方言に関心と興味をもったのは結婚して家内の故郷、八戸市で毎夏を過し、じかに方言を耳にした八年間です。わたしは研究に革新性・処女性を求めます。そして名にとらわれず人の研究も相対化して是《ぜ》は是、非は非として学びとるよう努力しています。また、できるかぎり資料の確かめとその公開を心がけています。果して小著が読者の心を射るや否や。

＊「週刊読書人」〈私の新刊〉（一九八九年一〇月二三日）

三　『日本翻訳語史の研究』（八坂書房）

鎖国を日本の悲劇ととらえる和辻哲郎の『鎖国』論は年来、疑問に思っていたことの一つであった。国を鎖した行動が賢明ではなかったと断じた故に、和辻は悲劇とサブタイトルを付したと思われる。しかし鎖ざされた国の状況をよく分析し考慮せずして、悲劇を断ずることは独断だ。そうしたわたしの方寸にくすぶりつづけていた〈鎖国〉の真の意味を――歴史はかくならねばならぬという人間の描く図式によって展開するのではなく、歴史を動かす一つの何かが必ず存在する。それを理性とか道理でおきかえてもいい――わたしなりに解答したのが小著である。

わたしの方法はこれまで歴史家や思想史家が求めず怠っていた語学的な分野、オランダ語とその翻訳、訳語をとおして鎖国の意義を実証したものである。あえて16世紀～19世紀と限定したのも、鎖国へのわたしなりの思想が底流していたからである。鎖国によって、日本人は、外国語学習の意味――亜欧二大陸にわたる対訳辞典も編集した――や、中国とヨーロッパの落差を認識し、さらに世界的視野、言語における文化射程の意味も体得した。もし鎖国がおこなわれず、吉利支丹文化がえんえんと続いたとしても、おそらく日本人は早晩、生死の境にたたされ、やはり鎖国を選択したであろう。異文化・異言語との接触、その受容と摂取は、受容者の資質や器次第である。

今なお後進性にあえぐアジア地域がこれを証明している。小著は序論・第Ⅰ部〜第Ⅲ部／余論の全五部から成るが、一貫した精神はわたしのプロジェクトである近代日本語と、それを創造した構造と思想をさぐることである。

＊「出版ニュース」〈わが著書を語る〉（出版ニュース社。一九八三年八月上旬号）

四　『江戸の翻訳家たち』（早稲田大学出版部）

近代日本の建設に文化の種まいた人々の苦闘と精進

子供のころ毎年正月三日には、兄弟三人、父に連れられて、宮城《きゅうじょう》（皇居）、二重橋、靖国《やすくに》神社と東京見物をし、夕方には浅草へというコースで一日を過ごしました。なかでも靖国神社で大村益次郎《おおむらますじろう》の銅像を仰ぎみて、父から益次郎が日本陸軍を創設したときかされました。しかし小学校五年生のころから、国内は軍一色、学校でも勤皇の志士や吉田松陰などの話が多くなり、同時に子供心に何か漠然とした不安が心に巣くってきました。

今なぜこんなことをつづるのか？　それは今度出版した『江戸の翻訳家たち』に同じわたしの精神風土がしみついているからです。日支事変（一九三七～四五）の最中に少年期を過ごしたわたしは、敗戦のころは反戦ならぬ厭戦《えんせん》気分となり、非国民の罵声《ばせい》にも甘んじていました。日本とはどういう国なのだろうかと考えました。

一体全体、大村益次郎や坂本竜馬が、近代日本にどのような文化や学芸の種《たね》をまいたというのでしょうか。司馬遼太郎《しばりょうたろう》氏が明治維新前後を舞台に、近代日本建設の譜を妙筆で描いているようですが、登場するのは戦前と同じ英雄《ヒーロー》であり、わたしには敗戦につながる因果応報の史劇と映りました。日本や日本人とは何か、解禁の英語に歓喜して、わたしの戦後がはじまったのです。

『解体新書』翻訳の立役者・前野蘭化（良沢）をはじめ、ジェンナーの牛痘書に挑戦の蘭通詞、馬場佐十郎、解剖の是認されぬとき、木をもって人骨を模刻した町医師、星野良悦と指物師・孝次、村民のために、牛痘接種に心血をそそいだ甲州の蘭方医、広瀬元恭《げんきょう》、紅毛学第一と賞賛され、多くの俊才を育成、さらに〈鎖骨《さこつ》、膵臓《すいぞう》、腺《せん》・腱《けん》〉など、医学用語を創訳、ヨーロッパ医学を日本に移植した宇田川玄真……。彼らはいずれも、西洋の医聖、ピポクラテスを〈神医〉と仰いで精進し、筆に描いています。

理不尽としかいいようのない幕吏《ばくり》小役人の洋学者弾圧――こうした幕末騒乱期に、蘭方医はメスをとる手に洋書をもって、必死にヨーロッパ先進国の文化、医術、化学、物理学、天文学を翻訳しました。小藩に生を受け、虎狼痢《コレラ》による屍体《したい》の山を眼前にみて、医に志した緒方洪庵、蘭方医、翻訳家として、塾により近代教育の土台をきずき、多くの有為な人材を新時代におくりだしたのです。

翻訳により先進国の技芸や精神を学んだ翻訳家こそ真の英雄なのです。〈厚生済民《こうせいさいみん》〉を旗印に異言・異文化の学習と翻訳に精進した蘭方医や、長崎通詞こそ近代の先駆者です。小著では無名ながら己をすて国家、人民のため生涯を捧げた人びとの苦闘と精進を描いてみました。日本人は決して横文字に弱くはなかった証言でもあります。

＊「聖教新聞」〈きのうきょう〉（一九九六年三月二七日）

宇田川榕庵筆、〈ヒポカラテス〉肖像
早稲田大学図書館蔵

Ⅵ 資料紹介

〈資料紹介〉

会津八一とその手紙

（1）

私がはじめて会津八一の和歌に接したのは、〈震余　大正十二年九月〉の次の一首である。

うつくしき　ほのほ　に　ふみ　は　もえはてて　ひと　むくつけく　のこり　けらしも

八一、四十三歳の作である。のちに、『自註鹿鳴集』（新潮社、昭和二十八年）に詞書として、〈山口剛に〉とあり、さらには、〈山口剛、号は不言斎（一八八四〜一九三二）、作者が中年時代の親友。国文学者、博洽の読書家。奇逸なる趣味家にしてまた文章を能くせり。（中略）久しく浅草駒形なる知人根岸方に寄寓し、この時（一九二三）罹災して悉く蔵書を喪ひ、悲嘆の状みるに堪へず。是を以て作者ことさらに諧謔の語を以て一首を成して贈る。意はむしろ倶に啼かんとするに近し。然るに昭和二十年（一九四五）四月に至り、作者は自ら戦災に罹り、満屋の万巻ことごとく灰燼に帰したれども、彼すでに世に在らず。作者の為に手を拍つて大に笑ふもの無きことを悲しめり。〉とある。いうまでもなく、はじめの引用は大正十二年の関東大震災の折のものである。しかし私には、昭和二十年八月十五日の敗戦の感懐と重なりあって愛唱する歌となった。自註も八一が東京大空襲で蔵書をことごとく失ったことと、関東大震災の折の山口剛の悲嘆とをだぶらせている。

山口剛――私は大学の助手のときに、土浦の某寺に眠る剛の墓に参じたことがある。昭和三十六年がちょうど三十回忌に当るところからだったと思う。さだかには覚えていない。山口剛は早稲田大学文学部に籍をおく、まれにみる学者兼文人という人物で、五十歳にならずして他界したことは、多くの人に惜しまれたときく。それを親友にもつという八一は、この友をとおして、八一自身を語っているのであろう。おそらく両者に共通するのはシナ学芸への理解と沈潜であろうか。私も八一と細い細い一本の糸でつながるものとあえていわせていただくことにする。ここに紹介する故下村福氏蔵、会津八一の手紙（三通、未公開）もその一端を示す。

さて会津八一の手紙もまた、私には因縁の細い糸で結ばれている思いである。八一最大のスポンサーといってもいい京都伏見の増田徳兵衛氏――周知のように、『山鳩』の出版を世話したのも徳兵衛氏である――と同じ伏見の古書肆、若林春和堂のご主人、若林正治氏と八一は親交をもったようで、氏の蔵書の剥離した古書の題簽にはしばしば八一の揮毫筆蹟をみたが、下村福氏の御紹介で親しくさせていただくこととなった若林正治氏を訪問の折、しばしば氏から〈会津先生の来訪〉とその雑談の様子をきかされた。正治氏が亡くなる寸前まで、私は交遊厚くたいへんお世話になったが、もとより私の場合は八一とはまったく事情を異にする。氏は知る人ぞ知る江戸時代の洋学資料を汗牛充棟と庫に積みあげており、たいへんな古書蒐集家である。その御蔵書を拝見することで、しばしば正治氏の家の門をたたいたわけである。正治氏は旧制第三高等学校、ドイツ語科出身の教養人である。

この若林正治氏を私に紹介してくださったのが、下村福《おさむ》氏である。氏はまたはやくから会津八一と交渉をもち、貴重な八一の手紙を所蔵されているのである（もっとも、下村福氏と会津八一との関係は若林氏とはまったく関係はない）。昭和十九年早稲田大学文学部を卒業された下村氏は昭和二十年に同じく早稲田大学教授を辞任した会津八一の教え子、ともに同じ大学で師と弟子の関係であり、かつは百貨店《デパート》、京都大丸の一族として、八一に接触をもったわけである。

八一は昭和十三年四月に文学部に新設された芸術学専攻の科（のちの美術科）の主任教授となって教鞭をとっており、下村氏は文学部国文科に入学したのが、昭和十六年であるから、在学中に八一と直接に交渉をもったのであろう。私自身の経験でも旧制（戦前の三年課程の学部）の場合は現代とはかなりさまがわりがあって、国文科の学生でも他の科の講義や教師との接触は自由自在であった。学生数もすくなく、京都の名家出身の下村氏と八一との出逢いや接触もかなり必然性があったといえそうである。

話題を敗戦後にうつす。昭和二十年八月二十一日、吉池進氏宛の手紙で八一はつぎのようにのべる。八一、六十五歳のときである。

（2）

戦争も一段落を劃し候。これからは暫く死の沈黙裡に進むところまで諸事運び候こととなるべく候、日本としては初めてのことたるも、支那の芸苑の人士は屢々かゝる状況に遇ひ、その下にて優れたる文芸を醸成し候、我々としても、徒に慷慨悲傷のみに終るべからず候

敗戦のとき、十代の後半にいた私は慷慨悲傷どころか、当時非国民よばわりをされて居処のない苦渋の日々をおくっていた。八一は同年十月六日の福田雅之助氏宛の手紙にはつぎのように書きおくっている。

鎌倉あたりによき貸間あらば、当地を切り上げて彼地へ赴き、早大へもいくらか出講し著述と作歌と読書とに余生を送りたく存じ候。鎌倉へまゐりても文化村時代の如く時間の浪費をなさず、少少勉強して余生の事業を纏め可申と存じ候

「会津八一略年譜」（毎日新聞社「会津八一展」）によれば、昭和二十年の項につぎのようにみえる。

四月、早稲田大学教授を辞任。四月一四日早暁、米軍機B29の爆撃により罹災。三十日、羽田より毎日新聞の航空機にて新潟に帰郷す。五月、新潟県北蒲原郡中条町西条の丹呉康平宅に寓す。七日、中条町西条の観音堂に移る。きい子［養女］没。三四歳。

この昭和二十年の帰郷については、吉池進『会津八一伝』（会津八一先生伝刊行会、昭和三十八年八月一日）にくわしいので省略にしたがう。七月十日、養女であった高橋きい子が亡くなり、八一は挽歌ともいうべき『山鳩』（図版参照）を詠じ編録して冥福を祈っている。『山鳩』も出版には増田徳兵衛氏の絶大な助力があった。『会津八一短歌とその生涯』（文芸春秋、昭和四十四年十二月）の著者、植田重雄氏も、〈困窮の道人をなんとか慰めようと心をつくしたのは、増田徳兵衛である。増田家の心づくしにより、混乱した輸送事情にもかかわらず十月十二日、奈良に赴き、みほとけの安泰をよろこび、東大寺、唐招提寺、新薬師寺、法輪寺の旧知の人々と再会のよろこびを頒つことができた〉と書いてお

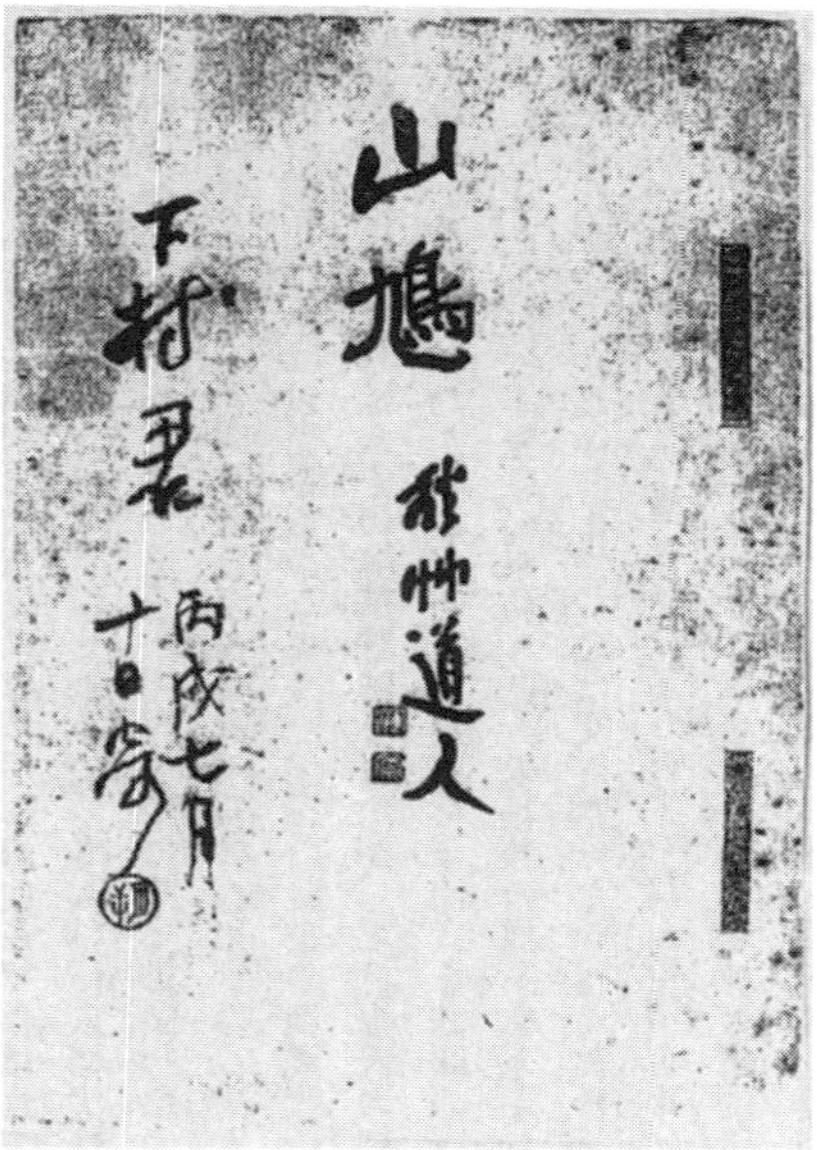

「山鳩」の表紙

られる（故植田氏から直接的にもお聞きした）。八一は増田徳兵衛宅に数日間（十二日より二十四日まで）滞留したのである。幸いにもこのころの八一の徳兵衛宛の手紙があり、上記の吉池氏が先の著書で紹介しているので引用させていただく。

昭和二十年十月二十六日増田徳兵衛宛

拝啓　廿五日正《ママ》に中条に到着致し、無事帰郷致候。今回は初めから終まで何から何まで非常に御手厚き御待遇を蒙りありがたく存候。令閨を始め三人の御子息たちの御芳志も忝く感佩仕り候。精力も金も時間もかまわず拙者の慰安につとめ被下候こと如何なる因縁ぞと思ふばかりにて候。

京都から金沢まで座席なく床に坐りてうとうと眠り金沢にてやうやく安定致候。三等客がゴマカシて入り込み居るもの多きためにて候。金沢までは一回も検札なく金沢から中条までの間には四、五回検査有之候。あんな風に混雑致し来りし故荷物を簡単にして来りしことを喜び申候。臨席の人は胡麻の油を一升ビン二本につめて持ち来りしも途中にビン砕けて油流れて大騒ぎになり候。

帰りてみれば彙文堂荷物二個とどき居り候のみ、その他は追々来ることと存じ候。速達、電報、小包いろいろ来り居り候。その中に三重県の門協《ママ》より無茶法師の茶碗あり、今回は無事到着致し候。これも奇縁と存じ候。

しかるにかねていたゞきし抹茶は両方とも全く香気無くなり惜しきことにて候。少々御恵被下度候。三吾氏の茶碗の中へ入れて荷送りせられしものは全部手をつけぬうちになくなり候。惜しきこと故少々づつになし被下度候。もったいなく候。

御いひつけの香盒四種短冊三枚は丹呉氏へ相渡し申候。

拙者へたまはりし官製私製ハガキ悉く忘れ来り大に不便を感じ申候。書物の中へ入れて御送り被下度候。

小包は長短大小硬軟等にしたがひ、三、四個に分けて御包み可被下候方安全かと存じ候。紙は全紙を半截になし被下度と申上げしも蝋箋は表装用にする時には半截にしては悪しかるべく候。結局五、六個位の小包となるかと存じ候。かかる時代にて包装のみにても御迷惑かと存ぜられ候。恐縮に存じ候。

本日全く観音堂から丹呉方へ引移り申し候。「山鳩」（二十一首、きい子挽歌）は明日清書して御送り可申上候。この分は出来るだけ簡単にして二百部ばかり刷らしめ被下度候。尾上の短冊もし三浦がいらぬならば拙者もらひ受け可申候。

「山鳩」は原稿を以て印刷用としたる後に尚ほ別に清書して貴下へ呈上致すべく候間、和紙の用箋御送り被下度候。但し序文長き故原稿御一覧の上（書損じの分も計算に入れて）御送り被下度候。

若林方に「日用漢字略解」あるよし、これを御もとめおき被下度候。大丸へ渡すべき衣料切符32は次便にて差上ぐべく候。書物の荷造は若林氏へ料金を払ひて御頼み被下てもよろしからむかと存じ候。甚だ慾張りたることを申候へども、水滴は水の料少なくて半切額面の揮毫の際には役立ちかね候間柄のつきたる方御所望申上たく候。（水滴図アリ）

百万塔荷造最も入念を要し候。さもなき時は当分御あづかりおきを乞ひ次回参上のせつ自身提げてかへり可申候。皆様へくれぐれもよろしくお伝被下度候。

以上のように、増田徳兵衛宅では大歓迎され精神的休息もたっぷりとれたようである。しかし私見では八一が風貌（写真による）とはいささか裏腹に、何ごとにつけてもかなり細かい気づかいの人物であること、俗情も豊かであることが判明する。右の手紙に、〈大丸へ渡すべき衣料切符32〉がみえるが、後にふれるよう、この大丸（大丸百貨店《デパート》をさす）こそ下村福氏である。わざわざ32の数字を書くことも私見では八一の一面を示していると思う。

同年十一月六日にも徳兵衛宛の手紙があるが、中に〈東京の知人門下からしきりに上京をすすめ来れども家なければ如何とも致しかね候。出京するならば雪の来ぬうちよろしきもみすみす如何とも致しかね候。こちらは毎日雨ふりにて今日は風さへつよく弱り入り候。北国の冬は寒く、くらくしめっぽく閉口にて候〉と愚痴っているところは、人間八一の俗情発露の感をいだかせる。高等な芸術世界に遊び、かつは周囲に厚遇の杖を用意され、しかも自分の好むところを実現するための自己主張もあってまことに豊かな生活空間をもっていると思う。〈困窮〉の語はあたらないのではあるまいか。故郷には心おだやかに落着く場が見出しがたいようであるが、新潟生まれの人は雪の多いことや寒さの厳しいことに甘んじ、じっと我慢するのが本筋ではないのか。もう一通、同年十一月十一日の徳兵衛宛手紙の一部を引用してみる。

拝復　小包二個、烟管、茶碗、罐詰の類在中にて本日安着致し候。かかる行きとどきたる荷造をするだけにても、なかなか容易のことにあらず。いつもながら御好情《ママ》に対して感謝の意つくしがたく候。御書面も同時に拝受致候。立入表具師の領収書ならびに、こまこま御清算ありがたく拝見致候。種々御手数相かけ、いづれの世にか報い得んかと恐縮致候。（中略）拙者二十日以後ことによれば、二、三日滞在の予定にて上京し早大の当事者に面して時局につき、その経綸をたゞし、その模様によりて速に東京へ移転を始め可申と存じ候。しかし本日も門下某よりの内報によれば、経綸も方針も確たるものが無きが如くにて候へば無理をして上京も考へものと被存候。

　扨て本日の御書面にては丹呉氏へ対して、拙者の価値を御強調被下、従来の認識を更生して優遇せよといふ如き御忠告ありしよし。これは貴下の御好意の横溢する点感激致し候へども、拙者としては左様なる御配慮は将来絶対に御無用に願度候。丹呉氏自身も、一家の人々も拙者に対しては、相当に親切と尊敬を示され、ことに観音堂より一日も早く引き揚げて来るやうにと、殆ど毎日の如く、あちらから催促に来られしほどにて、他の親戚の疎開者とは、全然別様の待遇をなしてくれ候。本来同氏へ対して、拙者東京に在りし頃、疎開の相談をなしたるに際しては、格別欣諾歓迎の返事もなかりしに、拙者押しかけ来りしにて、他の三組も親戚の疎開者あること故、特に拙者にのみ厚くなし得ざりしことと存候。たゞきい子の病気といふことにて、拙者も大いに苦しき思ひを致し候のみにて候。然るに貴下より左様なる手紙まゐり候時は、何か拙者がひそかに蔭へまはりて、不平や悪口を申し歩き居るやうにも思はるべく、拙者は平素明朗なる気分を尊重し居るものなれば、丹呉氏に限らず誰に対しても左様の女々しき態度を以て行動する如く印象さることは、最も不本意にて候。左様なる方法にて御尽力を仰がんために申したるにはあらず候。拙者も一個の独立なる人格なれば、将来はそれらの点につきて、特に御注意され度候。千年以来絶無の文豪なりとしても、浮世は浮世にてそのいざこざを忍び、それを透過して進むにつれて、だんだん修養を増し来るべきものにて、きい子の病死と観音堂の窮乏なる生活ありてこそ稍々すぐれたる歌を作るほどの心境にも相進み候ことにて候。（中略）当地毎日の雨、ことに今暁は驚くべき豪雨にて、百姓どもも舌をまくほどのもの降り候。非常に寒く候。下村君へ衣料切符32点を送りおき候。そのあとから十一文の足袋一足と敷布一枚大丸の倉から検出を願ひおき候。（中略）さてさて長い手紙と相成り候。何卒皆々様御摂養被下度候。拙者は御かげにてだいぶ元気につき、平に御安心願上候。

徳兵衛氏の厚意に深謝しているものの、現に世話になっている丹呉氏へのいらぬ第三者の介入とばかり厳しく拒絶を示している点、〈誰に対しても左様の女々しき態度を以て行動する如く印象さ《ママ》ることは最も不本意にて候〉と釘をさしている。これはこれで正論だと思う。いささか一線を越す行為者として徳兵衛へ率直に忠告？　懇請？　している。人に誤解されることに危惧を抱いての言でもあろう。しかし前の手紙や他の手紙などを通読してみると、私個人の感じでは、八一の言動から徳兵衛が気をまわすようになった要因、雰囲気があって、それとくみとった事由がなきにしもあらずと思われる。徳兵衛にしてみれば、いわば老婆心の一端を示したということであろう。そうした心情を触発したのはほかならぬ八一の手紙の内容と表現、滞留中の雑談などにあったと思う。〈きい子の病死と観音堂の窮乏なる生活〉が果たして現実なのかも疑わしい。現に会津八一の旧蔵の逸品はこうした中で入手しているのではないだろうか。

ここでいよいよ拙文で紹介する主旨と直接関連する〈下村君〉が登場する。しかし右の手紙からでも表現として、〈大丸の倉からの検出を…〉などとあり、あえていえば下村氏個人への厚情が底流しているようには思われない。もし私だったら、〈大丸へ〉とか、〈衣料切符32点〉とか、〈大丸の倉から〉などの語は用いないし、用いたくない。あくまでも下村氏との長年の親交があり、その結果として敷布や足袋にも恵まれるというのが筋で、〈大丸云々〉の問題ではなかろう。悪く勘ぐれば、大丸の一族であるゆえに下村氏と交を結んで、利用しているとしか思えない。教師と教え子の関係とは解しにくい。下村氏個人であろうと、大丸の倉庫であろうと、どこから見つけ出そうと、被依頼者の勝手であって、先生の窮状をみ、あるいは懇請があって、それに同情して贈呈する品々なのではないのだろうか。

先に徳兵衛宛の手紙で大丸の衣料切符32とあったが、これも実体は下村氏への依頼のそれだった。むしろ徳兵衛に対しても、自分の教え子の下村氏の高く厚い心情に謝することばをもって、〈下村君へ足袋や敷布を要請した〉と書きおくることこそ、本当に下村氏にも感謝している心情のあらわれとなろう。ことは衣料切符や大丸の倉庫での在庫云々の問題ではない。次元のまったく異なるところだと思う。八一の心情のまずしさに悲しくなるのは私だけではあるまい。あるいはそれほどに師弟関係が確立していなかったのかもしれない。下村氏について、徳兵衛に何ら説明を示すコメントがみえない点、徳兵衛も下村氏の存在を十分にきかされていたのであろうか。足袋や敷布を下村氏に請求している表現の実体、八一の真意はどのようなものなのか、ここで以下、これまで未公開であった下村福氏宛の八一の手紙を紹介することにより、右の事情の一端も解明される。

八一の下村福氏宛手紙は、(a)十一月七日付・(b)十一月十八日付・(c)十二月六日付の三通である。まず十一月七日付の手紙であるが、右に紹介した徳兵衛宛六日の手紙より一日後ということになる。八一はなかなか筆まめといえる。つぎに私に読んでみる（当然のことながら原文に句読点はない）。

(a)昭和二十年十一月七日　下村福宛

拝啓　追ひかけて尚ほ一つ御願有之候。拙者全焼し候。当地へ立退き候節、一人の学生からその人のつかひ古したる敷布を貰ひて今日までそれを用ゐ居候ところ、中央に大なる穴あきていよ〳〵使用困難と相成り候。又拙者、足袋は十一文にて稀なる大形なれば罹災後遂に一足も手に入らず今日に及び候ところ、近頃は連日風雨にて困り候。遠からず降雪の覚悟もせざるべからざることにて候、つきては此等の二品もし大丸御店か御庫にていかに古び居りても又中古のものにても御見出し御申下し候ば幸甚に存じ可申候。よろしく願候。拙者も来春四月までには東京に出て講義致したく存じ候。こゝも鎌倉、其他あの地方にて住宅も貸間も見つからず焦慮致し居候、北越は生れ故郷なれども老後の雪中生活はなか〳〵心安からず恐居り候。右のみ如此候

十一月七日　　会津八一

下村福様

新潟県北蒲原郡中条町西条丹呉康平方

京都市伏見区京町北八ノ七五

※封筒には〈十一月五日朝〉とみえる。

右で一人の学生というのは誰か興味もあるが、それよりもその学生が使い古しの自分の敷布を八一に示し、しかもそれを学生からもらいうけているわけであろう。二人の間の行為？　に興味をもつ。私の生活感覚などではありえぬことながら、多分学業終えて帰郷の学生が下宿を引払っての行為でもあろうか。八一は日ごろから敷布のことを口にしていたのだろうか。率直にいってここでも語る必要のないこと――それだけ下村氏とは昵懇だったのかもしれぬ――を綿綿と語っている。しかし下村氏の厚志にすがって只管に必要品（？）を懇請しているのではなく、先にも少しふれた

が、〈大丸御店か御庫〉ということが目当なのである。

下村福氏には『春坡の資料と研究』（笠間書院）の好著がある。春坡は蕪村の門人、几董に師事した江戸中興期の俳人で、本姓、下村氏、京都、大丸呉服店の祖である。その流れをくむ人が下村福氏である（俳人。ホトトギスの同人として選者もつとめる）。したがって八一の手紙に大丸百貨店《デパート》の名が登場するわけで、いうなら、〈君の家の大丸デパートの片隅に敷布や足袋がないか〉——と敗戦直後に衣料切符を送ったわけである。新潟では手に入らなかったとでもいうのであろう。他は例によって一種の人間八一のボヤキのようである。この点はたとえ親しいもの同士でも胸中に秘めること、濫りに口にすべきではないということが、君子ではあるまいか。さらに第二通目、同年十一月十八日夜に認めた手紙を紹介してみよう。

(b)昭和二十年十一月十八日夜

新潟県北蒲原郡中条町西条丹呉康平方

会　津　八　一

拝復　新潟市にて自作個展を開き、昨日帰村致し候ところ御遣しの小包来着いたし居り、敷布足袋その他心づくしの品、在中、正に拝受御厚情感佩の至に存じ候。御書中御もらしの御思召も一々ありがたき事に奉存候。当方使用して大破に及びたる敷布は不潔にてもあり、あさましきばかりのものにて候へども、一両日中小包にて差上げ可申、雑巾にするよりほかなかるべし

と思はれ候へども失礼ながら且つ汗顔ながらとにかく御一覧に供し候。御取りすて被下度願上候

右不取敢如此　匆卒

十一月十八日夜　　会津八一

下村福様

一昨日早大の某幹部来り、早中校長として就任を促しくれ候へども、拙者不承知にてせわしく立ち去り候。鎌倉地方にて相捜し居る空家も遂に見当らず候。かかる行き悩みにてことしも暮し候ことなるべく候

拝復とあるので下村氏からの手紙への返事である。小包に八一の懇請の敷布や足袋、その他があって、〈感佩の至〉と感謝している。そして下村氏からは使用不能の敷布を譲ってほしいと依頼でもあったのだろうか。本人もいうように浅猿しく汗顔の至りとこれは拒否してもいいところであろうが、やはり大書家のものとて下村氏が八一の熱狂的ファンゆえに、たとえ浅猿しく、他人に与えるものではなくても直接日常肌につけたものをと懇請したのかもしれない。むしろ八一自身、雑巾にでもして恥を他人にさらさない方が賢明と思うのだが。しかし、これは私のような小人の思うところで、大書家、有名人ともなればファンへのサービスにかかる恥はしのぶべきなのかもしれない。八一と下村氏とはどれほど親密だったのであろうか。

先に引用の略年譜にはみえないが、この十一月十八日ごろ新潟市内で個展を開いたことも判明し

て、八一の生涯をつづるには貴重な記事の提供ともいえるであろう。吉池氏の作成の年表には、〈十月十五、六、七日新潟市大和デパートに個展開催〉とあって、一月ずれている。しかし下村氏への手紙からも新潟市大和デパートの個展は十一月十五、十六、十七日とすべきであろう。

ともかく(b)の下村氏への手紙で、執心ともいうべき敷布と足袋を無事に八一は入手できたわけである。ここで早大よりの使者と早中への校長就任の依頼を蹴った記事をみる。八一にすれば、特別扱いで大学の講義、学部長などでも依頼されるならともかく、中学校の校長などと軽すぎる役職(?)と心中激怒したのであろうか。〈せわしく立去り候〉がそのことを暗に語っている。私見ではさもありなんである。大学当局のものには八一の真価はわからず理解していなかったのであろう。八一の心中を推しはかって私も不承知、拒否の正当性が了解できる。早大との関係では先に紹介した十一月十一日の徳兵衛宛の手紙でも言及している。ただしここでも鎌倉の空家の有無のことなど不安な生活の一端をもらしている。

下村氏と八一との関係、親密度はどのようなものだったのだろうか。それにしても、一個人、また個人対個人の交渉関係としても、下村氏は八一の日記にも手紙にも親交あるものとしては登場しない（私も下村氏から八一との具体的交友を聞いたことがない）。つぎに第三の手紙を紹介する（図版参照）。

(c)昭和二十年十二月六日

新潟県北蒲原郡中条町西条丹呉康平方

会津八一

拝復　拙墨個展開催につき格別のご配慮ありがたく奉存候、いづれ年末より春へかけて、数日間御地の人と可相集と存じ居り候、そのせつ万〻可申上候。しかるに本日はまた敷布、原稿《ママ》紙、くつ下二足御恵投忝く納受仕り候　かさね〳〵御好《ママ》意奉謝上候

十二月六日　　会津八一

下村福様

京都市伏見区京町北八ノ七五

ここも拝復とあるから、下村氏よりの手紙への返事と思われる。今回は京都での個展開催のことと思われる（以上で三通の手紙の紹介は終る）。

なお吉池氏作成年譜によると、〈昭和二十一年三月十八日　京都大丸デパートにて個展〉とあるところと関連すると思われる。おそらく、敗戦の昭和二十年の暮から下村氏をとおして大丸百貨店《デパート》での八一の個展開催についての交渉と準備がすすめられたのであろう。下村氏がかなり骨折っていると思われる。

右の(c)の手紙で、八一の大学での教え子という以上に下村氏が八一の精神的、物質的によき後援者となっていることが推測できる。直接、下村氏と二十余年の交友関係をもった私は、氏の温厚で名家の血をひく京紳士であったことを思い出す。むしろ八一とは対照的な静の人物であり、よき京都の伝統と文雅の中に育った為人を思いうかべる。さすがに二百有余年の歴史と伝統をもつ大丸

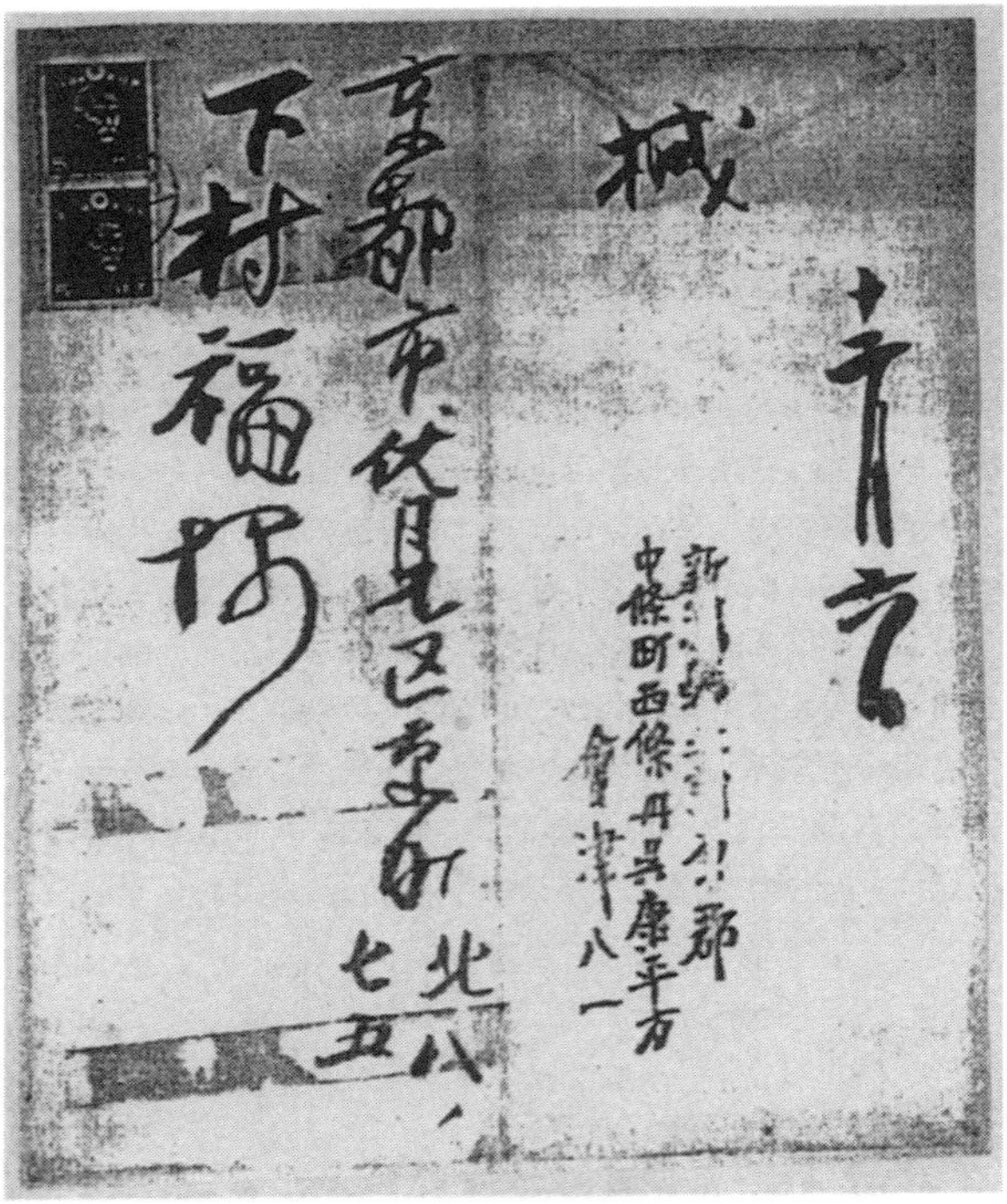

手紙(c)の封書

呉服店、百貨店《デパート》の末裔という血の流れているゆえかと思う。むしろ人物的には八一をしのぐものありといってよいのではあるまいか。無名な非凡人としてよき人に八一も遭遇したと思われる。また、若林正治氏も、長く交友をもった私には、よき京都人として、決して単なる古本屋のおやじなどではないのである（若林家としては新本屋も営む）。文化や伝統をよく理解し認識した人物であった。ことに私のような貧乏学者には惜しみなく資料を貸与してくださり、〈いつも、あんさんの手で所蔵の資料の価値づけをしていただき、有難いことどす〉と感謝のことばに終始した。私は八一と交流をもっ

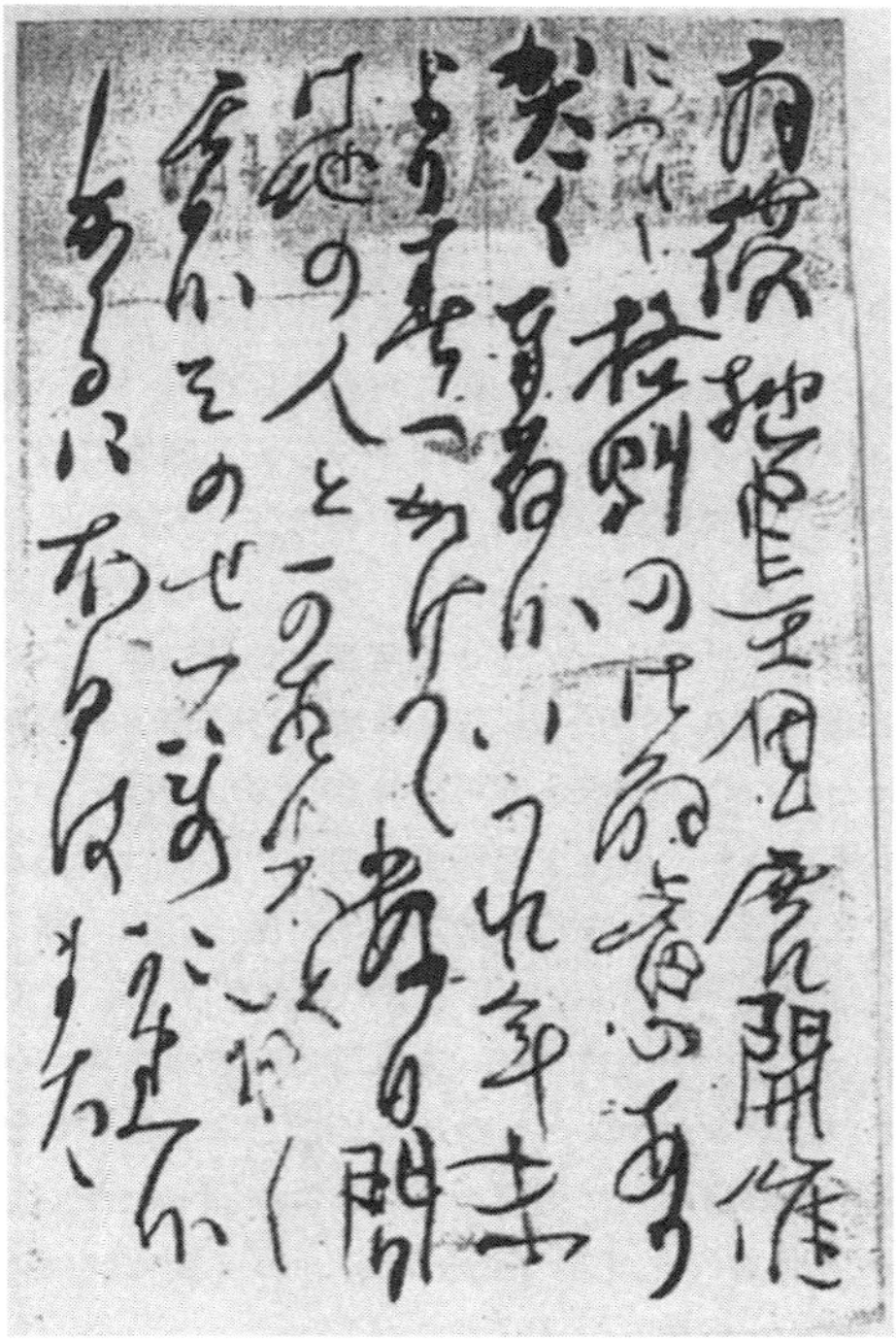
手紙(c)の冒頭（部分）

た下村福氏と若林正治氏、御両人《おふたかた》とはからずも交流をもった。人の世の因縁というか、人と人との不思議な結びつきをしみじみと思う。私の八一人間像追求の筆の一端はここにおく。

なお今回紹介の会津八一の手紙は、現在も下村福氏の奥様の下村和子さんが大切にお手元に保管されています。また、下村福氏御所蔵の貴重な書物の多くは、小生、労をとって、早稲田大学図書館に寄贈され、万人の活用に供されています。

*「国文学研究百八十三集」（二〇一七年一〇月。早稲田大学国文学会）

あとがき

十四歳の春、我が家をあとに学舎《まなびや》の寮生活に入り、以後六年間、青春をここで過しました。この年正月、恒例のように、兄に連れられて横浜イセザキ町なる書肆、有隣堂にて、日記とともに、書棚に目にした吉井泰順著『近思録新講』（三省堂）を購入、今に机上にあります。その〈為学類〉の一部につぎの文言を得、これが研究者として生涯の指針となりました。

学者須是務実、不要近名方是。有意近名、則是偽也。大本已失、更学何事。為名与為利、清濁雖不同、然其利心則一也。

＊『近思録』：シナ宋代哲学の頂点に立つ大儒、朱熹（一一三〇～一二〇〇）らの編著

学に志すもの虚でなく実の向上を心掛け名誉、財物などに接近するを排除して、はじめて真に大成すると教えます。生涯の心得となりました。

小林一夫先生の強い後押しで、子供たちの師となるべく学舎へ入り、ここではからずも東大出の若い桜井祐三先生に、人生の教訓と霊妙な国文法、とりわけ助詞の構造を教えられました。〈物いはぬ四方《よも》のけだものすらだにもあはれなるかなや親の子を思ふ〉の源実朝の歌は

今も脳裡に焼きついています。黙々と便所掃除などに身をささげる先生の姿も眼にしました。この出逢いなければ、わたくしの日本語研究への没入はなかったと思います。大学ではかねて憧憬《あこがれ》の金田一京助先生に御指導をいたゞき、卒業に当り先生と二人のみで、わたくしのためと料亭で祝盃をあげてくださいました。アノ熱烈で巧みな講義は今でも決して忘れません。また学位取得に親身になってわたくしの全研究成果を熟読評価してくださった東北大学、佐藤喜代治先生。先生のお宅に一泊しての春浅い夜の歓談と、奥さまの手料理は今に強く心の方寸に宿ります。またＩＣＵ（国際基督教大学）のパン先生には八年間にわたり身にあまる優遇をいたゞき、研究に活力と自信を与えていただきました。忘れえぬ快事です。海外ではオーストラリヤキャンベラの国立大学（ＡＮＵ）のＪ・アクロイド先生、国立モスクワ大学の招聘。独逸、フランクフルト大学のマイ先生、丁抹《デンマーク》、コペンハーゲン大学のレディン先生、など、思わぬ歓待ぶりに己れを再認識しました。国立ライデン大学のホス先生、同大学では、研究員としてシーボルトコレクションなど自由勝手に閲覧考察させていただくことができました。また大英図書館、東洋部長・Ｋ・Ｂ・ガードナー氏のご協力に感謝します。またアルトハイデルベルクの大学から、学術講演の依頼を受ける（健康上の理由でお断りした）など、海外での熱い評価に身の引きしまる思い、自己再発見の連続でした。

最後になりますが、籍をおく大学では優秀な学生に恵まれ、彼らの真摯な協力と若い頭脳のひらめきにどれほど助けられたことでしょうか。さらに拙著出版、ことに処女作、『近代日本語の成立』の出版には、桜楓社・及川篤二氏の決断、御厚情に心から感謝しています。わたくしより早い死に悲しみ極に達しました。また紀伊國屋出版部、社会思想社、雄山閣、八坂書房、講談社、早大出版部など、わたくしの研究成果の公表、出版に御助力いただき編集子に心から謝辞をささげたいと思います。

ここにこれまでの愚案、愚筆のいくらかをまとめて卒寿を自から祝う記念としました。二〇一七年三月のことです。文字どおり下手な談義、御批判、御感想を切に願います。

生来、胃の病に苦しめられたものの、結婚してその苦痛から解放され、只管、研究一途にすすめられたことも感謝しております。ガン、急性肺炎、転倒失神と三たびの病いも克服、三度の救急車に命をひろわれました。

わたくしの接したすべての人びとに心から感戴の辞を呈します。そのむかし結婚の仲介《なこうど》の労をとった因縁もあり、出版をお願いしたひつじ書房主人・松本功さんに御礼申し上げ、筆をおきます。

二〇一八年六月某日　九一の翁　誌

【著者紹介】

杉本つとむ（すぎもと　つとむ）

1927年横浜生まれ。
文学博士（東北大学）、早稲田大学名誉教授。

主な編著書
杉本つとむ著作選集 全10巻（八坂書房）に収録の主著の他に、『蘭学三昧』（皓星社　2009）、『市民のための国語の授業』（おうふう　2007）、『馬琴、滝沢瑣吉とその言語生活』（至文堂　2005）、『井原西鶴と日本語の世界―ことばの浮世絵師』（彩流社　2012）、『十八・十九世紀日魯交流人物史話』（東洋書店　2013）、『漢字百珍―日本の異体字入門』（八坂書房　2001）、『日本本草学の世界―自然・医薬・民俗語彙の探究』（八坂書房　2011）、『蘭学と日本語』（八坂書房　2013）、『江戸時代翻訳語の世界―近代化を推進した訳語を検証する』（八坂書房　2015）がある。

日本語 下手談義

Poor Lessons for Japanese Language
Sugimoto Tutomu

発行　2019年11月12日　初版1刷
定価　4400円＋税
著者　© 杉本つとむ
発行者　松本功
印刷・製本所　三美印刷株式会社
発行所　株式会社 ひつじ書房
〒112-0011 東京都文京区千石2-1-2 大和ビル2F
Tel.03-5319-4916 Fax.03-5319-4917
郵便振替 00120-8-142852
toiawase@hituzi.co.jp　http://www.hituzi.co.jp/

ISBN978-4-89476-890-1